成都东软学院学刊

（第一辑）

主　编　张应辉

副主编　杨宪泽

　　　　刘明理

　　　　喻　超

西南交通大学出版社
·成都·

图书在版编目（CIP）数据

成都东软学院学刊. 第一辑 / 张应辉主编. —成都：西南交通大学出版社，2018.5
ISBN 978-7-5643-6183-9

Ⅰ. ①成… Ⅱ. ①张… Ⅲ. ①自然科学－文集 Ⅳ. ①Z427

中国版本图书馆 CIP 数据核字（2018）第 101246 号

Chengdu Dongruan Xueyuan Xuekan
成都东软学院学刊
（第一辑）

主　编　张应辉

责任编辑	穆　丰
助理编辑	宋浩田
封面设计	严春艳

出版发行	西南交通大学出版社 （四川省成都市二环路北一段 111 号 西南交通大学创新大厦 21 楼）
邮政编码	610031
发行部电话	028-87600564　028-87600533
网址	http://www.xnjdcbs.com
印刷	四川森林印务有限责任公司

成品尺寸	210 mm×285 mm
印张	14
字数	422 千
版次	2018 年 5 月第 1 版
印次	2018 年 5 月第 1 次
定价	69.00 元
书号	ISBN 978-7-5643-6183-9

图书如有印装质量问题　本社负责退换
版权所有　盗版必究　举报电话：028-87600562

前言
Preface

一所以产学研融合为特色的大学，理当至少有一个学术刊物，作为展示学校开展学术活动的平台和反映学校学术水平的窗户，并发挥它应有的社会功能；一所大学应该注重科学研究成果，研发先进的教育方式，研磨学院的办学能力，钻研更高的专业知识，为此，《成都东软学院学刊》应运而生。

科研不是空中楼阁，要建立在教学思考的基础上，反过来说也需要提高教学水平。要以教学为主，同时进行分阶段、分层次、分类型的科研课题探讨，以达到系统化的科研成效。希望各位老师能及时总结科研教学经验，发挥创新意识，及时更新、学习国内外行业前沿资讯和技术，从而形成高质量的科研成果，推动学院产学研良性发展。

编者希望，《成都东软学院学刊》定位要准，办刊宗旨要明确；依托我院重点专业、特色专业，创造出一个或几个优秀的颇具特色的精品栏目，提升学刊的学术品位，形成自己的独特优势，扩大学刊学术影响；要本着学刊为满足"反映学校科研、教学的窗口"这一要求，科学设置学科栏目，跟踪最新学术动态，为全面提高科研、教学水平服务；还要拓宽学术视野，坚持开门办刊，广泛吸纳和反映国内外先进技术研究的最新成果。

我相信，在大家的共同努力下，《成都东软学院学刊》必能办出特色、办出水平，成为老师们的一个从事研究和思考的学术平台，科研成果展示平台，教学经验交流平台，为加强我校与兄弟院校及社会各界的广泛联系与交流构筑一座有益桥梁，推动学院朝着有特色、高水平、创业型应用技术大学的办学目标不断前进。

张应辉

目 录
Contents

养老管理智能化发展研究	张应辉	1
强化师德师风建设，全面提升学院教育教学水平	康桂花	6
汉英机器翻译研究的方法与难点	杨宪泽	11
带有等时中心的 Poincaré 系统 $P(2, 14)$ 中心的必要条件	徐金亚 陆征一	16
n 维模糊数的形心向量函数	柴英明	20
面向乡镇区域的胸部 DR 片分层协同诊断模式探讨	陈 建 宁多彪	23
低分辨率下基于混合特征的多目标跟踪方法	秦海玉	28
低延时视频编解码算法研究与实现	刘传林	33
带门限因子的三向受限玻尔兹曼机模型的研究	夏 磊 贺 敏	38
基于改进混沌映射和 S 盒的图像加密方法研究	赵海燕	43
基于图像空间的卡通画生成系统的设计与实现	仲宝才	48
单通道无缆地震数据采集系统低功耗设计	朱倩钰	56
一种基于 TD-LTE 集群的群组寻呼优先级算法	李楸桐 杨跃臣	62
列车信息高效存储与查询的研究和实现	张 翀 王 彩 贺 敏	66
快速排序改进算法研究——重复值处理	贺 敏 夏 磊 张 翀	72
基于生鲜电商物流配送模式对比分析及创新研究	唐 岫 蒲广宁	75
基于机器学习的 Web 漏洞挖掘系统研究	杨 波	81
基于分层多重选择遗传算法的认知无线电频谱分配	曾昶畅 宁多彪	86
基于费舍尔向量的快速手机图像分类识别	张小华 黄 波	90
基于表达式评价模型的物流中心选址研究	余新桥	96
基于 Hadoop 和 HBase 的 SEG2 文件高效存储	王 鑫	100
基于 Apriori 算法的高校学生成绩数据关联规则挖掘	朱 曼 徐金亚 杨 萍	105
基于 Android 平台的 IPTV 点播终端的设计	付智慧	110
基于 Hadoop 的多队列调度优化算法研究	黄 波	113
关联数据的自然语言查询方法	肖 铮 董祥千 赵文革	116
公路货运物流解决方案——"互联网+"无车承运人	杨 萍 黄天春 朱 曼	121
符合视觉美学并适合多种设备的网页布局方法研究	杨继春	124
Android 游戏框架设计与实现	黄 平	129
游戏设计在编程语言教学中的作用	黄 成	132
浅谈新时期的数据资源共享交换平台的数据处理功能	刘世平 刘兆宏 李 姗	135

标题	作者	页码
基于物联网技术的地质灾害预警系统研究与设计	施 刚	139
浅谈单上肢残疾人的无障碍家居产品设计	陈志刚 刘 倩	143
媒体关注、公司治理与上市公司会计信息披露质量的实证研究	赵媛媛 徐建华 李 扬	147
从媒介形态变化看数字化时代的电视	曹 静 李 钢	152
基于TOPCARES指标体系的毕业要求达成度评价	巫家敏	156
应用型本科院校大学数学课程群建设	王 璐 郑志静 柴英明	162
浅谈培养大学生数学修养的意义	何 曦	166
基于计算机教学中的"生本管理"探究	马 俊	169
关于高校数学建模与ACM联合培训的构想	黄 冉 柴英明 王 璐	173
基于CDIO的二级项目的构建及实施	王春秀	177
TOPCARES-CDIO教学模式下计算思维能力培养的一种方法	赵文革 肖 铮 董祥千 程 鹏 罗晓飞 周 婷 王源源	182
基于TOPCARES-CDIO教学改革中应用型人才的培养研究	付一君	187
基于TOPCARES-CDIO的线性代数第一课设计	郑志静 王 璐	193
基于TOPCARES-CDIO的物联网技术课程教学改革探索	贾 坤	196
基于TOPCARES-CDIO的软件测试自动化课程教学改革应用研究	王 彩 唐远涛	200
基于TC能力指标体系的《图像处理技术》课程教学研究	褚晓川	203
基于SPOC的混合教学模式的研究与实践	王 会	207
空管系统情报部门航行通告发布的内部偏差标准探究	王易履	212

Contents

Research on the Intelligent Development of Old-age Care Management ········ Zhang Yinghui　1

Research on Strengthening the Construction of Teachers' Work Ethic and Teachers' Morality and
　the Enhancing the Teaching level of an University ········ Kang Guihua　6

Method and Crux of Chinese-English Machine Translationstudy ········ Yang Xianze　11

Necessary Centering Conditions for the Poincaré Systems $P(2, 14)$ with an
　Isochronous Center ········ Xu Jinya　Lu Zhengyi　16

Centroid Vector Functions of N-dimensional Fuzzy Numbers ········ Chai Yingming　20

Discussion on Hierarchical and Cooperative Diagnosis Model of Chest DR Slice for
　Rural Area ········ Chen Jian　Ning Duobiao　23

Multiple Target Tracking Method Based on Hybrid Feature at Low Resolution ········ Qin Haiyu　28

Low-latency Video Encode & Decode Algorithm Research and Application ········ Liu Chuanlin　33

Research on Gated Factored 3-way Restricted Boltzmann Machine ········ Xia Lei　He Min　38

A Novel Image Encryption Scheme Based on Substitution-permutation
　Network and Chaos ········ Zhao Haiyan　43

Design and Implementation of the Cartoon Generation System Based on Image Space ········ Zhong Baocai　48

The Design of Single-Channel Wireless Seismic Data Acquisition System with
　Low Power Consumption ········ Zhu Qianyu　56

A kind of Group Paging Priority Algorithm Based on TD-LTE Trunking ········ Li Qiutong　Yang Yuechen　62

Research and Implementation for Efficient Storage and Search of
　Train Information ········ Zhang Chong　Wang Cai　He Min　66

Research on Improved Algorithm of QuickSort
　—Repeat Value Processing ········ He Min　Xia Lei　Zhang Chong　72

Innovation Research and Comparison on Different Logistics Distribution Modes of
　Fresh E-commerce ········ Tang Xiu　Pu Guangning　75

Research on Machine Learning System for Web Vulnerabilities Excavation ········ Yang Bo　81

Cognitive Radio Spectrum Allocation Based on Hierarchical Multiple
　Selection Genetic Algorithm ········ Zeng Changchang　Ning Duobiao　86

Fast Mobile Image Classification and Recognition Based On
　Fisher Vectors ········ Zhang Xiaohua　Huang Bo　90

Research on Logistics Center Selection Based on Linguistic Expression Evaluation Model ········ Yu Xinqiao　96

Efficient Storage of SEG2 Files Based on Hadoop and HBase ·········· Wang Xin 100

The Association Rules Mining of University Student Performance DataBase on
    Apriori Algorithm ·········· Zhu Man　Xu Jinya　Yang Ping 105

Design of IPTV-on-Demand Terminal Based on Android ·········· Fu Zhihui 110

Research on Optimation of Multi-Queue Scheduling Algorithm Based on Hadoop ·········· Huang Bo 113

A Natural Language Query Method for Linked Data ·········· Xiao Zheng　Dong Xiangqian　Zhao Wenge 116

Solutions of Highway Freight Logistics
    — "Internet Plus" Truck Broker ·········· Yang Ping　Huang Tianchun　Zhu Man 121

Research on Webpage Layout Method Conforming to Visual Aesthetics and Suitable for a
    Variety of Devices ·········· Yang Jichun 124

Design and Implementation of Game Framework Based on Android ·········· Huang Ping 129

The Role of Game Gesign in Programming Language Teaching ·········· Huang Cheng 132

Talking about Data Processing Function of Data Resource Sharing
    Switching Platform ·········· Liu Shiping　Liu zhaohong　Li shan 135

Research and Design of Geological Disaster Early-Warning System Based on Internet of
    Things Technology ·········· Shi Gang 139

On Design of Barrier-Free Household Products for the Disabled with Single Upper Limb
    —Taking the Design of Toiletries as an Example ·········· Chen Zhigang　Liu Qian 143

Empirical Study on Media Attention, Corporate Governance and Accounting Information
    Disclosure Quality of Listed Companies ·········· Zhao Yuanyuan　Xu Jianhua　Li Yang 147

Television in the Digital Age -from the Perspective of Media Morphology ·········· Cao Jing　Li Gang 152

The Evaluation of Educational Outcomes Based on TOPCARES Indices
    —Take the Computing Program for an Example ·········· Wu Jiamin 156

Construction of Mathematics Group in Application-
    Oriented Colleges ·········· Wang Lu　Zheng Zhijing　Chai Yingming 162

On the Significance of Cultivating College Students' Mathematical Cultivation ·········· He Xi 166

Research on "Sister-keeping Management" Based on Computer Teaching ·········· Ma Jun 169

The Conception of United Trainingof Mathematical Modeling and
    ACM in Universities ·········· Huang Ran　Chai YingMing　Wang Lu 173

Project (Level-2) Design-Implementation Based on CDIO Initiative ·········· Wang Chunxiu 177

A Method of Improving Calculating Thinking Ability in TOPCARES-CDIO Mode
·········· Zhao Wenge　Xiao Zheng　Dong Xiangqian　Cheng Peng　Luo Xiaofei　Zhou Ting Wang Yuanyuan 182

Cultivation of Applied Talents Based on TOPCARES-CDIO Teaching Reform
    —Taking the Practice Platform Construction of Film and Television Production
        Workshop as an Example ·········· Fu yijun 187

A Teaching Reformation of ERP Principles and Applications Based on
    TOPCARES-CDIO ·········· Zheng Zhijing　Wang Lu 193

Explorationof Curriculumteaching reform about Technology of Internet of Things Basedon
　　　TOPCARES-CDIO ·· Jia Kun　196
Application and Research of Software TestingAutomation Course Teaching Reform Based on
　　　TOPCARES-CDIO ··· Wang Cai　Tang Yuantao　200
The Teaching Model and Research Results of "Image Processing Technology" Based on TC
　　　Capability Index System ·· Chu Xiaochuan　203
Research and Practice on Blending Teaching Mode Based on SPOC ································· Wang Hui　207
Research on Notam dissemination deviation standard for AIS department in ATC system ············ Wang Yilv　212

养老管理智能化发展研究

张应辉

（成都东软学院　四川　成都　611844）

摘　要：养老管理智能化是目前国内研究的一个热点。本文论述了养老管理智能化的重要性与其深远意义，结合拟开展的四川省养老管理智能化示范平台项目研究介绍了相关技术，主要目的是从根本上克服养老机构传统护理方式的弊端，为养老机构和养老事业的发展提供更好的途径。

关键词：养老事业；养老智能化；信息化管理

Research on the Intelligent Development of Old-age Care Management

Zhang Yinghui

（Chengdu Neusoft University, Chengdu 611844, Sichuan, China）

Abstract：The intellectualization of old-age care management is a hot spot in domestic research. This paper discusses the importance of old-age care management intellectualization and far-reaching significance, combined with the proposed research on the old-age care management intelligent platform demonstration project in Sichuan province. This paper alsointroduces the related technologies, which aims to radically overcome the disadvantages of traditional nursing mode of old-age care institutions, providing a better way for the development of the old-age care institutions and old-age care business.

Key words：old-age care business；old-age care management intellectualization；information management

1　引　言

随着社会不断发展，我国人口老龄化问题日趋严重，根据《中国老龄事业发展报告》，预计2018年我国老年人口数量将突破2亿大关，达到2.02亿，老龄化占比达到14.8%。与此同时，高龄老年人口（80岁以上）、失能老年人口以及慢性病老年人口的持续增长进一步加剧了人口老龄化趋势的严峻性，养老问题正在成为全社会广泛关注的、亟待解决的大问题。

长期以来，我国实行以家庭养老为主的养老模式，但随着计划生育基本国策的实施以及经济社会的转型，家庭规模日趋小型化，"4-2-1"家庭结构日益普遍，空巢家庭不断增多。一方面，家庭规模的缩小和结构的变化使其养老功能不断弱化，对专业化养老机构和社区服务的需求与日俱增。但另一方面，目前养老机构的管理和服务存在诸多问题与困难。养老机构的信息化水平较低，对机构内部人员及事务的管理、处理效率低下，现代化服务装备的普遍欠缺，使得养老机构缺乏合理监管智障老人、专业护理失能老人的有效手段，无法满足老人的护理需求。这些不仅给养老机构的管理和服务带来了极大的困难，也给社会带来了许多潜在的问题。

近年来，为积极应对人口老龄化带来的挑战，国家颁布了许多有关养老的政策：国务院在《中

作者简介：张应辉（1973—），男，汉族，教授，博士，主要研究方向为图形图像。

国老龄事业发展"十二五"规划》中明确指出"推进养老机构的信息化建设",提出建立老龄事业信息化协同推进机制,建立老龄信息采集、分析数据平台,健全城乡老年人生活状况跟踪监测系统。在《社会养老服务体系建设规划(2011—2015年)》中再次强调提高社会养老服务装备水平,鼓励研发养老护理专业设备、辅具,加强养老服务信息化建设,依托现代技术手段,为老年人提供高效便捷的服务,规范行业管理,不断提高养老服务水平,从而建立与社会发展相适应的养老管理体制和运行机制,促进养老事业健康有序的发展。

本文以建立四川省养老管理智能化示范平台为基础,论述养老管理智能化的相关技术。

2 养老管理智能化总体目标

针对全国养老机构的现状,结合当前物联网技术、IT技术成果,我们提出"四川省养老管理智能化示范平台",该平台的研发成果可以推进养老机构的示范化、信息化和智能化,为管理部门和养老机构带来更高效的管理模式,为老人带来更完整和优质的服务,是一套适用于养老机构的管理及服务平台。通过采用先进的物联网技术,从根本上克服了养老机构传统护理方式的弊端,为养老机构的良好运营和养老事业的发展提供了技术支撑。

目前,养老机构的信息化管理需求强烈,但大部分仍处于空白或者不完善的状态。传统护理模式对护理对象提供的服务有限,且在一定程度上浪费了人力、物力。"四川省养老管理智能化示范平台"基于物联网技术,为养老机构提供智能化信息管理设备和服务平台,彻底避免了信息系统重复构建、维护实施成本高、信息孤岛和资源难以整合的弊病。基于人员、物品定位信息衍生出来的各种服务,也大幅提升了养老机构的管理效率和护理质量,同时实现对养老机构内相关人员(护理人员、工作人员、老人等)、设备器械(医疗检测设备、办公设备、护理设备等)和物品(药品、医用垃圾、安全设备、消防设备等)的动态、实时的追踪管理。通过实时定位跟踪设备、器械、物品和人员的位置,可以为管理者提供显著价值的相关信息,能使各种致力于追求提高反应速度、管理水平和效益的机构受惠。"四川省养老管理智能化示范平台"配置智能化设备,建设完备的信息化服务平台,对人员、物品、资金进行管理及互通,对真实数据进行上报,同时结合智能化分析对历史数据进行挖掘分析,实现互联互通、深度挖掘、积累数据、分析整理。

(1)"四川省养老管理智能化示范平台"基于物联网技术、IT技术,对养老机构的资源(人力资源及资产设备等)统筹管理、提供服务,并为医保、民政等管理机构和护理对象家属提供信息接口和互动窗口,以便保障信息的流通,最终形成多方互联互通的基管理、服务于一体的综合性智慧平台。

(2)"四川省养老管理智能化示范平台"包含四大功能系统,分别为基础业务管理、智能看护服务、交流互动、系统管理。从养老机构的安防、设备、人员、业务、宣传事务、服务、监管诸多方面进行了统一、集中管理,既能为管理和服务提供支撑,又能进行信息的有效融合,统一于养老机构的信息化和智能化建设,同时规范医护、服务人员的日常作业流程,减少人为疏忽,提高医护服务水平。

(3)"四川省养老管理智能化示范平台"主要面向养老机构,在信息化平台和智能设备的基础上,提供高效的智能化服务,实现了包括人员信息、资产设备、日常事务、健康服务、突发状况预警的数据、资源和服务共享,为养老机构提供了标准化、低成本、高可靠、易使用、易维护的整套软硬件产品和服务解决方案。同时以数据为基础,为数据分析和信息挖掘提供支撑,为推进全社会养老事业的发展起到示范和带头作用。

(4)"四川省养老管理智能化示范平台"是依托成都东软学院东软集团研究院和东软集团研发中心建立的一个产学研养老管理智能化示范平台,向四川省乃至全国推广研发的养老管理智能化信息产品和系统,同时也作为成都东软学院和四川省相关高校相关专业学生实训、实习基地。

3 主要技术概述

养老管理智能化平台将由智能硬件、无线网络、物联网和智慧养老应用软件组成,其结构如图1所示。

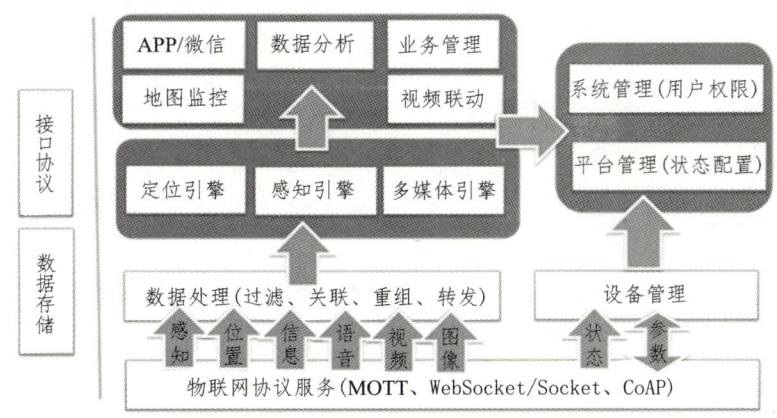

图 1 养老管理智能化平台结构

3.1 智能硬件

智能硬件包括：老人智能卡、老人房间智能硬件、社区健康小屋等。老人智能卡集成门禁、消费、定位功能于一张卡，便于老人平时携带。卡片上带有紧急报警按钮，同时可以集成摔倒报警模块。卡片可以通过 USB 充电。

主要技术指标如表 1 所示。

表 1 智能硬件性能指标

工作频率	2.4 GHz（125 K 可选）
通信协议	IEEE 802.11b，单向通信
速率	1 Mb/s
发射功率	最大 20 dBm
AP 支持	必须使用优频提供的 AP 定位器或指定的 AP
发射间隔	1 s 以上，可调
低电池	电池容量低于一定数级后报警
报警	主动按钮报警
ID	唯一 48 位 ID
质量	45～60 g
温度	-20 ℃～+60 ℃
电池	可充电电池，根据发射频率可用 1 年以上
防护等级	IP53
重复使用	正常使用下 5 年以上

老人房间智能硬件包括以下功能：

（1）红外监控：判断是否长时间静止，和视频联动；

（2）紧急拉绳报警按钮：紧急情况下报警，和视频联动；

（3）视频监控：在报警情况下，可以通过视频排查情况；

（4）睡眠监控床垫：监控睡眠数据；

（5）智能插座：提供环境数据、人体感应、夜灯。

社区健康小屋包括以下功能：

（1）健康管理云平台将根据数据为老人建立实时健康档案；

（2）医生提供健康预警、改善建议等全方位服务；

（3）健康管理，让健康有迹可循。

3.2 无线网络

根据养老机构的业务发展战略和实际需求，基于养老机构的信息系统总体框架，规划养老机构基于 Wi-Fi 的无线上网、实时定位、追踪管理、移动办公系统的技术架构。其中，触发定位器统一比较重要。URW9100 是一款触发定位器，其最大的特点就是可外接 6 根天线，每根天线有唯一的 ID 号，可以满足不同场合的高精度定位要求，具有高性价比。URW9100 触发定位器可以适应各种恶劣的工业环境，通过天线，触发定位器可以持续不间断地发射触发定位信号，在特定区域内实现激活信号的覆盖，激活进入信号范围的双频标签。URW9100 触发定位器安装方便，布线简单，配合优频双频标签使用，是商业和工业高精度定位应用的理想选择。主要性能指标如表 2 所示。

表 2　URW9100 主要性能指标

序号	指标名称	具体参数
1	工作频率	125 kHz ±1 kHz
2	激活距离	1～5.5 m
3	数据速率	1 600 bps
4	调制方式	OOK 调制
5	数据编码	曼彻斯特编码
6	工作电压	DC12 V±1 V
7	工作电流	20～150 mA
8	工作温度	−20 °C～+70 °C
9	存储温度	−40 °C～+85 °C
10	尺寸大小	17.7 cm×12 cm×6 cm
11	质量	450 g

3.3　Wi-Fi 物联网平台

Wi-Fi 物联网平台包括定位引擎模块、感知引擎模块等，主要功能如下：

（1）在养老社区内实现人员的实时定位与追踪管理，室内整体精度控制在 5～15 m，重点监管区域实现 3～5 m，可以定位到每个房间，室外实现区域定位；

（2）集成按钮报警、区域进出报警、停留时间过长报警、红外报警、拉绳报警、震动报警、长时间静止报警、摔倒报警等多种报警信息；

（3）对特殊区域设置进出预警机制，指定群体的人员若进入或离开指定区域，系统主动报警，防止由于在不知情或其他情况下人员及其他人员超区域参观或行走而产生的不良后果；

（4）历史轨迹回放提供移动路线的记录；

（5）视频联动，系统根据定位目标所在位置，结合安防或其他监控系统根据需要可调动定位目标所在位置附近的摄像头进行视频跟踪。需要二次开发，支持现有视频系统；

（6）支持接入蓝牙设备采集的健康数据。

首先，Wi-Fi 物联网平台中，系统基于 Wi-Fi 无线网络的定位引擎技术集成，实现相应的追踪管理功能。包括以下内容：

（1）支持 2.4 GHz Wi-Fi 无线网络，定位工作支持 RSSI 方式；

（2）最大标签管理数为 10 000 个以上；最大同时处理标签数为 1 000 个以上；

（3）提供 API 接口与定位跟踪软件实现数据交换；

（4）定位精度可实现小于或等于 5 m；重点区域定位精度小于或等于 3 m；

（5）可以利用现有 AP 和无线网络进行定位数据传输；最快定位反应时间：小于等于 2 s；

（6）可扩展支持对其他 Wi-Fi 设备（如笔记本电脑、PDA、Wi-Fi 手机等）的定位。

其中的感知引擎集成了多种智能硬件和传感器，包括：红外、智能开关、蓝牙血压计、蓝牙血糖仪、智能睡眠监测垫子、拉绳报警等，并且硬件种类还在不断扩大。感知引擎集中管理和监控设备，接收数据，并且进行数据处理（过滤、关联、分类、存储、转发）。

地图引擎支持跨平台的矢量地图展示和操作；其中的视频引擎接入不同厂家的摄像头和硬盘录像机，将视频和位置、报警关联起来。

3.4　养老管理智能化应用软件

养老管理智能化应用软件按照标准化的流程帮助养老机构、社区养老和居家养老进行智能化设计，保证更好地实施智能化管理。养老管理智能化应用软件的研发要满足以下主要特点：

（1）具有良好的人机交互界面；

（2）能够进行可视化的电子地图展示和操作；

（3）软件为 B/S 模式，可进行远程访问；

（4）软件采用 H5 跨平台技术，可以在手机和 Pad 上使用。

此外，值得高度重视的是定位监控界面设计。定位监控软件是一个 Web 模式的定位管理软件应用系统。无须安装任何客户端软件，部署应该简单易用。结合实际的地图，在地图中实时显示标签所在地图的位置，是否触发相应的警告，目标是否已经消失等信息。结合人员管理功能显示人员所在的位置，以及移动轨迹。

4　小　结

建立"四川省养老管理智能化示范平台"，本着贯彻国家"养老信息化建设"的政策精神,结合养老机构现状,旨在提高养老机构的管理和服务水平,规范内部管理流程,加强养老服务体系的信息化建设,从而提高养老机构的保障、服务能力。

建立"四川省养老管理智能化示范平台",就是依托成都东软学院科研力量,依托东软集团研究院和东软集团研发中心,建立一个产学研养老管理智能化示范平台,向四川省乃至全国推广研发的养老管理智能化信息产品和系统,同时也作为成都东软学院和四川省相关高校相关专业学生实训、实习基地。

鉴于篇幅的限制,本文不能详述养老管理智能化平台各个方面。我们将建立各种相关模型,设计各种模型的计算公式、完成相关软件的算法,做好硬件"家载相关智能物联网系统""尿湿监控硬件""健康监测设备""室用定位硬件""无线呼叫硬件"设计。此外,还将完成机构养老管理示范软件,居家养老管理示范软件,医院HIS养老管理示范软件,一卡通管理系统以及健康管理系统开发。针对相关硬件进行室内实验、集成实验。

我们期望这一项目早日得以实施。

参考文献

[1] 张应辉. 青城山软件产业公共安全服务平台[Z]. 成都市科技局项目,2012.

[2] 张应辉. 面向智慧旅游的电子商务结算云平台的研究[Z]. 成都市科技局项目,2013.

[3] 张应辉. 都江堰软件与信息产业集群建设规划和发展策略研究[Z]. 成都科技局科技计划项目,2014.

[4] 李大强. 养老社区智能化方案浅谈[J]. 智能建筑与城市信息,2013,4:79-82.

[5] 邢雨苗. 养老服务智能化的现状与对策研究[J]. 中国高新技术企业,2014,3.

[6] 张来明. 智能化养老新趋势[J]. 工业审计与会计,2014,1:47-48.

强化师德师风建设,全面提升学院教育教学水平

康桂花

(成都东软学院 四川 成都 611844)

摘 要:本文论述了加强师德师风建设,培养高素质教师队伍的重要性。认为责任是教师职业道德最基本的体现;认为在崇尚创新与变革的知识经济时代,知识创新和技术创新成为社会发展的关键;认为师德师风是学生评价一所高校水平非常重要的关键因素;认为师德师风建设是学校的立校之本。此外,本文还从知识方面、技能方面、行为和态度价值观方面阐述了我们应如何加强师德师风建设。

关键词:师德师风;职业道德;教学水平

Research on Strengthening the Construction of Teachers' Work Ethic and Teachers' Morality and the Enhancing the Teaching level of an University

Kang Guihua

(Chengdu Neusoft University, Chengdu 611844, Sichuan, China)

Abstract: this paper discusses the importance of strengthening the construction of teachers' morality and cultivating high-quality teachers. It is believed that responsibility is the most basic embodiment of teacher's work ethic. It is also believed that knowledge innovation and technological innovation are the key to social development in the era of knowledge economy advocating innovation and change. It is considered that the teachers' work ethic and teachers' morality are the key factors to evaluate an university and also the foundation of an university. In addition, this paper expounds how to strengthen the construction of teachers' work ethic and teachers' morality in terms of knowledge, skills, behaviors and attitude values.

Key words: teachers' work ethic; teachers' morality; teaching level

1 引 言

中华民族一直是重视师德师风建设的民族,所谓师德,经常指教师公德,也是我们说的教师职业道德,所谓师风,是指教师这个行业的风气或教师本人的一种风度。我们经常把它们放在一起,可以认为它是一种道德观念,是一种情操品质,是一种职业气质。师德师风是一切教育工作者必须遵守的道德规范和行为准则,就像宋高宗在《文宣王及其弟子赞》中所说的"行为世范,学为人师"。

2 师德师风是党和国家对教育工作者的要求

2011年12月31日,为贯彻落实党的十七届六中全会精神,全面提高高校师德水平,教育部、中国教科文卫体工会全国委员会联合发布了《高等学校教师职业道德规范》(简称《规范》),明确提出了爱国守法、敬业爱生、教书育人、严谨治

基金项目:四川省教育厅重点科研项目(142A0346)。
作者简介:康桂花,(1962—)女,教授,浙江东阳人,主要研究管理、信息安全与计算机应用。

学、服务社会、为人师表六条职业道德规范。同时要求高校改进和完善师德考核。要求将师德纳入教师考核评价体系，并作为教师绩效评价、聘任（聘用）和评优奖励的首要标准，严格执行"一票否决制"。要完善师德考核办法，将《规范》作为师德考核的基本要求，结合教学科研日常管理和教师年度考核、聘期考核全面评价师德表现。建立健全师德考核档案。对师德表现突出的，要予以重点培养、表彰奖励；对师德表现不佳的，要及时劝诫、督促整改；对师德表现失范的，要依法依规严肃处理。

教高〔2012〕4号《教育部关于全面提高高等教育质量的若干意见》二十六条从制定高校教师职业道德规范、加强职业理想和职业道德教育、健全师德考评制度、在教师培训中强化师德教育、制定加强高校学风建设的办法等方面对加强师德师风建设提出了要求。我们可以看到，政府教育管理部门对师德师风建设的要求是很高的，这需要我们的学校在进行教师师德师风建设的时候我们的教师要严格遵守。

陈宝生部长在2017年全国教育工作会议上对师德师风建设提出了要求：各地各高校要调整考核评价导向，完善考核评价体系，更加重视对教学水平的评价，更加重视对教师科研成果创新和实际贡献的评价，促进教研相长、教学相长。今年要出台关于进一步加强教师队伍建设的意见，重点加强师德师风建设、缩小城乡师资差距、振兴教师教育、提高教师地位待遇等，努力建设一支高素质专业化教师队伍。

习近平总书记在党的十九大报告中也针对师德师风提出了"加强师德师风建设，培养高素质教师队伍，倡导全社会尊师重教"的明确要求。

3 师德师风是学校的精神所在

学院明确提出了师德师风的建设要求，将思想作风、道德修养、行为准则和治学态度的综合表现体现为师德师风。明确提出师德师风在教学活动中要在教师的教学方法、教学水平、治学态度、科研能力、人格魅力和工作习惯等方面得到具体表现。并提出了"爱心、责任、能力、创新"的八字师德师风建设指导思想。

"大学之大"，除了学校有大楼、教学有大师、学生有大志，更需师者有大爱。作为一名教师，首先要有爱心。没有爱心，就没有教育。爱心源于教师对学生、对同事、对学校、对教育事业的热爱，体现在对教书育人的深切期望和无限热忱，它是一种普遍而持久的爱，是一种严慈相济的、具有包容力的、广博深厚的爱。"感人心者，莫乎先情"，爱心是教育的桥梁，是教师与学生的相互理解、互敬共鸣的纽带，是学生自律而进取的原动力，使学生因获得师爱而"亲其师，信其道"。充满爱心的教育是让学生受益一生的教育。

责任是教师职业道德最基本的体现。我们的教师要永葆责任心，积极地担当和完成时代和社会赋予教师的使命，本着对学生、对家长负责的态度，严格要求自己，奉公秉法，恪尽职守，尊道重德。在传道中孜孜以求，在授业中甘于奉献，在解惑中关爱学生。无论是在学习还是生活中都能够为人师表。教师不仅要具有广博的知识，更要有高尚的道德，而责任是教师职业道德最基本的体现。作为教师，在为人处事上少一点名利之心，在教书育人方面多一点责任意识。

高水平的大学需要高水平的师资，高质量的人才培养需要教师过硬的能力。我们强调教师在育人过程中，要以专业敬业的精神、勤勉务实的态度、广博学习的进取、超越之心不断地提高自己的能力，进一步完善自身的素质。我们的教师要学以致用，要能够运用已具备的知识、技能，有效地进行教学、科研工作，并能够跟踪新理论、新技术、新产品、新工具、新应用，适应教育教学改革和日新月异的产业发展。坚持自主学习、终身学习，博观而约取，厚积而薄发，追求教学能力、治学能力、实践能力和人文精神等方面的持续提升。

在崇尚创新与变革的知识经济时代，知识创新和技术创新成为社会发展的关键。培养具备创新意识和开放式思维的应用型人才，需要我们的教师具有创新思维、创业意识、创新创业精神和能力，我们鼓励教师勇于打破旧有的痼疾，突破传统的束缚，将"创新"的理念贯穿于整个教育教学的过程中，帮助奇思妙想生根发芽，不断提升人才培养的质量。在教学中，积极开展启发式、探究式、参与式教学，以新方式新方法培养学生的批判性思维和创新意识；在治学中，善于对知识发问，敢于挑战权威，对学术保持独立思考的态度；在管理中，以合理的方式和创新的手段删繁就简，提高效率，注重人文关怀。用创新的大学理念和教育模式焕发东软教育的生机和活力。

4 师德师风是社会、家长、学生对教师的期待

按照中国高校的教育与管理模式，学生进入高校就犹如进入一个小社会，家长与学生不但期待通过教育能够增长学生的知识、提高学生的专业能力、提升学生的综合素养，通过教育创造学生的价值，更加期待通过教育能够树立学生的人生观、价值观、世界观，使毕业学生能够成为一个为社会创造价值，健康、快乐、积极向上的人。高校学生通过短短几年的学习提升价值，走入工作岗位，良好的师风师德将会为学生的发展注入正能量。教师的正确引导和培养会极大地影响到学生成长及他们工作后的生活行为，因此社会、家长、学生寄予了学校极高的期待，尤其对教书育人的教师抱以期待。

但最近社会上出现了一些不尽如人意的事情，少数教师没有良好的师德师风，败坏了教师的形象。在这样的一个互联网高速发展的时代，信息传递非常迅速，关于教师的一点点负面新闻，通过各种媒体的传递后都有可能扩大，因此容不得教师有任何一点点错误。社会、家长都在呼唤良好的师德师风建设。同时，社会也在不断传递教师的正面新闻与事迹，赞美教师的奉献与付出。可见师德师风是全社会的期待。

我们的学生是信息化时代成长的一代，更加自主、更加具有自我保护意识，也更加注重对学校及教师的感受与评价。师德师风是学生评价一所高校水平非常重要的关键因素，也是对学生的培养影响最为长远的因素，因此对师德师风建设提出了更高的要求。

5 高校应积极推进师德师风建设

师德师风建设是学校的立校之本，学校应将师德师风建设作为一项极为重要的工作常抓不懈。对高校而言，不仅要深刻理解和观察教育管理部门的相关政策文件，还要制订学校的相关措施，出台相应的管理办法与制度，切实加强师德师风建设。不但从制度上对教师提出严格要求，还需要通过相关培训、活动、示范影响等多方面措施推进学校师德师风建设工作。针对教师师德师风方面的建设应该从以下两个层面进行。

5.1 从理念与价值观层面加强师德师风建设

教师师德师风理念与价值观层面的首要提升要务是政治思想素质的提高，教师的政治思想素质决定着他们培养的人才是为谁服务及他们未来的政治思想倾向，这一点需要学校对教师进行严格要求，同时定期或不定期地进行政治思想方面的学习提升。其次，对教师工作态度及价值观的引导至关重要，教师的工作态度及其价值观会很明显地表现在课堂内外，同时对学生产生影响，因此学校要经常对教师进行态度引导，通过不同形式的讲座、活动、研讨等多种方式进行价值观影响和塑造，督促教师以职业化的态度，正确的价值观进行工作和生活。最后，对优秀师德师风的教师应予以认同并充分发挥其模范示范作用。我们常说教学以学生为中心，充分关注学生的满意度，而使学生满意度提升的很重要一环就是教师这个核心纽带的积极作用，积极地提供让学生满意的各种服务和引导，从这个角度来说，我们应该经常关注教师的心理状态，关心教师的工作生活，关注教师的诉求，使得教师对学校、对职业有归属感。对具有优秀教风师风并起到表率作用的教师，我们应及时给予肯定，给予认同，给予表扬表彰。同时应对其优秀的表现和事迹进行宣传，以便在教师和学生中起到较好的模范示范作用。

5.2 从制度层面加强师德师风建设

师德师风建设不仅仅是一个理念层面的要求问题，毕竟每一个人都有自己的特定行为习惯，那么我们的学校就要从制度执行层面对一些师德师风的具体表现做具体要求。学校应该按照国家以及教育主管部门的要求，在贯彻落实国家与教育主管部门精神的基础上制订学校的管理制度，

从制度上规范教师的行为，从制度上指导师德师风的建设。师德师风从广义上说不仅仅价值观态度及行为表现的问题，教师的专业程度也应该是师德师风的一项重要组成部分，从这一点来说，学校也应该对其提出较高要求，同时帮助教师进行提升。授课技能技巧，和学生沟通的技能技巧等方面的通用技能的提升也有助于提升教师的自信，有助于教师师德师风的提升，这些也需要学校积极对教师进行培训并推进实施。

6 教师应将优良师德师风建设作为终生不懈的追求

师德师风建设不仅仅是政府教育主管部门和学校的事情，教师本身更加应该将优秀的师德师风其作为终生不懈的追求。教师从小处说是一个职业，从大处说可以实现一个人的人生价值和社会价值。从古至今，具有优秀师德师风的教师都受人尊重。裴度（765年至839年）是唐代著名的文学家、政治家，一生桃李满天下。白居易在《春和令公绿野堂种花》中赞美其："绿野堂开占物华，路人指道令公家。令公桃李满天下，何用堂前更种花。"人生如此，夫复何求！希望教师们不要仅仅把教师作为一个职业，应该有更远大的抱负和人生价值诉求。我们也知道，当今社会教师群体中也有那么一些害群之马，但是，大多数教师都是有较高追求的，是有社会责任感的，这需要我们不懈追求，不能因为一时的挫折而放弃。

7 充分关注师德师风的体现，共同建设良好的师德师风

师德师风体现在教师知识、技能、行为、态度、价值观等各个方面，具体形成途径见图1。

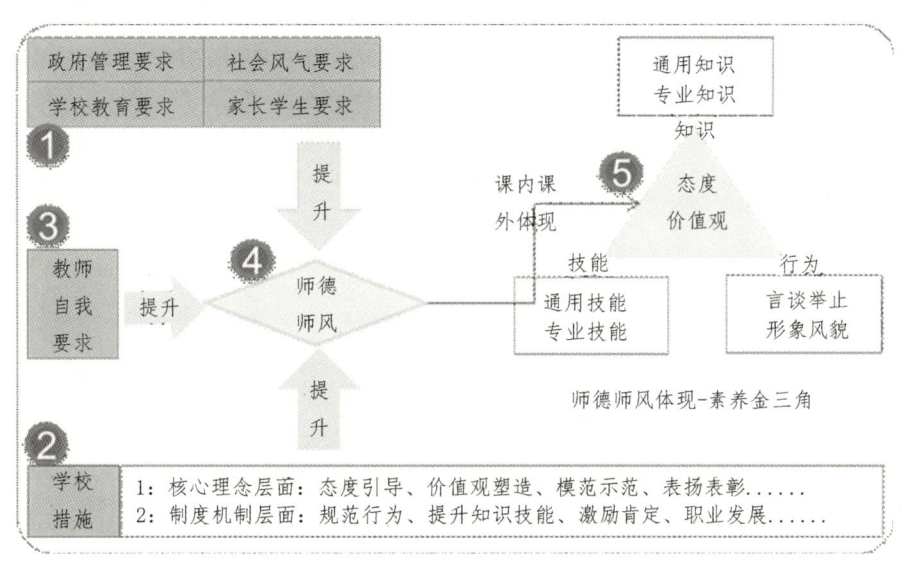

图 1 教师师德师风提升途径

教师的师德师风体现在四个方面，具体如下：

7.1 知识方面

具有优秀师德师风的教师应该具备丰富的知识素养，知识的素养主要包括两个方面，一方面是我们的教师应该具有扎实的专业知识。教师的一个基本任务是要向学生传递知识，知识是学生学习的基础，如果一个教师自己都不懂就更不用提向学生传递了，同时很多新的专业知识可能是我们书本所不具有的，需要我们教师进行学习。另一方面，我们教师还应该具有渊博的通用知识，大学的教育不仅仅是专业教育，也是素质教育，教师具有渊博的通用知识有利于向学生提供更多的专业以外的知识，有助于学生素质的提升。我们的教师还应该学习一些学生们关注的知识，如今只有这样才有利于和学生沟通，了解学生的语言对我们的教学工作有很大的促进。

7.2 技能方面

具有优秀师德师风的教师应该具备较高的技能素养，技能素养主要包括两个方面，一方面是我们教师应该具备较强的专业技能，足以指导学生掌握本专业乃至扩展专业的专业能力，同时教师还应该具备掌握新的教育工具的能力，能够应用最新的大数据、移动互联、智能技术方面的新工具、新产品、新技术指导学生学习，并引导学生自主的学习。另一个就是教师应该具备通用技能，要具备优秀的表达沟通能力、高超的授课技巧，指挥协调、控制等多方面的通用能力。

7.3 行为方面

优秀的师德师风是通过行为体现的，即多是通过言谈举止、精神风貌来体现的。我们期望我们的教师是正能量的传递者，是学生学习积极性的激励者，是学生学习方法的指导者。希望我们的教师对学生充满激情，充满爱。

7.4 态度价值观方面

态度价值观方面涉及很广，而且很多内心的东西和思考是我们观察不到的，需要我们自我要求提升，三观端正。不过话说回来，相由心生，我们希望我们的教师是发自内心地对自己进行较高的要求。

优秀的师德师风，需要各方面的共同努力，但是从本质上说更需要教师有较高的自我要求，需要教师不断地进行自我修炼。从最基本的职业化的角度来说，我们总需要具备最基本的职业素养，如果不具备，那就是不符合岗位的基本要求，终将被淘汰。也希望有一天我们的教师也能够实现"令公桃李满天下，何用堂前更种花"。

参考文献

[1] 何秋叶. 基于定位理论的师德师风核心指标分析[J]. 中国成人教育，2012（3）：80-83.

[2] 谭爱国. 职业教育师德考评机制研究[J]. 山西青年职业学院学报，2014（3）：88-90.

[3] 赵馥洁. 师道的自觉[J]. 西北政法大学学报，2015（2）：44-48.

汉英机器翻译研究的方法与难点

杨宪泽

（成都东软学院　四川　成都　611844）

摘　要：在机器翻译的研究中，要认真选择一种好方法。本文主要介绍汉英机器翻译研究的方法与难点，其工作有：一是讨论基于转换的机器翻译方法及难点；二是分析基于实例的机器翻译方法及难点；三是给出基于统计的机器翻译方法及难点。

关键词：汉英机器翻译；句型转换；实例；统计；混合式

Method and Crux of Chinese-English Machine Translationstudy

Yang Xianze

(Chengdu Neusoft University, Chengdu 611844, Sichuan, China)

Abstract: In the study of machine translation, it is important to choose a good method carefully. This paper mainly introduces the methods and difficulties of Chinese-English machine translation studies, and its work includes the following three parts. Firstly, discuss the transfer-basedtranslation methods and difficulties of the machine translation. Secondly, analyze the case-based translation methods and difficulties of the machine translation. Finally, analyze thestatistical-based translation methods and difficulties of the machine translation.

Key words: chinese-english machine translation; transfer-based; case-basedstatistical-based; mix

1　引　言

人工智能技术研究的一个分支是机器翻译，是用程序代替人做两种语言的翻译工作。由于人类对语言的认知过程还不清楚，因此机器翻译被列为在本世纪有希望攻克的科技难题之一。尽管机器翻译的研究存在巨大的困难，但人们却对它抱有很高的希望，因为如果这一技术的攻克，就可以做成电子语言翻译器，有以下用途：

（1）解决世界各民族不同语言之间的交流；

（2）去世界各地语言间障碍已经不是大问题；

（3）接上投影仪等设备，有利于商务、技术等合作的洽谈；

（4）接上投影仪等设备，有利于各国政府部门间的沟通。

因此，机器翻译的成果有着重要的实践意义和理论价值。

迄今为止，机器翻译用程序研发出软件，主要包括基于转换、基于统计和基于实例三种方法。许多资料中提到基于中间语言的方法，这是一种理想化的方法，还停滞于理论研究阶段，不能用于研发机器翻译软件。

本文的工作主要通过汉英机器翻译研发状况，讨论基于转换、基于统计和基于实例有三种方法，分析它们不同的难点，提出努力的方向。

基金项目：国家自然科学基金面上项目（61379019）；　中央高校科研平台项目（11NPT02）。
作者简介：杨宪泽（1954—），男，四川成都人，教授，研究方向：自然语言处理与数据结构。

2 基于转换的机器翻译方法与难点

2.1 基于转换的汉英机器翻译方法

基于转换的方法采取了一系列转换生成层次，各种分析多（如词法、句法、语义和语境等），是把一种自然语言记述的表达式（单语、短语、句子）变换为用另一种自然语言记述的表达式。虽然这是最传统的方法，但仍然处于主导地位，它的复杂性制约了正确率；研究越深入，难度越上升，速度却下降。

汉英机器翻译研发过程中，主要模块如下：

（1）词法分析模块。

例如没有收录的新词，例如"点赞""雄起""勾兑"等，此外汉语句子字与字之间是连在一起的，还需要将构成句子的字符序列切分成单词。英语有词尾变化，而词典中不可能收录各个单词的所有形态，还要将变化了的形态还原成基本形，再去查词。

（2）句法分析模块。

任务是确定句子中每个词的词性（或称词类），确定词与词之间的关系以便构成短语，确定短语之间的关系以便构成更长的短语或者组成句子；确定句子句型是否合法。例如：司机驾驶汽车合法；司机驾驶汽车们不合法。

（3）语法分析模块。

任务是确定句子中每个词、短语之间的关系是否合法。例如：

兔子吃草合法；草吃兔子不合法。

（4）语义分析模块。

就是解决句子中意义的不同或可不可以搭配，如"乒乓球拍卖完了"这一句，究竟是"乒乓球"拍卖完了；"乒乓球拍"卖完了。

（5）语境分析模块。

研究句子与句子间的关系，也就是上下文关系。例如：飞机飞过这个高山，它多么壮观，它指代飞机还是高山？

（6）语用分析模块。

研究源语言与目标语言不同的文化背景，有典故的词、句（成语）的翻译。例如，四面楚歌的真实意义是什么？

当然，在这些模块的处理中，还需要好的排序、检索算法。

2.2 基于转换的汉英机器翻译方法难点

2.2.1 汉语句子分词的难点

在汉语句子翻译成英语句子的机器翻译研制中，怎样将汉语句子一个一个单词切分出来并保证其正确是一个难题。汉语句子不像英语句子，一个个单词靠空格符分开，单词长短不一，容易产生歧义。歧义有两种，为：交集型歧义和组合型歧义。

交集型歧义的定义：在汉语句子中，如果字符串中 $Z=d_l\cdots d_i, g_l\cdots g_j, h_l\cdots h_k$，$g_l\cdots g_j$ 既可与 $d_l\cdots d_i$ 组合成汉语单词，又能与 $h_l\cdots h_k$ 组合成汉语单词，这就是交集型歧义。

例如，汉语句子"他描述得太平淡了"，歧义就出现在"太平"+"平谈"。如果切词"太平"，句子就难翻译正确了。这类歧义经常出现，目前还难以得到很好的解决。

组合型歧义的定义：在汉语句子中，如果字符串中 $Z=d_l\cdots d_i, g_l\cdots g_j$ 中，由于 $g_l\cdots g_j$, $d_l\cdots d_i$ 和 Z 都能分别成词，形成了串联组合，也会出现歧义切词，这就是组合型歧义。

例如，汉语句子"他将来青城山旅游"，歧义就出现在"将"和动词"来"，如果切词"将来"，句子就难翻译正确了。这类歧义也经常出现，目前也难以得到很好的解决。

2.2.2 汉语单词兼类的难点

在机器翻译软件研制面临的多种歧义中，汉语单词兼类也是主要的问题（即一个单词既可以作名词，也可以作动词，甚至还可以作形容词等）。汉语单词的应用非常灵活，在句子中又可能充当不同的成分。机器翻译中面临的汉语单词兼类多而复杂，因此，句子中的词性是研究机器翻译必须要认真对待的问题，这样才能保证译文的正确性。

这一问题当前的做法是弄清楚每一个汉语单词的词性是怎样标注的。词性标注肩负着汉语句子单词兼类消歧的重任，就是为每一个汉语句子中的每个词标上对应的词性，工作量大，面临的问题还是很多。

2.2.3 汉语句子中名词生成英语译文复数的难点

（1）哪些英语名词是词尾-s；
（2）哪些英语名词以 o 结尾加-es；
（3）哪些英语名词以 f 或 fe 结尾变 f 为 v 加-es；
（4）哪些英语名词有不规则的复数形式；
（5）哪些英语名词单复数形式是一样的；
（6）其他。

2.2.4 其他

（1）英语译文中过去式表达；
（2）英语译文中完成式表达；
（3）英语译文中被动表达；
（4）英语译文中进行时表达；
（5）英语译文中比较级表达；
（6）英语译文中"the"的加入；
（7）英语译文中某些单词大写或第一字母大写。
（8）其他。

2.2.5 句法、语法、语用分析部分主要面临的难点

句法分析可以采用句型间转换的方式，把汉语句子的单词和句型结构对应为英语译文相对应的单词和句型结构。汉语句子与英语句子能够对译的核心是句型结构的表达式相同，采用模式匹配的方式。

这样的句型转换分析，只要汉语句子分词正确，无语义问题，那么汉语句子机器翻译为英语句子译文后的质量就可以保证。并且，再多的汉语句子与英语句子相同句型也只需一个句型表达式。

例如：在汉语机器翻译成的英语句子中，"他们学习日语语法"和"我们研究汉语语义"，这样的句型是完全相同的，句型表达式只需建立一个，对应的英语句子的语序也是完全相同的。

句法分析的困难是，汉语句子的句型到底有多少，怎么可能定义得完。

2.2.6 多义词处理部分面临的难点

一个词可能有几个不同的意义，这个词就是多义词。汉英机器翻译回避不了多义词的问题，这又是要面临的另一难点。在汉英机器翻译的单词分析处理中，可能面临大量的多义词，它会影响汉英机器翻译译文的质量。当然，现在有了一些初步的解决方法，比如一个单词左边怎么结合，右边怎么结合意义的变化，也可以构造一个多义词解释模块。多义词消歧要对某一个有多个意义的单词进行词义的区分，弄清特定的上下文非常必要。多义词消歧在汉英机器翻译中就是英语译文不同意义的单词选择，要根据上下文选择一个英语单词，保证英语句子译文正确。但是，真正实施处理起来的困难很多。

3 基于实例的机器翻译方法及难点

3.1 基于实例的机器翻译方法

基于实例的机器翻译方法通过结构化的翻译例子直接把源语言的短语和句子与目标语言的短语和句子对应起来。方法的不同使得处理步骤或多或少，但都必须实现源语言到目标语言的转换，其映射关系或者是词到词，或者是短语或句子到与之相应的等价物。

将基于实例的机器翻译的实现过程简单概述起来如下：给定源语言输入句子 S，在双语语料库 C 中匹配查找一个最相近的句子 S′，则 S′ 的译文 T 就被接受为 S 的译文。

翻译的过程一般就是查找和复现相似的例子，发现和记起特定的源语言表达或相似的表达在以前是如何翻译的，把以前的翻译实例作为主要知识源。

源语言的内部匹配就是在语料库中查找一个与待译句子最相似的句子。对于任意给定的句子，很难在语料库中找到与之完全匹配的句子，所以对输入文本在语料库源语言一边的匹配查找采用了松弛匹配技术。松弛匹配就是部分匹配，不同的部分匹配被赋予不同的分值，以反映输入串和语料库中某些句子串的接近程度。整个输入组块与语料库组块匹配的分值由一定的公式计算出来。最后，待翻译文本中所有被匹配的每个输入组块都在语料库中检索出若干个最相近的组块，组块可以是一个句子，或者是一个从句，或者是

一个短语，按照匹配分数从大到小排列。

3.2 实例机器翻译的难点

首先，实例机器翻译其实就是在汉语和英语的双语语料库中查找相似的人工翻译好的句子。因此，必须建立人工汉语和英语翻译好的大型语料库，人工汉语和英语翻译好的大型语料库中句子越多越好，需要花费大量的时间来做这项工作。但是，汉语和英语句子到底有多少？应该是无穷的，建立这个庞大的汉语和英语语料库首先就面临着困难。

其次，就算建立了比较理想的汉语和英语语料库，又面临着要翻译的汉语和英语的句子相似度怎么计算的问题。

最后要翻译的汉语和英语的句子相似度计算一般有两种方法，一种方法是在语料库中查找出汉语和英语句子单词个数相同接近的多个句子作为翻译待选句。所谓接近的句子，就是这些人工翻译好的语句中单词相同的个数非常多，当然，可能少一个或几个单词；也可能多一个或几个单词；完全也可能数目相同，但必须有一个或几个不相同的单词。这种方法简单地将一个待选句中少一个单词（甚至符号）或多一个单词（甚至符号）减1分，最后简单选择分数最接近的那个英语句子作为目标翻译句。

这种简单汉语句子和英语句子单词个数基本相同的计算方法，虽然基本可以采用，但在特殊情况下发生严重错误是在所难免的。例如：

王明同学个子高，体育成绩好。
王明同学个子矮，体育成绩好。

这两个要翻译成英语句子的汉语句子，单词差距仅有一个"高"与"矮"，翻译出的英语句子意义却完全可能违背作者的原意，而且这种情况并不少。这是简单汉语句子和英语句子单词个数计算的致命缺陷。

第二种方法为：为防止出现这样的致命错误，可以给汉语句子事先每个单词打分。所谓每个汉语句子单词打分就是重要的单词给予高分（每个汉语句子中的核心词），仅是这个汉语句子的修饰词或虚词酌情给予低分，保证一个汉语句子的每一个核心词都没有漏掉，这样的英语句子作为目标翻译句。但是，事先对于语料库中的每一个汉语句子打分的工作量也是非常大的。

4 基于统计的机器翻译方法及难点

4.1 基于统计的机器翻译方法

基于统计的机器翻译方法，一般不要任何语言学知识，它的基本原理是实现源语言词汇到目标语言词汇的映射。其思路受到语音识别研究的启发，因而应用了类似的方法。

研究者将大规模的双语语料库作为基础，对源语言和目标语言词汇的对应关系进行统计，根据统计规律输出译文。

这种方法没有使用语言知识，主要特征是概率统计与随机过程成为分析和生成过程的唯一方法。

它的主要内容是将双语句对齐，通过词汇同现的可能性来计算一种语言的一个词映射到另一种语言的一个词（或两个、零个词）的概率。应该说，基于统计的机器翻译方法的出现改变了机器翻译研究的面貌，从而开始了机器翻译研究的新阶段。不过，有些学者也对纯统计方法提出了异议，认为必须引入高层语法、语义模型，显然这是正确的。否则，基于统计的机器翻译方法不可能产生高质量的翻译句。

统计方法最先在语音识别领域取得了成功。由于当前计算机在运算速度和存储容量方面都有巨大的提高，可以获取大量的机读语料库，因此在机器翻译中应用统计方法的条件已经成熟。

机器翻译的噪声通道模型可以视作最早的机器翻译思想的某种复活，其思路可以这样理解：假设说话者已经用目标语想好了一句话 T，但是说出的却是源语言句子 S。这样一个过程可以看成编码过程。而统计的机器翻译就是要根据 S 回推 T，可以看成解码过程。这样，统计的机器翻译任务分为两个部分：一是建模，即建立翻译的计算方法以及从双语语料库中估计模型的参数；二是解码，即寻求用一种高效搜索算法取有关概率计算的最大值。

4.2 统计机器翻译的难点

建模就是设计各个模型的计算公式。因为直接计算某个句子出现的概率是比较困难的，语料库不可能足够大到包含所有句子，必须进行合理的、适当的简化。这是统计方法的特点，所得到的结果是近似值，但是因为概率本身就不是精确的，所以这些近似完全可以接受。

总之，基于统计的机器翻译方法可以简单地这样看：将原始的某个句子按词拆开，然后全部单词存储；翻译则是取出，按概率统计的方法重组句子，这样的句子就是统计方法的翻译结果。

当然，我们还是认为应该加强统计方法与语法分析、语义分析相结合的研究。

5 结束语

机器翻译技术整体来讲研制成软件的方法较少，汉语翻译成英语的机器翻译技术也是这样。如果只采用某一种方法来研制汉语翻译成英语的软件。那么正确率会一直不理想，所以一般采用混合式方法来研制汉语翻译成英语的软件。在我们长期的科研探讨中，混合式方法融合了规则转换式方法与实例式方法，结构中它们成为两个大的软件模块。然而，这两个大的软件模块在研制过程中仍然面临着许多目前难以解决的困难。本文较全面地分析了会出现的困难，其中规则转换式方法面临困难还很多：自动分词过程中交集型歧义和组合型歧义即是第一个困难；汉语句子中名词生成英语译文复数以及其他困难也不是一朝一夕能够解决的。所以机器翻译技术是本世纪要攻克的难题。

虽然本文给出了两种实例机器翻译的相似度计算的方法，但这两种方法都不完善，而且仍然面临着困难，需要从事这方面研究机器翻译软件的科研人员去努力完善。当然，指出困难所在，就可以明确努力的方向，这是本文的意义所在。

基于统计的机器翻译方法在怎样建立实用的数学模型，提高翻译的准确率方面仍需要努力。

参考文献

[1] 赵铁军. 机器翻译原理[M]. 哈尔滨：哈尔滨工业大学出版社，2001.

[2] 杨宪泽. 自然语言处理的原理及其应用[M]. 成都：西南交通大学出版社，2007.

[3] 杨宪泽. 人工智能与机器翻译[M]. 成都：西南交通大学出版社，2006.

[4] 杨宪泽，肖明. 一种改进的机器翻译方法及相关处理[J]. 智能系统学报，2008，3（12）：133-138.

[5] YANG X Z. Reserace of Subfield Map Quick Sort Method[J]. CHINESE SCIENCE BULLETIN. 1991, 36（8）：702-704；子域映射快速排序法研究[J]. 科学通报. 1990, 35（15）：1119-1200.

[6] 杨宪泽. 长记录位置不变的排序算法[J]. 软件学报. 1993, 4（2）：48-52.

[7] 杨宪泽. 基于规则的索引算法和排序算法[J]. 中文信息学报，1993，7（2）：67-72.

[8] 杨宪泽. 基于实例的机器翻译处理方法[J]. 计算机工程，2003，29（21）：51-55.

[9] 杨宪泽. 句型转换的消歧与译文生成处理研究[J]. 计算机工程与科学，2007，29（4）：88-90.

[10] 杨宪泽. 混合式机译中模块的设计与实现[J]. 计算机应用与软件，2008，25（4）：132-134.

[11] 杨宪泽. 混合式机译的关键技术研究[J]. 四川师范大学学报，2008，31（11）：205-208.

[12] 杨宪泽，陈毅红. 汉藏机器翻译的特点与手写汉字切分分析研究[J]. 计算机工程与科学. 2014，36（8）：1595-1598.

[13] 杨宪泽，肖明. 一种混合式机器翻译方法的分析研究[J]. 计算机工程与科学，2012，34（2）：168-171.

[14] 杨宪泽. 混合式机器翻译中单词处理的一些技术探讨[J]. 科技通报，2011，27（1）：101-104.

带有等时中心的 Poincaré 系统 $P(2, 14)$ 中心的必要条件

徐金亚[1] 陆征一[2,3]

（1 成都东软学院 四川 成都 611844）
（2 四川师范大学数学与软件科学学院 四川 成都 610068）
（3 中国科学院成都计算机应用研究所 四川 成都 610041）

摘 要：本文研究了原点为 Poincaré 系统 $P(2, 14)$ 中心的必要条件。我们构造了递推算法，通过 Maple 软件进行符号计算首先得到 $P(2, 14)$ 系统的前 15 个焦点量，再对其进行约化得到该系统的必要条件。

关键词：Poincaré 系统；中心条件；符号计算

Necessary Centering Conditions for the Poincaré Systems $P(2, 14)$ with an Isochronous Center

Xu Jinya   Lu Zhengyi

（1 Chengdu Neusoft University, Chengdu 611844, Sichuan, China）
（2 Department of Mathematics, Sichuan Normal University, Chengdu 610068, Sichuan, China）
（3 Institute of Computer Applications, Academia Sinica, Chengdu 610041, Sichuan, China）

Abstract: We obtain necessary centering conditions for the Poincaré system $P(2,14)$. Firstly we construct a recursive algorithm to compute the first fourteen focal values for the system by symbolic computation with Maple, and then derive necessity of the condition by reducing the focal values.

Key words: Poincaré system; centering condition; symbolic computation

1 前 言

目前对于 Hilbert's 第 16 问题的研究已逐步转向对一些特殊的多项式系统簇的研究，近年来已有大量文献对于三次、四次多项式系统的中心问题做了详细的研究（参见参考文献[1, 3, 4, 5, 6, 8, 9, 13]及相关文章），本文考虑

$$\begin{cases} \dot{x} = -y + xF(x, y) \\ \dot{y} = x + yF(x, y) \end{cases} \quad (1)$$

其中

$$F(x, y) = R_2(x, y) + R_{2n}(x, y),$$
$$R_2(x, y) = a_{2,0}x^2 + a_{1,1}xy + a_{0,2}y^2,$$
$$R_{2n}(x, y) = \sum_{i=0}^{2n} b_{2n-i,i} x^{2n-i} y^i \quad (n > 1),$$

$b_{2,0}, b_{1,1}, b_{0,2}, b_{2n-i,i} (i = 0, \cdots, 2n)$ 为实系数. 称以上系统为 $P(2, 2n)$。对于 $P(2, 2n)$ 这类系统，原点为等时中心（参见参考文献[2]）。参考文献[10, 11, 12]讨论了 $P(2, 10)$ 关于原点为系统中心的充要条件。本文讨论了系统 $P(2, 14)$，得到了中心的充要条件的多项式表示。尽管方法与参考文

基金项目：博士点基金资助（基金编号：20115134110001）。
作者简介：徐金亚，（1978—），男，江苏盐城，讲师，符号计算。

献[12]类似，但在计算焦点量的过程中所涉及的多项式运算及分析极具挑战性。文中第二部分对系统 $P(2,14)$ 的极坐标形式做了描述，并给出了关于系统 $P(2,14)$ 的系数的中心条件。

在第三部分，给出了中心条件的必要性证明。最后在第四部分指出了充分性证明的思路，并做了总结。

2 中心条件

在极坐标系下，系统 $P(2,14)$ 变为

$$\dot{r} = p(\theta)r^3 + q(\theta)r^{15}, \quad \dot{\theta} = 1, \qquad (2)$$

其中

$$\begin{aligned} p(\theta) &= a_{2,0}\cos^2(\theta) + a_{1,1}\cos(\theta)\sin(\theta) + \\ &\quad a_{0,2}\sin^2(\theta), \\ q(\theta) &= \sum_{i=0}^{14} b_{14-i,i}\cos^{14-i}(\theta)\sin^i(\theta)。 \end{aligned} \qquad (3)$$

令 $r(\theta, c)$ 为（2）的满足初始条件 $r(0; c) = c$ 的解。对于足够小的 $c > 0$，我们有

$$r(\theta, c) = \sum_{m=1}^{\infty} a_m(\theta) c^m, \qquad (4)$$

其中，$a_1(0) = 1, a_m(0) = 0\ (m>1)$。将式（4）代入式（2），比较两侧关于 c 的同类项系数可得

$$\dot{a}_m = p\sum_{\substack{h+j+l=m \\ h,j,l \geq 1}} a_h a_j a_l + q\sum_{\substack{s_1+s_2+\cdots+s_{15}=m \\ s_1,s_2,\cdots,s_{15} \geq 1}} a_{s_1}a_{s_2}\cdots a_{s_{15}}。 \qquad (5)$$

由（5），可得 $\dot{a}_1 = 0, \dot{a}_{2k} = 0\ (k=1,2,\cdots)$。于是可以推导出

$$a_m = \begin{cases} 1 & m=1, \\ 0 & m=2k \quad (k=1,2,\cdots), \\ \int_0^\theta \Phi_m d\theta & m=2k+1 \quad (k=1,2,\cdots), \end{cases} \qquad (6)$$

其中

$$\Phi_m = p\sum_{\substack{h+j+l=m \\ h,j,l \geq 1 \\ h,j,l \text{ is odd}}} a_h a_j a_l + q\sum_{\substack{s_1+s_2+\cdots+s_{15}=m \\ s_1,s_2,\cdots,s_{15} \geq 1 \\ s_1,s_2,\cdots,s_{15} \text{ is odd}}} a_{s_1}a_{s_2}\cdots a_{s_{15}}。$$

$a_{2k+1}(2\pi)\ (k=1,2,\cdots)$ 称为 k 阶焦点量。令 $L_k = a_{2k+1}\ (k=1,2,\cdots)$，于是原点为系统 $P(2,14)$ 的中心的充要条件为

$$D_k \triangleq L_k(2\pi) = a_{2k+1}(2\pi) = 0 \quad (k=1,2,\cdots)。 \qquad (7)$$

其中

$$L_k = \int_0^\theta \Psi_k d\theta \quad (k=1,2,\cdots), \qquad (8)$$

及

$$\Psi_k = p\sum_{\substack{h+j+l=k-1 \\ h,j,l \geq 0}} L_h L_j L_l + q\sum_{\substack{s_1+s_2+\cdots+s_{13}=k-6 \\ s_1,s_2,\cdots,s_{13} \geq 0}} L_{s_1}L_{s_2}\cdots L_{s_{13}}, \qquad (9)$$

并且 $L_0 = a_1 = 1$。

本文的主要结论如下：

Theorem 2.1. 原点为系统 $P(2,14)$ 的中心的必要条件为

$0 = a_{2,0} + a_{0,2}$,

$0 = 429b_{0,14} + 33b_{2,12} + 9b_{4,10} + 5b_{6,8} + 5b_{8,6} + 9b_{10,4} + 33b_{12,2} + 429b_{14,0}$,

$0 = 6\,435a_{1,1}b_{0,14} + 429a_{1,1}b_{2,12} + 99a_{1,1}b_{4,10} + 45a_{1,1}b_{6,8} + 35a_{1,1}b_{8,6} + 45a_{1,1}b_{10,4} + 99a_{1,1}b_{12,2} + 429a_{1,1}b_{14,0} + 858a_{2,0}b_{1,13} + 198a_{2,0}b_{3,11} + 90a_{2,0}b_{5,9} + 70a_{2,0}b_{7,7} + 90a_{2,0}b_{9,5} + 198a_{2,0}b_{11,3} + 858a_{2,0}b_{13,1}$,

$0 = 12\,155a_{1,1}^2 b_{0,14} + 715a_{1,1}^2 b_{2,12} + 143a_{1,1}^2 b_{4,10} + 55a_{1,1}^2 b_{6,8} + 35a_{1,1}^2 b_{8,6} + 35a_{1,1}^2 b_{10,4} + 55a_{1,1}^2 b_{12,2} + 143a_{1,1}^2 b_{14,0} + 2\,860a_{2,0}a_{1,1}b_{1,13} + 572a_{2,0}a_{1,1}b_{3,11} 220a_{2,0}a_{1,1}b_{5,9} + 140a_{1,1}a_{2,0}b_{7,7} + 140a_{2,0}a_{1,1}b_{9,5} + 220a_{2,0}a_{1,1}b_{11,3} + 572a_{1,1}a_{2,0}b_{13,1} + + 2\,860a_{2,0}^2 b_{0,14} + 572a_{2,0}^2 b_{2,12} + 220a_{2,0}^2 b_{4,10} + 140a_{2,0}^2 b_{6,8} + 140a_{2,0}^2 b_{8,6} + 220a_{2,0}^2 b_{10,4} + 572a_{2,0}^2 b_{12,2} + 2\,860a_{2,0}^2 b_{14,0}$,

$0 = 46\,189a_{1,1}^3 b_{0,14} + 2\,431a_{1,1}^3 b_{2,12} + 429a_{1,1}^3 b_{4,10} + 143a_{1,1}^3 b_{6,8} + 77a_{1,1}^3 b_{8,6} + 63a_{1,1}^3 b_{10,4} + 77a_{1,1}^3 b_{12,2} + 143b_{14,0}a_{1,1}^3 + 14\,586a_{2,0}a_{1,1}^2 b_{1,13} + 2\,574a_{2,0}a_{1,1}^2 b_{3,11} + 858a_{2,0}a_{1,1}^2 b_{5,9} +$

$462a_{2,0}a_{1,1}^2 b_{7,7} + 378a_{1,1}^2 a_{2,0} b_{9,5} +$

$462a_{2,0}a_{1,1}^2 b_{11,3} + 858a_{1,1}^2 a_{2,0} b_{13,1} +$

$29\,172a_{2,0}^2 a_{1,1} b_{0,14} + 5\,148a_{2,0}^2 a_{1,1} b_{2,12} +$

$1\,716a_{2,0}^2 a_{1,1} b_{4,10} + 924a_{2,0}^2 a_{1,1} b_{6,8} +$

$756a_{1,1}a_{2,0}^2 b_{8,6} + 924a_{2,0}^2 a_{1,1} b_{10,4} +$

$1\,716a_{2,0}^2 a_{1,1} b_{12,2} + 5\,148a_{2,0}^2 a_{1,1} b_{14,0} +$

$3\,432a_{2,0}^3 b_{1,13} + 1144a_{2,0}^3 b_{3,11} + 616a_{2,0}^3 b_{5,9} +$

$504a_{2,0}^3 b_{7,7} + 616a_{2,0}^3 b_{9,5} +$

$1144a_{2,0}^3 b_{11,3} + 3\,432a_{2,0}^3 b_{13,1} + \cdots$ 注 （10）

3 必要性证明

根据式（9）通过 Maple 程序进行代数运算可得

$\Psi_1 = pL_0^3,$

$\Psi_2 = 3pL_0^2 L_1,$

$\Psi_3 = p(3L_0^2 L_2 + 3L_0 L_1^2),$

$\Psi_4 = p(3L_0^2 L_3 + 6L_0 L_1 L_2 + L_1^3),$ （11）

$\Psi_5 = p(3L_0^2 L_4 + 6L_0 L_1 L_3 + 3L_0 L_2^2 + 3L_1^2 L_2),$

$\Psi_6 = p(3L_0^2 L_5 + 6L_0 L_1 L_4 + 6L_0 L_2 L_3 +$
$\quad 3L_1^2 L_3 + 3L_1 L_2^2) + qL_0^{13},$

$\Psi_7, \cdots, \Psi_{13}$ 也是关于低阶 L_k 的多项式，此处因篇幅所限未予列出。

将式（11）中关于 Ψ_1 的等式代入式（8），计算可得

$L_1 = \frac{1}{2}a_{2,0}\cos(\theta)\sin(\theta) - \frac{1}{2}a_{0,2}\cos(\theta)\sin(\theta) +$
$\quad \frac{1}{2}a_{1,1} + \frac{1}{2}a_{2,0}\theta - \frac{1}{2}a_{1,1}\cos^2(\theta) + \frac{1}{2}a_{0,2}\theta,$

（12）

于是一阶焦点量 $D_1 = L_1(2\pi) = a_{2,0}\pi + a_{0,2}\pi$。由（7）可得，如果原点为系统 $P(2,14)$ 的中心，则

$0 = a_{2,0} + a_{0,2}$ （13）

必须满足。

如上述讨论，我们构造下面的算法步骤。递归迭代计算，可以得 k 阶焦点量。

步骤Ⅰ：初始化。令

$L_0 = 1, \quad k = 1,$

$p(\theta) = a_{2,0}\cos^2(\theta) + a_{1,1}\cos(\theta)\sin(\theta) - a_{2,0}\sin^2(\theta),$

$q(\theta) = \sum_{i=0}^{12} b_{12-i,i}\cos^{12-i}(\theta)\sin^i(\theta)。$

步骤Ⅱ：计算第 k 阶焦点量。

利用 Maple 程序根据式（8）（9）及式（11）计算得出 L_k。由此可以得到 k 阶焦点量 k 阶焦点量。

步骤Ⅲ：令 $k = k+1$，跳转到步骤Ⅱ。

按照上面的算法步骤，利用 Maple 程序计算可得前 15 阶焦点量，其中：$D_k = 0$ （$k=1,2,\cdots,5$），第 6 阶至第 15 阶焦点量表达式为大型多项式（最多达到 96 项，此处因篇幅限制未予列出）。

欲使原点为系统 $P(2,14)$ 的中心，则各阶焦点量必须为 0。即 $D_i = 0$ （$i=1,2,\cdots,15$）采用吴方法（见参考文献[7]）作进一步约化即可得到式（10），于是必要性得证。

4 总 结

该必要条件的充分性可以通过旋转变换，并借助 Poincare 对称原理进行证明。文中所采用的计算方法是基于代数系统工具——Maple 编码实现的。主要的挑战在于对大型多项式的处理。Ritt-Wu 特征集方法是一个基本的工具，据此可以得到一系列结果。相关问题的处理需要更多技巧，譬如，构造特定系统的小扰动极限环。未来我们将对这类问题进行研究。

参考文献

[1] M A M ALWASH. On the center conditions of certain cubic systems[J]. Proc Amer Math Soc, 126(1998), 3335-3336.

[2] R CONTI. Uniformly isochronous centers of polynomial systems in r², E Bruce Lee K D Elworthy, W Norrie Everitt, editor, Differential Equations, Dynamical Systems, and Control Science, volume 152 of Lecture Notes in Pure and Appl Math, Marcel Dekker, New York, 1994, 21-31.

[3] I A GARCÌA, J. GINÉ. The center problem via averaging method[J]. J Math Anal Appl, 351,

(2009), 334-339.

[4] J GINÉ, S MAZA. The reversibility and the center problem[J]. Nonl Anal, 74, (2011), 695-704.

[5] J LLIBRÉ, C PESSOA. On the centers of the weight-homogeneous polynomial vector fields on the plane[J]. J Math Anal Appl 359 (2009), 722-730.

[6] J LLIBRÉ, V CLÀUDIA. Classification of the centers and isochronous centers for a class of quartic-like systems[J]. Nonl Anal 71 (2009), 3119-3128.

[7] Z LU, B HE, Y LUO. Algorithm of Real Root Isolation for Polynomial Systems and its Application[J]. Science Press, 2004, 24-33.

[8] G R NICKLASON. A general class of centers for the Poincaré problem[J]. J Math Anal Appl, 358 (2009), 75-80.

[9] R K W ROEGDER. On Poincare's fourth and fifth examples of limit cycle at infinity[J]. Rocky Mountain Journal of Mathematics. 33(2003), 1057-1082.

[10] E P VOLOKITIN. Center conditions for a simple class of quintic systems[J]. International J Math Math Sci, 29 (2002), 625-632.

[11] E P VOLOKITIN. Centering conditions for planar septic systems[J]. Electronic J Diff Equat, 2002 (2002), 1-7.

[12] J XU, Z LU. Center conditions for a class of Poincaré system[J]. Proceedings of the 7th Conference on Biological Dynamic System and Stability of Differential Equation, volume II, World Academic Press, 2010, 776-772.

[13] Q ZHANG, W GUI, Y LIU. The generalized center problem of degenerate resonant singular point[J]. Bull Sci math, 133(2009), 198-204.

n 维模糊数的形心向量函数

柴英明

(成都东软学院 四川 成都 611844)

摘 要：本文引入了 n 维模糊数的形心向量函数的概念，证明了满足一定条件的向量函数可以生成一类特殊的 n 维模糊数——n 维方体模糊数，并且这种向量函数恰好就是它生成的方体模糊数的形心向量函数。

关键词：有界变差向量函数；n 维模糊数；n 维模糊数向量；n 维方体模糊数

Centroid Vector Functions of N-dimensional Fuzzy Numbers

Chai Yingming

(Chengdu Neusoft University, Chengdu 611844, Sichuan, China)

Abstract: The notion of centroid vector function of the *n*-dimensional fuzzy numbers is introduced in this paper. It is shown that a vector function satisfying some conditions can generate a special *n*-dimensional fuzzy number—fuzzy *n*-cell number, with the vector function being the centroid vector function.

Key words: vector functionof bounded variation; *n*-dimensional fuzzy number; *n*-dimensional fuzzy vector; fuzzy *n*-cell number

1 引 言

我们首先介绍一些 n 维模糊数，n 维模糊数向量和 n 维方体模糊数的知识，关于一维模糊数，读者可以参考文献[2]。

定义 1.1 函数 $u: \mathbb{R}^n \to [0,1]$ 满足下列四个条件，则称 u 为 n 维模糊数[4]。

(1) u 是正规的，即存在 $t_0 \in \mathbb{R}^n$，使得 $u(t_0) = 1$；

(2) u 的支集是紧集，即 $\{t \in \mathbb{R}^n : u(t)>0\}$ 的闭包有界；

(3) u 是凸的，即对任意的 r，$t \in \mathbb{R}^n$ 对任意的 $\lambda \in [0,1]$ 有 $\min\{u(r),u(t)\} \leqslant u(\lambda r + (1-\lambda)t)$；

(4) u 上半连续，即对任意的 $t_k \in \mathbb{R}^n$，$(k=0,1,2,\cdots), t_k \to t_0$，有。

设 u 是 n 维模糊数，当 $\alpha \in (0,1]$ 时，我们记 $u_\alpha = \{t \in \mathbb{R}^n | u(t) \geqslant \alpha\}$；当 $\alpha = 0$ 时，定义 u_0 等于 $\{t \in \mathbb{R}^n | u(t)>0\}$ 的闭包。由定义 1.1（1）-（4）可得，u_α 是非空紧凸集[4]。

我们用 f_n 表示全体 n 维模糊数，当 $n=1$ 时，f_n 即为一维模糊数 $f^{[3]}$。由一维模糊数可以组成 n 维模糊数向量（*n*-dimensional fuzzy vector[6]）。我们用 f^n 表示全体 n 维模糊数向量。当 $(u^1,u^2,\cdots,u^n) \in f^n$ 时，对任意的 $1 \leqslant i \leqslant n$，有 $u^i \in f$。n 维模糊数向量与一类特殊的 n 维模糊数——n 维方体模糊数等同。

定义 1.2[5] 设 $u \in f_n$，若 u_α 是超矩形，即存在 $\alpha_i, b_i : [0,1] \to \mathbb{R}$，$1 \leqslant i \leqslant n$，使得 u_α 可以表示成 $[a_1(\alpha),b_1(\alpha)] \times [a_2(\alpha),b_2(\alpha)] \times \cdots \times [a_n(\alpha),b_n(\alpha)], \alpha \in [0,1]$ 则称 u 为 n 维方体模糊数（fuzzy *n*-cell number）。

作者简介：柴英明（1977 年），男，汉族，吉林省梨树县人，副教授，博士，研究方向：基础数学。

定理 1.3[6]

(1) 设 u 是 n 维方体模糊数, 即存在 $\alpha_i, b_i:[0,1]\to\mathbb{R}, 1\leq i\leq n$, 使得 $u_\alpha=\prod_{1\leq i\leq n}[a_i(\alpha), b_i(\alpha)]$, 则存在唯一的 $(u^1, u^2, \cdots, u^n)\in f^n$ 使得 $u_\alpha^i=[a_i(\alpha), b_i(\alpha)], \alpha\in[0,1], 1\leq i\leq n$。

(2) 设 $(t_1,t_2,\cdots,t_n)\in\mathbb{R}^n (u^1,u^2,\cdots,u^n)\in F^n$, 令 $u(t_1,t_2,\cdots,t_n)=\min\{u^1(t_1), u^2(t_2),\cdots,u^n(t_n)\}$, 则 u 是 n 维方体模糊数, 记 $u=W(u^1,u^2,\cdots,u^n)$。

由定理 1.3 可知, n 维方体模糊数与 n 模糊数向量等同。

为了引入形心向量函数的概念, 我们还需要介绍一些有界变差向量函数的知识。对于向量函数 $f:[0,1]\to\mathbb{R}^n, f(\alpha)=(f_1(\alpha), f_2(\alpha),\cdots, f_n(\alpha))$, 若对任意的 $1\leq i\leq n$, 都有 f_i 为有界变差函数, 则称 f 为有界变差向量函数[1], 我们记[0,1]上有界变差向量函数的全体为 $BV[0,1]^n$, 记在[0, 1]上左连续且在 0 点连续的有界变差向量函数的全体为 $BV_0[0,1]^n$。

命题 1.4 设 $f\in BV[0,1]^n, f=(f_1, f_2,\cdots,f_n)$, 则 f 左连续且在 0 点连续当且仅当每个 $1\leq i\leq n$ 都有 f_i 左连续且在 0 点连续。

2 形心向量函数

类似于一维模糊数的中点函数 (midpoint functions[2]), 我们定义 n 维模糊数的形心向量函数。设 u 是 n 维模糊数, 任给 $\alpha\in[0,1], u_\alpha$ 是非空紧凸集, 则 u_α 的形心存在。记 u_α 的形心为 $u^M(\alpha)$, 则 u^M 为从[0, 1]到 $\mathbb{R}^n$ 上的向量函数, 我们称它为 n 维模糊数 u 的形心向量函数。特别地, 当 u 是一维模糊数时, 形心向量函数即是中点函数。

例 2.1 设 2 维模糊数
$$u(t_1, t_2)=\begin{cases}1-\sqrt{t_1^2+t_2^2}, & t_1\geq 0,\ t_2\geq 0,\ t_1^2+t_2^2\leq 1\\ 0, & 其他。\end{cases}$$

任给 $\alpha\in[0,1]$ 有 $u_\alpha=\{(t_1,t_2): t_1\geq 0,\ t_2\geq 0, t_1^2+t_2^2\leq(1-\alpha)^2\}$, 则
$$\int_{u_\alpha}d\sigma=\frac{\pi(1-\alpha)^2}{4}, \int_{u_\alpha}t_1 d\sigma=\int_{u_\alpha}t_2 d\sigma=\int_0^{1-\alpha}\int_0^{\sqrt{(1-\alpha)^2-t_1^2}}t_1 dt_1 dt_2=\frac{(1-\alpha)^3}{3}。$$

所以 u 的形心向量函数为
$$u^M(\alpha)=\frac{1}{\int_{u_\alpha}d\sigma}\left(\int_{u_\alpha}t_1 d\sigma, \int_{u_\alpha}t_2 d\sigma\right)$$
$$=\frac{4}{\pi(1-\alpha)^2}\left(\frac{(1-\alpha)^3}{3}, \frac{(1-\alpha)^3}{3}\right)$$
$$=\left(\frac{4(1-\alpha)}{3\pi}, \frac{4(1-\alpha)}{3\pi}\right)。$$

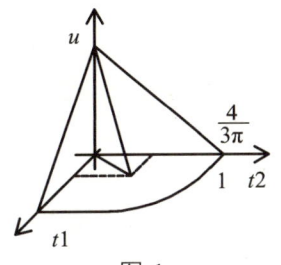

图 1

任意一个有界变差向量函数 $f\in BV_0[0,1]^n$, 可以表示为 $f=(f_1, f_2,\cdots,f_n)$。由命题 1.4 可知, 对每个 $1\leq i\leq n$ 都有 f_i 左连续且在 0 点连续. 再由[2]知, 每个 f_i 可以唯一地生成一维模糊数 $K(f_i), 1\leq i\leq n$。这样每个在[0, 1]上左连续且在 0 点连续的有界变差向量函数就可以等同于一个 n 维模糊数向量 $(K(f_1), K(f_2),\cdots, K(f_n))$。又由定理 1.3 知, 每个 n 维模糊数向量与一个 n 维方体模糊数等同。所以每个在[0, 1]上左连续且在 0 点连续的有界变差向量函数等同于一个 n 维方体模糊数。

设 $f\in BV_0[0,1]^n, f=(f_1, f_2,\cdots, f_n)$, 令 $K(f), (t_1, t_2,\cdots,t_n)=\min\{K(f_1)(t_1), K(f_2)(t_2),\cdots, K(f_n)(t_n)\}$, 由定理 1.3 可知, $K(f)$ 是一个 n 维方体模糊数。

下面给出一个有界变差向量函数生成 n 维方体模糊数的例子。

例 2.2 设 $f(\alpha)=\left(\dfrac{4(1-\alpha)}{3\pi}, \dfrac{4(1-\alpha)}{3\pi}\right)$, 则:
$$K\left(\frac{4(1-\alpha)}{3\pi}\right)=\begin{cases}1-\dfrac{3\pi t}{8}, & 0\leq t\leq\dfrac{8}{3\pi};\\ 0, & 其他。\end{cases}$$

$$K(f)(t_1,t_2)=\min\left\{K\left(\frac{4(1-\alpha)}{3\pi}\right), K\left(\frac{4(1-\alpha)}{3\pi}\right)\right\}$$
$$=\begin{cases}1-\dfrac{3\pi t_1}{8}, & 0\leq t_1\leq t_2\leq\dfrac{8}{3\pi};\\ 1-\dfrac{3\pi t_2}{8}, & 0\leq t_2\leq t_1\leq\dfrac{8}{3\pi};\\ 0, & 其他。\end{cases}$$

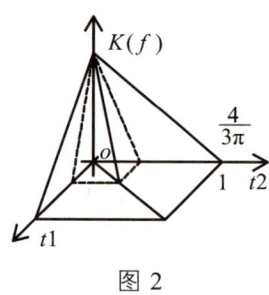

图 2

注：例 2.1 中的 u 与例 2.2 中的 $K(f)$ 有相同的形心向量函数，都是 $\left(\dfrac{4(1-\alpha)}{3\pi},\dfrac{4(1-\alpha)}{3\pi}\right)$。但 $u\ne K(f)$。对于形心向量函数相同的 n 维模糊数，还需要满足什么条件才能让它们相等，有待进一步研究。对于一维模糊数 u，v，形心向量函数相同即中点函数相同，$u=v$ 当且仅当它们都是反对称的[2]。注意 $K(f)$ 的形心向量函数就是 f，即在 $[0,1]$ 上左连续且在 0 点连续的有界变差向量函数生成的 n 维方体模糊数的形心向量函数就是它本身。

定理 2.3 设 $f\in BV_0[0,1]^n$，则 $K(f)^M=f$。

证明：设 $f=(f_1,f_2,\cdots,f_n),\alpha\in[0,1]$

则 $K(f)=W(K(f_1),K(f_2),\cdots,K(f_n))$。

因为 $K(f)$ 是 n 维方体模糊数，所以 $K(f)_\alpha$ 的形心 $K(f)^M(\alpha)=(K(f_1)^M(\alpha),K(f_2)^M(\alpha),\cdots,K(f_n)^M(\alpha))=(f_1(\alpha),f_2(\alpha),\cdots,f_n(\alpha))$，因此 $K(f)^M=f$。

参考文献

[1] L AMBROSIO, N FUSCO, D PALLARA. Functions of Bounded Variation and Free Discontinuity Problems[M]. Oxford: Clarendon Press, 2000: 117-118.

[2] Y M CHAI, D X ZHANG. A Representation of Fuzzy Numbers[J]. Fuzzy Sets and Systems, 2016, 295: 1-18.

[3] R GOETSCHEL, W VOXMAN, Topological properties of fuzzy numbers[J]. Fuzzy Sets and Systems, 1983, 10: 87-99.

[4] O KALEVA. Fuzzy differential equations[J]. Fuzzy Sets and Systems, 1987, 24: 301-317.

[5] G X WANG, C X WU. Fuzzy n-cell numbers and the differential of fuzzy n-cell number value mappings[J]. Fuzzy Sets and Systems, 2002, 130: 367-381.

[6] G X WANG, Y M LI, C L WEN. On fuzzy n-cell numbers and n-dimension fuzzy vectors[J]. Fuzzy Sets and Systems, 2007, 158: 71-84.

面向乡镇区域的胸部 DR 片分层协同诊断模式探讨

陈 建 宁多彪

（成都东软学院 四川 成都 611844）

摘 要：在传染性结核病筛查的大规模体检中，DR 片的诊断至关重要。但乡镇级放射科医师的诊断水平往往落后于区域中心城市，很容易造成传染病筛查的误诊。在参照国内外协同医疗模式的基础上，依托目前先进的计算机技术和充足的网络带宽，提出并实践了一种 DR 片分层协同诊断模式，为提高结核病的诊断准确率提供了一个新模式，也为加强各级医疗结构在 DR 片诊断中的交流学习提供了一个新方法。方法中根据混淆矩阵等思想设计了一套评判医师诊断能力的体系，以便能够对医生的诊断能力做出评判，并促进参与医师间的相互学习和竞争。该协同诊断模式让市、区县和乡镇级的医师在同一个平台上参与胸部 DR 片的诊断，通过技术和管理手段的结合，提高了 DR 片的诊断效果。

关键词：传染病筛查；分层协同诊断；混淆矩阵

Discussion on Hierarchical and Cooperative Diagnosis Model of Chest DR Slice for Rural Area

Chen Jian   Ning Duobiao

（Chengdu Neusoft University, Chengdu 611844, Sichuan, China）

Abstract: In large scale physical tuberculosis epidemic screening, it is important to diagnose DR slice, but the diagnosis level of township level radiologists often lags behind the regional center of the city, it is easy to cause misdiagnosis of infectious disease screening. Based on the collaborative medical model in reference at home and abroad, relying on the advanced computer technology and sufficient network bandwidth, a DR hierarchical and cooperative diagnosis model proposed to improve the accuracy of diagnosis of tuberculosis, but also promote the radiologists to mutually learn and compete each other. According to the confusion matrix, a set of evaluation system was designed to judge the radiologists' ability to diagnose and promote the learning and competition among physicians. The cooperative diagnosis model enables the radiologistsat the city, county and township level to participate in the diagnosis of chest DR slice on the same platform, and improves the diagnostic effect of DR through the combination of techniques and management measures..

Key words: epidemic screening; hierarchical and cooperative diagnosis model; confusion matrix

1 引言

协同医疗是指在一定区域范围内，利用信息技术和医疗技术，整合各种医疗资源，使医疗机构之间互相协作、资源共享，实现医疗资源利用最大化的医疗模式[1]。当前的计算机技术和网络通信技术为远程协同医疗的实施提供了条件。本文探讨协同医疗技术在中国乡镇区域胸部 DR

作者简介：陈建（1976—），男，汉族，四川崇州人，讲师，博士，研究方向：医学信息学、大数据。

（Digital Radiography，数字X射线成像）片诊断中的应用，并提出了一种胸部DR片分层协同诊断的模式。

2 研究背景

由于有先进科学技术的支撑，国外协同医疗技术发展较早。如加拿大2001年成立了Health Infoway项目公司，负责建立全国范围内的共享电子健康系统[2]。随后各国也开展了类似的研究，如美国的国家健康信息网（NHIN）项目[3]、英国的健康关怀计划[4]。国内有些实力雄厚的医疗机构也进行了协同医疗模式的探索，如第三军医大学西南医院的"数字化医院"[5]项目。厦门市也在2005年进行了建设区域性电子病历系统的探索[6]。基于互联共享的电子健康系统，有些学者对共享协同模式开展了深入的研究。文献[7]提出了一种基于Multi-Agent的远程医疗系统的结构与协作模型，文献[8]基于多智能体系统中的合同网协商机制，建立了分布式协同医疗诊断专家系统模型。

结核病是由结核分枝杆菌感染引起的慢性传染病，结核菌可能侵入人体全身各种器官，但主要侵犯肺脏（所以称为肺结核病）。肺结核会严重影响患者的身体健康，若不彻底治疗会让患者丧失劳动能力，甚至造成其死亡。另外，肺结核通过空气和呼吸道传播，很容易危及他人的身体健康。拍摄胸部DR片，并根据胸部DR片来初步筛查肺部结核病是目前一种比较常用的方式，这种方式比用CT（Computed Tomography，电子计算机断层扫描）更为快捷和经济，特别适合于面向乡镇大规模人群的肺结核筛查。很多文献对胸部DR片在筛查结核病中的重要作用也做了阐述。如文献[9]阐述了胸部DR片在印度这样的发展中国家在筛查结核病方面起到的重要作用。

因为胸片是充满空气的肺泡、血管和气管的组织，再混杂衣物、饰品、肋骨、锁骨、脊柱和心脏的共同二维投影图片，附带很多噪声，发现和确定DR片上的病灶是一件非常困难的事。目前，胸部DR片的诊断结果还是主要依靠放射科医师的经验来判断的，如果放射科医师的经验不足则极有可能发生误诊。对胸部DR片的一个研究热点是基于图像分析的结核病征计算机辅助诊断CAD[10]技术。如文献[11]和[12]介绍了各自进行CAD诊断的方法，但目前CAD的效果还不尽如人意[13]，即使采用了CAD技术也要由人做出最终的诊断结论。

本文结合目前我国乡镇级医疗服务体系的现状，面向传染病筛查的大规模体检，通过技术和管理手段的结合提出一种胸部DR片分层协同诊断的模式。

3 胸部DR片分层协同诊断的模式

要实现胸部DR片分层协同诊断，首先需要一套区域（比如一个地级市）医学信息管理平台，区域用户角色层次和目前我国医疗管理体系层次相对应，如图1所示。

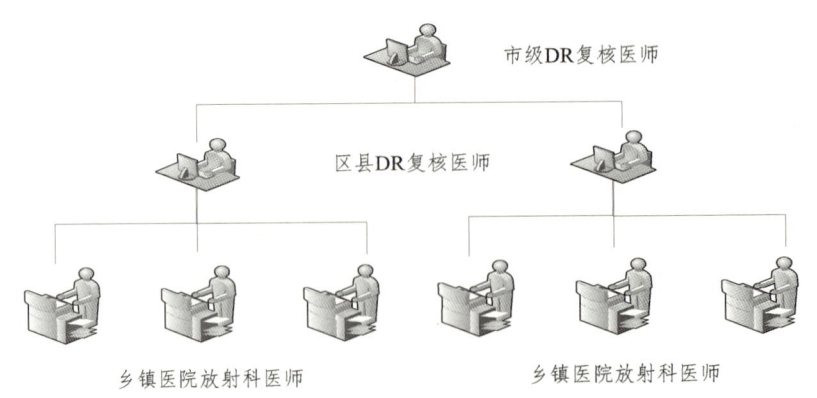

图1 区域DR诊断人员结构图

居民在乡镇体检点拍摄完胸部DR片后，乡镇医院根据胸部DR片对居民做出初步判定结论，诊断结论包括表1中的六种情况。

表1　胸部DR片诊断结论选项

序号	胸部DR片诊断结论
1	正常
2	陈旧性肺结核
3	其他异常情况
4	慢性支气管炎、肺气肿
5	肺占位
6	疑似活动性肺结核

接着将DR片上传到信息平台，然后与居民信息相关联。信息平台自动将乡镇医院除"正常"以外的全部胸片和2%"正常"胸片推送到其上级区县DR复核医师复审列表，然后由上级区县DR复核医师复审这些DR片。如果区县DR复核医师认为某个DR片疑似结核，就会将胸片疑似活动性肺结核者转诊至区县CDC（Centers for Disease Control，疾控中心），通过PPD皮试、痰涂片与培养、痰结核杆菌快速核酸检测等手段，查明是否为活动性肺结核。

而市级DR复核医师按50%的比例抽查区县DR复核医师的抽查结果，进行业务指导。

4　医师DR片诊断能力的判定标准

本文提出的胸部DR片分层协同诊断模式，让市、区县和乡镇级的医师在同一个平台上参与胸部DR片的协同诊断。在协同诊断的过程中，需要有一个评判体系对医师诊断能力做出评判，这样我们才能看到在这些医师中谁更权威，同时也促进了参与的医师间的相互学习和竞争。

借鉴混淆矩阵（Confusion Matrix）理论[14]，并采用"积分制"的思想，设计一套评判医师的诊断能力的方法，即每一次协同诊断后评估一个得分，这个得分表示如下：

$$Score = W \cdot S \qquad (1)$$

其中，W表示医师做出本项诊断的权值系数，所有的系数构成权值矩阵，权值矩阵的数值可以通过经验来设定，也可以采用自适应的方法动态调整。S是系统设定的层级基础分数，比如乡镇为5分，区县为10分，市级为20分，层级分数不同表示不同的层级权值。

每次诊断的得分加入该医师总得分，再根据他参加诊断DR片数目就可以求出他的平均得分，信息平台再实时地对同级别所有医师的平均得分排序就可以比较出所有同级别医师的诊断能力孰强孰弱。平均得分越高，就表明越权威，在决定一个疑难DR片诊断结果的时候就更有发言权，诊断得分的权值矩阵如表2所示。

但是还有几个问题需要说明：

（1）表1中胸部DR的诊断结果选项一共有六种结论，即除了诊断活动性肺结核外还要诊断是否是陈旧性肺结核、慢性支气管炎与肺气肿、肺占位、其他异常情况，并且对公众的危害性由低到高分别是：正常<陈旧性肺结核<其他异常情况<慢性支气管炎、肺气肿<肺占位<疑似活动性肺结核，所以权值矩阵应该是非对称矩阵。

表2　诊断得分的权值矩阵

		判定情况					
		1	2	3	4	5	6
		正常	陈旧性肺结核	其他异常情况	慢性支气管炎、肺气肿	肺占位	疑似活动性肺结核
实际情况	1 正常	w11	w12	w13	w14	w15	w16
	2 陈旧性肺结核	w21	w22	w23	w24	w25	w26
	3 其他异常情况	w31	w32	w33	w34	w35	w36
	4 慢性支气管炎、肺气肿	w41	w42	w43	w44	w45	w46
	5 肺占位	w51	w52	w53	w54	w55	w56
	6 疑似活动性肺结核	w61	w62	w63	w64	w65	w66

（2）在大规模传染病筛查体检中结核的最终结果可以通过区县CDC进一步的PPD皮试、痰

涂片与培养、痰结核杆菌快速核酸检测等手段最终给出，但其他结论的后期确诊还有待相应的检测办法来确认。其他症状的后期确诊不属于大规模传染病筛查项目的范畴，因此信息平台无法获取这些结果，但我们可以用能够获知的最高级别诊断结果为准。

（3）DR片的诊断结果中可以有组合选项，如"陈旧性肺结核"可以和"其他异常情况"一起选，在这种情况下以高危害性级别覆盖低危害性级别，即以高危害级别判定为准。

最后本文设计出如表2含具体数值的诊断的权值系数矩阵。从矩阵中可以看出：

（1）如果把高危害性疾病诊断成低危险性疾病将面临严重惩罚；

（2）如果把低危害性疾病诊断成高危险性疾病则虽有惩罚但没有那么严重；

（3）如果诊断正确，则有相应的加分（矩阵对角线上的系数均大于1）；

（4）在实际中，权值系数矩阵中的系数可以不是固定的，可以根据需求进行调整。

5 胸部DR片分层协同诊断模式

根据前面的讨论，可以设计出胸部DR片协同诊断模式的工作流程，具体如下：

（1）大规模体检中乡镇放射科医师初步诊断DR片；

（2）系统将非正常DR片和同比例的正常DR片随机推送到同区县其他乡镇放射科医师处进行第二次审核，对于正常DR片的选择，系统自动优先选择疑似结核的密切接触者，如夫妻、子女等关系；

（3）经过两次审核的DR片再次推送给区县CDC完成复核，对于活动性肺结核，通过实验室检查确诊；

（4）市级CDC按50%比例抽查区县CDC诊断结果并形成最终意见，对于活动性肺结核的判断以区县CDC的实验室诊断结果为准；

（5）当某张DR片有了最终结果，结果将反馈到所有参与该DR片诊断的各级医师处，并完成本次诊断得分和医师平均得分计算。另外，对于需要在胸片标注病灶区域的病例，在诊断结果

一致的情况下，则可以进一步计算标注区域重合率，下级医师与权威医师标注的重合率大于50%对下级医师可以有额外的系数加分，如2变成2.2，如果对区域的描述再一致，则可以再加0.1的系数分。图2是胸部DR片分层协同诊断业务流程图。图2中实线箭头是主业务流程方向，虚线箭头表示确诊信息反馈方向，用于计算诊断得分。

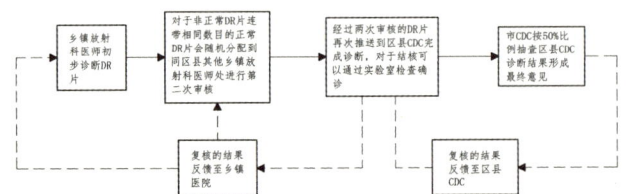

图2 DR片分层协同诊断业务流程图

6 胸部DR片分层协同诊断模式的实现

最后，基于信息平台实现了DR片分层协同诊断功能。该功能的关键技术是为适应整个信息平台的B/S架构，不采用专门的客户端，而是采用通用浏览器在网页上显示DR图片。并且采用Web用户界面技术实现在DR片上随意标注可疑区域和测量肺结节及肿块的大小的功能，这样更便于不同的医师之间协同诊断。标注可疑区域可以让大家看到问题所在，需要测量肺结节及肿块的大小是因为不同的大小有不同的病理结论[15]。协同诊断的主要界面截图如图3所示。

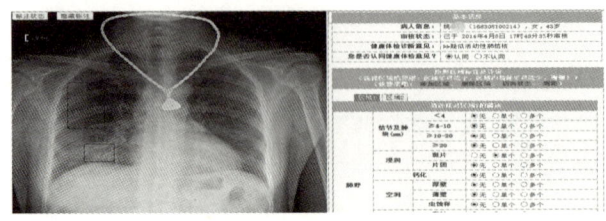

图3 胸部DR片分层协同诊断主界面

在协同诊断页面上还可以在框选肺部病灶感兴趣区域（ROI，Region Of Interest）[16]对每块选定区域进行详细描述。

7 总结与展望

依托目前先进的计算机技术和充足的网络带宽，在参照国内外协同医疗技术的基础上，结合

实际需求，本文提出的胸部 DR 片分层协同诊断模式的作用体现在以下几个方面：

（1）设计了具有反馈功能的分层协同诊断模式，通过反复的"诊断-确认"或者"诊断-否定"过程，为提高结核病的诊断准确率提供了一个新的模式；

（2）为乡镇级放射科医师提供了一个在实践中学习的机会，为提升他们的诊断水平提供了一个新方法；

（3）提出一个诊断权值矩阵的概念。如果需要，通过调整诊断权值矩阵的数值，可以方便实现诊断灵敏度和特异性的导向性调整。

下一步研究可以在协同诊断模式中引入辅助诊断技术，进一步提高诊断的准确率。

参考文献

[1] 全宇,伦剑非,郭启勇. 构建区域协同医疗平台的探讨[J]. 中国医院管理,2009,29(6): 54-56.

[2] GIOKAS D. Canada Health Infoway- Towards a National Interoperable Electronic Health Record (EHR) Solution[J]. Studies in Health Technology & Informatics, 2005, 115: 108-140.

[3] KASSHOUT, TAHA A, GRAY, et al. NHIN, RHIOs, and Public Health[M]. Public health and social service: E. Arnold & co. 2004: 31-34.

[4] MARK A L. Modernising healthcare —is the NPfIT for purpose[J]. Journal of Information Technology, 2007, 22 (3): 248-256.

[5] 黄征宇. 西南医院:探索"广义数字化"[J]. 中国信息化, 2009 (22): 52-54.

[6] 王继伟,孙卫,叶欣,等. 厦门市市民健康信息系统的建设[J]. 医学信息,2005,18(9): 1056-1058.

[7] 李科. ADHD 远程反馈治疗系统的研究[J]. 电子科技大学学报, 2011, 40 (3): 461-464.

[8] 杨亚萍,杜树新. 基于合同网机制的分布式协同医疗诊断系统[J]. 系统工程理论与实践, 2002, 22 (6): 80-86.

[9] DATTA B, HAZARIKA A, SHEWADE H D, et al. Digital chest X-ray through a mobile van: public private partnership to detect sputum negative pulmonary TB[J]. BMC research notes, 2017, 10(1): 96.

[10] LODWICK G S. Computer-aided diagnosis in radiology. A research plan[J]. Investigative Radiology, 1966, 1(1): 72-80.

[11] HOGEWEG L, SÁnchez C I, MADUSKAR P, et al. Automatic detection of tuberculosis in chest radiographs using a combination of textural, focal, and shape abnormality analysis[J]. IEEE transactions on medical imaging, 2015, 34(12): 2429-2442.

[12] DAS H, NATH A. An Efficient Detection of Tuberculosis from Chest X-rays[J]. International Journal, 2015, 3(5).

[13] MUYOYETA M, MADUSKAR P, MOYO M, et al. The sensitivity and specificity of using a computer aided diagnosis program for automatically scoring chest X-rays of presumptive TB patients compared with Xpert MTB/RIF in Lusaka Zambia[J]. PloS one, 2014, 9(4): e93757.

[14] TOWNSEND J T. Erratum to: Theoretical analysis of an alphabetic confusion matrix[J]. Attention, Perception, & Psychophysics, 1971, 9(4): 40- 50.

[15] MCNITTGRAY M F, Hart E M, Wyckoff N, et al. A pattern classification approach to characterizing solitary pulmonary nodules imaged on high resolution CT: Preliminary results[J]. Medical Physics, 1999, 26(6): 880-888.

[16] KISHORE V V, SATYANARAYANA R V S. Performance evaluation of edge detectors-morphology based ROI segmentation and nodule detection from DICOM lung images in the noisy environment[C]. Advance Computing Conference IEEE, 2013: 1131- 1137.

低分辨率下基于混合特征的多目标跟踪方法

秦海玉

（成都东软学院 四川 成都 611844）

摘 要：针对亮度不稳定的低分辨率情况下目标跟踪困难的问题，提出一种基于混合特征的多目标跟踪方法。首先，利用提出的分割算法在双局部阈值图像进行直方图反向投影，以克服低对比度的问题，确保对边界的精确分割；然后，利用多个特征进行时间匹配，评估目标相似度。自采集视频和公开视频的实验验证了提出方法的有效性，低分辨率下的分割效果明显。与其他同类方法相比，提出的方法在跟踪准确率和漏检率方面表现更优。

关键词：低分辨率；多目标跟踪；双局部阈值；跟踪准确率；漏检率

Multiple Target Tracking Method Based on Hybrid Feature at Low Resolution

Qin Haiyu

(Chengdu Neusoft University, Chengdu 611844, Sichuan, China)

Abstract: Aiming at the problem of target tracking in low resolution and low brightness, a hybrid feature based multiple-target tracking method is proposed. Firstly, histogram back projection in two local threshold image segmentation algorithm is used to put forward, so as to overcome the problems of low contrast, and ensure the accurate segmentation of the border. Then, multiple features are used for time matching, and for similarity evaluation. Experiments on video capture and public video show the effectiveness of the proposed method, and the segmentation effect is obvious at low resolution. Compared with other similar methods, the proposed method performs better in tracking accuracy and missing detection rate.

Key words: low resolution; multiple-target tracking; two local threshold; tracking accuracy; missing detection rate

1 引 言

多目标跟踪[1]在计算机视觉领域一直是研究热点和重点，其多应用于行人检测、监控抓拍、军事侦察等诸多方面[2]。在很多视频图像清晰度较为理想的情况下，其目标跟踪效果一般较好。当视频图像清晰度较差，其目标跟踪效果会急剧下降，甚至失效，而图像视频清晰度不理想的情况在日常情况下时有发生。因此，该方面的研究具有重要的价值和意义。

已经有很多研究者对其进行了研究，如文献[3]提出了一种自适应特征融合的鲁棒跟踪方法，通过比较多种跟踪器的跟踪位置，估算目标的大体位置[3]；然后，利用估算出位置的信息更新所有跟踪器。然而，如果多种跟踪器由于干扰无法找到某一帧中跟踪目标的位置，那么错误跟踪会

作者简介：秦海玉（1973—），男，汉族，河南荥阳，讲师，工学硕士，主要研究方向为图形图像。

延伸到剩余的帧中。文献[4]利用自适应高斯混合模型检测球场和球员区域,自适应通过融合目标模型的颜色、形状和时空特征信息实现对球员的跟踪,采用三点估算预测方法解决完全遮挡现象。该方法在球员形态变化较大时能实现稳定的跟踪,但只关注球员的局部信息,忽视球场的整体信息。为了增加学习的鲁棒性,文献[5]提出了多高斯不确定性方法。根据在线学习框架的局部运动,提高跟踪的鲁棒性。文献[6]充分利用独立跟踪器的优势,使用多个独立跟踪器跟踪多个目标,虽然方法简单高效,然而易受到身份切换限制。

本文针对低分辨率图像的目标跟踪,首先采用一种提出的分割算法,然后利用多个混合特征进行跟踪。其优势在于能捕捉低分辨率情况下的图像细微变化的线索,可以有效跟踪多个目标,具有较好的准确率。

2 提出的分割算法

为了方便地描述每个目标及其邻域,下文中利用两种类型的包围盒:垂直的包围盒和方向包围盒。垂直包围盒是围绕目标且与轴平行的矩形,通常用其表示图像或视频帧中目标出现的区域。另一方面,方向包围盒围绕目标且可旋转,利用二值目标掩码的主成分分析结果确定方向包围盒的宽度、长度和方向。更具体地说,沿着第一个主成分的方向测量结果即为目标的宽度,沿着第二个主成分的方向测量的结果为目标的长度,旋转盒的方向与第一个主成分的方向平行。

2.1 局部双阈值处理

图 1 给出了一种对简单背景视频图像进行目标分割的方法,这种方法通过设置一个像素值阈值对视频帧图像进行二值化处理。Otsu 方法[7]广泛用于寻找阈值,利用寻找的阈值将直方图分为两类,从而使合并后的类内方差最小。当前景和背景的对比度很低时,仅使用单阈值方法获取的目标轮廓存在很大的误差。另外,如果所有视频帧上的亮度不均匀时,采用单一阈值处理所有视频帧通常不能成功地分割出目标。为了克服这些问题,本文提出局部双阈值算法以寻找两个阈值,即在每个目标的邻域内生成了两个不同的二值掩码。利用之后将要介绍的直方图反向投影将这两个二值掩码进行合并以及精提取。

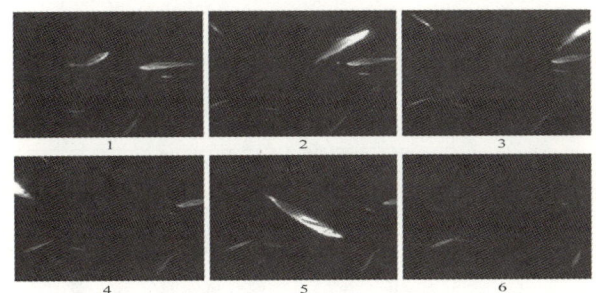

图 1 鱼类的分割视频

当采用局部双阈值方法进行分割时,需要首先检查到物体的粗略位置和尺寸。在输入的视频帧上利用灰度级形态学梯度操作以粗略的确定目标输入视频帧上的位置,然后,确定检测区域周围区域的大小。对目标掩码中的孤立局部区域进行标记,利用方向包围盒的内切椭圆对每个区域进行描述,椭圆的长轴和短轴的长度分别为方向包围盒的宽和高,椭圆的方向与方向矩形盒的方向相同。最后,扩大方向椭圆的长轴和短轴以确定局部区域的大小,每次扩大的倍数为 1.5。

获取这些椭圆形局部区域后,就可以采用局部双阈值的方法进行处理。对于每个区域,利用本文提出的对 Otsu 方法的改进型选取自适应阈值。为了保留一些较暗目标,阈值的大小需要接近背景,尺寸位置表示如下:

$$\tau_x = \tau - p(\tau - \mu_L(\tau)) \qquad (1)$$

式中,阈值为 τ,利用阈值 τ 分类后获取的较小类表示为 $\mu_L(\tau)$。偏移系数为 p。设置不同的 p 值获取的两个阈值分别 τ_{low} 和 τ_{high},即:$\tau_{low} = \tau - p_{low}(\tau - \mu_L(\tau))$ 和 $\tau_{high} = \tau - p_{high}(\tau - \mu_L(\tau))$。相应的目标掩码为 M_{low} 和 M_{high}。

2.2 反向投影

在水下场景中,不稳定的光线条件会使得采集的视频数据中的对比度过低,进而减小了鱼类物体分割的精度,特别是降低了边界轮廓的精度。由于两个目标掩码包含了不同数量的背景像素,因此通过两个目标掩码中像素分布的比较和聚合可以对分割边界进行精提取[8]。

为了检验一个指定的像素 $I(x,y)$ 是否在一个目标候选边界区域内，本文利用公式（2）中定义的直方图反向投影进行处理，候选区域可以是前景的也可以是背景的。通过对反向投影进行阈值处理，最终的二值分割掩码 $B(x,y)$ 表示如下：

$$B(x,y) = \begin{cases} 1 & if \quad BP(x,y) > \theta_{bp} \\ 0 & otherwise \end{cases} \quad (2)$$

式中，θ_{bp} 表示一个固定阈值，大小介于 0 和 1。图 2 给出了直方图反向投影基本概念的说明例子。

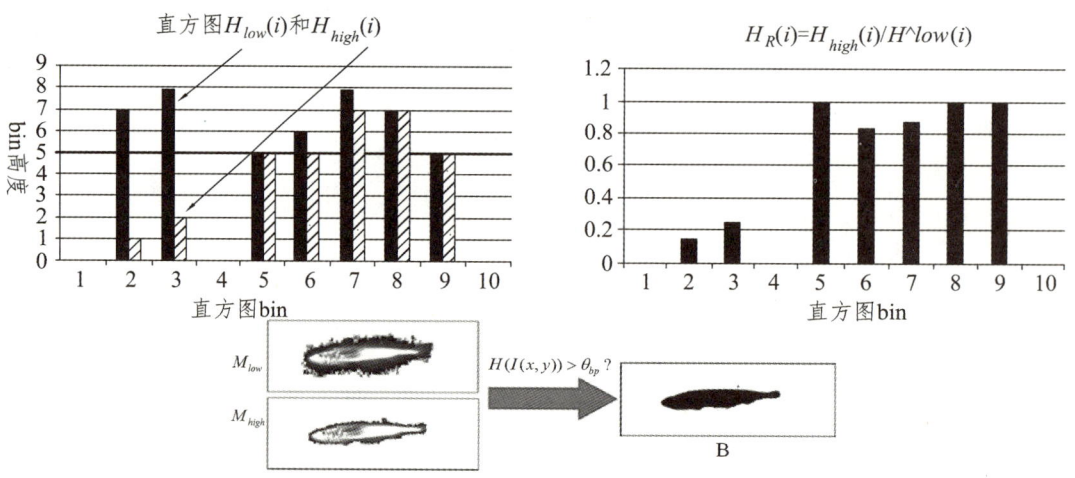

图 2　直方图反向投影的例子

2.3　区域处理

除了利用直方图对掩码进行精确的分割之外，本文提出的算法还考虑了目标的区域和目标内物体像素值的方差。运用连接组件算法以确定目标区域内的每个孤立斑点。去除那些区域内大于阈值上限（对应于一些照相机采集时部分物体太靠近照相机镜头的目标）或小于阈值下限（对应于噪声或距离照相机镜头过远而不能测量的目标）的值。特别的，对于第 k 分割目标 O_k 内的每个像素点 (x,y)，利用下式修改其在前景掩码对应的像素：

$$B(x,y) = \begin{cases} 1 & if \quad \theta_A^L \leq A(O_k) \leq \theta_A^U \\ 0 & otherwise \end{cases} (x,y) \in O_k \quad (3)$$

式中，$A(O_k)$ 表示目标的区域，(θ_A^L, θ_A^U) 表示判断一个像素点是否保留的上边界和下边界内的阈值。

通过计算每个分割目标内像素的方差对候选目标进行检测。由于前景目标（鱼）拥有比背景或干扰目标更多的纹理，因此分割目标的方差可能更大。目标前景掩码的阈值处理如下式：

$$B(x,y) = \begin{cases} 1 & if \quad \sigma_k^2 \geq \theta_V \\ 0 & otherwise \end{cases} \quad (4)$$

2.4　后续的处理

经过前面几个步骤，结果中仍然存在一些错误，比如直方图反向投影在对目标边界进行精提取时会生成旋涡或斑点。利用一连串的形态学操作可以进一步地精确提取分割边界，更具体地说，利用一个模板结构元素对目标掩码进行形态学操作后，接着进行一个闭合操作，在实验过程中，本文根据经验选取了 7×7 像素的尺寸结构元素。通过这种方法，在对目标边界进行平滑时，没有影响目标外形的细节信息。

3　低分辨率的视频跟踪

由于在低分辨率视频中较小的运动连续性和频繁的进/出，因此大多数的运动目标很难跟踪，这使得大多数的标准目标跟踪算法都不能发挥作用，本文利用前文介绍的分割算法进行分割，然后利用提出的快速立体匹配方法匹配两个照相机中的目标。通过结果和立体匹配，利用基于特征的时间匹配和多目标对低分辨率运动物体进行跟踪。

3.1　目标高度块的立体匹配

立体图像可以获取深度信息并能对目标跟踪的结果进行验证，但是，传统的稠密立体匹配技术存在计算量大的缺点。由于在分割阶段知道运动目标的位置信息，因此提出了一种有效的块匹配方法以对每个目标进行立体匹配，这减少了匹配时的计算开销。

针对这种情况，本文引入目标高度块的概念以加快匹配过程。给定左视频帧中的一个分割目标，将其垂直包围盒在水平方向上划分为四个非重叠块，如图3所示。

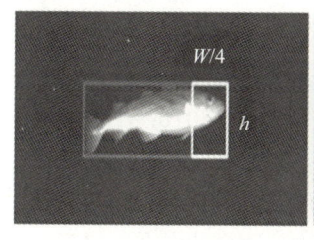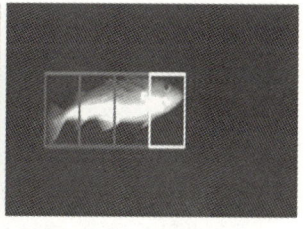

图3 立体校正左右图中的目标高度块

将这些块视为目标高度块，对于左视频帧中的每个目标高度块，利用最小误差和准则的块匹配算法，在右视频帧中确定最优的匹配块。仅沿着水平线搜索目标高度块，且选取目标垂直包围盒中的块作为候选块。即：选取右视频帧水平线上出现目标中的4个作为左视频帧中1个块的用于匹配的候选块。这样在不减小精确度的情况下，减少了匹配的计算开销。

3.2 基于特征的时间匹配

在低分辨率水下视频中进行跟踪所面临的主要困难在于目标突然运动和其他有机残骸所造成的噪声。因此本文提出了一种目标匹配方法以关联观察结果和目标，利用以下各种有用特征评估测量目标相似度。假设在时间t和$t-1$处的目标分别为O_t^j和O_{t-1}^i。

（1）邻近线索：在给定欧式距离的范围内，通过运动预测获知目标的估计位置和运动预期。

（2）区域线索：在计算目标间区域视差时，为了消除目标在不同帧上相机距离差异因素，本文通过立体三角形计算目标的深度信息，对目标区域进行相应的归一化。

（3）运动方向线索：对于给定两个进行匹配的目标，通过其运动向量和预定义参考向量计算运动线索。

（4）直方图线索：低分辨率视频图像中的物体表面像素强度也扮演了关键的角色。为了利用两个目标间像素强度的分布视差，16-bin 灰度级直方图间的距离矩阵。

结合以上的4个线索，目标O_t^j和O_{t-1}^i间时间匹配的相似度为

$$P(O_{t-1}^i \mid O_t^j) = \exp\left(-\frac{\|x_t^j - \hat{x}_t^i\|^2}{\sigma_v^2}\right) \cdot \exp\left(-\frac{(A(O_t^j) - A(O_{t-1}^i))^2}{\sigma_a^2}\right) \quad (5)$$

3.3 物体长度评估

测量目标的长度需要很多精确信息，因此需要对粗视差图进行视差精提取。本文采用最小误差和准则的块匹配方法。为了测量准确度视差值，利用密集的网格块进行匹配，并将搜索范围设置为$[d_0-r, d_0+r]$，其中d_0表示根据目标高度块立体匹配方法推导出位置的粗略视差值，r表示搜索范围的尺寸。

立体视觉技术通过对3D空间中的目标块定位完成目标绝对长度测量，在测量目标的绝对长度方面处于领先地位。通过立体标定已经知道的相机的内在参数，给定一个2D图像上平面坐标为(x,y)，视差为d的点，可以利用立体三角形[9]将这个点投影到3D空间。

4 实验结果与分析

4.1 自采集低分辨率视频跟踪结果

采用16个bins的例子如图4所示，可以看出。经过本文提出的局部双阈值处理，几乎所有被高掩码覆盖的像素也由低掩码覆盖，这使得相应的比例直方图bins的高度接近于1。另一方面，低掩码覆盖的黑背景像素个数多于高掩码覆盖的个数（见图4（c）中最左边的两个bins），因此相应的比例直方图bins的高度接近于0。因此，只要阈值大小在区间[0, 1]内，性能差异就会很小。

在低分辨率视频上进行跟踪的主要难点在于目标突然性的运动，在这种情况下，依赖于运动轨迹平滑假设的传统目标跟踪算法不能进行跟踪，运动轨迹平滑假设即每帧中的运动变化很小。因此，本文采用目标跨帧匹配相关的方法。

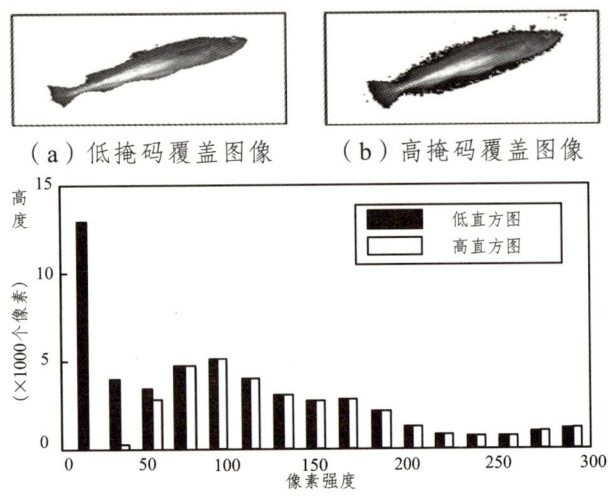

图 4 提出的局部双阈值方法生成的目标机器直方图的例子

4.2 公开视频数据集的跟踪结果

本文采用 CLEAR MOT 度量[10]进行评估。其中，多目标跟踪精度（Multiple Object Tracking Precision，MOTP）的定义如下[10]：

$$MOTP = \frac{\sum_{i,t} d_t^i}{\sum_t c_t} \quad (6)$$

MOTP 是成对匹配目标位置估计的总误差。MOTP 可以显示跟踪器对目标精确位置的估计能力。多目标跟踪准确度（Multiple Object Tracking Accuracy，MOTA）的定义如下：

$$MOTA = 1 - \frac{\sum_t (m_t + fp_t + mme_t)}{\sum_t g_t} \quad (7)$$

式中，m_t、fp_t 和 mme_t 分别为在时间 t 处的漏检、误检和错误匹配的数量。在评估过程中，将主要跟踪（MT>80%）轨迹数量，主要丢失（ML<20%）轨迹，轨迹被干扰用 FM 表示，标识切换用 IDS 表示。具体度量等详细说明见表 1 和文献[10]。

表 1 PETS2009 数据集的量化结果

方法	MT	ML	FM	IDS	MOTA	MOTP
文献[3]	95.8%	0	171	124	91.1%	91.9%
文献[4]	95.0%	0	159	170	93.2%	91.5%
文献[5]	95.9%	0.5%	161	151	86.9%	82.5%
本文	97.1%	0	102	104	96.2%	94.3%

参考文献

[1] 刘定通. 复杂背景下视频运动目标检测与跟踪算法研究[D]. 成都：电子科技大学，2016，6.

[2] DJAMAL M, RABAH IGUERNAISSI, KHEIR E A, and et al. Tracking Multiple Persons under Partial and Global Occlusions: Application to Customers' Behavior Analysis[J]. Pattern Recognition Letters, 2016, 81(10): 11-20.

[3] 郁二洋，李睿. 基于自适应特征融合的粒子滤波目标跟踪算法[J]. 计算机科学，2015，42（2）：316-318.

[4] 闵军，孟朝晖. 基于 SIFT 的足球运动员检测和跟踪[J]. 信息技术，2016（5）：195-198.

[5] 张晓伟，刘弘，孙玉灵. 一种多特征自适应融合的球员跟踪算法[J]. 计算机工程，2012，38（17）：214-225.

[6] KYRIAZIS N, ARGYROS A. Scalable 3D Tracking of Multiple Interacting Objects[C]. 2014 IEEE Conference on Computer Vision and Pattern Recognition (CVPR) IEEE Computer Society, 2014: 3430-3437.

[7] 王磊，段会川. Otsu 方法在多阈值图像分割中的应用[J]. 计算机工程与设计，2008，29（11）：2844-2845.

[8] 董艳，梁久祯. 基于清晰分割的像素覆盖分割方法[J]. 小型微型计算机系统，2014，35（11）：2567-2571.

[9] 成欣，周明全，耿国华，等. 空间三角网格曲面的补洞方法[J]. 计算机应用研究，2006，23（6）：158-159.

[10] BERNARDIN K, STIEFELHAGEN R. Evaluating Multiple Object Tracking Performance: The CLEAR MOT Metrics [J]. Eurasip Journal on Image & Video Processing, 2008, 48(1): 1-10.

低延时视频编解码算法研究与实现

刘传林

（成都东软学院 四川 成都 611844）

摘 要：视频编解码广泛应用于视频监控、网络视频传输、视频会议等生产生活的各个领域中。在视频会议、军用无人机视频传输等特殊的应用场景中，对视频编解码的端到端延时有着特殊的严苛的要求，这是目前得到广泛商用的是标准的 H.264、H.265 协议算法无法达到的。通过对 H.264 编解码协议进行详细的研究，在标准协议上改进了编解码算法流程，使得编解码端到端延时大大降低，延时低于 50 ms。并在硬件平台上实现了低延时编解码算法，完成了系统的调试和测试。

关键词：视频编解码；H.264；低延时；端到端延时

Low-latency Video Encode & Decode Algorithm Research and Application

Liu Chuanlin

（Chengdu Neusoft University, Chengdu 611844, Sichuan, China）

Abstract：The video encode&decode system existed in video monitor, network video transmitter, video conference etc. In the video conference and the UAV surveillance area, the key index for the system is the end-to-end low-latency. And the common H.264 and H.265 algorithm strand cannot meet such strict index. Through research the H.264 in detail, then we design and optimize the algorithm process. The new algorithm reduce the end-to-end latency a lot, the index reach 50 ms. The algorithm realized on the hardware platform and the debug and system test completed.

Key words：video encode & decode；H.264；low-latency；end-to-end latency

1 引 言

混合视频编解码算法框架的研究已经有几十年的历史，2003 年，ITU-T 和 ISO/IEC 联合推出了 AVC（Advanced Video Coding）视频编解码标准，该标准成为 H.264 建议和 MPEG-4 第十部分，该标准成为 H.264/AVC。一经推出后，因其更高的压缩效率和更良好的网络亲和力立即在工业界得到了广泛的推广和应用。H.264 包括两个独立的层：视频编码层（Video Coding Layer，VCL）和网络抽象层（Network Abstraction Layer，NAL）。VCL 层是为了更加高效地进行视频编码，NAL 层根据不同的传输网络对 VCL 层的数据进行传输[1]。之后的几年内又相继推出的 FRExt（Fidelity Range Extension）[2]、SVC（Scalable Video Coding）[3]、MVC（Multiview Video Coding）[4]对 H.264 进行了扩展。

在通过 H.264 大量应用于数字电视、高清体育赛事、视频会议等领域的同时，某些特殊应用场合对于实时性的严苛要求也会导致 H.264 因其

基金项目：中国工程物理研究院电子工程研究所所基金，基金号：s20170701。
作者简介：刘传林（1983—），男，汉族，重庆梁平，助理研究员，博士，研究方向：图像处理、断层摄影等。

标准协议算法而不能应用于其中。为了满足低延时视频编解码的应用需求，快速编解码算法仍然是现阶段视频编解码算法研究的热点。

2 低延时视频编解码技术研究现状

在视频编解码系统中，端到端延时是指从摄像头采集视频，经过中间编码、传输、解码，最后送显示器显示的整个系统延时。所以整个系统端到端延时主要由视频采集预处理延时、重排序延时、视频编码延时、缓存延时、传输延时和视频解码延时组成。为了降低整个系统的端到端延时，国内外研究者为降低其中各个环节的延时做了大量的工作。

在不考虑硬件功耗及体积等的状况下，多核和 GPU 系统上的并行是一种不错的降低编解码系统延时解决方案。Lee ChuanYiu 等人在 2007 年提出了一种帧级的并行方案[5]。利用 GPU 加速 H.264 的运动（ME Motion Estimation），通过多路并行打开算法中的多重循环并进行重排序，使得整数 ME 能在 GPU 上用两个线程实现。多参考帧的运动估计采用帧级并行方案，通过 GPU 的 SIMD（Single Instruction Multiple Data）的方式利用两个线程实现。最后的实验结果表明，对不同的运动估计算法，通过这种算法比直接在 CPU 上实现要快大概 6 到 56 倍。Tatsuji Moriyoshi 等人在 2008 年提出了一种 slice 级的并行方案，并针对这种方案提出了一种去块滤波算法来解决 slice 的边界线问题[6]。通过使用 8 个线程并行实现去块滤波，相对于传统去块滤波的速度提高 5.9 倍且没有任何明显的图像质量损失，该方法可在 PC 平台实现 720P 的实时编码。M.C.Kung 等人于 2008 年提出的宏块级别的并行方案比直接在 CPU 上实现编码要快 45 倍[7]。

端到端的系统延时中很重要的一块延时是缓存延时，缓存延时主要是由视频编码过程中缓存区的码率不稳定引起的。所以降低缓存延时的主要技术是码率控制[8-9]。

3 主要工作

在中国工程物理研究院电子工程研究所编号 s20170701 所基金支持下的低延时视频编解码工作主要为无人机测控中实时进行视频传输应用提供研究支持。在无人机视频传输中，由于机载测控系统的特殊性，在保证低延时特性的前提下，对视频编解码（尤其是编码）的功耗、体积等都有严苛的要求。所以低延时编解码系统必须在对功耗进行严格控制的嵌入式系统上实现。针对该特殊要求，首先在编码过程中采用了 sub-frame 的形式，采用多级流水并行的编码方法，大大降低了编码过程中所耗费的延时。同时，针对无人机视频的特殊应用场景，提出利用全局运动预测代替宏块预测的运动预测算法，大大降低了算法的复杂度。降低了编码中搜索预测算法延时。将这两种重要的算法思想融入 H.264 算法中，并在硬件平台上实现。

4 嵌入式视频编解码系统延时

对于一个实时的嵌入式视频编解码系统，其系统工作流程可用图 1 表示。

在该系统的每一个环节中，都将产生延时。所有延时加在一起即是视频编解码系统的端到端延时。因此系统的端到端延时由视频采集延时、视频编码延时、帧重排序延时、编码缓存延时、码流传输延时和解码延时组成。

按照标准的视频编解码流程，一帧视频图像在编解码过程中必须经历所有的过程。所以将在每一个环节都产生一帧的延时，系统端到端总延时如图 2 所示。

当采集设备采集 P60 的视频图像时，即每秒采集图像 60 帧，每帧间隔 16.7 ms。采集预处理延时只能通过提高视频采样频率来实现，而 P60 是目前各种高清视频应用中视频采集常用的帧率。

对于编码延时，在选用硬件平台时，经过充分调研，选取了适合低延时视频编解码系统的美国 Cavium 公司 Cavium8302 开发平台作为实现平台。该平台上的编码协处理器集成了编码过程中各模块的加速器，对于整个编码算法做了很好的优化，编码一帧 720P 60 视频只需 15 ms，其时间低于采集端的 16.7 ms，已无优化编码器的实际意义。

而系统中的帧排序延时是因为用到了 B 帧，B 帧采取双向预测，因而编码时需等待后续帧采集完成，该迟滞等待延时即为帧重排序延时。而在低延时视频编解码系统方案中，只有 I 帧和 P 帧。在只有 I 帧和 P 帧的视频编解码系统中，P 帧编码都是以前面的 I 帧作为参考帧的。故该模式下不存在迟滞等待时间，无帧重排序延时。

缓存延时主要由传输码流的大小决定。减小缓存延时，可以以增大量化系数的方式来实现。但增大量化系数会降低图像质量，需综合考虑应用场景的需求。

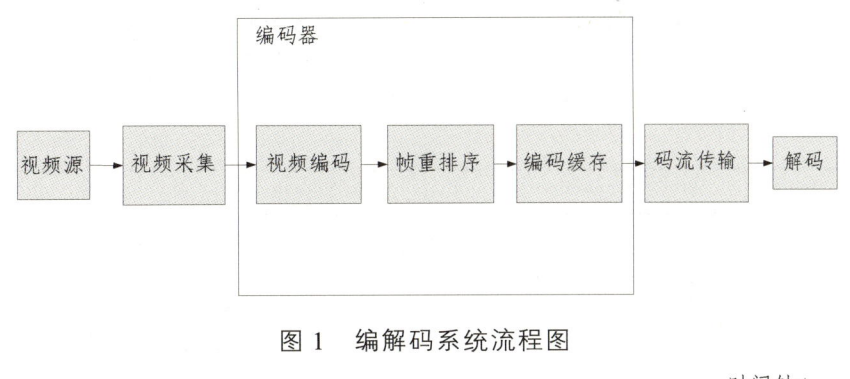

图 1 编解码系统流程图

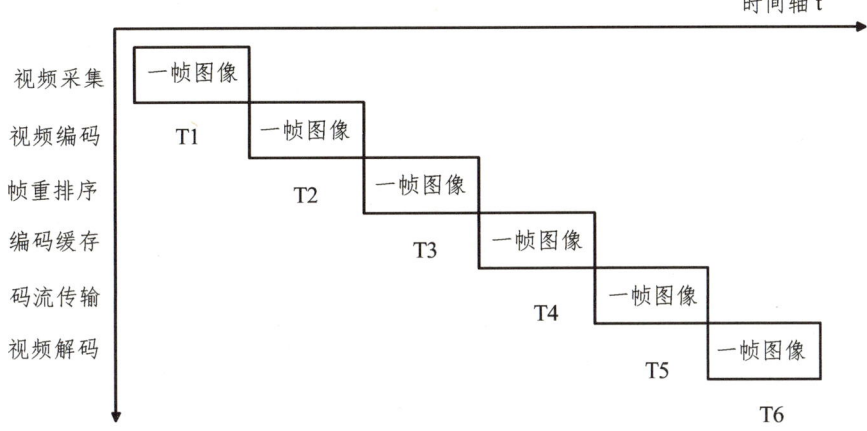

图 2 编解码系统总延时

该硬件方案中，码流传输是用以太网实现的。在带宽足够的情况下，传输延时是可以忽略的。但在实际应用中，如在无人机视频传输中，无线信道带宽资源是非常有限的。在这种情况下，当编码码流与无线带宽非常接近时，必须保持码流的高稳定性，才能保证传输的实时性，不造成过多的传输延时。控制传输及缓存延时，主要通过码流控制算法实现。

视频解码延时与编码延时类似，协处理器已经做了很好的优化，完全满足系统性能的要求，无需对解码器做更多的优化。

通过对整个系统各个环节的延时详细分析可知，主要可从三个方面入手来降低整个系统端到端延时：

（1）利用码流控制算法，控制降低缓存延时；
（2）不采用 B 帧编码，除去帧重排序延时；
（3）通过减少整个编解码系统的处理粒度来降低系统延时。

针对第一点，利用无人机时的特点，提出利用全局运动预测代替宏块预测算法，大大降低视频码流。在选取方案时，已经选用只有 I 帧和 P 帧的编码方案，省去了帧重排序延时。对于第三点，提出了 sub-frame 流水并行处理算法，减少整个编解码系统的处理粒度。

5 Sub-Frame 流水并行处理算法

在实时视频编解码系统中，视频经过图像传感器的采集之后，交给编码器进行编码，编码后传输数据到解码端，解码后得到实时图像。每个模块之间的数据有很强的前后依赖关系。对于实时编解码系统，为了减少各个环节的缓存，增加处理器利用率，可采用任务并行的方法。在一帧图像中，每个 slice 之间没有相关性，因此可以以 slice 为单位对一帧图像进行划分，分为更小的 Sub-Frame（子帧），采用多级流水 Sub-Frame 并行的方式来降低整个编解码系统的延时。以将一帧图像按照 slice 分为 4 个 Sub-Frame 来并行处理为例，其处理流程时序如图 3 所示。

在图 3 中，一帧图像被分为 4 个子帧，视频采集预处理时先采集预处理 Sub-frame1，处理完后立即将 Sub-frame1 数据送到编码模块进行编码，同时开始采集 Sub-frame2，当编码模块收到 Sub-frame1 之后立刻开始编码，完成后立即传输 Sub-frame1，同时通知采集模块发送 Sub-frame2，解码端收到 Sub-frame1 后立刻开始解码，解码完成后等待 Sub-frame2。前端采集模块处理完一个完整帧之后，继续处理后一帧数据的 Sub-frame1，整个流程如此循环后形成 Sub-Frame 流水并行处理算法。

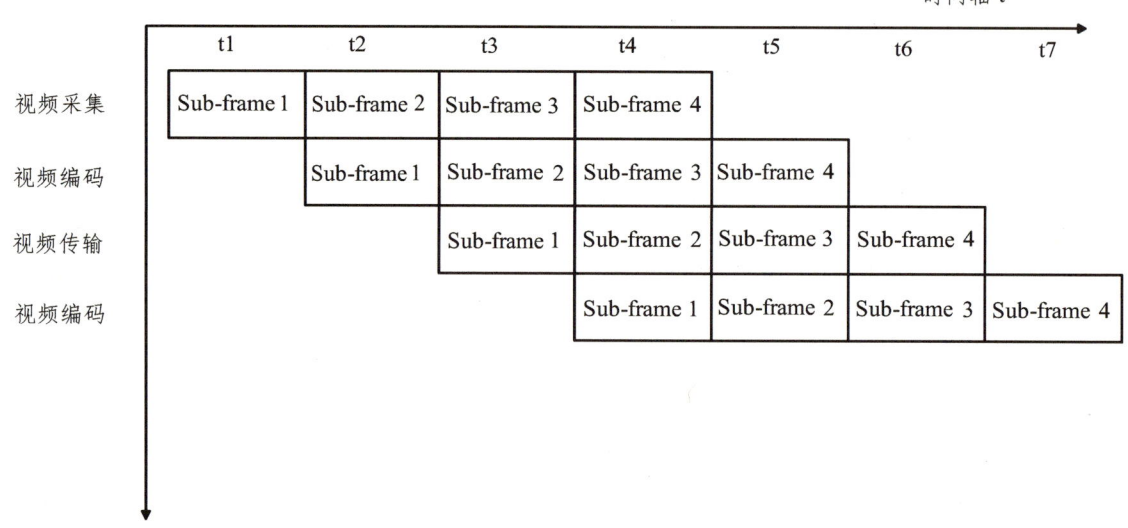

图 3 Sub-Frame 流水并行处理算法

可以看出通过对一帧图像 slice 的划分，明显增加了整个编解码系统处理的粒度。现在一帧图像的延时只有 $T=t1+t2+t3+t4$，而原系统延时是 $T=T1+T2+T3+T4+T5+T6$，此处，$tn=Tn/4$。但过多的划分会增加核间通信和系统缓存，经实验测试，选取 4 个子帧划分为最优。

6 全局运动预测算法

无人机在飞行巡航过程中，其机载视频采集设备从高空对其侦察巡航的地面进行视频采集。无人机视频与视频会议、高清电视等采集视频的有很大的区别。无人机相邻视频帧之间有很大的重叠部分。其下一帧图像由上一帧的绝大部分（该部分大小取决于视频采集帧率及无人机移动速度），加上无人机移动方向上摄像头采集到新的部分组成。当无人机由 Tc1 时刻飞到 Tc2 时刻时，其摄像头采集到的两帧图像绝大部分是重叠的。

依据这一特点，我们用整帧图像的全局运动补偿算法替代宏块补偿算法。该算法只对每一帧图像新的部分进行编码，在视频采集帧率为每秒 60 帧时，这部分图像所占比例很小。该补偿算法首先大大降低了算法的复杂度，其次，该算法大大降低了编码码流的大小。使得无线信道带宽足够传输视频码流，大大降低了系统传输及缓存延时。

7 系统测试结果及结论

为了保证算法的可靠性与实用性，将算法在硬件平台上实现后，搭建测试平台，对整个编解码系统进行各个性能测试。

测试中，设置全高清相机的视频输出格式为 720P60，并对准电脑屏幕的在线秒表。用抓拍相机同时抓拍两个显示器，秒表的时间差即为系统总延时，测试结果为 43 ms。经过多次测试，测试结果均不超过 45 ms。

从测试结果得知，通过对算法的设计修改，极大地降低了视频编解码系统的端到端延时。此低延时指标已完全满足无人机视频实时传输的要求。

参考文献

[1] WIEGAND T, SULLIVAN G J, BJONTEGAARD

G, et al. Overview of the H. 264/AVC video coding standard[J]. IEEE Transactions on Circuits and System for Video Technology, 2003, 13(7): 560-576.

[2] ITU-T. RECOMMENDATION H. 264 Advanced Video Coding for Generic Audiovisual Services, Rec. H.264 and ISO/IEC 14496-10 Version 3, Mar. 2005.

[3] ITU-T. RECOMMENDATION H. 264 Advanced Video Coding for Generic Audiovisual Services, Rec. H.264 and ISO/IEC 14496-10 Version 8, Nov.2007.

[4] ITU-T RECOMMENDATION H. 264 Advanced Video Coding for Generic Audiovisual Services, Rec. H.264 and ISO/IEC 14496-10 Version 11, Mar.2009.

[5] CHUAN-YIU LEE, YU-Cheng LIN, CHI-LING WU, et al. Multi-Pass and Frame Parallel Algorithm of Motion Estimation in H.264/AVC for Generic GPU[C]. IEEE International Conference on Multimedia and Expo,2007.

[6] T MORIYOSHI, S MIURA. REAL-TIME H. 264 encoder with deblocking filter parallelization. International Conference on Consumer Electronics, 2008.

[7] M KUNG, O AU, P WONG, C LIU. Block based parallel motion estimation using programmable graphics hardware[C]. IEEE International Conference on Audio, Language and Image Processing, 2008.

[8] M Q JIANG, N LING. On Lagrange Multiplier and Quantizer Adjustment for H.264 Frame-Layer Video Rate Control[J]. IEEE Transaction on Circuits and Systems for Video Technology, 2006, 16(5): 663-669.

[9] H SONG, C C KUO. Rage Control for low-Bit-Rate Video via Variable-Encoding Frame Rates[J]. IEEE Transaction on Circuits and Systems for Video Technology, 2000, 11(4): 512-521.

[10] F PAN, Z LI, K LIM, et al. A study of MPEG-4 Rate Control Scheme and Its Improvement[J]. IEEE Transaction on Circuits and Systems for video Technology, May 2003, 13(5): 440-446.

带门限因子的三向受限玻尔兹曼机模型的研究

夏 磊 贺 敏

（成都东软学院 四川 成都 611844）

摘　要：带因子的三向玻尔兹曼机（F3WRBM）已经能实现对图像的变形特征进行识别编码。但当模型作用于未知图像时，未知图像的变形结果会受到训练数据集的表征特征极大的影响。基于该模型，我们提出对原始的隐层表达进行约束处理，将变形特征从原始表达中提取出来，并设计了一种新的带门限及因式分解的图像变形分布式表达学习模型。对该模型的学习过程包含了对变形特征提取，检索变形特征映射编码，训练特征过滤器等工作。使模型能更适应各种仿射变形以及更为普遍的图像变形操作。此外，通过相应的实验结果来佐证我们提出的模型在对未知图像的应用中的表现。

关键字：变形编码；因式分解；受限玻尔兹曼机

Research on Gated Factored 3-way Restricted Boltzmann Machine

Xia Lei　He Min

（Chengdu Neusoft University, Chengdu 611844, Sichuan, China）

Abstract：The Factored 3-way Restricted Boltzmann Machine (F3WRBM) has already encoded the transformation feature of image pairs successfully. But its presentation features affect the unknown images very much. Based on the model, we put the constraints on the hidden layer to abstract the transformation features out, and propose a new probabilistic model with gate for learning distributed representations of image transformations. Inference in the model consists extracting the transformation, find the mapping code, training filters to fit for the affine or more general transformations. We also provide experimental results to validate the performance of our model in a various tasks.

Key words：transformation coding；factored；restricted boltzmann machine

1　引　言

针对图像处理已经有很多研究成果。变形之后图像和原始图像一样，是服从各种分布的。研究者们认为图像的变形可能与其变形前后的分布之间存在某种关联关系。目前已经有多种非监督模型用于发现这种关系，并以此找出图像的静态结构情况。

本文的目的是试图找出图像的变形特征与图像分布之间的关系。图像的变形和图像自身的表达结构有很大的关系。为了提取出图像的特征以便对变形进行建模，我们设计了一种非监督学习模型来获取更为直观的变形映射关系编码。我们将提出的模型称为"带门限因式分解的三向受限玻尔兹曼机"。Roland[1]提出的 F3WRBM 也是一种用于获取图像变形特征的模型。该模型将隐层神经元视为训练样本和变形目标的映射神经单元。在该映射关系当中，除了变形特征以外，图

作者简介：夏磊（1981—），四川内江，讲师，硕士。主要从事人工智能，深度学习等方面的研究。

像的图像样式和表达特征会同时被学习并保存下来。F3WRBM忽略了图像的表征特征对变形结果的影响,这使得当将学习到的变形映射关系编码应用到新的测试数据时,特别是图像分布与训练数据差距较大的情况时,隐层中包含的训练数据的特征会在很大程度上影响测试数据的变形结果,在测试数据的变形结果中显示出训练样本的内容。

为了克服这一现象,我们提出了GF3WRBM模型。在该模型中,我们为保存的变形映射神经单元的隐层表达进行约束限制。经过约束,使之在特征提出的过程中能较大程度地将训练数据集的表征特征过滤在外,使得在隐层表达中能尽可能地只表达变形特征,体现变形映射关系。通过这种约束,模型可以识别变形后的图像,甚至可以将这种变形映射编码作用于图像上,实现图像变形。此外,通过隐层,我们可以用于发现图像的变形不变性。这一特性可以用于提高同一物体在不同位置或角度的模式识别的准确率。

2 模 型

2.1 Gated Factored 3-Way RBM

我们提出模型的目的旨在减少训练样本的表征特征对测试样本的影响。因此,我们在F3WRBM模型的基础上,给出了如下的能量函数的定义:

$$-E(y,v,h,x) = \sum_{f}\sum_{ijk} W_{if}x_i W_{jf}v_j * W_{kf}h_k - \|h-h'\|^{-1} + \sum_{k}\left(\sum_{i}A_i x + \sum_{j}B_j v\right)y_k \quad (1)$$

其中,x表示输入训练样本,h表示隐层映射编码;v表示非表征特征的变形输出;f表示因子;y表示输出。每个神经元都有其自身的偏置项。为了方便讨论,本文将偏置项省略。

在上述的能量函数当中,一共包含三个部分。每一部分是由x,v,h组成的类似于F3WRBM的能量函数部分;第二部分是对隐层神经元h的约束项。其中h'表示输入样本通过F3WRBM所得到的输出样本与输入样本相同的隐层表达。添加该约束项的作用是使得h层的表达尽可能地摒弃训练样本的表征特征。因此,在训练之前,我们的模型要求要对输入样本进行预处理得到h';第三部分是通过对x和v的门限操作得到输入y。该模型中,我们将x与v联合起来看作是传统RBM的显层神经元,而输出y作为传统RBM的隐层神经元。由此可以看出,该模型当中的三种结点组成了一个传统RBM。

上述能量函数中定义了五种线性过滤器。通过对过滤器的训练,可以将变形编码保存在隐层单元当中。与F3WRBM不同的是,模型的变形编码是不包含图像内容表征特征的编码。这样对编码进行约束处理的好处是可以将训练样本的表征特征对测试样本的影响降到最低。

2.2 学习与推导

为了在实际应用中得到正确的变形编码结果,我们期望在给定h和v的条件下,经过模型处理得到对应的目标图片。这就意味着我们需要找到使得条件概率$p(y|x)$取得最大值的过滤器的配置情况。为了使得该条件概率最大化,我们需要找到给定的x,y对条件下的隐层的合适表达,表示为$P(h|x,y)$。在我们的模型当中,h并不是与y直接相连,而是与v直接相连。因此,上述$p(h|x,y)$也可以等价于$p(h|x,v)$。而训练时,v的初始值采用的是随机矩阵进而得到对应的隐层表达。公式如下:

$$p(h|x,v) = \sigma(W_{kf}(W_{if}*x*W_{jf}*v)) - 1/h' \quad (2)$$

当我们获得了隐层表达之后,我们将通过x和h得到非表征特征输出v,推导公式如下:

$$p(v|h,x) = \sigma(W_{jf}(W_{if}*x*W_{kf}*h)) \quad (3)$$

在给定的输入样本的情况下,则输入y的后验概率公式可表示为

$$p(y|x) = p(y|x,v)p(v|x,h)p(h|x) \\ = \sigma(A*x+B*v)p(v|x,h)p(h|x) \quad (4)$$

因为x和v是相互独立的,因此我们将x和v联合起来作为RBM的显层单元而y作为RBM的隐层单元。通过蒙特卡罗采样方法(MCMC)的负采样过程来获得输入数据的近似分布。当输入为x和v时的负采样公式如下:

$$p(v|y) = \sigma(B^T * y) \quad (7) \quad p(x|y) = \sigma(A^T) \quad (8)$$

该模型的训练目标是最大化对数似然函数 $p(y|x)$：$\log p(y|x)$。最大化对数似然函数等价于最小化能量函数 $E(y,v)$。在训练过程中，我们选择使用蒙特卡罗采样算法和随机梯度下降算法来对参数进行调整。

我们使用符号"θ"表示参数集合：$\theta = \{W_{if}, W_{jf}, W_{kf}, A, B\}$。本文中我们并未罗列出各偏置项参数。通用的参数更新公式如下：

$$\frac{d \log p(y|x)}{d\theta} = -Eh|y,x \left\langle \frac{dE(h,y,v|x)}{d\theta} \right\rangle$$

$$data - Eh\,y|x \left\langle \frac{dE(h,y,v|x)}{d\theta} \right\rangle s_i \quad (5)$$

我们将每个参数的更新公式罗列如下：

$$\Delta W_{if} = \frac{dE(h,y,v|x)}{dW_{if}} - \frac{dh}{dW_{if}}$$
$$= \sum_f x * \sum_j W_{jf} v_j \sum_k W_{kf} h_k \quad (6)$$

$$\Delta W_{jf} = \frac{dE(h,y,v|x)}{dW_{jf}} - \frac{dh}{dW_{jf}}$$
$$= \sum_f v * \sum_i W_{if} x_i \sum_k W_{kf} h_k \quad (7)$$

$$\Delta W_{kf} = \frac{dE(h,y,v|x)}{dW_{kf}} - \frac{dh}{dW_{kf}}$$
$$= \sum_f h * \sum_i W_{if} x_i \sum_j W_{jf} v_j \quad (8)$$

$$\Delta A = \frac{dE(h,y,v|x)}{dA} \quad (9)$$

$$\Delta B = \frac{dE(h,y,v|x)}{dB} \quad (10)$$

3 实验

本节中，将通过几个实验来证明我们提出的模型在变形特征提取方面的表现能力。我们在MNIST手写体数据集和自然图片等数据上验证了我们的模型的能力，并在分类正确性和变形错误率方面与GRBM，F3WRBM进行了比较。我们的模型在这两方面都取得了较好的表现。

3.1 MNIST手写体

为了验证我们提出的模型在特征提取方面的能力，我们将数据集首先进行了变形并利用softmax分类器进行分类。通过分类结果，可以向我们展示模型在学习表达的变形不变性方面的能力。这种能力在物体识别方面非常有用。在本次实验中，我们从每个数字中选取了300个样本，因此我们的数据包含了0~9在内的3 000个样本。每个样本的大小为28*28个像素点，并且每个样本的大小均相同。为了使实验更具说服力，我们首先将所有样本的顺序进行打乱。接下来，我们将所有样本进行顺时针90°的翻转。我们选择前2 000个样本作为我们的训练输入，剩下的1 000个样本分为两个部分作为测试数据。第一部分有500个样本，是用于分类测试数据；第二部分为剩余的500个样本，是用于变形测试样本。本次实验最关键的一点就是样本的分类标签是针对样本变形之前给出的，而我们的模型要针对变形之后的样本进行分类并给出正确的类别标签。我们提出的模型的目的旨在找出变形编码与图片不变性之间的关系并进行正确分类。实验中，我们将因子的神经元设为10，隐层神经元设为1 000，学习率为0.03。表1中显示了在MNIST数据集当中的其他方法的分类结果。从表1当中我们可以看出，在该实验中，我们的模型取得了较好的分类效果。图1中显示了我们对MNIST数据集进行测试的结果。我们将MNIST数据集中的数字分别进行逆时针90°翻转，上下镜面翻转，左右镜面翻转三种变形。图1中左侧图为训练样本的显示结果。经过训练，使用MNIST手写体中测试数据集进行变形编码的应用测试。图1右侧图为测试样本的输出结果。从结果中可以看出，我们的模型基本正确地学习到了上述三种变形的编码并成功应用到新的测试样本当中。

表1 针对MNIST手写体测试数据集的分类正确率

模型方法	分类正确率/%
GRBM, 1 layer, ZCA'd	59.3
GRBM	60.2
F3WRBM, 1 layer, ZCA'd	61.7
GF3WRBM, 1 layer	62.2

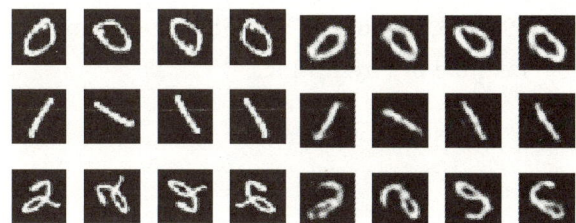

图 1 MNIST 手写体数据集变形测试结果
（左侧为训练样本示例，右侧为测试结果示例）

3.2 图像变形

一旦我们获得了变形的编码，我们就可以利用该编码来对未知图像进行变形操作。虽然在图像处理领域已经有很多方法可以实现图像的简单变形，但利用图像样本通过机器学习来获得变形规律，也是一件很值得研究的热点。我们从网上下载了一些大小为 1 200*1 920 像素的自然图像。我们首先将图片进行翻转或放大的变形。接下来我们将这些图像进行批次分组。分组大小设置为 20*40 像素。因此我们就有 2 880 个训练批次。根据分组大小，我们依经验将显示层神经元设为 800,隐层神经元设为 2 000,因子神经元设为 100,学习率为 0.02。在经过数百次吉布斯迭代采样之后，得到图像的变形编码。在测试过程中使用的图片是在训练过程中没有使用过的。我们将部分测试图片和目标图片显示在图 2。测试图片的大小与训练图片的大小是一样的。为了量化测试样本与目标样本的相似度，我们使用欧氏距离和错误率作为评估，以此来判断我们的模型的表现如何。从表 2 我们可以看出，我们模型的错误率能达到较低的水平，并且欧氏距离在三种比较方法当中也是最近的。

表 1 测试集的错误率及欧氏距离表

模型	错误率/%	欧氏距离
GRBM	85.147	5.365 1
F3WRBM	83.698	5.036 4
GF3WRBM	82.567	4.862 9

  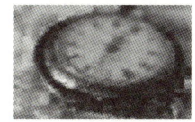

（a）测试原始图片（输入）　（b）测试集目标图片（目标）　（c）测试输出图片（输出）

图 2 实验图片说明

4 总 结

我们在 F3WRBM 的基础上提出了一种名为 GF3WRBM 的模型，旨在提高其在图像变形编码方面的表现能力。我们的模型可以在将图像变形编码应用到新图像时，通过过滤训练图像的表征特征，仅获取其变形特征，从而减少原始训练图像对新目标图像的影响。我们可以将捕获的图像变形编码应用到未知图像当中，实现对图像的变形，进而对变形后的图像进行识别。这一方法，可以帮助我们针对图像变形不变性这一性质进行更进一步的研究与发展。在接下来的工作中，我们将使我们的图像一次性学习多种变形模型并学习捕获不同类型的变形编码之间的关系。同时，我们也可以将我们的模型用于时间序列数据，用以发现在时间序列数据样本之间的变形规则，进而产生新的时间序列样本。

参考文献

[1] MEMISEVIC R, HINTON G E. Learning to represent spatial transformations with factored higher-order Boltzmann machine[J]. Neural Computation, 1989, 22(6): 1473-1492.

[2] G E HINTON, K J LANG. Shape recognition and illusory conjunctions[C]. In Proc of the 9th IJCAI, Los Angeles, CA, 1985, 252-259.

[3] R P RAO and D H BALLARD. Efficient encoding of natural time varying images produces orientaed space-time receptive fields[R]. Technical report, Rochester, NY, USA, 1997.

[4] D J FLEET, M J BLACK, Y YACOOB, A D JEPSON. Design and use of linear models for image motion analysis[J], Int J Comput Vision, 36(3): 171-193, 2000.

[5] S J BELONGIE, J MALIK, J PUZICHA.Shape matching and object recognition using shape contexts. Technical report[D], Berkeley, CA, USA, 2002.

[6] MEMISEVIC R, HINTON G. Unsupervised Learning of Image Transformations[C]. IEEE Conference on Computer Vision & Pattern Recognition. IEEE, 2007: 1-8.

[7] T. J. SEJNOWSKI. Higher-order boltzmann machines[C]. In AIP Conference Proceedings 151 on Neural Networks for Computing pages 398-403, Woodbury, NY, USA, 1987. American Institute of Physics Inc.

基于改进混沌映射和 S 盒的图像加密方法研究

赵海燕

（成都东软学院 四川 成都 611844）

摘 要：为了在图像加密过程中实现更好的混沌和扩散，在改进混沌映射和 S 盒的基础上，提出一种图像加密和解密的方法。首先比较了 logic 映射和改进的混沌映射；然后基于性能优良 S 盒的代换阶段，通过一个扩散阶段来增加图像加密的性能。最后利用反置换函数解密加密图像。仿真实验验证了提出方法的有效性。与其他同类方法相比，提出的方法在最大偏差和不规则偏差方面具有更好的优势。同时，提出的方法也可以应用于彩色图像的加密。

关键词：图像加密；S 盒；混沌映射；logic 映射；置换函数

A Novel Image Encryption Scheme Based on Substitution-permutation Network and Chaos

Zhao Haiyan

(Chengdu Neusoft University, Chengdu 611844, Sichuan, China)

Abstract: In order to achieve better chaos and diffusion in the process of image encryption, a method of image encryption and decryption is proposed on the basis of improving chaotic mapping and S box. Firstly, the logic map and the improved chaotic map are compared. Then, the performance of image encryption is enhanced by a diffusion stage based on the substitution stage of the good S box. Finally, the encrypted image is decrypted by inverse permutation function. The effectiveness of the proposed method is verified by the simulation results. Compared with other similar methods, the proposed method has a better advantage in maximum deviation and irregular deviation. Meanwhile, the proposed method can also be applied to color image encryption.

Key words: image encryption; s-box; chaotic mapping; logic mapping; permutation function

1 引 言

混沌动力系统[1]和密码系统之间的紧密关系为一些基于混沌的密码系统方案打开了大门，尤其是图像加密[2]领域。事实上，混沌系统表现出随机特性，并有许多固有的特征，比如其参数和初值的不可预测性、遍历性和敏感性[3]，使其成为安全密码系统设计的良好备选方案。如果观察者能够掌握初始条件，那么该系统的行为是可以预测的，而在没有这些信息时该系统表现出随机性。随机行为可以用来诱导明文图像中的混乱和扩散，从而使数据所有者在不安全的通信信道中安全传递信息。

已经有很多研究者对该领域进行了分析和研究，下面就这些研究进行回顾。如文献[4]提出了一种基于混沌系统的彩色图像加密方法，利用混

作者简介：赵海燕（1981—），女，汉，四川中江人，讲师，硕士，研究方向：密码学。

沌系统对彩色图像的各个分量进行加密，使这三个分量相互影响。从而减少了构件间的相关性，提高了算法的安全性。文献[5]提出了使用比特级空间置换和高维混沌系统的彩色图像加密方案。相关文献[6]研究了一种基于二维 Logistic 混沌映射的离散小波变换（DWT）的图像加密算法，利用二维 Logistic 混沌映射打乱原始图像像素点位置的置乱加密方法，并对水印图像做预处理操作，在 DWT 水平高频和垂直高频子带中的系数中嵌入水印信息[6]。相关文献[7]提出了一种基于干涉原理的光学多二值图像加密算法，加密过程采用数字算法，解密算法采用数字算法或者光学算法。

密码专家也在加密方案的密码分析和性能分析研究中扮演着重要角色[8-9]。定性地说，大多数基于混沌设计的方案的安全性缺乏依据，而且多数的处理速度很慢。这是由于密钥空间小，加密过程中执行的迭代步骤相当大以及生成的密钥流不适合加密（解密）的内部结构[10]，这有助于密码专家或黑客破解方案。在图像加密应用中，密码专家对以往方法的性能分析至关重要，新的加密方案必须将其考虑在内。本文充分利用混沌映射和 S 盒技术。首先提出了一个新的混沌映射。然后是基于性能优异的 S 盒的代换阶段，引入一个扩散阶段以增加加密性能。最后利用置换函数解密分块矩阵。实验结果验证了本文方法的有效性和安全性。

2 混沌映射和 S 盒

2.1 混沌映射的选择

本文采用的 logistic 映射是常用的一维非线性混沌映射，其定义具体如下：

$$x_{n+1} = \beta x_n(1-x_n) \tag{1}$$

式中，$\beta \in [0,4]$ 表示控制参数；$x_0 \in [0,1]$ 表示初始条件。logistic 映射因其好的行为表现，经常被用在许多密码学应用中。利用 hopf 分叉图验证 logistic 映射的动态特性如图 1 所示，由图可知，从中观察到该 logistic 映射在 $\beta \in [3.5,4]$ 表现出明显的混沌性，初始值的微小变化会使得随机生成的数值产生很大的变化，随机生成值为非周期性和非收敛性的序列。

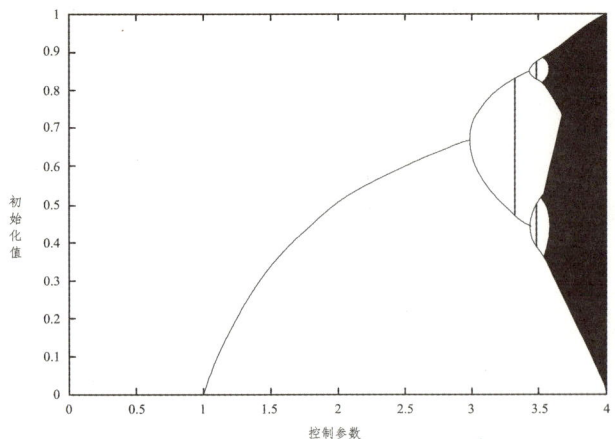

图 1 logistic 映射的分叉图

新的混沌映射定义如下：

$$y_{n+1} = \mu(y_n^4 - y_n^2) + 1 \tag{2}$$

式中，$\mu \in [3,8]$ 表示控制参数；$x_0 \in [0,1]$ 表示初始值。hopf 分叉图如图 2 所示。该映射的混沌证明请参阅文献[11]，考虑到篇幅，不做展开。

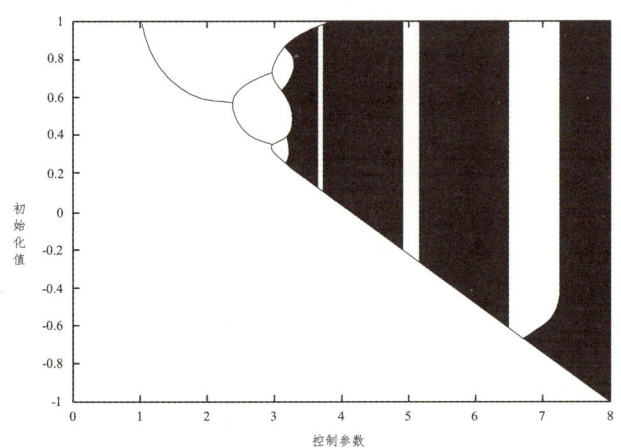

图 2 新混沌函数映射的分叉图

本小节使用李雅普诺夫（Lyapunov）指数和熵对 logistic 映射和新混沌映射的动态性进行比较分析。动态系统的李雅普诺夫指数（或者李雅普诺夫特性指数）是一个以临近轨迹的扩散率为特性的量。其被用来证明混沌映射的混沌特性。其计算公式如下：

$$\lambda = \lim_{N \to +\alpha} \frac{1}{N} \sum_{n=1}^{N} \log\left|\frac{dx_{n+1}}{dx_n}\right| \tag{3}$$

新映射和 logistic 映射的李雅普诺夫指数的计算见表 1 和表 2，两表中，IC 表示初始条件，CP 表示控制参数。通过表 1 和表 2 可以观察到，新混沌映射的李雅普诺夫指数要大于流行的 logistic 混沌映射。为量化新映射的复杂度，测量了近似熵,logistic 映射的熵为 1.095 85,新混沌映射的熵为 2.560 42。从中可以观察到,新混沌映射优于常用的 logistic 混沌映射。

表 1　logistic 映射的李雅普诺夫指数值

成对数值（IC,PC）	李雅普诺夫指数值
（0.3, 4）	0.693 141
（0.4, 4）	0.693 159
（0.6, 4）	0.693 159
（0.7, 4）	0.693 13
（0.3, 3.999 98）	0.690 93
（0.7, 3.999 97）	0.690 193

表 2　新混沌映射的李雅普诺夫指数值

成对数值（IC,PC）	李雅普诺夫指数值
（0.3, 8）	1.386 32
（0.4, 7.6）	1.097 44
（0.6, 6.258）	0.996 836
（0.5, 6）	0.968 348
（0.4, 7.99）	1.352 19
（0.6, 7.999 998）	1.385 81

2.2　混沌线性分式变换（LFT）S 盒

文献[12]研究并提出了基于线性分式变换的 S 盒与混沌映射的结合以及其衍生出的映射。混沌映射被用于生成四个随机值,并将其分配给线性分式变换所用的参数 a,b,c 和 d,即用于计算 S 盒中的元素数值。

基于 LFT 的 S 盒由 $PGL(2,GF(2^8))$ 作用于 2^8 阶有限域而构建。基于 LFT 的 S 盒的代数结构取决于线性分式变换 $f(x)=ax+b/cx+d$ 式中 $a,b,c,d \in GF(2^8)$。通过这个方法,可以构建数百万安全 S 盒,特别是与仿射变换相对应的那些,达到安全性检测标准的最优值。基于 LFT 的 S 盒构建定义具体如下:

$$f: PGL(2,GF(2^8)) \times GF(2^8) \to GF(2^8) \quad (4)$$

$$f(x) = \frac{ax+b}{cx+d} \quad (5)$$

式中,函数 $f(x)$ 取决于 $a,b,c,d \in GF(2^8)$ 的数值,从 $GF(2^8)$ 中对应的 a,b,c 和 d 每一个不同组合,均可以构建一个 8×8 新的 S 盒。

3　加密与解密

3.1　加密过程

步骤 1:输入 256 灰度级的图像 $I(m,n)$,其中 m,n 分别为图像的行数和列数,为简单起见,令 $m=n$。

步骤 2:利用公式（2）生成一个随机序列 Se_0,长度为 $m \times m$ 同时生成 (μ_0, x_0) 逐对数,其中,控制参数用 μ_0 表示,初始条件用 x_0 表示。得到一个整数序列如下:

$$J_0 = u\ int\ 8(mod(I_0 10^{17}, 256)) \quad (6)$$

由下面公式,利用 J_0 在明文图像 I 中操作:

$$P_{SC} = bitxor(p, J_0) \quad (7)$$

步骤 3:利用上一节的方法生成 8 个 8×8 的 S 盒,然后,将置乱后的图像 P_{SC} 分为 8 块表示为:$\{B_i, i=1,\cdots,8\}$。B_i 中的第 j 个像素设为 $\{p_j=1,\cdots,n\}$。n 表示 B_i 中的总字节数。像素 P_j 代换的像素如下:

$$s_j = SB_i(p_j),\ i=1,\cdots,8;\ j=1,\cdots,n \quad (8)$$

步骤 4:生成一个随机序列 F,将公式（1）迭代 $m \times m$ 次,其中初始条件为 y_0,控制参数为 β_0。转换获得一个整数序列如下:

$$G = mod(F \times 10^{14}, 256) \quad (9)$$

然后,利用下式,将掩码 G 作用于代换图像 P_S 则有:

$$P_C = bitxor(P_S, G) \quad (10)$$

重复以上步骤,最终得到加密图像 C。

3.2　解密过程

步骤 1:将加密图像 C 分解,分块的大小为 $k \times k$,从而形成尺寸为 $[m/k, m/k]$ 的矩阵 C_d。然后通过序列 S' 代换 C_d,序列 S' 由混沌函数中的 MAP 的反函数生成。进而得到矩阵 C_C。

步骤 2:将式（2）迭代 $m \times m$ 次,以得到一个随机序列 F',其初始条件为 y_0,控制参数为 β_0,同时也将得到一个整数列,如下:

$$G' = mod(F' \times 10^{14}, 256) \quad (11)$$

式中,$G' \in [0, 255]$,应用下式的掩码作用于矩阵 C_C,有:

$$C_s = bitxor(C_c, G') \qquad (12)$$

步骤 3：将 C_s 分为 8 个子块，然后代换每个子块中的每个像素。

步骤 4：重复以上步骤约 8 次，可得到解密图像 D。

4 实验与分析

本文利用标准图像数据库中的几个灰度图像作为明文图像。尺寸有 128，256，512 等。S 盒的构建过程采用已有的文献方法，参数基本保持不变。通过多个分析验证提出的方法。

视觉检测是判断一个加密算法有效性的重要指标之一。如果一个加密算法隐藏了一个明文图像的大部分特征，那么该算法就是一个强大的算法。虽然可以通过视觉检测来检查一个算法的有效性，但在某些情况下，其可能不会给出关于隐藏漏洞的任何提示。所以很多文献提出了各种指标以评估加密质量。

4.1 最大偏差分析

一个加密算法的质量可以通过明文图像和密文图像之间像素值的偏差来判断[9]。如果原图像和加密图像之间的像素偏差（变化）为最大值，那么该加密算法在安全性方面是最优的。最大偏差计算公式如下：

$$M_D = \frac{D_0 + D_{N-1}}{2} + \sum_{i=1}^{N-2} D_i \qquad (13)$$

式中，N 是灰度值的总数目，D_i 是直方图 D（通过明文图像和密文图像之间的直方图差分计算得出）在指数 i 的振幅差分，较高的 M_D 值表明密文图像非常偏离明文图像。实验结果验证了本文提出的算法和文献[4,5,6]算法的最大偏差度量结果。最大偏差的均值比较表明，本文和文献[4]中提出的方案的表现优于文献[5,6]中的方案。所以，建议算法的最大偏差值没有揭示任何与加密质量相关的重要信息。但可以提供关于加密算法的部分安全性。

4.2 不规则偏差分析

不规则偏差测量明文图像和密文图像之间偏差的统计分布，也是如何接近均匀的统计分布[10]。不规则偏差的具体定义如下：

$$I_D = \sum_{i=0}^{N-1} H_{D_i}, \qquad (14)$$

式中，$H_{D_i} = |h_i - A_H|$，h_i 是直方图在指标 i 的振幅，其可以在得到明文图像和密文图像的绝对差分后计算得出，A_H 是直方图的平均值。一个低的 I_D 值表明像素的分布式均匀的，因此加密图像的质量高。表 3 中给出了本文提出的算法和其他算法的不规则偏差值。从中明显可以发现，本文提出的算法得出的结果在可接受的范围内，与其他算法相比大致相当。因此，较低的不规则偏差值体现了本文算法的强度。

表 3 提出方法与其他方法的不规则偏差比较

图像	最大值偏差			
	新方案	文献[4]	文献[5]	文献[6]
机场	17 106	16 780	16 586	17 008
飞机	40 306	40 434	40 358	40 294
船	42 708	42 674	43 014	42 556
摄影师	36 226	36 098	36 220	36 124
房屋	39 244	38 900	39 414	39 380
丽娜	44 762	45 096	45 438	45 258
男人	27 442	27 210	27 230	27 264
月球表面	50 470	50 406	50 578	50 294
辣椒	45 674	46 126	45 854	45 964
坦克	43 016	42 996	42 938	42 714
平均	40 739	40 751	40 776	40 717

4.3 彩色图像的应用

本文将所提的加密方法应用于彩色图像中。并进行了一些分析，并与两个相关研究进行了比较。图 3（a）和图 3（b）的大小为 256×256 的真彩色 JPEG 格式图像"丽娜"和"辣椒"被用作明文图像。"丽娜"和"辣椒"的明文图像和其使用本文算法的加密图像分别如图 3（a）、图 3（b）、图 3（c）和图 3（d）所示。发现，加密图像的直方图具有均匀性，证明本文提出的算法能够抵御统计攻击。

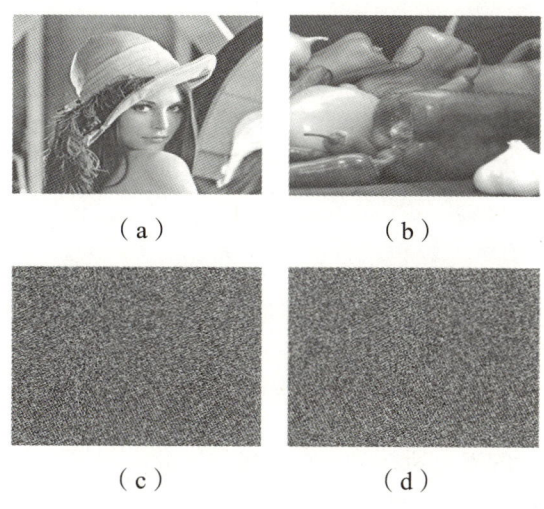

图 3 彩色明文图像与其加密图像

5 总结与展望

本文基于新的混沌映射和 S 盒，提出了一种图像加密和解密算法。较好地融合了混沌系统和 S 盒。仿真实验结果表明本文提出的加密方法相比于其他同类方法更优。未来将考虑用一些其他领域的知识来加密，如 DNA 编码技术，以提高加密技术的混沌性和随机性。

参考文献

[1] 李红达,冯登国. 复合离散混沌动力系统与 Hash 函数[J]. 计算机学报, 2003, 26（04）: 460-464.

[2] 朱和贵. 信息安全中混沌图像加密算法及其相关问题研究[D]. 长春: 吉林大学, 2014.

[3] 赵海燕, 赵荷, 秦海玉, 谭良. 利用逻辑映射和混沌线性分块变换的图像加密算法[J]. 计算机工程与设计, 2017, 38(8): 2086-2091.

[4] XINGYUAN WANG, LIN TENG, XUE QIN. A novel colour image encryption algorithm based on chaos[J]. Signal Processing, 2012, 92 (4): 1101-1108.

[5] LIU H, WANG X. Color image encryption using spatial bit-level permutation and high-dimension chaotic system[J]. Optics Communications, 2011, 284（16）: 3895-3903.

[6] 陈善学, 彭娟, 李方伟. 基于二维 Logistic 混沌映射的 DWT 数字水印算法[J]. 重庆邮电大学学报（自然科学版）, 2012, 24（4）: 495-500.

[7] 秦怡, 李婧, 马毛粉, 等. 一种基于随机相位板复用的光学多二值图像加密系统[J]. 光学学报, 2014, 37（3）: 84-90.

[8] JENG F G, HUANG W L, CHEN T H. Cryptanalysis and improvement of two hyper-chaos-based image encryption schemes[J]. Signal Processing Image Communication, 2015, 34(6): 45-51.

[9] 刘伟. 基于位相恢复算法的光学图像加密及认证技术研究[D]. 哈尔滨: 哈尔滨工业大学, 2015.

[10] KAMALI S H, SHAKERIAN R, HEDAYATI M, et al. A new modified version of Advanced Encryption Standard based algorithm for image encryption[C]. Electronics and Information Engineering (ICEIE), 2010: 141-145.

[11] ZHANG M, TONG X. A new chaotic map based image encryption schemes for several image formats[J]. Journal of Systems & Software, 2014, 98: 140-154.

[12] 严之一. 线性分式变换（LFT）算法的研究及应用[D]. 武汉: 华中科技大学, 2009.

基于图像空间的卡通画生成系统的设计与实现

仲宝才

（成都东软学院　四川　成都　611844）

摘　要：卡通画以其简洁明快的艺术风格，被各个层次的人群所接受，在经济、文化、教育等领域有广泛的用途。计算机生成卡通画已经成为非真实感绘制中的一个研究热点。本文实现了一个基于图像空间的卡通画生成系统，该系统用于对图像和视频进行卡通风格化处理。系统包括彩色模型转换、双边滤波、边缘检测、颜色量化四个功能模块。彩色模型转换模块实现图像彩色模型的转换，双边滤波模块用于去除图像中的噪声和一些不必要的细节信息，边缘检测模块用于获得图像的边缘，颜色量化模块使图像中产生层次分明的颜色区域。本文通过几组实验检验基于图像空间的卡通画生成系统的处理效果。实验表明：处理后的图像具有明显的卡通风格，该系统具有良好的通用性。

关键字：卡通风格化；双边滤波；边缘检测；颜色量化

Design and Implementation of the Cartoon Generation System Based on Image Space

Zhong Baocai

（Chengdu Neusoft University, Chengdu 611844, Sichuan, China）

Abstract：Cartoons are widely used in the economy, culture, education and other fields because of its simplified artistic style. The research on computer animation has become the hotspot of non-photorealistic rendering field. Based on image space, this thesis presented the design and implementation of the cartoon generation system, which is used for image and video cartoon stylization.

The system consists of four modules, namely, color space conversion, bilateral filter, edge detection and color quantization. The color space conversion module is used to deal with color mode conversion, the bilateral filter module is designed for denosing and removing some unnecessary information in the image, the edge detection module can detect the edge of the image, while the color quantization makes color areas of the image become clearly layered. In order to improve its performance, bilateral filter module and edge detection module were respectively optimized. After studied the bilateral filter and bilateral filter mechanisms, a new method for bilateral filter was introduced to speed up image denosing, and the edge detection algorithm has been improved by using DoG operator which can enhance the detection accuracy of edge detection module.

To test the system's performance, I did several experiments. Generally, the testing results showed that the processed images are much cartoon-like, which proved that the system has the feature of good generality.

Key words：cartoon stylize；bilateral filter；DoG；edge detection

---

基金项目：四川省教育厅课题（15ZB0359）。
作者简介：仲宝才（1983—），男，汉族，山东东平，讲师，硕士研究生，研究方向：图像处理，软件工程。

1 引言

用计算机模拟各种艺术风格的绘制，是计算机非真实感图形绘制技术（No Photorealistic Rendering，NPR）的一项主要研究内容。与真实感绘制相对应，非真实感绘制并不关心是否像照片般真实地再现客观世界，相反，它更专注于图形个性化和艺术化的表达。非真实感图形学关注那些原来由手工制作，现在改由计算机自动生成的图形、图像和动画，并涉及通常的计算机图形学所讲述的各方面内容。

根据处理的是 3 维还是 2 维/2.5 维的数据，非真实感绘制技术可以分为两类：一类是基于三维观察空间（perspective space）的非真实感绘制技术（也就是基于模型），它以三维场景的几何模型描述作为其输入；一类是基于图像空间（image space）的非真实感绘制技术，它以一幅原始数字图像作为其输入；非真实感绘制（NPR）系统根据是否需要用户干预分为自动的 NPR 系统和交互的 NPR 系统。交互的系统是指在用户的帮助或指导下生成各种风格的图画或动画序列，这类系统生成的画面效果一般更具艺术性，但对用户的艺术涵养要求比较高。自动的 NPR 系统则不需要用户的干预就能生成不同风格的画面或动画序列。

2 系统设计

根据卡通画的特点和卡通渲染的相关知识，本文实现了一个对图像和视频自动进行卡通风格化处理的系统。该系统通过去除图像中一些不必要的细节信息，增强图像轮廓来凸现图像的主题，使经过处理的图像具有卡通风格。对图像进行卡通风格化处理时，对图像依次完成以下操作：从摄像头或磁盘输入图像数据，通过颜色转换把输入的图像转换到 Lab 彩色模型下，通过双边滤波滤去图像中的噪声和不必要的细节信息；通过边缘检测来获得图像边缘；通过亮度量化处理使图像中产生层次分明的颜色区域；然后把边缘检测得到的边缘与量化后的图像进行图像轮廓增强处理，这时便得到具有卡通风格的图像了。但在显示时转换到适于硬件显示的 RGB 彩色模型，这样就可以从显示器中看到具有卡通风格的图像了。

本文设计的系统结构如图 1 所示。

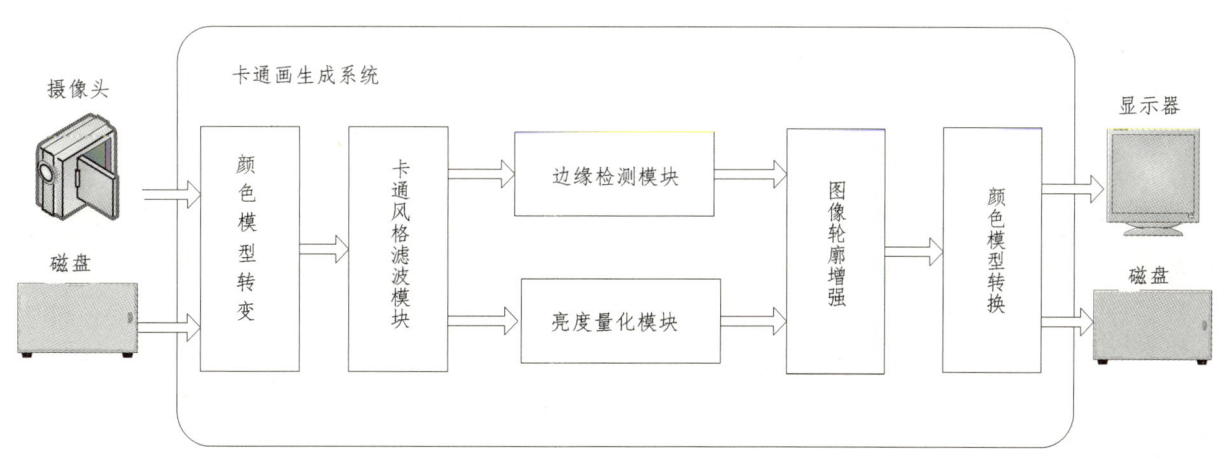

图 1 系统结构图

由图 1 可知基于图像空间的卡通画生成系统包括四个功能模块：彩色模型转换模块、卡通风格滤波模块、边缘检测模块、颜色量化模块。

2.1 彩色模型转换模块

该模块实现了图像在 Lab 彩色模型和 RGB 彩色模型之间的转换。使处理后的图像尽可能保持宽的色域，并且为随后的亮度量化处理做准备。

2.2 双边滤波模块

该模块选用双边滤波对图像进行平衡滤波处理，用于消除图像中存在的噪声和细节信息。双边滤波处理在保证减少图像中细节的同时，还能保留图像中明显的轮廓方面，具有良好的性能。

2.3 量化模块

该模块对双边滤波后的图像进行亮度量化处理，使图像中原本连续的亮度函数映射成关于亮度的阶梯函数，到得到分层次的颜色区域，产生卡通效果。用于模拟卡通渲染中的光的漫反射效果。

2.4 边缘检测模块

该模块用于检测出图像的边缘。检测出的边缘与经过量化处理的图像进行增强图像轮廓的操作，得到最终的卡通风格图像。

3 系统实现

对图像进行卡通风格化处理的流程图如图 2 所示，首先把输入图像由 RGB 彩色模型转换到 Lab 彩色模型；然后对图像进行双边滤波处理，滤除图像中存在的噪声和不必要的细节信息；接着对处理过后的图像进行边缘检测，得到图像边缘 E；继续对双边滤波处理过后的图像进行亮度的良好处理，使图像中产生层次分明的颜色区域，且形成整体的颜色块，得到类似卡通风格的图像 K；最好把边缘 E 和量化图像 K 进行图像轮廓增强处理得到图像 I，图像 I 具有了明显的轮廓，且图像中颜色区域层次分明，形成了整块的颜色区域，具有了明显的卡通风格。把图像 I 由 Lab 彩色模型转换到适于显示器显示的 RGB 彩色模型，这样就在显示器上看到了卡通风格的图像了。

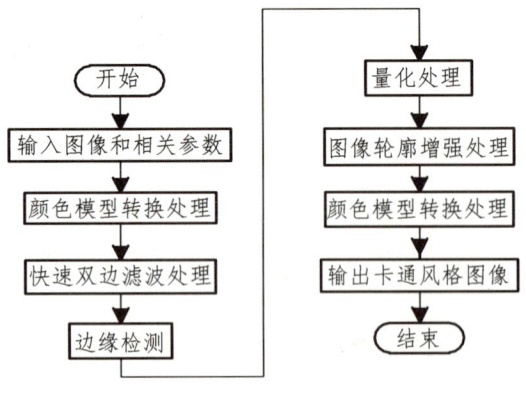

图 2 系统的流程图

3.1 彩色模型转换模块

为了在图像处理中保留尽量丰富的色彩，一般对图像进行处理前需要把图像转换到 Lab 色彩模型下。当使用硬件设备显示时，再把图像转换到 RGB 彩色模型下。RGB 彩色模型和 Lab 彩色模型并不直接对应。它们之间的转换是通过组成某种彩色 C 所需要的三个刺激量来完成的。设组成某种彩色 C 所需要的三个刺激量分别用 X, Y, Z 表示，三个刺激值与 CIE 的 R, G, B 有如下关系：

$$\begin{vmatrix} X \\ Y \\ Z \end{vmatrix} = \begin{vmatrix} 0.431 & 0.342 & 0.178 \\ 0.222 & 0.707 & 0.071 \\ 0.020 & 0.130 & 0.939 \end{vmatrix} \cdot \begin{vmatrix} R \\ G \\ B \end{vmatrix} \quad (1)$$

反之，根据 X, Y, Z 这三个刺激值，也可得到 R, G, B 三基色：

$$\begin{vmatrix} R \\ G \\ B \end{vmatrix} = \begin{vmatrix} 3.063 & -1.393 & -0.476 \\ -0.969 & 1.876 & 0.042 \\ 0.068 & -0.229 & 1.069 \end{vmatrix} \cdot \begin{vmatrix} X \\ Y \\ Z \end{vmatrix} \quad (2)$$

三个刺激量 X, Y, Z 到 Lab 模型的转换公式如下所示：

$$L = \begin{cases} 116(Y/Y_n)^{1/3} - 16 & Y/Y_n > 0.008858 \\ 903.3(Y/Y_n) & Y/Y_n \leq 0.008856 \end{cases} \quad (3)$$

$$a = 500 * (f(X/X_n) - f(Y/Y_n)) \quad (4)$$

$$b = 200 * (f(Y/Y_n) - f(Z/Z_n)) \quad (5)$$

其中：

$$f(t) = \begin{cases} t^{1/3} & t > 0.008856 \\ 7.787 * t + 16/116 & t \leq 0.008856 \end{cases} \quad (6)$$

当完成图像卡通风格化处理后，为了适于硬件显示需要把图像由 ab 转换到 RGB 彩色模型。首先根据图像对应的 L、a、b 三个值转换到 X、Y、Z 值，然后根据式（1）转换到对应的 RGB 值。

利用 L, a, b 三分量转换到 X, Y, Z 的公式如下所示：

$$Var_y = (L+16)/116 \quad (7)$$

$$Var_x = a/500 + Var_y \quad (8)$$

$$Var_z = Var_y - b/200 \quad (9)$$

$$Var_x = \begin{cases} Var_x^3 & Var_x^3 > 0.008858 \\ (Var_x - 16/116)/7.787 & Var_x^3 \leq 0.008858 \end{cases}$$
$$(10)$$

$$Var_y = \begin{cases} Var_y^3 & Var_y^3 > 0.008\,858 \\ (Var_y - 16/116)/7.787 & Var_y^3 \leq 0.008\,858 \end{cases} \quad (11)$$

$$Var_z = \begin{cases} Var_z^3 & Var_z^3 > 0.008\,858 \\ (Var_z - 16/116)/7.787 & Var_z^3 \leq 0.008\,858 \end{cases} \quad (12)$$

$$X = 95.047 * Var_x \quad (13)$$

$$Y = 100 * Var_y \quad (14)$$

$$Z = 108.883 * Var_z \quad (15)$$

3.2 双边滤波模块

传统的双边滤波是空域滤波,就是直接对图像的数据做空间变换达到滤波的目的。空域滤波是一种邻域运算,即输出图像中任何像素的值都是根据输入图像中像素邻域内像素的值通过采用一定的算法获得的。由于双边滤波对图像进行处理时既考虑了空间上距离因素又考虑了颜色域因素,需要为图像中每一个像素点重新计算模板,计算量大,相对于其他线性滤波器,计算速度较慢。针对双边滤波的缺点,在原有图像空间域基础上加入图像强度组成一个多维的空间,把非线性的双边滤波式变为线性式子。通过数学等价变换,把双边滤波器表示为多维空间域上的线性高斯滤波器。这样在对图像进行高斯卷积处理时,使用快速傅立叶变换,变换到频域对图像进行处理,使算法的时间复杂度由 $O(n^2)$ 变为 $O(n\log n)$,从而提高算法的执行速度。本文采用的双边滤波加速方法便是受文献[6]中提到方法的启发:把双边滤波表示为多维空间中的线性卷积,然后对图像进行采样处理,减少计算的数据量,对采样后的数据进行快速傅立叶变换,加快双边滤波执行速度,最后对处理后的图像进行插值处理,得到处理后的图像。

对图像进行双边滤波的操作可以用下面两式表示:

$$h = \frac{1}{k_p} \sum_{q \in S} w_{\sigma_s}(\|p-q\|) w_{\sigma_r}(|i_p - i_q|) i_q \quad (16)$$

$$k_p = \sum_{q \in S} w_{\sigma_s}(\|p-q\|) w_{\sigma_r}(|i_p - i_q|) \quad (17)$$

其中,w_σ 为高斯减函数;i 为灰度图,h 经过双边滤波处理的图像;S 为整个二维图像域;p 为当前像素的位置;q 为 p 的邻域内的像素。σ_s 是几何空间高斯函数标准差,控制像素过滤空间邻域大小;σ_r 是亮度高斯函数标准差,控制多少像素进行加权,k_p 用来对权值进行归一化处理。由上式可以看出式(16)和式(17)形式上具有相似性,式(16)两边同时乘 k_p,用一个二维向量表示式(16)和式(17),得:

$$\begin{pmatrix} k_p h \\ k_p \end{pmatrix} = \sum_{q \in S} w_{\sigma_s}(\|p-q\|) w_{\sigma_r}(|i_p - i_q|) \begin{pmatrix} i_q \\ 1 \end{pmatrix} \quad (18)$$

为每一个输入像素赋权值 $w = 1$,得下式:

$$\begin{pmatrix} k_p h \\ k_p \end{pmatrix} = \sum_{q \in S} w_{\sigma_s}(\|p-q\|) w_{\sigma_r}(|i_p - i_q|) \begin{pmatrix} w_q i_q \\ w_q \end{pmatrix} \quad (19)$$

由此对图像进行双边滤波处理,可以表示为式(19)所示的形式,相当于为每一个像素 q 赋予一个向量值 $(w_q i_q, w_q)$。这样使得过滤后的图像像素值,可以表示为邻域内像素的线性组合。完成线性操作后,处理后图像的值 h 可以通过 $k_p h$ 值除以 k_p 得到。

把三维空间中的强度域坐标轴定义为 γ,这样每一个像素在三维空间中的位置可以用点 (x, y, γ) 表示,强度域范围为 R。在强度域上定义 Kronecker 函数 $\delta(\gamma)$($\delta(0) = 1, \delta(1) = 0$),式(19)可以表示为:

$$\begin{pmatrix} k_p h \\ k_p \end{pmatrix} = \sum_{\gamma \in R} \sum_{q \in S} w_{\sigma_s}(\|p-q\|) w_{\sigma_r}(|i_p - \gamma|) \delta(\gamma - i_q) \begin{pmatrix} w_q i_q \\ w_q \end{pmatrix} \quad (20)$$

用可分离的高斯函数 G_{σ_s, σ_r} 表示 $w_{\sigma_s} w_{\sigma_r}$ 在 $R \times S$ 中的乘积。为了把二维图像域中的函数转换到三维空间域,定义以下函数对应关系。

$$G_{\sigma_s, \sigma_r}(x, \gamma) \to w_{\sigma_s}(\|x\|) w_{\sigma_r}(|y|)$$
$$(x \in S, \gamma \in R)(x \in S, \gamma \in R) \quad (21)$$

$$I(x, \gamma) \to i_x \quad (x \in S, \gamma \in R) \quad (22)$$

$$W(x, \gamma) \to \delta(\gamma - i_x) = \delta(\gamma - i_x) w_x$$
$$w_x = 1 \ (x \in S, \gamma \in R) \quad (23)$$

以上三式满足 $(x \in S, \gamma \in R)$。

根据式(22),(23)对公式(20)右边重写得:

$$\delta(\gamma - i_q)\begin{pmatrix}w_q i_q \\ w_q\end{pmatrix} = \begin{pmatrix}\delta(\gamma - i_q)w_q i_q \\ \delta(\gamma - i_q)w_q\end{pmatrix}$$
$$= \begin{pmatrix}W(q,\gamma)I(q,\gamma) \\ W(q,\gamma)\end{pmatrix} \quad (24)$$

根据式（21）可以得到：

$$\begin{pmatrix}k_p h \\ k_p\end{pmatrix} = \sum_{(q,r)\in S\times R} G_{\sigma_s,\sigma_r}(p-q, I_p-\gamma)$$
$$\begin{pmatrix}W(q,\gamma)I(q,\gamma) \\ W(q,\gamma)\end{pmatrix} \quad (25)$$

上式可以看作是高斯函数 G_{σ_s,σ_r} 与二维向量 (WI, W) 的卷积：

$$\begin{pmatrix}k_p h \\ k_p\end{pmatrix} = \left[G_{\sigma_s,\sigma_r} \otimes \begin{pmatrix}WI \\ W\end{pmatrix}\right](p, i_p) \quad (26)$$

通过上式引入函数 H，K

$$(KH, K) = G_{\sigma_s,\sigma_r} \otimes (WI, W) \quad (27)$$

则双边滤波处理过后，像素值 h 可以通过 KH 除以 K 得到，即：

$$h = \frac{K(p, I_p)H(p, I_p)}{K(p, I_p)} \quad (28)$$

用快速双边滤波对彩色图像进行处理时，首先把图像由二维空间（x,y）转换到五维空间（x, y, L, a, b），对于彩色图像为每个像素点赋值一个四维（$L, a, b, 1$）的向量，对图像在进行多维空间采样，通过采样来减少处理的图像数据量，在多维空间对采样得到的结果图像进行线性卷积处理，通过对线性卷积进行快速傅立叶变换处理，加速对图像的卷积处理速度。对卷积后的图像进行插值处理，然后在对图像进行归一化处理，这样就得到双边滤波的结果。

3.3 边缘检测模块

DoG 算子（Difference of Gaussians）为对图像进行边缘检测的一种常用方式，DoG 算子用两个不同参数的高斯函数的差对图像作卷积来逼近 LoG 算子，这样检测出来的边缘点称为 $f(x,y)$ 的过零点（Zero-crossing）。DoG 算子和 LoG 算子具有同样的缺点，就是对噪声很敏感，检测出来的边缘有很多孤立点。DoG 算子提取的边缘包括真正的边缘和并不构成边缘的微小起伏和噪声，使得假边缘过多，降低了边缘检测的精度。为了提高 DoG 边缘检测精度，对 DoG 边缘检测算法做了改进，对滤波处理过的梯度图像选取一个阈值 T，当梯度大于 T 时，输出为 255，小于 T 时，输出为 0，这样可以去除假边缘点而保留真正的边缘点。与拉普拉斯-高斯算子相似，图像首先跟高斯核宽度为 σ_1 的高斯函数卷积。

$$G_{\sigma_1}(x,y) = \frac{1}{\sqrt{2\pi\sigma_1^2}} \exp\left(\frac{x^2+y^2}{z\sigma^2}\right) \quad (29)$$

得到图像：

$$g_1(x,y) = G_{\sigma_1}(x,y) * f(x,y) \quad (30)$$

然后图像与另一个核宽度为 σ_2 的高斯核函数进行卷积得到另一幅图像 $g_2(x,y) = G_{\sigma_2}(x,y) * f(x,y)$。对得到的这两幅图做差值运算，式子如下：

$$g_1(x,y) - g_2(x,y) = G_{\sigma_1} * f(x,y) - G_{\sigma_2} * f(x,y)$$
$$= (G_{\sigma_1} - G_{\sigma_2}) * f(x,y)$$
$$= DOG * f(x,y) \quad (31)$$

由于高斯卷积是线性操作，不同核宽度的高斯与图像卷积之差相当于高斯函数差与图像进行卷积操作：

$$DOG \triangleq G_{\sigma_1} - G_{\sigma_2}$$
$$= \frac{1}{\sqrt{2\pi}}\left[\frac{1}{\sigma_1}e^{-(x^2+y^2)/2\sigma_1^2} - \frac{1}{\sigma_2}e^{-(x^2+y^2)/2\sigma_2^2}\right] \quad (32)$$

把高斯函数之差称为 DoG 算子，为了符合人眼的视觉生理，$\sigma_1/\sigma_2 = 1.6$。

改进的边缘检测算法步骤如下：

（1）输入图像数据和相关参数。

（2）初始化 DoG 算子。

（3）读入原始图像，将原始图像 $f(x,y)$ 经过 DoG 滤波器模板，得到输出图像 $h(x,y)$。

（4）对输出图像 $h(x,y)$ 中的每一图像元素 $h(i,j)$，选取负值点，取出其邻点的最大值，输出为最大值与其本身的值之差，其余点输出为 0，得到梯度图像 $h_1(x,y)$。

（5）分析梯度图像 $h_1(x,y)$，根据该图像的直方图统计特性确定阈值 t_1，t_2，若 $h_1(x,y)$ 中某个元素梯度大于 t_1，则它被输出为 255；所有值在 t_1，t_2 之间的元素标记为 128；若一个已被标记的像素与某个已输出的像素连通，则它被标记为 255，得到边缘图像 edge。

（6）输出边缘 edge。

3.4 量化模块

系统中的亮度量化模块，用来对双边滤波处理过的图像进行亮度量化处理。量化处理使图像中形成层次分明的颜色区域，图像具有明显的卡通风格。常用的亮度量化处理方法与卡通渲染中处理漫反射光照的方法相似，经过亮度量化处理后，图像像素的亮度由原来的关于亮度的连续函数变为关于亮度的阶梯函数，但是使用这种方式处理后，颜色区域之间的过渡会变得比较突然，感觉生硬。为了消除这种现象，通过在原有亮度量化的方法上增加关于亮度梯度的双曲正切函数来消除这种现象。这样就可以根据图像中当前点位置的亮度变化的快慢，自适应地产生亮度块的变化参数，避免了图像中形成的颜色区域过渡过于陡峭。

4 实验设计

为了检验系统的通用性和处理效果，通过使用该系统对不同场景的几幅图像进行处理，来检测系统卡通风格化处理的通用性。

4.1 对人脸进行处理

对人脸进行处理时，以大家熟知 Lena.Brosnan（原图由 WinnermÖller 教授提供）图像为处理对象。处理结果如图 8 所示。

图 3（a）为原图像，图 3（b）为经过系统卡通风格化处理的图像，通过处理前后的图像对比可以看出，处理后的人脸图像具有了卡通风格。基本上满足了系统对人脸卡通风格化的要求。

（a）Brosnan 原图像　　（b）处理后图像

图 3　人脸处理前后的对比

4.2 对自然场景进行处理

对自然场景进行处理时，根据场景前景和背景对比是否明显又分成两组，第一组选用了 Windows XP 几个常用的蓝天白云桌面图像进行处理。第二组是对拍摄于成都东软学院校园的校园照片进行处理。

（1）前景与背景对比明显的情况。

从图 4 处理前后的对比图像可以看出，几幅蓝天白云图像经过处理具有了卡通风格，由此可知该系统可用于自然场景。

（2）前景与背景对比不明显的情况。

由图 5（a）（b）可以看出，由于图中湖中鹅的颜色和背景水的颜色对比不明显，导致处理后的图像中鹅脖处在被处理后融入背景中。由图 5（c）（d）可以看出由于湖中鸭子本身的颜色和水的颜色差别较大，图 5（d）没有出现图 5（b）出现的现象，图 5（d）的处理效果好于图 5（b）。

 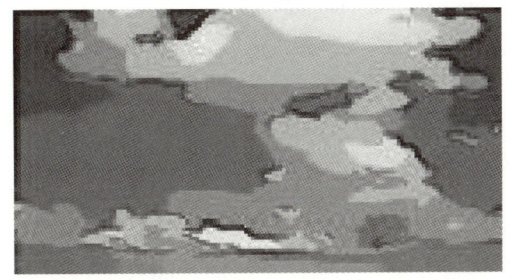

（a）原图像　　　　　　　　　　（b）处理后的图像

图 4　天空图像处理前后的对比

（a）原图像

（b）处理后的图像

（c）原图像

（d）处理后的图像

图 5　处理前后图像对比

4.3　对建筑物进行处理

对建筑物进行处理时，以成都东软学院 A2 楼作为处理对象。效果如图 11 所示。

（a）原图像

（b）处理后的图像

图 6　建筑物图像处理前后的对比

从图 6 中处理前后图像的对比可以看出，本系统对建筑物图像有很好的处理效果，处理后的图像具有了卡通风格。

4.4　实验分析

从图 3 可以看出基于图像空间的卡通画生成系统对人脸处理时，具有很好的卡通效果。图 4 可以看出当背景和前景比较明确是对自然景物的处理效果也不错。但是当背景和前景对比不明确时，处理效果会比较差，如图 5 所示。图 6 表明对建筑物处理也有较好的效果。由此可以看出，本系统具有了较好的通用性。

参考文献

[1] 陈宏，郑南宁，梁林，李岩，徐迎庆，沈向洋. 基于图像的个性化卡通生成系统[J]. 软件学报，2002.9，13（9）：1814-1822.

[2] 阎芳，费广正，柳婷婷，马文辉，石民勇. 漫画风格的人脸肖像生成算法[J]. 计算机辅助设计与图形学报学报，2007，19(4)：442-447.

[3] CARLO TOMASI, ROBERTO MANDUCHI. Bilateral filtering for gray and color images [C]. In Processing of the International Conference on Computer Vision, IEEE,1998, 839-846.

[4] FRÉDO DURAND, JOHN DORSEY. Fast Bilateral filtering for the display of high-dynamic-range images[C]. ACM Transactions on Graphics, Proceedings of the SIGGRAPH conference. 2002, 21（3）: 257-266.

[5] YAN LI LIU, JIN WANG, XI CHEN et al. A Robust and Fast Non-Local Means Algorithm for Image Denoising[J]. Journal of Computer Science and technology, 2008, 23(2): 270-279.

[6] MICHAEL FELSBERG, PER-ERIK FORSSÉN, HANNO SCHARR. Channel smoothing: Efficient robust smoothing of low-level signal feature[J]. IEEE Transactions on Pattern Analysis and Machine Intelligence[J]. 2007, 28(2): 209-222.

[7] BEN WEISS. Fast median and bilateral filtering[J]. ACM Transactions on Graphics, 2006, 25（3）: 519-526.

[8] TUAN Q PHAM, LUCAS J, VAN VLIET. Separable bilateral filtering for fast video preprocessing[C]. In International Conference on Multimedia and Expo, IEEE, 2005, 454-457.

[9] SYLVAIN PARIS, FRÉDO DURAND. A Fast Approximation of the Bilateral Filter using a Signal Processing Approach[C]. In Proceedings of the European Conference on Computer Vision, 2006, 568-580.

[10] DANNY BARASH. A fundamental relationship between bilateral filtering, adaptive smoothing and the nonlinear diffusion equation[J].IEEE Transactions on Pattern Analysis and Machine Intelligence. 2002, 24(6): 884-847.

[11] HOLGER WINNEMÖLLER, SEVEN C. OLSEN, BRUCE GOOCH. Real-time video abstraction[C]. ACM Transactions on Graphics, 2016, 25(3): 1221-1226.

[12] 田自君,刘艺. 基于LoG算子边缘检测图像二值化处理[J]. 中国测试技术, 2007, 33(6): 109-111.

[13] 吴熙,钱盛友. 基于LoG算子的图像边缘增强算法的改进[J].电气电子教学报, 2007, 29（4）: 25-27.

单通道无缆地震数据采集系统低功耗设计

朱倩钰

（成都东软学院 四川 成都 611844）

摘 要：为了满足无缆地震勘探仪器长时间野外工作的需求，主要针对单通道无缆地震数据采集系统功耗问题进行低功耗设计。根据系统功耗分布情况，从硬件选型、软件优化和高效率电源转换等方面进行低功耗设计。一方面选取一系列功耗较低且功耗可调的元器件；另一方面设计了高效率电源转换模块。在此基础上进行软件优化，采用动态电源管理技术，依据系统不同的工作方式对外部部件进行低功耗配置，降低单通道无缆地震数据采集系统的平均功耗，延长野外工作的时间。通过功耗测试得出，当系统采用 12 V，10 A·h 的锂电池供电时，系统可持续工作 376 h，平均功耗低于 320 MW，达到了设计目标。

关键字：无缆地震数据采集系统；低功耗；动态电源管理技术

The Design of Single-Channel Wireless Seismic Data Acquisition System with Low Power Consumption

Zhu Qianyu

(Chengdu Neusoft University, Chengdu 611844, Sichuan, China)

Abstract: In order to meet the needs of wireless seismic exploration instrument in wild in long time work, the question focused on the problem of a single channel wireless seismic data acquisition system with power consumption. The system's power distribution, low-power design from the selection of hardware, software optimization and high-efficiency power conversion and so on. On the one hand, we used a series of low-power and power adjustable components; on the other hand, we designed high-efficiency power conversion module. On this basis, the software is optimized using dynamic power management technology, systems based on different ways of working low-power configuration of external components, lowering the average power consumption of a single-channel wireless seismic data acquisition system, extending work time. Through power test results, when the system uses a 12 V, 10 A·h lithium battery-powered, the system can work 376 hours, with an average power consumption of less than 320 MW, achieve the design objectives.

Key words: wireless seismic data acquisition system; low-power consumption; dynamic power management

1 引 言

地球物理勘探主要包括重、磁、电、震、放五大类方法，即重力、磁法、电法、地震方法、放射性方法。相比其他勘探技术，地震勘探技术具有勘探深度大，分辨率高，信噪比高等优点[1]。

作者简介：朱倩钰（1990—），女，汉族，甘肃，助教，硕士学位，研究方向：网络工程。

地震仪是地震勘探系统中的核心仪器,大体可以分为有缆地震仪和无缆地震仪两种。无缆地震仪对比有缆地震仪,在仪器工作独立性、施工成本、采集效率等方面有明显优势。近年来,无缆地震勘探仪器迅速发展,2010 年,美国 ION 公司推出 FireFly 无缆系统;2013 年 SERCEL 公司推出 Unite 系统[2],Geospace 公司推出 GSR 系统,FairFieldNodal 公司推出 Z-land 系统等[3]。国内所自主研发的 GEIWSR 系统由于仪器的体积大、功耗大,一直没有得到广泛的应用[4]。

无缆地震仪结合了地震勘探技术、现代电子技术以及通信技术,采用独立存储式结构,集数据采集和存储为一体。仪器通过 GPS 技术提供时间服务,采集站利用内部存储单元本地存储地震数据。无缆存储式地震仪采用节点采集的工作方式,采集站就地采集存储地震数据,施工结束后进行数据集中回收[5]。但是国内现有的无缆地震仪还存在功耗较大的问题,本文从硬件选型,软件优化,高效率电源转换等角度出发,对系统进行低功耗设计,降低系统平均功耗,延长仪器的野外工作时间[6]。

2 系统功耗分析及低功耗设计

单通道地震数据采集系统总体框图如图 1 所示,系统主要由电源、STM32、以太网、SD 卡、GPS 模块和 A/D 等部分组成[7]。电源模块是整个系统的供电部分,负责将外部电压转换成系统的可用电压。STM32 是系统的核心控制器,负责控制各部分模块的工作方式。SD 卡负责数据存储,采集到的地震数据最终存储到内置的 SD 卡中。GPS 模块是系统的同步授时单元,完成地震仪的同步采集,A/D 模块负责地震数据采集[8]。

统计无缆存储式地震数据采集系统中采集模式下各个模块的功耗水平,其结果如表 1 所示,GPS 同步授时模块和采集模块是耗电比重最大的部分,功耗损耗约占正常运行总功耗的 76%。在数据回收模式下,开启的各个模块功耗水平如表 2 所示,其中系统中网络传输模块耗电较大,约占系统总功耗的 67%。因此在对系统进行功耗优化时,可针对耗电量较大的模块进行低功耗的设计。

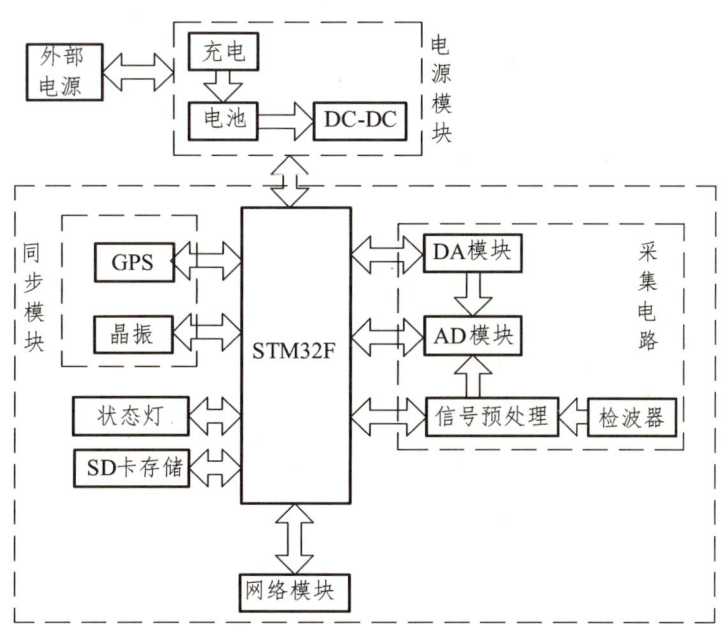

图 1 单通道无缆地震数据采集系统总体框图

表 1 采集模式功耗组成表

模块	存储模块	同步模块	采集模块	最小系统
功耗来源	SD 卡、内存	GPS 温补晶振	AD、DA	STM32 电源
比重	2.00%	44.00%	32.00%	22.00%

表 2 回收模式功耗组成表

模块	存储模块	网络模块	最小系统
功耗来源	SD 卡、内存	WLAN、以太网	STM32、电源
比重	2.90%	67.50%	29.60%

3 系统硬件低功耗设计

3.1 主控芯片分析

STM32F 系列芯片在保证芯片高性能的基础上减少了系统电能的消耗,但是其中 STM32F1 系列的处理器其功耗达到 500 μA/MHz,远高于 STM32F2 系列和 STM32F4 系列。STM32F4 采用 Cortex-M4 内核[9],具备增强的 DSP 处理指令,拥有更多的存储空间,极致的运行速度以及高性能的外设使得其整体性能相对于以 Cortex-M3 为核心的 STM32F2 提高了 25%~35%,且功耗由原来的 188 μA/MHz 降为 140 μA/MHz,其功耗降低了 25%左右。因此在该系统中我们选择 STM32F4 系列中内置以太网通信的 STM32F407。根据不同的工作状态,主频处理器的频率可调,达到降低功耗的目的。单通道无缆地震数据采集系统可以根据不同工作模式的耗电量进行合理的优化,以在系统不同工作模式之间寻求最佳平衡。STM32F407 低功耗模式分为睡眠模式、停止模式和待机模式。

3.2 GPS 模块分析

GPS 模块的功耗测试为 241.33 MW,约占整个系统四分之一,耗能较高。GPS 模块采用 U-blox 系列,其芯片本身具有低功耗设计。工作模式有高性能模式,ECO 模式与省电模式。其中 ECO 模式在芯片可以计算出位置信息或者追踪到了足够多的卫星时,搜索引擎将会被关闭,这会在很大程度上导致降低功耗。省电模式通过有选择性地关闭接收芯片的部分功能,可以使芯片进入低功耗模式,以降低系统功耗。U-blox 系列的 GPS 芯片是一款专为小型移动设备提供低功耗、高品质 GPS 服务的模块,模块稳定工作时的秒脉冲的精度为 30 ns,温度补偿后的精度可达到 15 ns,可以保证高精度的时间服务。U-blox 系列模块采用 3.3 V 电压供电,稳定下来以后,低功耗模式下,功耗可降低到 57.75 MW。

3.3 高效率电源转换模块分析

电源模块在完成基本的供电功能的基础上,电池充放电管理单元能自动检测到外界电压的接入,并兼容较宽的输入电压范围（9~32 V）自动给锂电池充电,先恒流充电再恒压充电,电池充满后自动断开充电电路。有外接电源时系统默认使用外接电源工作,同时将锂电池充满,无外接电源时使用锂电池供电,在锂电池电量过低时给控制器发出警报,使控制器停止采集工作,存储数据,等控制器完成一系列关机任务之后再停止供电,防止数据丢失,提高系统的可靠性。当数据采集结束时,控制各个模块进入低功耗状态,降低系统功耗,延长工作时间。电源部分低功耗的设计核心是高效率的 DC-DC 设计,系统同等功耗的条件下,如果能提高电源的转换效率,就相当于降低了整个系统的功耗[10],供电电源采用 BUCK 降压 DC/DC 电路,供电电源处于开关状态,相比于传统线性电源,其效率更高,可达 90%以上。电源设计图见图 2。

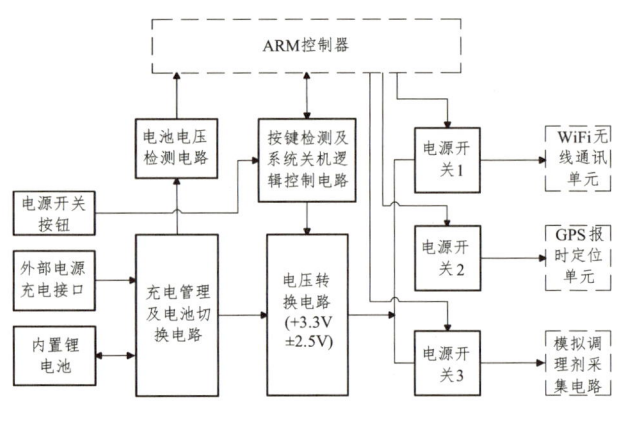

图 2 电源设计图

4 软件优化——电源动态管理

4.1 处理器变频控制设计

动态电源管理技术通过动态的配置系统使其在满足系统采集任务的同时尽可能地减少主控芯片及外设的工作频率进而达到节省电能的作用[11]。动态电源管理技术旨在充分利用系统空闲将系统中某一部件切换到低功耗或者关闭状态。典型的电源动态管理模型如图 3 所示。

当系统处在不同的工作状态时,选择性地关闭空闲的系统部件,需要工作时再重新打开；或者系统部件无任务处理时,使得部件进入低功耗节能状态，进而达到节省功耗的目的。在对单通道无缆地震数据采集系统主控芯片进行低功耗设计时，应明确不同的外设在不同的工作模式和工作时期的运行状态，进而主控芯片对外设进行不同的工作模式配置，在空闲时将各个模块中可进行功耗管理的芯片设置为低功耗模式、休眠模式，或者空闲模式[12]。休眠模式时，中央处理器检测整个数据采集系统的状态，将不需要工作的外设下电；空闲模式下，外设模块在没有任何工作输入时，直接关闭；关闭或者休眠的外设在需要工作时再进行唤醒，以此来降低系统的平均功耗。各个模块在不同工作模式和工作时期的运行状态如表3所示。

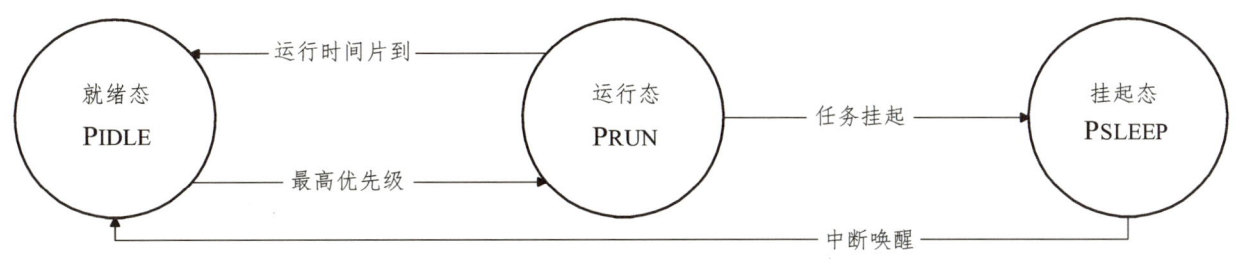

图3 任务调度状态转换图

表3 系统各模块不同工作时期的运行状态表

运行时期		主控单元	同步模块	温补晶振	存储模块	电源模块	网络模块
采集模式	GPS定位时期	低功耗	工作	空闲	空闲	工作	空闲
	采集等待阶段	低功耗	空闲	工作	工作	工作	空闲
	数据采集	工作	工作	工作	工作	工作	空闲
回收模式	数据回收	工作	空闲	空闲	工作	工作	工作

例如，在单通道无缆地震数据采集系统中，在数据采集阶段，对中心处理器的频率要求不高，对 STM32F407 进行时钟频率调节，在系统采集状态下将系统工作频率调整为 20 MHz 即可；并且在采集地震数据时，网络模块不需要进行工作，因此可对其进行电压开关控制，使其网络模块关闭，降低采集模式下系统的功耗。在地震数据回收阶段，进行大量的数据传输下载时，同样采用频率时钟调节技术将中心处理器的工作频率调整为工作的最高频率 168 MHz；并对 GPS 模块、WIFI 模块，AD1282 采集模块等进行电压控制调节，使其处于 0 耗能状态。

4.2 同步系统低功耗设计

单通道无缆地震仪同步系统如图4所示，系统采用电源动态管理的方式，控制 GPS 模块和高精度晶振互相配合进行时间服务，降低同步系统的功耗。当采集任务开始时，GPS 模块通过地面监测站连续跟踪测算卫星运行状态参数，并与美国海军天文台提供的标准 GPS 时结合推算出卫星误差参数，最后通过导航电文传送给 GPS 接收机，接收机解算数据后得到 GPS 精确授时，完成采集站的首次同步授时[13]。GPS 首次授时成功后，主控芯片通过电源管理模块关闭 GPS，同步系统采用晶振分频后产生的高精度 RTC（Real Time Clock）作为时钟源。RTC 可以依据内部低频石英晶体振荡器来实现走时，但受工艺水平的制约，石英晶体中心频率与标称频率存在一定的误差，且石英晶体对温度敏感，随着温度变化，频率会发生偏移，长时间运行后会导致累积偏差的持续增大，当达到同步系统所允许的最大误差时（一个采样间隔），主控芯片进行功能模块的供电管理，开启 GPS 模块对晶振的累积误差进行精确矫正。晶振的功耗与其精度有关，一般来说，晶振的精度越高，其功耗越大；GPS 模块的功耗与其开启持续时间以及开启频率有关，而 GPS 模块的开启持续时间以及开启频率与晶振的精度有密切的关系。当晶振的精度越高，达到同步系统所允许的晶振累积误差的时间越长，GPS 的开启频率越低。减少 GPS 模块的唤醒频率，就可以有效地降低 GPS 模块的功耗，进而降低同步系统的功耗。

单通道无缆地震仪同步系统的软件主程序流

程图如图 5 所示，首先，GPS 模块接收卫星信号，进行同步授时，授时成功后 STM32 通过串口解析 GPS 接收机的授时信息，在判断触发时刻到达时，控制采集电路同秒脉冲对齐，实现全网的同步采样。为实现同步系统的低功耗，在首次 GPS 授时成功后，采集站内通过 STM32 控制电源管理模块关闭 GPS，各采集站的采集系统采用相互独立的温补晶振提供时钟，温补晶振 TCXO 输出 32.768 kHz 振荡信号经过分频，作为 RTC 时钟的输入，同步系统采用 RTC 作为同步时标，进行数据采集。采集过程中，当达到系统所允许的最大误差时，开启 GPS 矫正晶振误差，提高 RTC 的走时精度。采集到的数据，通过调用文件系统中的函数，将转换后的数据写入到 SD 卡的文件中，采集任务结束，控制 SD 卡、采集系统和 GPS 模块断电，系统工作完毕。

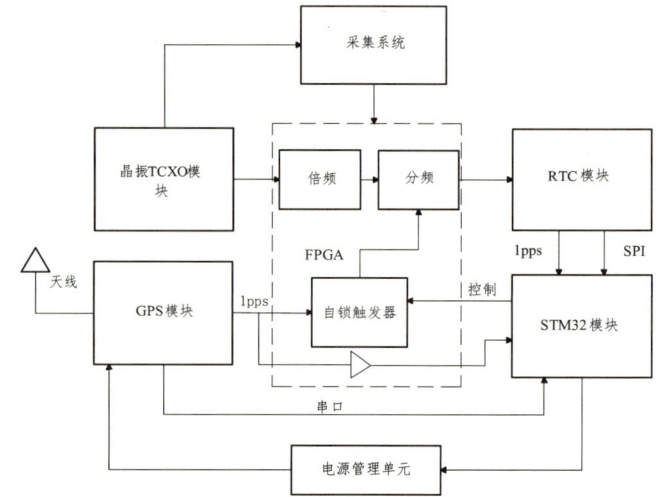

图 4 无缆地震仪网络同步系统电路框图设计

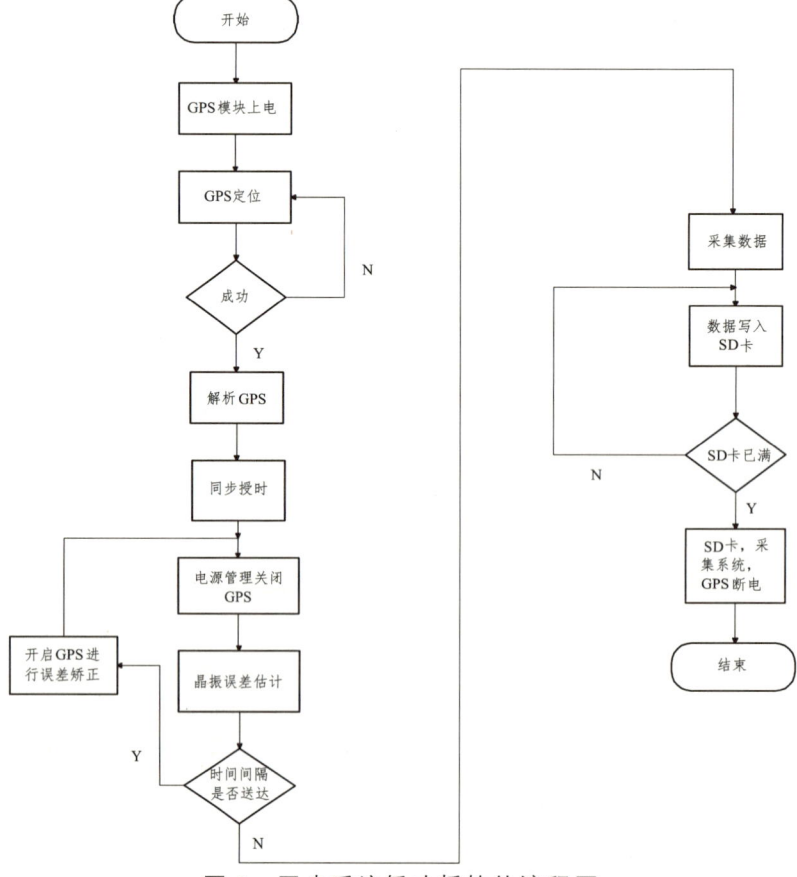

图 5 同步系统低功耗软件流程图

5 系统测试结果

对单通道无缆地震数据采集系统做整体功耗测试,确定不同的阶段采集板各个外设的工作状态,测试采集板的功耗,测试结果如表4所示,优化后的样机系统内置12 V,10 A·h的锂电池供电,以Contex-M4内核的STM32F407控制器为处理中心,同步系统采用温补晶振NT3225SA和U-blox系列的GPS模块。通过测试实验,测得仪器持续工作时间平均为376 h,在数据采集阶段,单通道无缆地震仪的平均功耗低于250 MW,达到了设计预期的结果。

表4 整体功耗测试

运行模式	SD	网络模块	GPS模块	AD模块	3_LEDS	P/MW
数据采集	on	off	on	on	1(flash)	247
数据回收	on	on	off	off	1(flash)	623

将优化后的单通道无缆地震数据采集系统与现有的GEOSPACE公司所生产的GSR单通道无缆地震仪[14]、法国Sercel公司生产的UNITE无缆地震仪以及国内自主研发的单通道无缆地震仪进行了功耗对比[15],其对比结果如表5所示。

国内自主研发的单通道无缆地震数据采集系统与GEOSPACE公司所生产的GSR单通道无缆地震数据采集系统相比,功耗较大。本文通过对国内现有的单通道无缆地震数据采集系统进行低功耗设计后,功耗降低了40%,与GEOSPACE公司所生产的GSR单通道无缆地震仪功耗大体相当。

表5 几种国内外地震数据采集系统对比表

制造商及仪器名称	主要工作方式	采集站主要特点	供电情况
Sercel,UNITE	无线控制采集、连续采集、数据无线传输或本地存储	内置电台、内置GPS、1道/站	内置电池、1 300 MW/道或900 MW/道
OYO GEOSPACE,GSR	授时、连续采集、数据本地存储	内置GPS、1道/站	外接电池、约250 MW/道
国内自主研发	授时、连续采集、数据本地存储	内置GPS、1道/站	内置电池、547 MW/道
低功耗优化后	授时、连续采集、数据本地存储	内置GPS、1道/站	内置电池、320 MW/道

参考文献

[1] 泓渊,赵玉江,林君等.基于北斗的无缆存储式地震仪远程质量监控系统[J].吉林大学学报(工学版),2015,05:1652-1657.

[2] MOUGENOT D. Unite cableless system and its real-time capabilitie[EB]. Jan 25, 2013, from Sercel Inc Web site.

[3] 刘振武,撒利明,董世泰等.地震数据采集核心装备现状及发展方向[J].石油地球物理勘探,2013,48(4):663-675.

[4] 高立兵,靳春光.陆地无缆地震仪的现状与展望[J].物探装备,2014,03:141-146.

[5] GAO N, ZHENG F, WANG X, et al. High-speed download of seismographs using private cloud technology and a proportional integral derivative controller[J]. Instrumentation Science & Technology, 2015, 44(1): 12-22.

[6] 张帅帅,张林行,林君,等.遥测地震仪发展综述[J].地球物理学进展,2014,29(3):1463-1471.

[7] OTT H W. Noise reduction techniques in electronic systems[J]. A Wiley-Interscience Publication, New York: Wiley, 1976.

[8] HUANG Z W, HONGLI Y U, NING Z G, et al. Research of Image Compression Technology Based on STM32F4[J]. Journal of University of South China, 2012.

[9] 常昌远,谭春玲,姚建楠,等.全负载下实现高效率的DC-DC转换器芯片设计[J].东南大学学报(自然科学版),2007,37(1):22-25.

[10] 李从庆.动态电源管理技术在地震数据采集系统中的应用研究[D].中国地震局地球物理研究所,2011.

[11] 张龙彪,张果,王剑平,等.嵌入式操作系统FreeRTOS的原理与移植实现[J].信息技术,2012(11):31-34.

[12] 杨泓渊,韩立国,林君,等.无缆遥测地震仪网络同步采样技术[J].仪表技术与传感器,2009(3):15-18.

[13] 王春田,闫志武,赵忠.新型无缆采集系统功能特点及发展前景[J].石油仪器,2010,05:1-3+99.

[14] 尤桃如,罗鉴文,刘学勤.Unite无线采集系统的特点和技术优势[J].物探装备,2011,03:206-210.

一种基于 TD-LTE 集群的群组寻呼优先级算法

李楸桐　杨跃臣

（成都东软学院　四川　成都　611844）

摘　要：在现有的 TD-LTE 技术的基础上，加入了群组寻呼相关的信道，并提出了一种群组寻呼的优先级排序算法，通过划分群组寻呼周期，确定寻呼优先级权重的方式来进行优先级排序，该算法可以有效地解决 TD-LTE 集群系统群组寻呼排序的问题。

关键词：TD-LTE；集群；群组寻呼

A kind of Group Paging Priority Algorithm Based on TD-LTE Trunking

Li Qiutong　　Yang Yuechen

（Chengdu Neusoft University, Chengdu 611844, Sichuan, China）

Abstract：Based on the existing TD-LTE technology, the group paging related channel is added, and a priority sorting algorithm of group paging is proposed in this paper. By dividing the group paging cycle, with the paging priority weighting method, this algorithm can effectively solve the TD-LTE trunking system group paging sorting problem.

Key words：TD-LTE；trunking system；group paging

1　引言

回顾世界进入 21 世纪以来，数字移动通信技术取得了突飞猛进的发展，数字通信技术在各个领域都得到了越来越广泛的应用，移动通信不仅使人们的通信方式发生了很大改变，而且在很大程度上也影响了人们的生活方式。随着移动业务的飞速发展，宽带化已成为整个无线通信的发展趋势，各种各样的具体应用也逐渐建立在宽带通信的基础之上，这就使得集群系统也将向宽带化方向发展，以满足各种应用需求。体现在视频通话、视频实时监控、智慧城市、城市应急联动、视频协同作业等各方面。TD-LTE 作为我国自主创新的 TD-SCDMA 的演进技术，其具有更大的信道容量、更高的频谱利用率、更强的抗干扰能力，这些特点使其可以更好地满足当今对多媒体业务的需求。然而和蓬勃发展迈向 4G 的公共通信网络相比，集群通信系统的发展却相对滞后。如果能将 TD-LTE 的技术运用于数字集群通信系统中，那么数字集群通信系统将更好地满足各行业对集群通信系统在宽带多媒体业务上的需求[1,2,3]。

2009 年至今，在中国通信标准化协会（CCSA）的组织下，众多通信公司参与了基于 TD-LTE 技术的宽带多媒体集群系统标准的研究工作，主要对基于 TD-LTE 技术发展宽带多媒体数字集群通信系统的可行性和关键技术进行研究。其中包括工业和信息化部电信研究院、天津三星通信技术有限公司、华为技术有限公司、中兴通讯股份有限公司等都参与到了研究工作中。为此本文就 TD-LTE 集群系统中的寻呼进行深入研究，提出了一种适合 TD-LTE 集群系统的群组寻呼处理策略[4]。

作者简介：李楸桐（1987—），女，汉族，四川人，成都东软学院，讲师，主要从事计算机网络研究。

2 寻呼相关的信道

在标准的 LTE 协议中，并没有为终端 UE 设专门的物理级别的寻呼信道，所有的寻呼消息都是通过共享物理下行信道（PDSCH）来承载的，而寻呼 ID 在通常的物理下行控制信道（PDCCH）上承载。相比之下，LTE 中 PDCCH 的信令持续时间很短，因此间歇性地监控 PDCCH 对 UE 功耗的影响较小。

终端 UE 周期性地监听 PDCCH，如果从 PDCCH 信道上解出了寻呼无线网络临时标识（P-RNTI），则表示终端需要接收对应的 PDSCH，然后通过寻呼传输信道（PCH）的参数去解析从 PDSCH 上接收到的数据块，进而获得寻呼消息。而如果终端在 PDCCH 上未解析出 P-RNTI，则无须再去接收 PDSCH 物理信道。

在 LTE 的协议中，承载寻呼消息的逻辑信道（PCCH）、传输信道（PCH）和物理信道（PDSCH）的映射关系如图 1 所示。

由于群组寻呼需要相应的群组信息，而原本的 TD-LTE 的标准寻呼消息格式并不能有效地满足群组寻呼消息的需求，所以需要新增群组寻呼信道用于处理寻呼消息。针对群组和群组寻呼新增了以下几个信道。

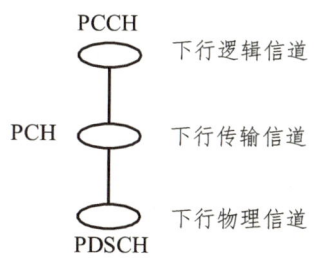

图 1 TD-LTE 寻呼信道

（1）GPCCH（GroupPagingControlChannel）：群组寻呼控制信道，GPCCH 是群组专用的寻呼信道携带群组寻呼和点呼信息，每个小区建立一条 GPCCH。

（2）GCCH（GroupControlChannel）：群组控制信道，GCCH 是传递群组控制信息的下行信道，携带群组建立释放、话权通知等一系列群组控制 NAS 消息。每个小区的每个激活群组业务建立一条 GCCH。

（3）GTCH（GroupTrafficChannel）：群组业务信道，GTCH 是传递群组业务信息的下行信道，承载群组的业务数据，每个小区的每个激活群组业务建立一条 GTCH。

（4）GPCH（GroupPagingChannel）：群组寻呼信道。GPCH 承载群组寻呼信息，每个小区只能建立一条 GPCH。

其中，GPCCH、GCCH、GTCH 为逻辑信道，GPCH 为传输信道[5]。

在基于 LTE 的宽带多媒体集群系统中新增了几条逻辑信道及传输信道后，具体信道映射关系如图 2 所示，图中深色的部分为新增信道，浅色的部分为 LTE 原有信道。

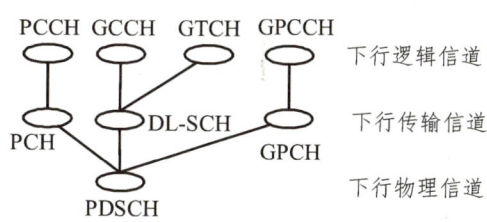

图 2 新增信道映射关系图

3 寻呼优先级算法

寻呼排序的总体原则：根据新建群组小周期寻呼，关闭群组小周期寻呼，点呼，已激活群组大周期寻呼 4 个不同的寻呼优先级设置 4 个队列，在有新的事件触发时（有新建群组，点呼和群组关闭）和寻呼定时到时更新 4 个队列寻呼记录的排队顺序，并在寻呼定时超时时从 4 个队列中按照优先级去寻呼记录下发寻呼消息。

根据配置要求，点呼用户需基于小周期下发"GPCCH 点呼重复寻呼次数"，新建群组需基于小周期下发"GPCCH 群组小周期寻呼次数"，关闭群组需基于小周期下发"GPCCH 群组关闭小周期寻呼次数"。当完成小周期下发的次数后，对于 i 型年间群组，只要其仍处于激活状态，算法仍应通过优先级排序算法，将该群组寻呼记录继续排入"已激活等待寻呼队列"（此时其"小周期待寻呼次数"等于 0），而对于点呼，算法会将其从"点呼等待寻呼队列"中删除，对于关闭群组，算法会将其从"群组关闭等待寻呼队列"中删除。

3.1 基于静态优先级排序原则

First priority 按新建群组小周期寻呼→关闭

群组小周期寻呼→点呼→已激活群组大周期寻呼的顺序排序；

以上优先级相同时，Second priority 按 PTT Paging 或 PTT Initial Context Setup Request 或 PTT Group Close Indication 或者 PTT Context Modification Request 消息中优先级高低排序；

以上优先级相同时，再按寻呼记录产生时间的顺序排序。

具体计算方式如下：

每个寻呼记录的"Queuing priority" = "First priority"*$\omega 1$+ Second priority，"Queuing priority" 的值越小表示实际优先级越高；

First priority 取值范围为{新建群组小周期寻呼：0，关闭群组小周期寻呼：1，点呼：2，已激活群组大周期寻呼：3}；

$\omega 1$ 取值范围要求不小于 Second priority 取值集合中元素的个数，本例中至少为 16；

Second priority 取值为 groupPriority 或 orignatorPriority，范围为 0~15；

在寻呼记录的"Queuing priority"相同的情况下，新产生的寻呼记录应排在等待寻呼队列中具有相同"Queuing priority"的寻呼记录之后。

3.2 基于动态优先级排序原则

First priority：新建群组小周期寻呼→关闭群组小周期寻呼→点呼→已激活群组大周期寻呼的顺序；

以上优先级相同时，Second priority 按寻呼记录等待被下发的时长排序；

以上优先级相同时，Third priority 按 PTT Paging 或 PTT Initial Context Setup Request 或 PTT Group Close Indication 或者 PTT Context Modification Request 消息中优先级高低排序；

以上优先级相同时，再按寻呼记录产生时间的顺序排序。

具体计算方式如下：

每个寻呼记录的"Queuing priority" = "First priority"*$\omega 1$*$\omega 2$+Second priority*$\omega 2$+Third priority

值越小表示实际优先级越高；

$\omega 1$ 取值范围要求不小于 Second priority 取值集合中元素的个数，本例中至少为 32；

$\omega 2$ 取值范围要求不小于 Third priority 取值集合中元素的个数，本例中至少为 16；

First priority 取值范围为{新建群组小周期寻呼：0，关闭群组小周期寻呼：1，点呼：2，已激活群组大周期寻呼：3}；

Second priority 取值范围为 0~31，其中：

对点呼或新建或关闭群组寻呼记录而言：

Second priority 初始化为 15；

若在其排入寻呼等待队列后，紧接着的周期定时器超时处理中，其未获得下发机会，则将其 First priority 设置为 MAX（0，First priority-1）；

而一旦其获得一次下发机会，则其 First priority 应重置为 15；

对已激活的群组寻呼记录而言：Second priority 初始化为 31；

若在其排入寻呼等待队列后，紧接着的周期定时器超时处理中，其未获得下发机会，则将其 First priority 设置为 MAX(16，Second priority-1)；

而一旦其获得一次下发机会，则其 First priority 应重置为 31；

Third priority 取值为 groupPriority 或 orignatorPriority，范围为 0~15；

在寻呼记录的"Queuing priority"相同的情况下，新产生的或新调整的寻呼记录应排在等待寻呼队列中具有相同"Queuing priority"的寻呼记录的最后。

4 结束语

基于 TD-LTE 技术的宽带多媒体集群通信是近年来的一项创新技术，在高铁、急救、采矿等多种不同场合下都有着大量的需求。而且 TD-LTE 在我国大面积使用，其网络通信速度非常快。本文所提出的一种基于 TD-LTE 系统集群的寻呼处理排序算法，可以有效地解决在原有 TD-LTE 系统中加入群组信道后，所对应新增的群组寻呼的高效处理。可以实际应用在基于 TD-LTE 的宽带多媒体集群系统中，实现多媒体化的数字融合集群通信。

参考文献

[1] 赵训威. 3GPP 长期演进（LTE）系统架构与

技术规范[M].北京：人民邮电出版社，2010.

[2] 孙仁强. 基于 TD-LTE 公网集群多媒体业务下行无线资源调度算法的研究[D]. 哈尔滨：哈尔滨工业大学，2014.

[3] 何晨光，魏守明. 集群系统：从窄带向宽带通信系统的发展[J]. 移动通信，2014.

[4] 唐宏，李楸桐. 基于 TD-LTE 集群系统的群组寻呼处理策略[J]. 广东通信技术，2012（10）.

列车信息高效存储与查询的研究和实现

张翀 王彩 贺敏

（成都东软学院 四川 成都 61184）

摘　要：选择以 12306 为代表的电子商务平台已成为人们现代出行的重要方式，而列车信息的存储与车票的查询因其数据量和并发量巨大而成为火车订票系统的一大难点。本文提出采用数据库视图技术来承载用户想要的查询信息，能节约数据库存储空间并提高查询效率，同时提出采用余票信息的动态生成策略来简化数据库的结构，并辅以输入的智能提示来提升用户体验，从而构建出一个较为理想的电子商务教学系统模型。

关键词：视图；存储；查询；列车

Research and Implementation for Efficient Storage and Search of Train Information

Zhang Chong　　Wang Cai　　He Min

（Chengdu Neusoft University, Chengdu 611844, Sichuan, China）

Abstract: The famous website 12306 is widely used by people since railway is one of the most important trip modes in China. But how to save and search the tickets and trains information becomes a big problem since the huge number of visitors and tremendous concurrency when we develop the website. Database view technology is proposed to use to store the wanted information in order to save the database space and improve the search efficiency. A dynamic tactics is also employed to get the available tickets information with the intelligent prompting message for good user experience, we finally develop an ideal E-Commerce teaching system prototype.

Key words: view; storage; search; train

1　引　言

铁道部的 12306 网是人们常用的火车票订票网站，它是由一支 150 多人组成的研发团队，耗资数亿人民币打造出来的。可以说 12306 平台是目前中国官方开发的最复杂、最成熟的电子商务系统之一。抛开高并发量，摈弃部分复杂的业务逻辑，若将其简化出来成为一个单一数据库的网上订票系统，不失为一个非常理想的教学项目，因为其从业务逻辑到系统架构都是一个标准的电子商务网站模型，包含了比较全面的技术细节和实用价值。本文主要从单一数据库的存储设计与数据的查询优化方面入手做一些探讨。

2　列车信息的存储

即便不考虑高并发条件下的分布式数据库，将列车类型、起点站、终点站、各个席位的票数

作者简介：张翀（1977—），男，汉族，湖南长沙人，硕士，讲师，主要研究方向：工程数据库，软件开发。

及票价，开车时间、到达时间、运行时间等各种数据存入数据库，数据量也是相当庞大和复杂的。为了尽可能地模拟真实的 12306 网站，本文从用户的使用角度出发，采用目前最流行的开源关系型数据库 MySQL，针对订票，查询等功能设计了 4 张数据库表如下：

（1）city 表（记录城市站点信息）；
（2）orderdetail（记录订单详情信息）；
（3）train 表（记录列车具体信息）；
（4）trainlist 表（记录车次信息）。

列车信息的存储是数据库设计的难点，因为它涉及各个车次不同的席位数量及票价，不同的站点及运行时间等信息，还要考虑不同的乘车日期。在数据库中如何存储直接关系到查询的效率和数据库的存储空间占用。在这里，我们考虑到不同数据的特点，使用 train 和 trainlist 两张表来保存列车信息，如下所示。

表 trainlist 存储的是各个车次的信息，表 train 记录的则是各个车次到各个站点的详细信息，它们通过表 trainlist 的 ID 字段和表 train 的 TrainListID 字段进行关联。这样做能较全面地存储列车信息，并尽可能地减少数据的冗余度，但无法满足站站查询的要求。以一个车次有 20 个站点为例，用户可能的乘车区间就有 20*19/2=190 种可能，那么就应该把这 190 种乘车方案都存入数据库使用户能查询得到，但这样势必会造成数据库的极大冗余。为了解决这个问题，我们设计了一个视图，直接在视图里进行查询，这样就大大节约了数据库的存储空间，也满足了用户的查询要求。视图的设计语法如下：

CREATE VIEW `trainview` AS select `t1`.`TrainListID` AS `TrainListID`,`t1`.`Type` AS `Type`,`t1`.`Station` AS `S_Station`,`t2`.`Station` AS `E_Station`,`t1`.`D_Time` AS `D_Time`,`t2`.`A_Time` AS `A_Time`,(`t2`.`R_Day` - `t1`.`R_Day`) AS `R_Day`,time_format(timediff((str_to_date(`t2`.`A_Time`,'%H: %i') + interval `t2`.`R_Day` day),(str_to_date(`t1`.`D_Time`,'%H: %i') + interval `t1`.`R_Day` day)),'%H 小时 %i 分钟 ') AS `R_Time`,(`t2`.`Distance` - `t1`.`Distance`) AS `Distance`,`ts`.`B_Seat` AS `B_Seat`,`ts`.`First_Seat` AS `First_Seat`,`ts`.`Second_Seat` AS `Second_Seat`,`ts`.`H_Seat` AS `H_Seat`,`ts`.`S_Seat` AS `S_Seat`,`ts`.`H_Berth` AS `H_Berth1`,`ts`.`H_Berth` AS `H_Berth2`,`ts`.`No_Seat` AS `No_Seat`,`ts`.`H_Berth` AS `H_Berth3`,`ts`.`S_Berth` AS `S_Berth1`,`ts`.`S_Berth` AS `S_Berth2`,(`t2`.`H_Seat_Price` - `t1`.`H_Seat_Price`) AS `H_Seat_Price`,(`t2`.`S_Seat_Price` - `t1`.`S_Seat_Price`) AS `S_Seat_Price`,(`t2`.`B_Seat_Price` - `t1`.`B_Seat_Price`) AS `B_Seat_Price`,(`t2`.`First_Seat_Price` - `t1`.`First_Seat_Price`) AS `First_Seat_Price`, (`t2`.`Second_Seat_Price` - `t1`.`Second_Seat_Price`) AS `Second_Seat_Price`,(`t2`.`H_Berth1_Price` - `t1`.`H_Berth1_Price`) AS `H_Berth1_Price`,(`t2`.`H_Berth2_Price`- `t1`.`H_Berth2_Price`) AS `H_Berth2_Price`,(`t2`.`H_Berth3_Price` - `t1`.`H_Berth3_Price`) AS `H_Berth3_Price`,(`t2`.`S_Berth1_Price` - `t1`.`S_Berth1_Price`) AS `S_Berth1_Price`,(`t2`.`S_Berth2_Price` - `t1`.`S_Berth2_Price`) AS `S_Berth2_Price`,(`t2`.`No_Seat_Price`-`t1`.`No_Seat_Price`) AS `No_Seat_Price` from ((`train` `t1` join `train` `t2`) join `trainlist``ts`) where ((`t1`.`TrainListID` = `t2`.`TrainListID`) and (`t1`.`TrainListID` = `ts`.`ID`) and (`t1`.`Station` <> `t2`.`Station`) and (`t2`.`S_NO` > `t1`.`S_NO`));

该视图所生成的表能够满足最典型的站站查询所要得到的各种信息，其中运行时间除了相邻站点间的数据是直接存入数据库以外，其余任意两个站点间的运行时间均通过运算在视图中生成。这样在查询时只需在一张视图表中进行，相对于多表连接查询来说能极大地提高查询效率，而在数据的存储方面，也仅用了两张表就实现了列车相关信息的存储，且这两张表的信息冗余度并不高（保留部分冗余是为了提高某些条件下的查询效率），合理地节约了数据库的存储空间。为了更充分地说明以上设计的优势，我们在 trainlist 表中录入了 500 多条模拟车次信息，在 train 表中录入了 6 700 多条模拟列车详细信息，通过视图生成了拥有 60 000 多条记录的查询数据源表，如表 1、表 2 和图 1~3 所示。

表 1 train 表的字段结构

序号	字段名	类型	备注
1	ID	int	唯一标识符
2	TrainListID	varchar	车次
3	Type	varchar	列车类型
4	Station	varchar	站点名
5	S_NO	int	站序
6	R_Day	int	运行天数
7	A_Time	varchar	到站时间
8	D_Time	varchar	开车时间
9	R_Time	varchar	运行时间
10	Distance	int	里程
11	B_Seat_Price	float	商务座票价
12	First_Seat_Price	float	一等座票价
13	Second_Seat_Price	float	二等座票价
14	H_Seat_Price	float	硬座票价
15	S_Seat_Price	float	软座票价
16	H_Berth1_Price	float	硬卧上铺票价
17	H_Berth2_Price	float	硬卧中铺票价
18	H_Berth3_Price	float	硬卧下铺票价
19	S_Berth1_Price	float	软卧上铺票价
20	S_Berth2_Price	float	软卧下铺票价
21	No_Seat_Price	float	无座票价

表 2 trainlist 表的字段结构

序号	字段名	类型	备注
1	ID	int	车次
2	Type	varchar	列车类型
3	S_Station	varchar	始发站
4	E_Station	varchar	终到站
5	R_Time	varchar	运行时间
6	Distance	int	里程
7	B_Seat	int	商务座席位数
8	First_Seat	int	一等座席位数
9	Second_Seat	int	二等座席位数
10	H_Seat	int	硬座席位数
11	S_Seat	int	软座席位数
12	H_Berth	int	硬卧席位数
13	S_Berth	int	软卧席位数
14	No_Seat	int	无座席位数

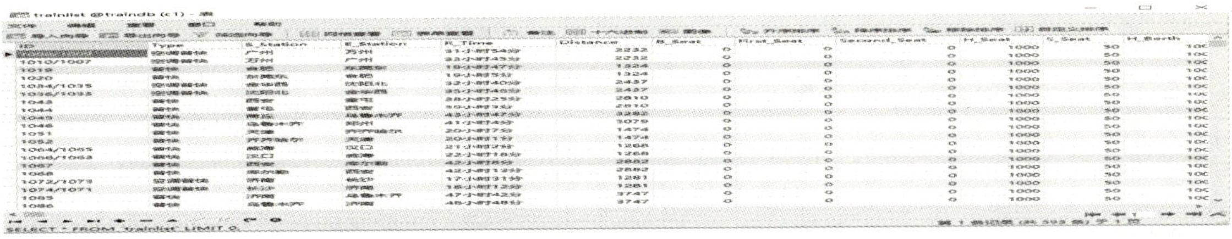

图 1 数据库表 trainlist 原始数据

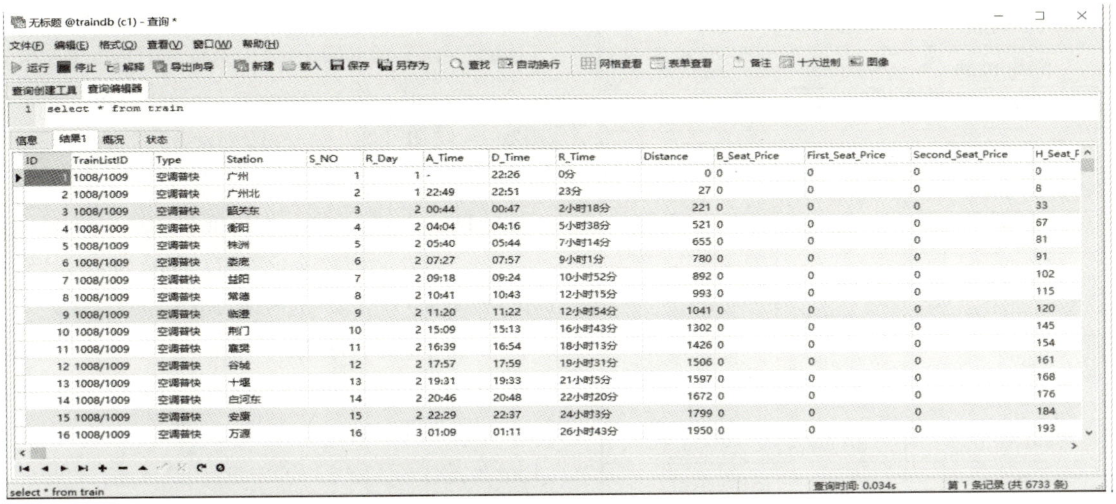

图 2 数据库表 train 原始数据

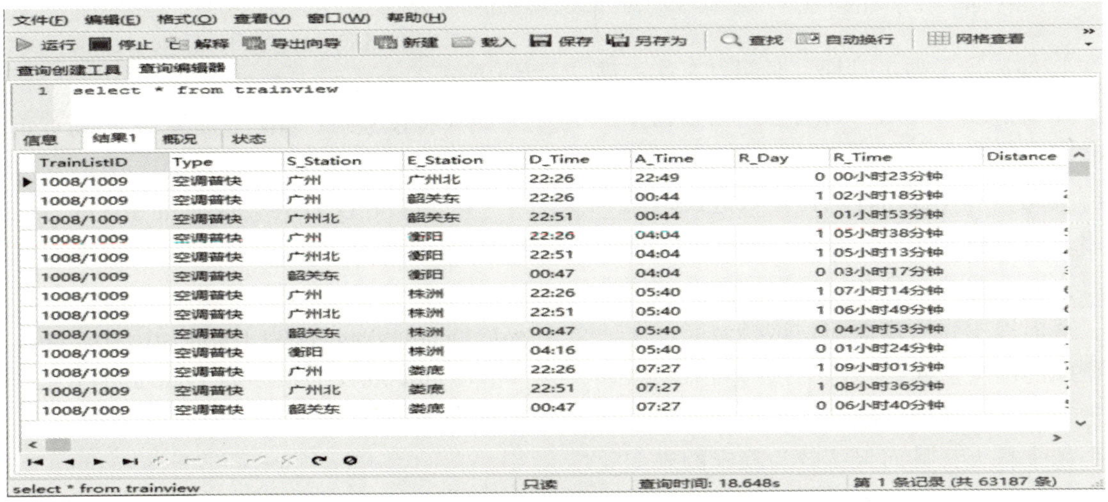

图 3 查询视图的生成数据

该视图拥有 31 个字段，利用 MYSQL 数据库内置的各种函数从 train 和 trainlist 两张表中通过各种运算得到用户查询所需要的各种信息。用户的车票查询信息将直接从这张生成的视图中获取，节省了近 10 倍的数据库存储空间，同时也就提高了查询效率。

3 余票查询的动态生成策略

车票查询是 12306 网站中用户使用最多的一项功能，如何根据用户输入的关键字把某一车次的开车时间、到站时间、运行时间，各个席位的剩余数及票价等信息快速地展现到用户面前是该系统的一个难点。在我们的简化版系统中，大部分数据都可以通过视图的字段进行获取，但不同日期的订单席位的剩余情况却难以得到。一种比较简单的做法是对每一天的席位销售情况都设计一张表来进行存储，但这样随着时间的推移，数据库里的表会越来越多，不利于数据的查询和后期的维护。于是我们重点设计了一张订单详情表

orderdetail，如表3所示。

表3　orderdetail表的字段结构

序号	字段名	类型	备注
1	ID	int	唯一标识符
2	MainOrder_ID	int	所属主订单ID
3	P_ID	varchar	乘客证件号
4	P_Name	varchar	乘客姓名
5	S_Station	varchar	起点站
6	E_Station	varchar	终点站
7	TrainListID	varchar	车次
8	D_Time	varchar	乘车时间
9	A_Time	varchar	到达时间
10	D_Date	date	乘车日期
11	TrainType	varchar	类车类型
12	SeatType	varchar	席别类型
13	Carriage	varchar	车厢号
14	SeatNumber	varchar	席位号
15	Price	float	票价
16	Status	tinyint	状态
17	isStudent	tinyint	是否学生票

表3详细记录了乘车日期、时间、车次、席别等订单详细信息。当用户通过客户端查询某个区间、时间段的车次是否有票时，只需先对这一张表进行查询，对符合条件的订单数进行汇总，然后再用从trainlist表中获取的该车次各个席位的总数减去已分配的席位数就能得到剩余的席位数信息，从而展示到用户面前。这样做能极大的简化数据库的结构，同时每隔一段时间对较久远的订单进行数据库转储，就使得每次查询的总数据量不会越来越大，从而保持较为稳定的查询效率。以下就是余票查询的关键sql代码。

String sql="select *,（tv.H_Seat-（select count（*）from OrderDetail od where od.TrainListID=tv.TrainListID"

+" and od.D_Date=：D_Date and od.SeatType='硬座'））as H_Seat_Left, "

+"（tv.S_Seat-（select count（*）from OrderDetail od where od.TrainListID=tv.TrainListID"

+" and D_Date=：D_Date and od.SeatType='软座'））as S_Seat_Left, "

+"（tv.H_Berth1-（select count（*）from OrderDetail od where od.TrainListID=tv.TrainListID"

+" and od.D_Date=：D_Date and od.SeatType like '%硬卧上%'））as H_Berth1_Left, "

+"（tv.H_Berth2-（select count（*）from OrderDetail od where od.TrainListID=tv.TrainListID"

+" and od.D_Date=：D_Date and od.SeatType like '%硬卧中%'））as H_Berth2_Left, "

+"（tv.H_Berth3-（select count（*）from OrderDetail od where od.TrainListID=tv.TrainListID"

+" and od.D_Date=：D_Date and od.SeatType like '%硬卧下%'））as H_Berth3_Left, "

+"（tv.S_Berth1-（select count（*）from OrderDetail od where od.TrainListID=tv.TrainListID"

+" and od.D_Date=：D_Date and od.SeatType like '%软卧上%'））as S_Berth1_Left, "

+"（tv.S_Berth2-（select count（*）from OrderDetail od where od.TrainListID=tv.TrainListID"

+" and od.D_Date=：D_Date and od.SeatType like '%软卧下%'））as S_Berth2_Left, "

+"（tv.No_Seat-（select count（*）from OrderDetail od where od.TrainListID=tv.TrainListID"

+" and od.D_Date=：D_Date and od.SeatType='无座'））as No_Seat_Left, "

+"（tv.B_Seat-（select count（*）from OrderDetail od where od.TrainListID=tv.TrainListID"

+" and od.D_Date=：D_Date and od.SeatType='商务座'））as B_Seat_Left, "

+"（tv.First_Seat-（select count（*）from OrderDetail od where od.TrainListID=tv.TrainListID"

+" and od.D_Date=：D_Date and od.SeatType='一等座'））as First_Seat_Left, "

+"（tv.Second_Seat-（select count（*）from OrderDetail od where od.TrainListID=tv.TrainListID"

+" and od.D_Date=：D_Date and od.SeatType='二等座'））as Second_Seat_Left"

+" from trainview tv where tv.S_Station like：s_Station and tv.E_Station like ：e_Station";

根据以上设计，我们使用单一的MySQL数据库结合Strtus2,Spring和Hibernate技术实现了火车票的高效存储与查询，图4以下就是一个查询的实例。

从图4可以看到，用户需要查询的是2016年7月27日从广州出发到长沙的所有车次信息，我们通过后台证实所有车次都已查询到并输出。并且当天在 G6022 次列车上分别有一张一等座和一张二等座被售出，我们从图中也可以看到，这个车次的这两个席位剩余数分别是 199 和 999，而不是系统设置的默认值 200 和 1 000，这正是我们的余票算法保证的。除此之外，各个席位的票价和停站信息也都从后台获取到。

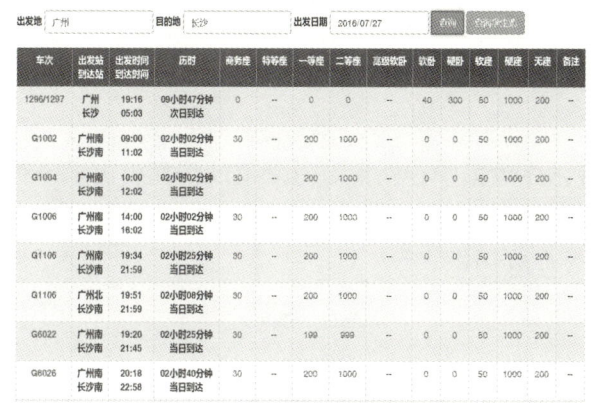

图 4　车票查询示例

4　查询输入的智能提示

查询输入的智能提示，也即自动完成功能是目前主流搜索引擎都具备的功能。为了提高查询的效率，提升用户体验，本系统在用户的输入方面也加入了智能提示功能，其核心思想是当用户输入站点的中文名、中文全拼或中文拼音首字母时，通过 Ajax 技术将该关键字及时传入后台，后台通过查找数据库表 city，将符合条件的所有记录以 JSON 格式传到前台，然后以列表的形式呈现到用户面前供其选择如表 4 所示。

以用户输入北京的拼音首字母为例，输入效果如图 5 所示。

表 4　city 表的字段结构

序号	字段名	类型	备注
1	ID	int	唯一标识符
2	Station	varchar	站点中文名
3	ShortCode	varchar	拼音首字母缩写
4	FullCode	varchar	全拼
5	Province	varchar	所属省份
6	ProPinyin	varchar	首字母大写的全拼

图 5　用户输入的智能提示

5　结　论

本文提出的设计思想已应用到一个电子商务教学系统——仿 12306 网站的实际开发中，在并发量不大的情况下，能良好、稳定地运行。该系统没有考虑高并发量的情况，主要从数据库的存储和查询效率出发，对数据库表和字段进行了精心的设计，并从外观到实用性方面对 12306 网站进行了较为真实的模拟，结果表明该系统确实具有较高的查询效率和良好的用户体验。

参考文献

[1] 徐剑强，曾勍炜. 旅游电子商务平台中火车票预订系统的设计[J]. 计算机与现代化，2010，1（6）：130-132.

[2] 段昌敏. 一种基于 J2EE 的火车订票系统的设计[J]. 电脑知识与技术，2008，1（5）：86-89+96.

[3] 任奕帆. 基于 Java 技术的火车票订购系统设计研究[J]. 电子技术与软件工程，2013，7：29-29.

[4] 罗兵. 铁路系统网络订票系统的设计与实现[D]. 南京：南京炮兵学院，2014.

[5] 商恩福. 网上订票系统分析与设计[J]. 电脑编程技巧与维护，2009，16，13-14.

[6] 任进军，林海霞. MySQL 数据库管理与开发[M]. 北京：人民邮电出版社，2017：104-107.

[7] 蒲子明，许勇，王黎. Struts2+Hibernate+Spring 整合开发技术详解[M]. 北京：清华大学出版社，2010：20-350.

快速排序改进算法研究——重复值处理

贺 敏 夏 磊 张 翀

(成都东软学院 四川 成都 611844)

摘 要：本文在快速排序算法研究的基础上，针对待排序数据中存在大量重复值的情况提出了一种改进算法，对重复值进行专门处理，有效地减少了划分次数，从而大幅减少递归次数，实验结果表明在不降低空间效率的同时，时间效率也优于传统的快速排序算法。

关键词：快速排序；重复值；递归

Research on Improved Algorithm of QuickSort —Repeat Value Processing

He Min   Xia Lei   Zhang Chong

(Chengdu Neusoft University, Chengdu 611844, Sichuan, China)

Abstract: Based on the study of quick sort algorithm, an improved algorithm is proposed to deal with a large number of duplicate values in the sorting data, duplicate values for specialized treatment, effectively reduce the division times, thereby greatly reducing the number of recursion, the experimental results show that the time efficiency is better than the traditional quick sorting algorithm without reducing the space efficiency.

Key words: quichSort; repeat Value; recursion

1 引 言

快速排序算法是已知排序算法中效率相当高的一种排序算法，其基本思想是基于分治算法[1]递归实现，分为分解、求解、合并三个步骤完成，其核心分解步骤执行过程[2]是：对于待排序数据序列，任意选取一个数据（通常选择第一个数据或首尾中间三个位置的中间值[3]）作为中轴，而后将所有小于中轴的数据移动到中轴之前，所有大于中轴的数据移动到中轴之后，然后把作为中轴的数据移动到中间，从而完成一次划分；对前后两部分数据重复这一划分过程直至排序完成。

快速排序算法也是基于数据交换的排序算法，其平均时间复杂度为 $O(n\lg n)$[4]。由于快速排序算法完全符合分治思想，因而其典型实现是采用递归算法。而递归在算法描述上极为简洁，但在程序实现上由于递归过程调用本身的时间开销大导致其运行效率较低。

传统快速排序算法对与中轴相等的数据并未进行特殊处理，划分过程除中轴数据外，与其相等的数据仍会被划分到前或后两个区域中，直观上其效率不高，因为理想情况应该是与中轴相等的数据都应该划分出待排序数据序列。对于待排序数据存在大量重复值的情况（例如成绩排序、年龄排序等，或者是针对某个特定字段如性别、公司名称等进行排序）[5]，其划分次数和递归次数都不会减少。针对这一情况，本文在深入研究快速排序算法的基础上，增加对重复值的特殊处理，从而极大减少划分次数和递归次数，因而其时间效率优于传统快速排序算法。

作者简介：贺敏（1976—），男，汉族，四川绵阳，讲师，硕士，主要从事软件工程、算法分析与设计等研究。

2 改进算法实现过程

针对待排序数据序列存在有大量重复值的情况，为了达到减少划分次数从而降低递归次数的目的，该算法进行划分时，将与中轴数据相等的数据进行归拢，即最终将数据序列划分为三个区域：比中轴小的数据区、与中轴等值数据区、比中轴大的数据区，然后再对前后两个区域重复上述划分。该算法执行过程如下：选取左边第一个数作为中轴数据，令 m 表示中轴数据位置，初值为左边距，令 count 表示与中轴数据等值数据的个数，初值为 0；然后从左至右扫描整个数据序列，如果待比较数据小于中轴数据，则 m 增 1 后，交换两个位置的数据，再交换 m 位置和 m-count 位置上的数据；如果待比较数据等于中轴数据，则 m 增 1 后，交换两个位置的数据；直到右边界数据比较完为止，再将 m-count 位置和左边界位置数据交换，即让中轴数据移动到正确位置。一轮划分完成后，左边界到 m-count-1 的区间为小于中轴数据区域，m-count 到 m 区间为与中轴数据等值的区域（此时这些数据已经移动到正确位置，即这些数据已经排序完成），m+1 到右边界为大于中轴数据的区域。上述过程中，再执行数据交换时，如果位置相同或两位置上数据相等则可不进行交换。

现假设有如下数据序列 A：5、2、7、5、5、8、5、3，采用该算法对其进行第一次划分，初始状态为中轴位置 m=0, left=0, i=left+1=1, right=7, count=0，其划分过程如图所示。

```
初始状态：   5 2 7 5 5 8 5 3   i=0 m=0 count=0
第1次比较：  5 2 7 5 5 8 5 3   i=1 m=1 count=0
第2次比较：  5 2 7 5 5 8 5 3   i=2 m=1 count=0
第3次比较：  5 2 5 7 5 8 5 3   i=3 m=2 count=1
第4次比较：  5 2 5 5 7 8 5 3   i=4 m=3 count=2
第5次比较：  5 2 5 5 7 8 5 3   i=5 m=3 count=2
第6次比较：  5 2 5 5 5 8 7 3   i=6 m=4 count=3
第7次比较：  5 2 5 5 5 3 7 8   i=7 m=5 count=3
             5 2 3 5 5 5 7 8   i=7 m=5 count=3
交换中轴：    3 2 5 5 5 5 7 8
```

图 1 划分过程

上述比较过程中每轮迭代前，对于任何大于 left 的数组索引 k，都满足如下循环不变式：
（1）如果 left+1≤k≤m-count，则 A[k]<A[left]。
（2）如果 m-count<k≤m，则 A[k]=A[left]。
（3）如果 m<k<i，则 A[k]>A[left]。

图 2 描述了上述结构，其中 i 和 right 之间的下标属于未比较的情况。由于有了该循环不变式的保证，每次比较前左边区间[left+1，i-1]已经划分为小于、等于、大于三个区间，直到循环结束后，除左边第一个元素外，其他元素均可以划分到正确区域。

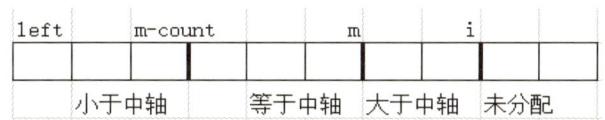

图 2 循环不变式结构

具体执行过程：第 1 次比较属于小于情况，m 增 1 后交换 m 处和 i 处数据（由于 m=i 实际未交换），再交换 m 和 m-count 处数据（由于 count 为 0 实际未交换）；第 2 次比较属于大于情况，未处理；第 3 次比较属于等于情况，m 增 1 后交换 m 处和 i 处数据，count 增 1；第 4 次比较属于等于情况，m 增 1 后交换 m 处和 i 处数据，count 增 1；第 5 次比较属于大于情况，未处理；第 6 次比较属于等于情况，m 增 1 后交换 m 处和 i 处数据，count 增 1；第 7 次比较属于小于情况，m 增 1 后交换 m 处和 i 处数据，再交换 m 和 m-count 处数据。最后完成中轴数据的移动后，小于区域为[0, 1]，大于区域为[6, 7]，等于区域已排好。

该算法通过 Java 语言进行了实现，源代码如图 3 所示。

```java
private static void quickSort(int[] a, int left, int right){
    if (left >= right) return;

    int m = left, count = 0;
    for(int i = left + 1; i <= right; i++)
        if (a[i] < a[left]){
            swap(a, ++m, i);
            swap(a, m, m - count);
        }
        else if (a[i] == a[left]){
            swap(a, ++m, i);
            count++;
        }
    swap(a, m - count, left);
    quickSort(a, left, m - count - 1);
    quickSort(a, m + 1, right);
}
```

图 3 改进快排源代码

3 结果比较

传统快速排序算法在理想情况下进行划分（递归）的次数为 $2^{\lg n-1}$，当 n 的规模变大时，其递归调用次数将会相当大；而针对大量重复值的改进排序算法理论上的划分次数仅为待排序数据序列中不重复值的个数（原理显而易见，由于每次划分必将排出不重复值之一，所以共划分不重复值个数的次数即可完成排序），因而递归次数将大幅降低。因而理论上，改进的快速排序算法在不增加空间开销的情况下，其时间效率应该优于传统快速排序算法。

现分别采用 50 万、100 万和 1 000 万规模的待排序数据序列，其数据随机产生[0，100)之间的整数，因而必将生成大量重复值。在笔者电脑的 eclipse 开发环境中，对该样本数据分别采用传统快速排序算法、改进排序算法进行排序，其在排序时间、递归次数方面的结果比较如表 1 所示。

表 1 实验数据比较结果

数据规模/万	50	100	1 000
改进算法耗时/ms	30	55	491
传统算法耗时/ms	57	116	1 073
改进算法递归次数	100	100	100
传统算法递归次数	293 256	592 528	5 843 517

实验结果表明，改进算法中的递归次数的确为不重复值的个数，与数据规模无关；而传统算法的递归次数也满足前面的理论分析（50 万、100 万和 1 000 万的 2 为底的对数约为 19、20、23，理论最低递归次数为 2^{18}、2^{19}、2^{22}，即 262 144 次、524 288 次、4 194 304 次）。从实验结果可看出，在存在大量重复值的特殊情形下，改进算法耗时比传统算法节省 50%左右，在时间效率上的确优于传统快速排序算法。

参考文献

[1] 潘金贵，译. 算法导论[M]. 北京：机械工业出版社，2006.

[2] 王圆. 数据结构（Java）[M]. 大连：东软电子出版社，2011.

[3] 霍红卫，许进. 快速排序算法研究[J]. 微电子学与计算机，2002，19（6）：6-9.

[4] DONALD E KNUTH. 计算机程序设计艺术[M]. 北京：国防工业出版社，2002.

[5] 陈宝平. 高重复率数据的快速排序[J]. 电子科技，2011，24（8）：22-23.

基于生鲜电商物流配送模式对比分析及创新研究

唐 岫　蒲广宁

（成都东软学院　四川　成都　611844）

摘　要：随着互联网经济的发展和人们消费升级带来的需求增大，消费者对农产品的品质要求也随之提升。相较传统农产品市场，生鲜电商以高品质有特色的生鲜产品输出、较为标准化的服务和配送流程以及注重口碑和体验的售后服务的特点赢得了消费者的青睐。生鲜电商的物流配送仍然成为整个行业发展制约的关键环节，是生鲜电商平台打造竞争壁垒的关键。本文通过归纳总结现有的生鲜电商的配送模式，首先挖掘其特点和模型，其次分析在不同模式下呈现的时效性、品控能力、成本控制、客户满意等影响消费者复购的关键因素的差异。为中小型生鲜电商企业提供解决生鲜配送最后一公里的模式选择视角。最后，基于现有的模式的利弊及需求变化提供生鲜电商物流配送的发展趋势和关键点以及优化改良的建议。

关键词：生鲜电商；物流模式；冷链

Innovation Research and Comparison on Different Logistics Distribution Modes of Fresh E-commerce

Tang Xiu　Pu Guangning
（Chengdu Neusoft University, Chengdu 611844, Sichuan, China）

Abstract: With a rapid development of Internet economy and increasing needs of people for quality life, consumers' demands for high quality agricultural product have increased a lot. Compare to the traditional agricultural market, E-business market of fresh agricultural product has attracted more attention because of their high quality and unique output of fresh product, standard services and distribution procedures, as well as valuing more on public praise and after-service experience. However, logistics distribution plays an important role in fresh electronic commerce. It can limit the development of the whole fresh e-commerce market, and it is the key for one fresh e-commerce platform that wants to create a competitive advantage. This study will firstly summarize the current logistics distribution modes of fresh agricultural product, and explore their features and models. Then, under such modes, it will analyze the differences among key factors that are affected consumer's repurchasing rate, such as timeliness, quality control ability, cost control, and customer satisfaction. This research will also present a new angle for medium and small-sized e-business to distribute the fresh products for the last mile. At last, based on the advantages, disadvantages and changes in demand, this research will mention the development trends, key points, and provide improvement suggestions for logistics distribution in fresh e-commerce market.

Key words: fresh electronic commerce; logistics distribution modes; cold chain

---

作者简介：唐岫，（1984—），女，满族，籍贯辽宁，讲师，硕士，研究方向：电子商务。

1 引言

随着人们消费升级带来的消费意识的变化，农副产品消费开始关注向着更安全、更便捷、更美味、更健康的方式发展，生鲜电商逐渐走入大众视野，带来全新的厨房生活方式。中国生鲜电商市场自 2012 年生鲜电商元年开始，一直处于高速发展期，市场表现强劲，市场格局逐渐明晰。2016 年中国生鲜电商市场交易规模达到 913.9 亿元人民币，同比增长 68.6%[1]。近年来，国家大力推进物流尤其是冷链物流的建设，推动企业建设现代化冷库，促进农产品由大批量、小品种、存期长向小批量、多品种、多流通形式转化。2016 年国务院印发《关于深入实施"互联网+流通"行动计划的意见》完善冷链物流行业标准，加强冷链基础设施建设提供指导意见[2]。随着生鲜电商行业链条的不断完善，预计到 2019 年，中国生鲜电商市场交易规模将突破 3 500 亿元人民币[1]。

生鲜电商通过实现农副产品用户在线下单，商家从农牧场发货，通过自建或第三方物流将货物送达用户手中，使生鲜农产品从原产地直发至消费者手中成为可能。但是由于生鲜产品的非标准化、易腐、需低温存储等产品的特殊性，使得生鲜电商品质和物流服务成为了带来投诉以及影响消费者复购买的重要因素。由此带来的影响是生鲜电商的市场渗透率不足 7%[1]。仓储布局和冷链物流的配置除了影响生鲜的成本外，更是产品品质控制的核心环节。生鲜产品复杂度高，非标品的性质和需要冷链运输的特点导致生鲜发展受到了极大的挑战，而生鲜电商的物流配送带来了生鲜电商最后一公里的难题。占据强仓储布局和冷链物流技术的企业逐渐在市场中筑起壁垒。如何根据生鲜产品的特点和企业的自身情况以及消费者购物环境在物流模式选择上就商品的损腐率、品质、成本和效率之间找到平衡，确保消费者的购物体验，促成复购，培养消费者的消费习惯，是生鲜电商企业发展的重中之重。

国内多数学者侧重从配送实施的角度展开对物流模式的研究，李康[3]（2015）提出通过集成政府—社区仓储实施物流配送，降低成本。程艳红[4]（2014）建议结合 C2B 和 O2O 特点进行组合模式；杨柳等[5]（2015）对原有生鲜产品 O2O 模式进行完善，并提出优化措施和发展建议。罗煦钦等[6]（2014）对比分析了自建物流体系、第三方配送及社区一体化三种物流模式农产品物流配送的应用。魏国辰[7]（2015）侧重从节约物流成本的角度提出了以"第三方物流+消费者自提/第三方配送"的方式实现区域化和本地化；范厚明[8]等（2015）通过比较现有生鲜电商商业模式如 B2C、C2B、F2C 以及 O2O 的场景下，物流模式容易出现的问题，给出完善的建议。

本文通过对文献的梳理发现生鲜电商配送模式侧重品控、成本等单独的因素研究取得一定进展，但综合考虑生鲜电商配送环节的各关键因素平衡问题较为少见。本文结合农产品的易腐性与非标准化特点，在物流对品质影响较高的前提下，如何从效率、品控、体验、成本等多个角度综合考虑，通过对比分析去选择适合的物流模式。针对如何进一步降低生鲜农产品配送成本、提升生鲜农产品配送效率、优化客户体验、确保产品品质、增进消费者复购给出观点。为不同背景和环境下冷链物流运作模式提供借鉴与参考。

2 生鲜电商供应链结构及物流配送模式

生鲜电商基于其企业规模和产品的不同，其自身经营模式也不同。有具备生产基地，集生产—加工—配送一体化的全产业链模式以及整合上游供应链提供产品营销和售卖的电商平台，其中包含了以京东、喵先生为代表的多元化经营的综合电商平台和专注做生鲜的垂直电商平台。基于垂直电商 SKU 数量的多少又分为垂直全品类（水果、蔬菜、鸡鸭鱼肉蛋海鲜等）、只提供品类生鲜（水果或者蔬菜）的垂直多品类以及只提供单品的垂直单品类。不同的定位确定了其在生鲜供应链结构图中的不同位置，详见图 1。

2.1 自建物流配送模式

自建物流配送模式往往是全产业链生鲜电商、侧重服务和口碑的综合电商以及对单品有较高配送技术要求的电商选择的物流模式。电商平台会基于产品的特点和配送市场辐射的范围自行建立物流配送体系并负责整个物流的运作过程。消费者网上下单，将需求信息通过 ERP 或者电商平台网站传送给签约基地，通过自营物流就近将货物送到仓库或者加工中心进行简单处理。仓库和加工中心的位置设定是由配送目标市场的辐射范围和密集程度进行测算和设定的。自建物流配送模式全程自行提供配送和服务，电商企业对配送的全过程进行把控和管理。如图 2 所示。垂直全品类电商代表易果生鲜全资建设的具有全国生鲜冷链配送供应链管理公司安鲜达，亮点是输出一整套一体化冷链仓储配送服务，并加盟成为阿里巴巴菜鸟物流的战略合作伙伴，目前建立了 7 个大型物流基地，以北京、广州、武汉、济南、成都、上海全国 6 个城市为辐射中心，业务涉及 27 个省，310 个城市，日订单 100 000+[2]。未来将向第三方冷链企业转变，提供优质的生鲜电商一体化冷链配送服务。成为其他电商平台的第三方物流服务供应商，如图 3 所示。

2.2 第三方物流配送模式

第三方物流配送模式通常在企业 SKU 不多，业务范围辐射较远的情况下采用的主流物流配送模式。是由第三方物流配送企业以外包和长期合作的形势展开的一种物流配送方式。其仓储和物流比较轻，占用资金量不多，易于扩张和快速辐射。通常是生鲜电商企业打开市场时期和进行业务扩张进入新区域的初期最通常采用的一种方式，回归产品核心，专注为产品打造竞争力，降低管理精力和成本的主要物流模式。通常如图 4 所示，以一米鲜为代表的垂直单品电商，主营优质鲜果、果切果汁。经营采用"以销定采"的特色轻库存模式，流通快、成本低，在模式上也选择了反应迅速的第三方物流。在品控方面增加了第三方物流（顺丰、黑狗）实时分段监控方式，确保了服务的品质和效率，降低了物流外包的风险，做到生鲜的快速流转以及控制物流的成本。业务流程如图 5 所示。

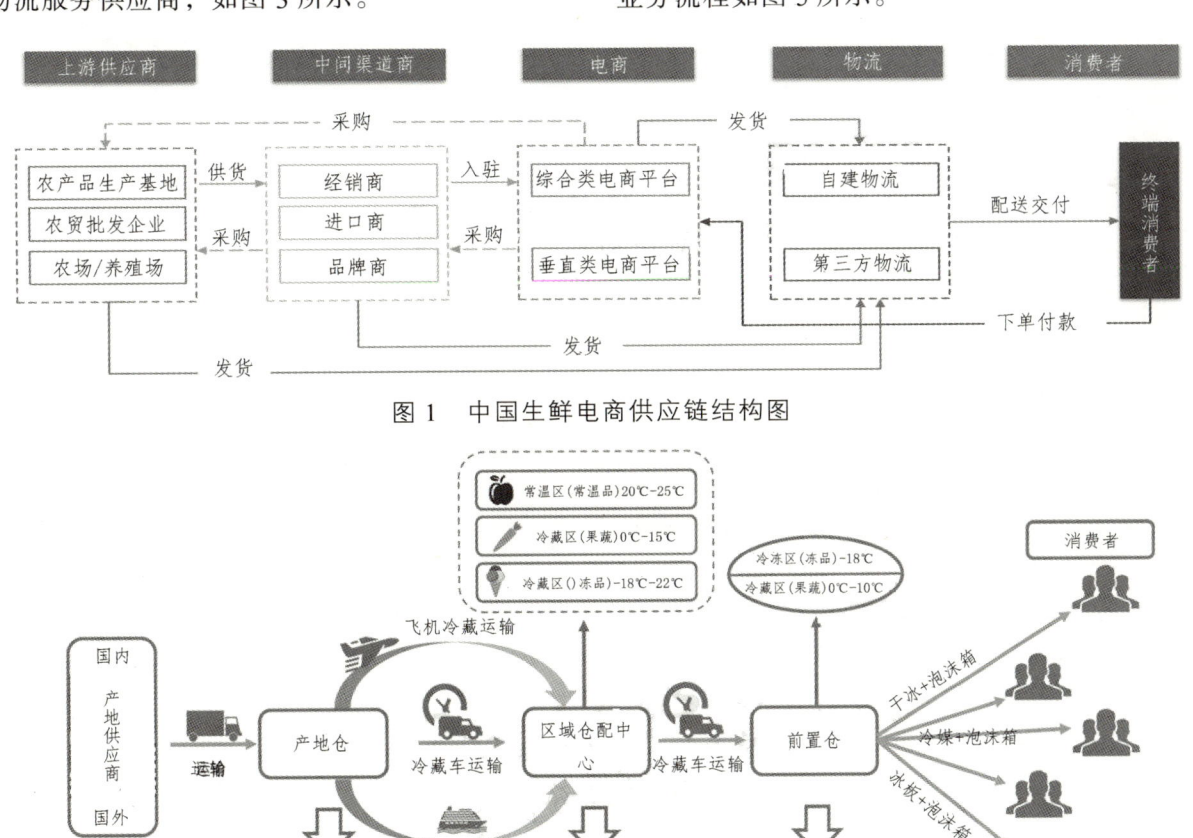

图 1 中国生鲜电商供应链结构图

图 2 自建物流仓储生鲜电商企业全程冷链配送流程图

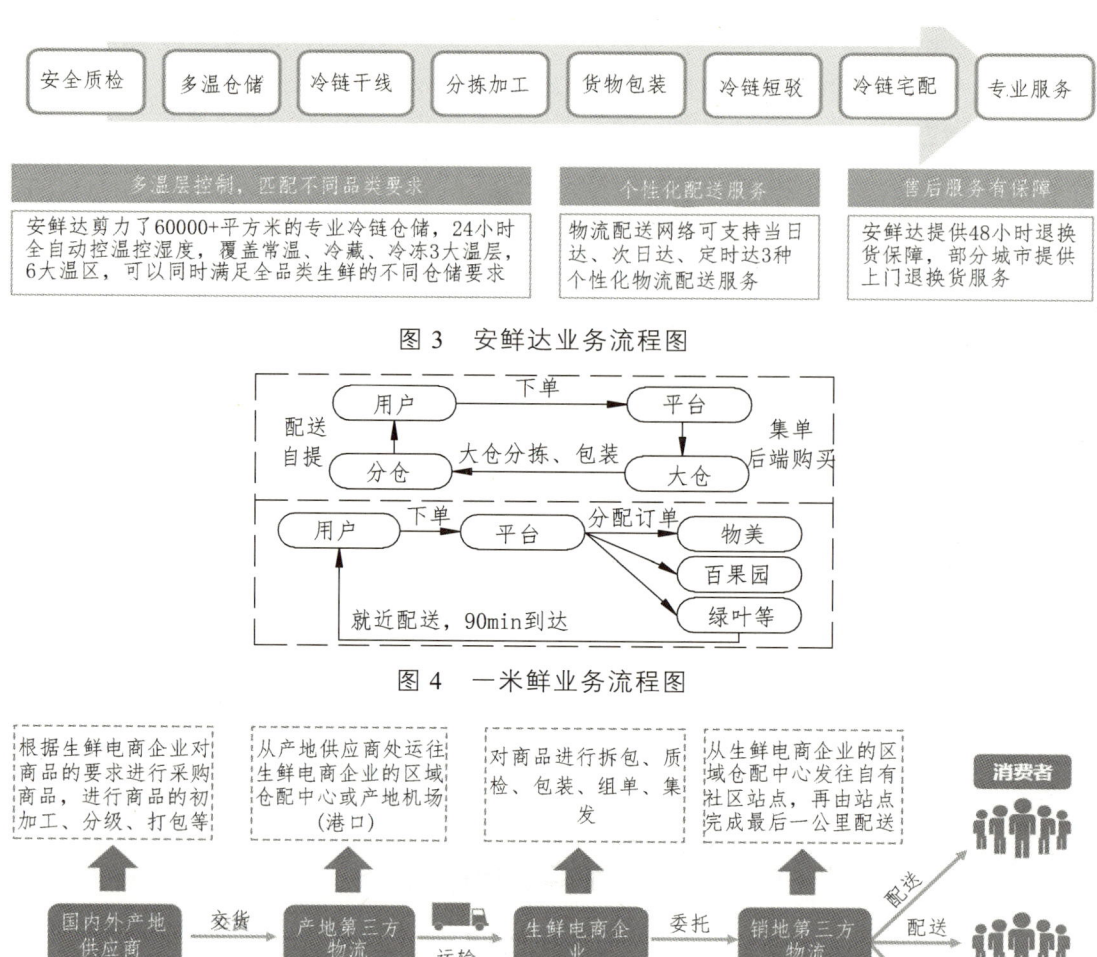

图 3　安鲜达业务流程图

图 4　一米鲜业务流程图

图 5　第三方物流配送模式

2.3　社区共同配送 O2O 模式

社区共同配送模式是指消费者线上下单，商家通过第三方或自建形式的冷链物流将生鲜配送至社区点（多种终端如自提柜、便利店、农场体验店），客户可选择自行到社区点取件或要求其配送到家的模式。这种物流模式很好地实现了线上线下的对接，强调体验、突出碎片化和场景化、响应快速、灵敏，服务本地化，满足个性化需求。其模式将分散的网络集中化，从而节省时间、节约人力、提高效率如图 6 所示。以成都尚作有机为代表的全产业链生鲜电商平台就采用了自营物流结合社区共同配送的模式。消费者线上下单，系统发送数据给农场，由农场就近加工，通过冷链物流配送至成都各门店（社区店），最终由社区店提供最后一公里的配送和自提服务。这种模式的好处在于用户自提带来了更多的销售机会和流量，经营社区有助于提升客户黏性和产品复购，但自营的 O2O 门店比较重资产，成本过高且不利于企业业务的快速扩张。

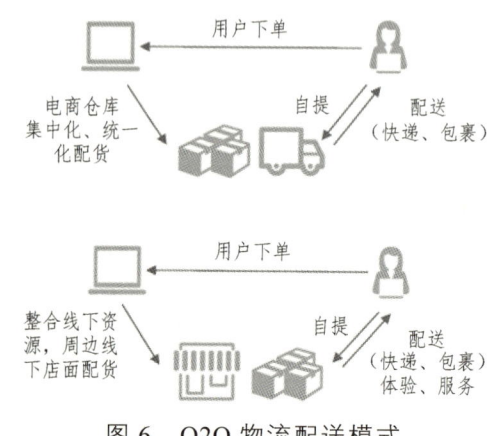

图 6　O2O 物流配送模式

3 物流配送模式的比较分析

3.1 时效性比较

生鲜商品由于其易腐特质和非标准化特质导致其对配送速度要求较高,且由配送速度引起的品质下降反应敏感。配送速度是保证生鲜品质的先决条件,而生鲜品质对于消费者的购物体验、商品的退货率、投诉率、复购率都会产生直接的影响。是生鲜冷链物流品控最重要的因素之一。

自建物流配送模式拥有整套完备的冷链物流设施设备,无论是技术还是人员管理都具备高度的可控性。易于形成配送环节的标准化和一体化。时效性掌控能力较强。第三方物流配送模式是通过第三方外包形势进行物流的输出和服务,企业对于配送环节的实时信息掌握迟钝,对物流的全程把控性弱。当订单量激增的情况发生时,会暴露失衡、时控、时效性差等缺点。同时由于不同第三方物流企业自身管理和技术的差异会带来效率和响应的差异。配送速度无法保证。社区共同配送模式O2O模式是分段式配送,由基地到门店采取的是集中配送,保证配送速度。门店到消费者最后一公里则由自提或配送上门服务完成,其碎片化很多的选择会弱化消费者对于配送时效性的要求。同时也能缓冲配送员与消费者配送时间匹配不上带来的配送障碍。弹性最好。

3.2 品控比较

物流环节的品控重点指生鲜商品的物流运输品质控制,此外还可以涵盖物流服务的品质。而物流涵盖的品质是消费者选择生鲜电商渠道购买产品的重要因素。自建物流的品控能力最强、非常容易形成物流配送技术和管理的标准化、设置关键危害节点的管控和防治,确保商品的品质。同时由于自建物流,可以通过高效良性的管理来提高物流配送的服务,从而给消费者传递较好的企业形象。而第三方物流的品质控制非常差、无论是配送环节还是服务流程在配送过程中无法实施掌控,电商平台只能通过合作契约的方式进行管控,管控效率低,往往都是出了问题才进行补救和修复。无法通过品控来提升客户的消费体验,并伴随着会有客户流失的风险。所以在选择第三方物流的合作伙伴时,应尽可能充分比较其各方面的情况后再做选择。社区共同配送O2O模式分两种情况。在门店自营的情况下,品控往往是可以保证的,并且在配送给客人前还可以做最后的商品检查,确保品质。如果在自提柜和合作商户中实现自提,就会出现品控无法把握和失控的情况。

3.3 物流成本比较

成本是生鲜电商在经营之初就必须测算和考量的。无论是整套的冷链设备投入的自建物流配送模式,还是社区O2O的门店配送自营模式,都意味着前期需要对仓库、配送中心、冷链设备进行较大的资金投入和管理投入,如果消费者的订单额不高、单品辐射过大都会造成运营成本的挑战,制约企业快速发展和试错。在消费者订单稳定且持续增大,物流配送比重较高的情况下或者配送较为集中,配送成本较低的情况下自建物流的设施设备建设就显得合理,会降低配送的平均成本,将自建物流打造成企业的核心竞争力。第三方物流配送模式不需要电商企业进行前期设施设备的投入,节约大量资金,平均配送成本较低。当订单量持续增加至某个阈值后,平均配送成本反而比自建物流配送模式更高。O2O物流配送模式采取的是线上与线下结合的方式,用户自行到便利店或者自提柜提取货物,简化了配送模式,一点带面。配送成本较低,但是自营店面带来的店面成本和人力成本又拉高了整个商品的成本。

3.4 客户体验及客户满意度比较

客户体验和客户满意度是由很多因素影响的最终结果,对于客户对品牌的认知、传播、复购以及消费习惯的养成都起到重要的影响。在生鲜电商环节容易造成客户体验不佳的主要集中在两点:① 商品的品质;② 配套的服务,即商品的价格和价值的匹配情况。是由成本、效率、品控等因素综合影响的结果。具体的比较如表1所示。

表 1　生鲜电商发展模式对比表

模式	成本	品控	效率	体验
自建物流	高 3	高 8	高 8	好 19
第三方物流	低 8	低 5	低 4	良好 17
社区 O2O	较高 5	高 8	中 5	较好 18

3.5 启示

生鲜电商自建风险高、资金压力过大造成资产过重，不易扩张，获取用户的速度较慢，但是把控能力较好，易给客户带来好的消费体验，用户黏性强。第三方物流和联营 O2O 模式轻仓储、轻资产，反应敏捷，易于市场拓展，但对产品质量的把控较弱、客户体验不易保证、经营和管理有一定压力且存在风险，获取用户量级大，适用于单品爆款。对供应链而言，从成本、时效和服务质量控制等角度考虑，在拥有足够的订单量以及具有供应链掌控管理能力的商家，采用分布式仓储结合同城配送（本地化）是冷链物流模式的趋势。其配送流程的精细化和标准化也是未来发展的重点，如图 7 所示。同时，物流在主流模式不变的情况下，就仓储、合作情况、技术投入上都会进一步优化，向轻资产、高效率、深度合作的方式迭代。线上线下联动会更强，传统生鲜门市向 O2O 社区转化的趋势明显。上游供应链管理更加精细，资源深度整合。

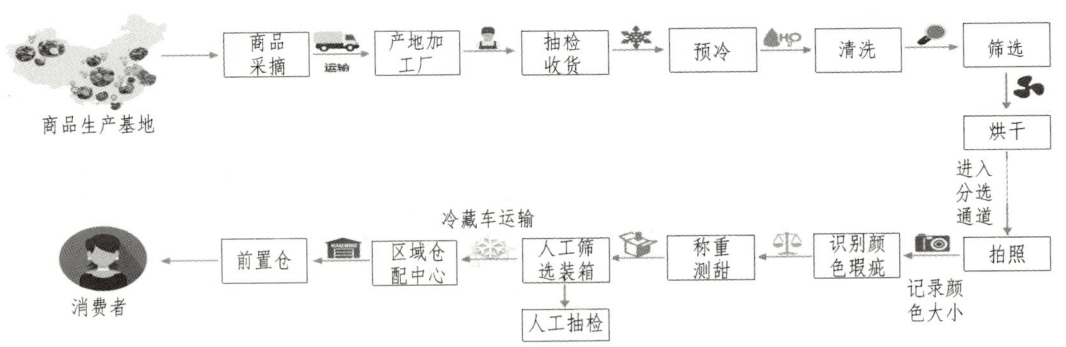

图 7　水果全供应链产品流通标准化流程图

4　结论

综上所述，基于生鲜电商的不同阶段，企业、产品的特点和差异以及消费者不同档次产品的定位和需求都对生鲜电商提出了更精细更具挑战的要求，物流模式的选择要综合考虑产品特性、消费者需求以及品质、成本、效率的平衡。以满足消费者多样化、个性化的需求。结合未来发展趋势供应链呈现更精细化、向前端延伸、技术壁垒拉高、多模式充分融合的趋势。

参考文献

[1] 易观国际. 2016 年中国生鲜电商市场实力矩阵专题研究报告[R]. 北京：易观智库，2016.

[2] 艾瑞咨询. 中国生鲜行业研究报告简版[R]. 北京：艾瑞咨询，2016.

[3] 李康. 生鲜农产品冷链管理及关键技术研究进展[J]. 食品与机械，2015（11）：11-13.

[4] 程艳红. 美国生鲜电子商务模式研究[J]. 世界农业，2014（8）：26-28.

[5] 杨柳生. 生鲜产品的 O2O 模式探讨[J]. 物流技术，2015（3）：32-35.

[6] 罗煦钦，童小虎，俞俊. 基于电子商务的农产品物流配送体系的研究[J]. 电子商务，2014（11）：30-31.

[7] 魏国辰. 电商企业生鲜产品物流模式创新[J]. 中国流通经济，2015（1）：15-18.

[8] 范厚明，田也. 谈生鲜农产品电商物流配送模式的改进[J]. 商业经济研究，2015（35）：36-38.

基于机器学习的 Web 漏洞挖掘系统研究

杨 波

（成都东软学院 四川 成都 611844）

摘 要：漏洞挖掘几乎是伴随着互联网的成长而兴起的一门技术。早期主要是针对缓冲区溢出、格式化字符串、堆溢出、lib 库溢出等的可执行文件的漏洞挖掘技术。随着 Web 在互联网的快速发展，金融、交通、物流、教育、安防等生活中的各个方面都与 Web 紧密连接起来，因此针对 Web 的攻击已然成为网络攻击的重灾区。而目前针对 Web 的漏洞挖掘主要是 Fuzzing 测试、源码审计及漏洞规则匹配等。近年来，结合网络爬虫及漏洞规则匹配的自动化漏洞挖掘技术已经取得了较快的发展，尤其是随着云计算和大数据的兴起，众多互联网安全公司都积累了大量的 Web 漏洞数据。但是如何对这些数据进行智能分类，从而使得 Web 漏洞挖掘工具功能更加强大、自动化程度高、更加智能化，成为网络系统安全研究领域的一个难点问题。在此，文章提出了一个以自动化的 Web 漏洞爬取技术为基础，结合了数据采集、特征提取、分类器算法与云端存储（云计算）等相关算法与技术的基于机器学习的 Web 漏洞挖掘系统的构思与规划。

关键词：漏洞挖掘；机器学习；智能分类；云计算；分类器；漏洞测试

Research on Machine Learning System for Web Vulnerabilities Excavation

Yang Bo

（Chengdu Neusoft University, Chengdu 611844, Sichuan, China）

Abstract: Vulnerability excavation is almost a technology which growth with the Internet's development. The initial methods of vulnerability excavation are buffer overflows, format string, the heap overflow, lib library overflow and so on. With the development of the Web application, many things of lives are linked with the Web such as finance, transportation, logistics, education, security and so on. Therefore the attack against the Web has become the worst aspect. The main methods for Web vulnerabilities testing are fuzzing test, source code auditing and vulnerabilities rule matching in current. In recent years, combined with Web crawler and automated vulnerability loopholes in rules match mining technology has achieved fast development. Especially with the rise of cloud computing and the data, numerous Internet security companies have accumulated a lot of Web vulnerability data. But the way of intelligently classify these date to make Web vulnerability excavation tool more powerful, high degree of automation, more intelligent become the most difficult problem of network security research. This article presents an Web vulnerabilities based on machine learning system, combines data collection, feature extraction, classification and the cloud technology (cloud computing) and other related algorithms.

Key words: vulnerability excavation; machine learning system; intelligent classification; cloud computing; classifier; fuzzing test

---

作者简介：杨波（1989—）男，汉族，甘肃平凉人，硕士学位，从事信息安全网络攻击与防御方向的研究。

1 引言

随着互联网技术与云计算技术得到越来越广泛地应用，Web 应用系统得到了迅猛增长。可以说 Web 应用系统已经成为人们生活中不可或缺的一部分。相信在不远的将来，互联网技术的使用将会渗透进传统行业，海量的数据都会在互联网上产生、复制和传播等，甚至包括个人隐私信息，所以数据的安全性将会变得越来越重要，Web 应用的安全问题将会获得更广泛的关注。

然而，当前 Web 安全的形势不容乐观，Web 安全所受到的威胁日益加重。这是因为 Web 应用是一种天生具有开放性的系统，是一种可以被任何人公开访问的网络，以及各种 Web 应用和服务器系统软件上各种各样的漏洞被忽略，再加上互联网与经济金融的关系越来越密切，黑客们也将对系统漏洞的兴趣转移到了 Web 应用上来。这些年依次发生过的 CSDN 数据库被脱库、某电子金融站点用户身份被盗取、成千上万的 QQ 群信息被广泛流传、众多酒店的客户开房信息被泄漏等严重的安全事故，这些都是影响力相当大的安全事件。除此以外，几乎每天都有各种新型漏洞在 Bug 提交平台（比如乌云）上被提交。据研究表明：在已经被公开的安全漏洞中，超过 75%的漏洞都发生在 Web 应用层而非网络层,另外超过 2/3 以上的 Web 站点都相当脆弱，暗含着各种 Web 应用漏洞，极其容易被攻击。

Web 漏洞挖掘是近几年来兴起的一个被广泛关注的研究课题，也一直是网络攻击者最感兴趣的问题。Web 漏洞挖掘是利用 Web 页面的分布特点，根据用户或系统定义的目标主题，以智能方法在线爬行 Web 页面，收集与目标主题相关的页面，并对收集到的有漏洞的页面进行智能分析和处理，最后将处理结果提供给用户。目前的 Web 漏洞检测与挖掘大多是基于 C/S 架构的，部署不易，使用困难，对新漏洞没有很好的融入机制，商业软件价格不菲，这对广大中小公司来说有着不小的挑战。因此，对 Web 漏洞挖掘与检测展开全面的研究及相关挖掘与检测工具的实现具有极其重要的理论意义和实用价值。

2 基于机器学习的 Web 漏洞挖掘系统功能规划

实现一个针对 Web 日志的、基于机器学习的 Web 漏洞挖掘系统的具体思路（见图 1）为：首先从 Web 日志中采集相关数据，并对相关数据进行预处理（比如进行解析、格式化数据及清理数据等）；其次借助于机器学习算法，进行漏洞检测，并挖掘出漏洞；最后，将 Web 漏洞分析结果以用户需求格式生成报告。

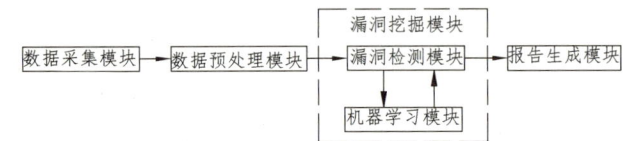

图 1 Web 漏洞挖掘系统的具体思路

按照图 1 的功能规划思路，为了能够实现一个针对 Web 日志、基于机器学习的 Web 漏洞挖掘系统，首先通过爬虫程序对 Web 日志文件中记录的详细字段及数据进行快速抓取（即图 1 所示的数据采集模块），并进行数据预处理（如进行解析、格式化数据及清理数据等）；然后匹配到符合特征的相应字段或操作记录后进行分类存储，然后通过机器学习算法对分类结果按照具有相应漏洞特征的行为聚类（即图 1 所示的漏洞挖掘模块），确定具体的漏洞类型之后，将所有分析结果以用户需求格式输出（即图 1 所示的报告生成模块）。

根据以上的分析，具体到实际的方案设计，基于机器学习的 Web 漏洞挖掘系统主要分为四个模块来设计：日志导入模块、爬虫模块、机器学习模块、报告生成模块、用户界面模块。系统整体功能模块的组成如图 2 所示。

（1）日志文件导入模块。

本功能支持用户批量导入 Web 服务器日志文件,包括目前常见的 Apache 的 NCSA 日志格式和 IIS 的 W3C 日志格式等。

在有需要的情况下，可以将不同格式的日志文件转换成统一格式类型，并在查看时，按时间、服务器类型、操作类型进行筛选。

（2）爬虫模块。

爬虫模块包括匹配特征爬虫和爬虫结果分类处理模块。

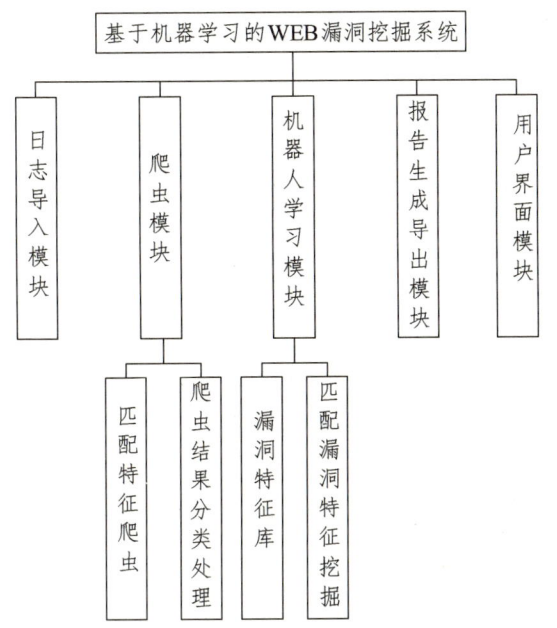

图2 基于机器学习的Web漏洞挖掘系统功能模块图

① 匹配特征爬虫：本功能根据常见Web攻击所产生的HTTP请求特征，对Web服务器日志进行数据爬取，自动判断出有被攻击特征的条目并按时间进行排序。

Web攻击特征可按照默认设定，也可根据用户需求进行灵活输入，如XSS、Cookie注入及SQL注入等的HTTP请求就灵活多样，且攻击者所构造出的恶意HTTP请求也因人而异，所以此模块自定义程序化较高。

② 爬虫结果分类处理模块：本模块在上一个功能按时间分类的基础上，将结果按照攻击类型、GET/POST或PUT等类型进行更详细的分类。

此分类结果便于安全审计人员的查看，更为下一步机器学习节约了时间、简化了过程。

（3）机器学习模块。

① 分类过程：机器学习分类过程计划以朴素贝叶斯算法（Native Bayes）为基础算法，以给定攻击特征后初步爬取的Web日志数据为训练集，不断完善攻击特征库，从而使数据爬虫爬取的数据更加精准，且更易发现Web服务器隐藏较深的漏洞。

② 聚类过程：机器学习聚类过程计划以K-均值算法为基础算法。因为聚类过程不需要学习样本，而我们又是在不断分析已爬取数据的基础上去完善攻击特征库以发现Web服务器未知漏洞的，所以在分类数据的基础上利用聚类学习进行数据归类只是一种辅助手段。

（4）报告生成模块：模块支持安全评估人员以适合的格式导出Web漏洞评估报告，同时也支持安全评估人员对服务器日志分析报告的导出以及服务器安全漏洞报告的管理功能。

（5）用户界面模块：本模块主要是为用户提供一个简洁、便利、友好的操作界面。

3 系统设计方案

3.1 系统设计目标

本系统的设计目标：针对日益严峻的Web安全形势，分析研究各种Web漏洞的原理，以机器学习算法（本项目采用朴素贝叶斯算法）为基础，建立基于机器学习的Web漏洞挖掘模型；通过对Web日志的样本进行学习以及对特定网站历史访问记录的分析，发现特定网站的用户访问模式和以往的异常（或者非主流）访问行为，并挖掘出Web安全漏洞。实现一个基于B/S架构的系统性能良好的自动化的Web漏洞挖掘系统。

3.2 设计方案

按照设计目标，本系统的总体设计方案基于机器学习的Web漏洞挖掘流程图（见图3）计划在现有自动化Web漏洞扫描系统的基础上，加入Web服务器日志爬取功能、根据设定攻击特征自动化分析日志功能、数据自动分类功能、机器学习功能（含数据分类及聚类过程）、Web服务器漏洞评估报告导出功能等。

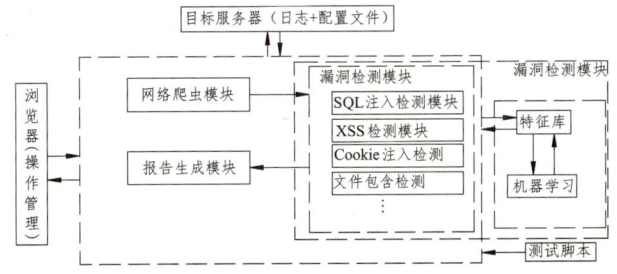

图3 基于机器学习的Web漏洞挖掘流程图

3.3 漏洞检测部分工作流程

漏洞检测部分的工作流程如图4所示：首先

用户导入待检测 Web 服务器日志文件和配置文件，为防止扫描器被滥用，有必要对用户的身份进行验证，当用户正常登录系统后可以开始提交检测任务，同时配置任务需要检测哪些漏洞。然后服务器后台开始调用爬虫抓取日志和配置文件中的数据，通过与特征库存在的漏洞特征如恶意 HTTP 请求或缺陷配置文件数据进行匹配，轮询式对 Web 服务器进行安全性测试，根据匹配程度分析是否含有漏洞。最后形成一个格式良好的漏洞扫描报告，返回给用户，对其加以分类与聚类。

4 机器学习算法部分

机器学习是数据检索与存储的合理扩展。通过开发合适的组件，使计算机更加智能地学习和发生行为。机器学习使得挖掘历史数据和预测未来趋势成为可能。机器学习依赖数据进行决策。

直觉虽然重要，但却也很难超越经验数据。在本系统中正是以预置 Web 攻击特征库为基准，对爬虫抓取数据进行处理与分类，使得 Web 漏洞检测更加智能和完善。

朴素贝叶斯分类是一种十分简单的分类算法，其基本思路为：对于给出的待分类项，求解在此项出现的条件下各个类别出现的概率，哪个最大，就认为此待分类项属于哪个类别。

朴素贝叶斯分类是以贝叶斯定理为基础的，朴素贝叶斯分类器基于一个简单的假定：即

$$P(Category|Document) = \frac{P(Document|Category)*P(Category)}{P(Document)}$$

朴素贝叶斯分类模型：

（1）设 $X=\{a_1,a_2,\cdots,a_m\}$ 为一个待分类项，而每个 $a_i(i=1,2,\cdots,m)$ 为 X 的特征属性；

（2）假定有类别集合 $C=\{y_1,y_2,\cdots,y_n\}$；

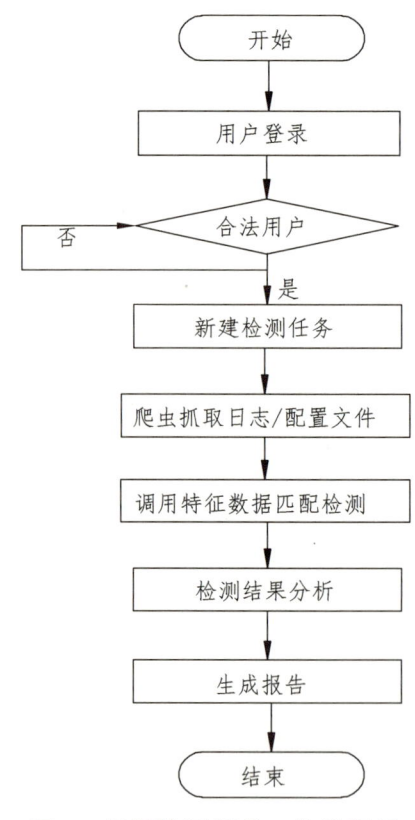

图 4 漏洞检测部分工作流程图

（3）计算条件概率 $P(y_1|X)$，$P(y_2|X)$，$\cdots$，$P(y_n|X)$；

（4）如果 $P(y_k|X)=\max\{P(y_1|X),P(y_2|X),\cdots,P(y_k|X)\}$，$k=1,2,\cdots,n)$，则 $X\in y_k$。

算法的核心问题是如何计算上面第（3）步中的条件概率，以下为计算过程：

（1）先自定义一个分类项集合（比如前面的 C），将该集合称为训练样本集。

（2）统计以算出各个类别下不同特征属性的条件概率估计。即：

$P(a_1|y_1)$, $P(a_2|y_1)$, $\cdots$, $P(a_m|y_1)$; $P(a_1|y_2)$, $P(a_2|y_2)$, $\cdots$, $P(a_m|y_2)$; $\cdots$; $P(a_1|y_n)$, $P(a_2|y_n)$, $\cdots$, $P(a_m|y_n)$。

（3）假设每个特征属性之间都是条件独立的，则根据贝叶斯定理有：

$$P(y_i|X) = \frac{P(X|y_i)P(y_i)}{P(X)}$$

由于分母 $P(X)$ 被视为常数，所以只需将分子最大化。又因为各特征属性之间条件独立，因此有：

$$\begin{aligned}P(X|y_i)P(y_i) &= P(a_1|y_i)P(a_2|y_i)\cdots P(a_m|y_i)P(y_i) \\ &= P(y_i)\prod_{j=1}^{m}P(a_j|y_i)\end{aligned}$$

5 结束语

Web 技术的发展给我们的生活带来了天翻地覆的变化，无论是在学习、生活、工作方面，还是金融理财方面都让我们所有的信息与互联网紧密地结合起来。近几年互联网技术的发展明显在变快，而针对网络漏洞的检测技术却还停留在互联网起步时的水平，因此利用云计算、机器学习、人工智能等新技术对 Web 漏洞挖掘技术的革新就显得更加重要。在对 Web 应用系统常见漏洞的挖掘与检测技术进行了详细的研究之后，借助于机器学习算法设计并开发一款基于机器学习的 Web 漏洞挖掘系统在原理上被证明是切实可行的。通过云平台的朴素贝叶斯算法与 K-均值算法，结合改良后的传统 Web 漏洞检测系统，不仅可以让 Web 漏洞挖掘的效率大大加快，还可以及时预防已有漏洞的各种新型变种。

参考文献

[1] D MICHIE, D J SPIEGELHALTER. Machine Learning, Neural and Statistical Classification [M]. Ellis Horwood Ltd, Publisher, 1994.

[2] CHRISTIAN P ROBERT. The Bayesian Choice: From Decision-Theoretic Foundations to Computational Implementation [M]. Springer-Verlag New York Inc. 2001.

[3] DAVID J C MACKAY. Information Theory, Inference, and Learning Algorithms [M]. Cambridge University Press, 2003.

[4] CARL E RASMUSSEN, CHRISTOPHER K I WILLIAMS. Gaussian Processes for Machine Learning [M]. The MIT Press, 2005.

[5] MARK WATSON. Practical Artificial Intelligence Programming in Java [M]. Lulu com, 2008.

[6] ABDELHAMID MELLOUK, ABDENNACER CHEBIRA. Machine Learning [M]. InTech Press, 2009.

[7] T. HASTIE, R. TIBSHIRANI, J. FRIEDMAN. The Elements of Statistical Learning: Data Mining, Inference, and Prediction [M]. Springer, 2009.

[8] DAVID BARBER. Bayesian Reasoning and Machine Learning [M]. Cambridge University Press, 2011.

[9] SUVRIT SRA, SEBASTIAN NOWOZIN, STEPHEN J. WRIGHT. Optimization for Machine Learning [M]. The MIT Press, 2011.

[10] ROBERTO BATTITI, MAURO BRUNATO. The LION Way: Machine Learning plus Intelligent Optimization [M]. Lionsolver, Inc, 2013.

[11] M. S. YANG. A Survey of Fuuzy Clustering [J]. Mathl. Comput. Modeling, 1993, 18(11):1-16.

[12] FONSECA J, SEIXAS N, VIEIRA M, MADEIRA H. Analysis of Field Data on Web Security Vulnerabilities [J]. IEEE TRANSACTIONS ON DEPENDABLE AND SECURE COMPUTING, 2014, 11(2): 89-100.

[13] FANG Z J, ZHANG Y Q, KONG Y, LIU Q X. Static detection of logic vulnerabilities in Java web applications[J]. I SECURITY AND COMMUNICATION NETWORKS, 2014, 7(3): 519-531.

基于分层多重选择遗传算法的认知无线电频谱分配

曾昶畅　宁多彪

（成都东软学院　四川　成都　611844）

摘　要：随着移动通信网络技术的快速发展，基于认知无线电技术的高效频谱分配成为下一代移动通信网络的研究热点之一。认知无线电网络频谱分配问题是一个多约束条件下的最优化问题，使用分层多重选择遗传算法解决该问题具有较强优势，利用 MATLAB 对该算法进行仿真的结果表明，相比普通遗传算法，分层多重选择算法在现有的约束条件下，提高了频谱分配方案的系统总传输速率。

关键词：频谱分配；遗传算法；认知无线电

Cognitive Radio Spectrum Allocation Based on Hierarchical Multiple Selection Genetic Algorithm

Zeng Changchang　Ning Duobiao

（Chengdu Neusoft University, Chengdu 610064, Sichuan, China）

Abstract: With the rapid development of mobile communication network technology, efficient spectrum allocation based on cognitive radio technology has become one of the research hotspots of next generation mobile communication network. Cognitive radio network spectrum allocation problem is a multi-constrained optimization problem. Using the hierarchical multiple selection genetic algorithm to solve the problem has a strong advantage, using MATLAB to simulate the algorithm shows that compared to ordinary genetic algorithm, The hierarchical multiple selection algorithm improves the overall system transmission rate of the spectrum allocation scheme under the existing constraints.

Key words: spectrum allocation; genetic algorithm; cognitive radio

1　引　言

随着国民经济的迅速发展，消费者对移动通信网络的速度和质量的需求日益增长，其中，频谱资源紧缺成为制约移动通信产业发展的主要瓶颈之一[1]。在现有固定频率授权分配体制下，频谱实际的使用率较低，究其原因，是因为固定频谱资源分配造成了地域性、时段性的频谱不均衡[2]。例如，办公区的频谱使用率通常在工作日的白天达到高峰，而居住区的频谱使用率则在夜晚或者周末达到高峰，造成了某些区域在某些时段频谱资源的浪费[3]。因此，认知无线电技术应运而生，成为下一代移动通信网络的热门研究点。认知无线电技术主张将通信用户分为主用户（授权用户）和次用户（非授权用户）。次用户利用主用户暂不使用的频谱资源进行通信，从而提高了整个网络的频谱利用率和平均通信成本。

在认知无线电频谱分配过程中，我们把主用户闲置的频谱资源称为频谱空穴。显然，频谱空穴属性主要包括时段和频段[4]。由于信道不断变

基金项目：2017 年四川省教育厅科研项目（17ZB0003）。
作者简介：曾昶畅（1987—），男，汉族，籍贯四川，讲师，硕士，研究方向：移动网络。

化，用户位置也不断变化，因此认知无线电网络的频谱环境具有较强的动态性，因此，系统对主用户空闲频谱分配方案的速度要求很高，要求在很短时间内分配完毕，否则，当前频谱环境会很快产生新变化，原有的分配方案则会失效[5]。随着认知无线电用户数和频段划分的增长，频谱资源分配的计算量将呈指数级增加，普通频谱分配算法已经无法满足认知无线网络的频谱分配需求。

本文在已有认知无线电频谱分配的研究基础上，利用分层多重选择策略对普通遗传算法进行改进，将之用于认知无线电频谱分配。

2 遗传算法简介

遗传算法（Genetic Algorithm）也被称为进化算法，该算法通过模拟自然生物进化过程来实现对多目标非线性问题的求解，其算法思想起源于达尔文提出的进化论[6]。遗传算法的通常流程是：首先随机生成若干个初始解决方案，然后在符合约束条件的前提下，根据每个解决方案的适应度函数值，对这些解决方案进行循环的选择、交叉、变异等运算，最终求出问题的全局最优解（Global Optimal Solution）。

遗传算法适用于计算量大、计算速度要求高得多的目标优化问题，而认知无线电频谱资源分配由于其用户数量大、网络参数种类多[7]，因此在有限时间内不可能进行目标最优解的全局逐个搜索，对分配效率要求高，因此，本文采用遗传算法对其频谱分配问题进行求解，其算法和仿真过程如下所述。

3 认知无线网络频谱分配仿真模型

3.1 仿真模型概述

在进行频谱分配仿真时，我们设基站为宏基站，其覆盖半径设为 5 km，基站塔高 50 m，前向下倾角 30°，发射功率最大允许值为 P，设为 80 W。采用瑞利衰落信道模型计算增益矩阵，采用 OFDM 调制方式，设小区中共有 M 个次用户，当前空闲子载波数为 N，用户设备的噪声平均功率

谱密度是 N_0W/Hz，采用高斯白噪声模型。设次用户能够容忍的最大误码率为 E，设为 0.000 2%，每个用户的最小速率需求是 L，设为 1 024 kb/s。

3.2 信道增益模型

我们设第 m 个次用户在第 n 个 OFDM 子载波上的信道增益为 $C_{m,n}$dB。其计算方式采用瑞利衰落信道模型，表示为下述矩阵方程形式。

$$C = \begin{bmatrix} c_{1,1} & c_{1,2} & \cdots & c_{1,N-1} & c_1 \\ c_{2,1} & c_{2,2} & \cdots & c_{2,N-1} & c_2 \\ \vdots & \vdots & c_{m,n} & \vdots & \vdots \\ c_{M-1,1} & c_{M-1,2} & \cdots & c_{M-1,N-1} & c_M \\ c_{M,1} & c_{M,2} & \cdots & c_{M,N-1} & c_1 \end{bmatrix} \quad (1)$$

3.3 适应度函数的设计

认知无线电频谱资源分配是一个非线性最优化问题，其主要目标是使得每个次用户充分利用空闲频谱，在符合所有约束条件的前提下，使得系统总传输速率最大化，本文的适应度函数设计如下：

$$f(A) = \sum_{m=1}^{M}\sum_{n=1}^{N} L_{m,n} f(A) = \sum_{m=1}^{M}\sum_{n=1}^{N} \quad (2)$$

其中，是解决方案 A 的适应度函数，$L_{m,n}$ 是第 m 个用户在第 n 个子载波上数据传输速率，因此，适应度函数的值是本小区所有次用户的总传输速率之和。

3.4 约束条件的设计

本仿真模型下，所有频谱分配方案均需要满足约束条件，对于所有的解决方案和小区中所有次用户，约束条件设计如下：

$$P(A) = \leqslant P \quad (3)$$

$$\sum_{n=1}^{N} E_{m,n} \leqslant E \quad (4)$$

$$\sum_{n=1}^{N} L_{m,n} \geqslant L \quad (5)$$

其中，约束条件（3）表示对任何解决方案 A，其产生的系统总功率必须小于系统总功率最大限制

值 P，约束条件（4）表示对于任一次用户 m，其误码率需小于所能容忍的最大用户误码率 E，约束条件（5）表示对于任一次用户 m，其数据传输速率需大于用户最小数据传输速率。

4 基于分层多重遗传算法的频谱资源分配

本论文采用的分层多重遗传算法（Hierarchical Multiple Selection Genetic Algorithm，HMS-GA）相比普通遗传算法主要做了以下改进。

4.1 采用分层策略完成进化

普通遗传算法采用单层进化，一旦早期的种群中出现了一些适应度函数值很大的个体，则整个种群的进化方向会随之改变，向该突出个体靠拢，表现在计算结果上则是容易出现过早收敛到局部最优解，而无法达到或者接近全局最优解，造成进化失败。因此，本论文采用分层策略完成进化，首先将初始种群划分到若干个子层中，在每一层单独进行进化，待进化基本稳定以后，再将各子层进行合并，合并后再进化若干代，最终得出最优解。分层策略的主要优势在于：可有效防止早期种群产生"近亲繁殖"现象，降低种群基因冗余度，保护早期种群中的基因多样性，降低过早收敛到局部最优解的概率。

4.2 针对个体进行多重选择

在普通遗传算法中，在进行个体选择时，一般采用稳定的概率进行选择、交叉和变异，并基于适应度函数进行随机选择，然后，由于认知无线电网络对高效快速频谱分配的要求，需要算法迅速完成迭代，普通遗传算法并不能满足该要求。因此，我们采用了多重选择策略，在进化早期迭代过程中采用较低的选择概率，快速对初始个体进行筛选，同时采用较高的交叉和变异概率，使得初始个体加快变异，产生出更多的新个体；而在后期迭代中，由于个体的适应度函数已经较高，过高的交叉和变异概率反而会造成不良个体产生，因此降低了交叉和变异概率，同时，为了防止收敛到局部最优解，因此增大了选择概率，使得更多的个体参与进化。多重选择的主要优势在于：根据个体进化进程，动态调节选择、交叉和变异的概率，提高了算法的运行效率，同时使得目标问题的解保持在较优范围内。

基于分层多重遗传算法的认知无线电频谱分配的主要算法步骤是：初始种群生成；子种群分层；去除不符合约束条件的方案；动态多重选择、交叉、变异；子种群合并；再次进行多重选择、交叉、变异等。具体算法流程如图 1 所示。

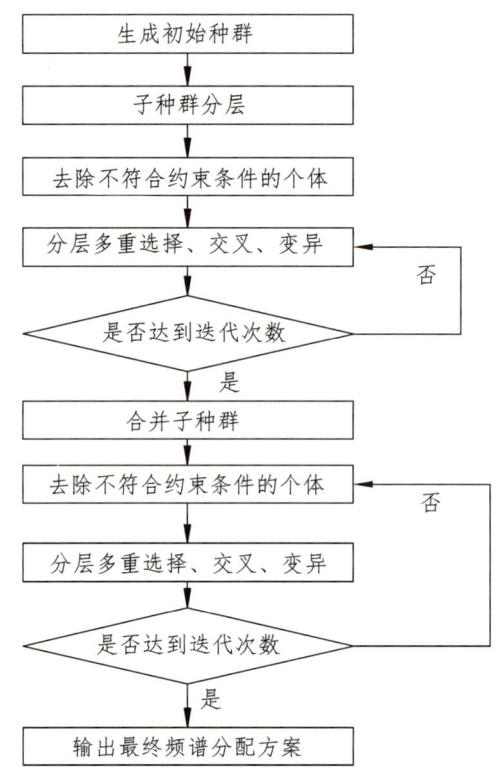

图 1 HMS 遗传算法的流程图

5 仿真结果及分析

设小区中次用户数为 100 个，空闲 OFDM 子载波数 1 000 个，为了验证算法性能，我们总共仿真 100 次，计算仿真结果的平均值，最终得到图 2——HMS 遗传算法和普通遗传算法的系统总传输速率对比图，图 2 的横轴是遗传算法迭代次数，纵轴是在当前迭代结束时种群中最优频谱分配方案的适应度函数值，也即最大系统总传输速率。从图 2 可以看出，采用分层多重遗传算法和普通遗传算法以后，随着迭代次数增加，系统总传输速率先是快速增长，后收敛于一个稳定值，本文提出的分层多重遗传算法相比普通遗传算法，在相同时间内可提高20%左右的系统总传输速率。

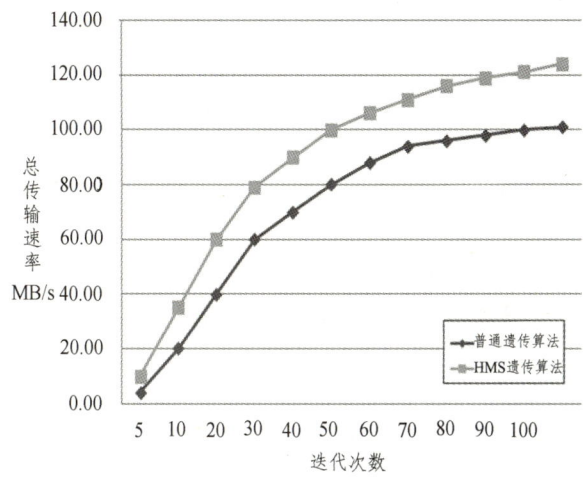

图2 HMS遗传算法和普通遗传算法对比图

6 结束语

认知无线电技术采用频谱共享理念，有效解决了目前固定频谱分配体制下的频谱分配紧缺和分配不均衡的问题，但对频谱分配算法的要求较高。本文将分层多重遗传算法应用于认知无线网络频谱分配问题中，该算法模仿生物进化过程，使用分层多重选择手段对认知无线电分配矩阵进行筛选和交叉、变异。仿真结果表明，相比普通遗传算法，该算法提高了20%左右的系统总传输速率。

参考文献

[1] 李鹏, 李涛, 张双乐, 赵晓光. 基于混沌二进制粒子群算法的独立微网系统的微电源组合优化[J]. 电力自动化设备, 2013（12）: 12-13.

[2] 白小宝. 量子遗传算法研究[J]. 电脑开发与应用, 2013（01）: 34-36.

[3] 贺智明, 梁云飞. 基于双链量子遗传算法的多约束QoS组播路由算法[J]. 计算机应用与软件, 2013（01）: 345-348.

[4] 宋志群. 认知无线电技术及应用[J]. 无线电通信技术, 2012（05）: 123-125.

[5] 王竹荣, 杨波, 吕兴朝, 崔杜武. 一种改进的量子遗传算法研究[J]. 西安理工大学学报. 2012（02）: 345-348.

[6] 于军旗. 认知无线电频谱感知技术分析[J]. 数字技术与应用, 2012（02）: 211-212.

[7] 胥小波, 郑康锋, 李丹, 武斌, 杨义先. 新的混沌粒子群优化算法[J]. 通信学报, 2012（01）: 234-235.

基于费舍尔向量的快速手机图像分类识别

张小华　黄　波

（成都东软学院　四川　成都　611844）

摘　要：本文提出了一种针对智能手机的实时图像识别方法，它由轻量级的本地特性，Fisher 向量与线性 SVM 组成。对于轻量级的本地特性描述符，采用从图像中仔细采样的 HOG 碎片描述符和色标描述符。然后为了显著地节省视觉词汇的数量，采用 Fisher 向量对描述符进行编码表示。对于分类器，使用计算成本非常低的线性 SVM。在实验中，实现了从 100 类食物数据集中前 5 类的 79.2%分类率。它优于使用传统特征表描述的卡方 RBF 核函数的线性 SVM。此外，食物识别处理时间只需 0.065 s，是现有识别方法所需时间的四分之一。

关键词：手机图像分类识别；Fisher 向量；SVM；HOG；色标描述符

Fast Mobile Image Classification and Recognition Based On Fisher Vectors

Zhang Xiaohua　Huang Bo

（Chengdu Neusoft University, Chengdu 611844, Sichuan, China）

Abstract：In this paper, a real-time image classification and recognition method for smart phones is proposed. It consists of lightweight local features, Fisher vectors and linear SVM. For lightweight local feature descriptors, the HOG fragmentation descriptors and color fragmentation descriptors are adopted, and sampled them from the image densely. Then, in order to significantly save the number of visual words, the Fisher vector is used to encode the descriptors. For classifiers, linear SVM with very low computational cost is used. In the experiment, 79.2% categories of the top five categories were obtained from the 100 types of food data sets.It outperformed the results using a conventional bag-of-features representation with a chi-square-RBF-kernel-based SVM. In addition, the food recognition processing time is only 0.065 seconds, which is 1/4 of the time required for the existing identification methods.

Key words：mobile image classification and recognition；fisher vectors；SVM；HOG；color fragmentation descriptors

1　引　言

近年来，像 iPhone 和装有 Android 系统这样的智能手机变得流行并具有更强大的计算能力，使实时识别智能手机中的图像成为可能。目前，常见的智能手机是四核 CPU 手机。旧式手机图像识别处理需具有大量计算资源的服务器，需要无线连接，通信延迟是不可避免的。实时图像在服务器端识别是不可能的。此外当用户增加，响应时间将大大降低，除非增加计算资源。

基金项目：四川省教育厅 2017 年度科研项目（编号：17ZB0007）。
作者简介：张小华（1975—），男，汉族，四川渠县人，讲师，硕士研究生，主要研究方向为图形图像处理、人工智能、虚拟现实。

另一方面，在普通智能手机上进行图像识别的处理，不需要无线连接没有通信延时。这也是手机图像实时识别的一个要求。然而，相对于有很多可用CPU的服务器端图像处理，在智能手机上进行图像处理计算资源相对有限。为了在普通智能手机上进行实时图像识别，急需建立一种高效利用智能手机计算资源的方法。

最近，几个适合于快速线性分类的特征图像表示法被提出。过去的样式图像识别常用于具有非线性核函数的支持向量机（SVM）图像分类。对于训练样本N和支持向量数M，非线性SVM的计算复杂度是$O(N^2) \sim O(N^3)$，而且在测试中处理时间与M成正比，这是非常高的成本，并需要大量的内存空间。同时，线性SVM的计算代价是$O(1)$，这意味着线性SVM的一次性评估需要一次内积计算，但是相对于具有非线性核函数的SVM，性能较低。

为了解决这个问题，最近一些图像表示法被提出，它们可以提高使用线性SVM的识别性能。特别是Fisher向量[1-2]在最近的图像表示中被称为高性能表示法。它适用于线性分类器，并且有结果表明，相对于流行的特征包组合表示法和非线性SVM表示，它可以更好地提高识别精度。此外，特征包表示法为了提高识别准确度需要更大的词汇字典，但是更大的字典增加了搜索最近视觉词汇的计算代价。另一方面，Fisher向量即使使用较小的字典和较低端的计算资源也能获得较高的识别率。而这正是移动设备需要的。

因此在移动设备上进行图像识别，采用Fisher向量作为编码方法在识别精度和处理时间方面表现得更好。但是目前智能手机系统还不能利用Fisher向量进行快速高精度的图像识别。本文提出了一种基于Fisher向量的、能很好利用智能手机计算资源的、快速准确的识别方法。

实验中，达到了从100类食物数据集中前5类的80.2%分类率。它比现有的食物识别方法[3]更好，而且100种图像识别的处理时间仅为0.075 s。它的速度是[3]中方法的四倍。此外，对100类食物数据集的分类精度方面，取得了比服务器端识别方法更好的结果。因此对于智能手机，基于Fisher向量的快速手机图像识别方法比现有的图像识别方法更有效。

2 相关工作

在本节中，将介绍一些有关智能手机上图像识别的成果。

众所周知，谷歌Googles提供了智能手机的图像识别的商业服务。谷歌Googles是一款Android应用，它可以识别标志，著名的艺术品，著名的地标性建筑，用户拍摄的照片等。但是，谷歌Googles识别的目标局限于外观保持不变的特定对象，而本文的识别目标是通用的对象。库马尔等人[4]提出了一个识别184种植物物种的系统，此系统首选要求用户发送一张树叶照片到服务器，然后系统通过此叶子的形状特征曲率来进行识别物种。这两个系统基本上采用服务器端图像识别，而我们的目标是实现一个手机客户端通用对象识别系统。

在图像识别方法方面，Lee等人[5]提出了一种智能手机上的指定对象识别系统，此系统能实时地识别已注册的特定对象。他们训练一个模板，此模板能被分解成强度和梯度方向的描述符，并使用匹配方法进行实时的目标检测和跟踪。这是一个识别手机特定物体的系统。Maruyama等人[6]提出了一种食谱推荐系统，此系统仅采用基于特征包表示法的颜色直方图，并且将其直接应用于线性SVM。因此，对于可变通用物体外观的识别精度十分差。Kawano等人[3]提出了一种移动设备食品识别系统，它采用基于特征包表示的SURF，以及应用x^2核心特征映射和线性SVM的颜色直方图。SURF是一种流行的鲁棒局部描述法，但这种方法在智能手机上快速识别图像的成本相对较高。如果食品的类别增加，此方法很难实时识别食物。此外，传统的特征包方法在识别精度和处理时间上不适合用于快速图像识别。

本文提出了一种快速、高精度的智能手机图像识别方法。它采用了方向梯度直方图（HOG）碎片和色标作为局部描述符，并采用Fisher向量表示作为编码方法。至于分类器，将采用高效的线性SVM。

3 算法

本文使用基于特征的Fisher向量，实现了一种能处理 100 种类别的快速高精度图像识别系统。本文采用了 HOG 碎片和色标作为局部描述符，并且每个局部描述符都用 Fisher 向量表示，然后对这些本地描述符用线性 SVM 进行分类。

3.1 图像特征

在本文中，使用以下局部描述符进行 Fisher 向量编码：HOG 碎片和色标。

（1）HOG 碎片。

方向梯度直方图（HOG）是由 N. Dalal 等人提出[7]。它类似于 SIFT，都是用来描述基于梯度直方图的局部模式的术语。由于 HOG 的描述非常简单，它比流行的局部描述符如 SIFT 和 SURF 快很多。这对于在智能手机上进行实时识别是非常重要的。此外，它能够更密集地提取局部特征。因此，它提高了识别精度。

我们提取方向梯度直方图的特征作为局部特征。我们将一个局部碎片划分为"2×2"的块（共四个块），并从每个块的八个方向提取梯度直方图。总的来说，我们提取了 32 维梯度直方图特征。然后 32 维的方向梯度直方图碎片被规范化为 $L2$ 单位长度。PCA（Principal Component Analysis，主成分分析）用于将维度从 32 减少到 24。

（2）色标。

我们使用像素的 RGB 值的均值和方差作为色标特征。我们将一个局部片划分为 2×2 块，并在每个块中提取每个像素的 RGB 值的均值和方差。提取了 24 维色标特征，并不需要用 PCA 降维度。色标特征的维数保持在 24 维。

3.2 Fisher 向量

相对于 BOF（Bag of Features），Fisher 向量利用高阶统计量可以减少量化误差。此外，在最近的编码方法[8]中，Fisher 向量非常高效，并且大多高级的识别挑战团队都用 Fisher 向量。

设置局部描述符 $X = \{\chi_t, t = 1, \cdots, T\}$，其中 T 为局部描述符数量。费舍尔向量定义如下。

$$p(x|\theta) = \sum_{i=1}^{k} \pi_i N(x|u_i, \Sigma_i) \quad (1)$$

其中，$p(x|\theta)$ 是概率密度函数（PDF）；$\nabla_\theta \log p(x|\theta)$ 是对数似然梯度；F_θ 是 Fisher 信息矩阵，然后 F_θ 被分解为 $F_\theta^{-1} = L_\theta' L_\theta$。

费舍尔内核 $F(X, Y) = G_\theta^{X'} F_\theta^{-1} G_\theta^{Y}$ 是 Fisher 向量的内部产品。因此它也能被运用到线性分类器中进行高效的图片分类。

根据文献[2]，我们将局部描述符编码为 Fisher 向量。我们选择概率密度函数作为高斯混合模型（GMM）。然后概率密度函数（PDF）如下所示。

$$p(x|\theta) = \sum_{i=1}^{k} \pi_i N(x|u_i, \Sigma_i) \quad (2)$$

其中，x 是局部描述符；K 是高斯成分数，$\theta = \{\pi_i, \mu_i, \Sigma_i, i = 1, \cdots, K\}$ 是高斯混合模型（GMM）的参数。π_i 是混合系数，μ_i 是均值向量，Σ_i 是协方差矩阵。我们假设协方差矩阵是对角的，并且对角元素被表示为方差向量 σ^2，分量 i 的 x_t 的估计后验概率如下。

$$\gamma_t(i) = \frac{\pi_i N(x_t|\mu_i, \Sigma_i)}{\sum_{j=1}^{N} \pi_j N(x_t|\mu_j, \Sigma_j)} \quad (3)$$

然后对于均值和方差的梯度定义如下。

$$g_{u,i}^{X} = \frac{1}{T\sqrt{\pi_i}} \sum_{t=1}^{T} \gamma_t(i) \left(\frac{x_t - \mu_i}{\sigma_i} \right) \quad (4)$$

$$g_{\sigma,i}^{X} = \frac{1}{T\sqrt{2\pi_i}} \sum_{t=1}^{T} \gamma_t(i) \left[\frac{(x_t - \mu_i)^2}{\sigma_t^2} - 1 \right] \quad (5)$$

最后，将对所有的高斯计算 $g_{u,i}^{X}$ 和 $g_{\sigma,i}^{X}$ 梯度。Fisher 向量 g_θ^X 与 $g_{u,i}^{X}$ 和 $g_{\sigma,i}^{X}$ 梯度相关联。因此，Fisher 向量是 $2K$ 维度的向量。

在本文中，高斯成分数为 32，使用主成分分析法将局部描述符简化到 24 维。因此每个特征向量都是 1 536 维的。为了提高识别正确率，采用了幂归一化（$\sigma = 0.5$）和 $L2$ 归一化[2]。

3.3 分 类

本文使用线性核 SVM 对于多类分类，采用一对一策略。线性核被是两个向量的内积。

智能手机上的图像识别方法应该是低计算成本和低内存空间损耗。对于线性 SVM，支持向量的内积和相应的支持向量权重可以提前计算。然后由内积给出线性 SVM 得分。然后 SVM 的分数由输入数据向量 X 与权向量 W 的内积 $f(x) = <W, X>$ 计算得出。

因此，如果特征向量的维数是 N，那么 SVM 分数需要计算 $O(N)$ 次，需要 $O(N)$ 内存空间。本文以离线方式用 LIBLINEAR[9] 来训练 SVM。

在实验中，由于给定类别的数量是 100，训练了 100 个线性 SVM 分类器。并训练每个特征的线性 SVM，用晚期融合方式融合方向梯度直方图特征和色彩特征的线性 SVM 的输出。

3.4 试验

在实验中，我们使用通用的 4 内核 CPU 和 4 线程智能手机。我们并行提取方向梯度直方图碎片特征和色片特征，通过 PCA 缩减向量维数，用 Fisher 向量编码，幂归一化，L2 归一化，并且对于方向梯度直方图碎片特征和色片特征分别在 CPU 的两个核上进行 SVM 分类，即整个在 CPU 的 4 个核上并发进行处理。

首先计算了图像的梯度幅度和方向。然后我们快速地提取方向梯度直方图碎片描述符。

对于均值公式（4）的 Fisher 向量的梯度，为了减少运算数可以进行如下的变换。

局部描述符 T 的数目比高斯混合模型分量 K 的数量和本地描述符 D 的维数要大得多，并计算每个分量的公式（4）的值，

$$g_{u,i}^{X} = \frac{1}{\sigma_i \sqrt{\pi_i}} \frac{1}{T} \sum_{t=1}^{T} \gamma_t(i)(x_t - \mu_i) \quad (6)$$

此外，我们用高斯混合模型计算了后验概率，离线计算了均值梯度和西格玛梯度，并且创建了查找加速度表。

我们离线训练 SVM。识别步骤中的所有参数值加载到主内存中，这些参数值包括特征值、PCA 的特征向量，创建的查找表、GMM 均值、SVM 的权重向量。因此 Fisher 向量的内存需求比传统 BoF 电报密码本的内存需求要小得多，就内存而言 Fisher 向量优于 BoF。

最后，我们实现了一个集成我们识别方法的 Android 应用。它是特点如下：当用户用智能手机的摄像头对着食品时，系统实时识别 100 类食品。然后在固定时间后，更新识别结果列表。最后，用户从食品候选列表中选择食品，并记录每日食品。

在实验中，我们准备了一百类食物图像数据集，每个类别都有超过 100 张图片，每张图片都用边界框标记。数据集中的食物图像总数是 12 905。图 1 显示了类别名称和样本照片。

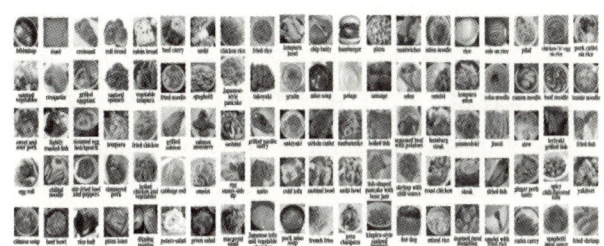

图 1 本文要识别的 100 类食物图片

我们为每 20 张为一组的图片类别设置了验证数据和测试数据。其余的是训练数据，并在五重交叉验证方式中随机替换图像。接下来我们测量图像识别处理时间。我们使用与[3]中一样的智能手机三星 GALAXY NoteII（4 核 1.6 GHz 的 CPU，4 线程，Android4.1）。

在本实验中，我们比较了现有的两类食物识别系统。一类是 Kawano 等人在[3]中提出的客户端识别系统，另一类是 Matsuda 等人在[14]中提出的服务器端识别系统。

在这一点上，我们参考了[3]，在[3]中进行了智能手机上的实时识别，并编码为 BoF 表示。

我们利用 k-means 聚类建立了一个 500 维码本，我们应用 x^2 软分配[11]，然后应用内核特征映射[12]。最后，它是一个 1 500 维向量。对于局部 BoF 描述符的表示，我们不用 PCA。

图 2 显示了 SURF-BoF，HOGPatch-BoF 和 HOG Patch-FV 的对比。首先，我们设置了一个每 8 像素进行密集网格取样步骤。SURF-BoF 和 HOG Patch-BoF 的 top1 和 top5 的分级率的差异仅为 0.62% 和 2.1%。这意味着 SURF 稍微好一点。然而 HOG Patch-FV 相对于 SURF-BoF 达到更高的性能，差异为 2.7% 和 3.22%。然后，HOG Patch 提取比 SURF 提取快很多。在本文中，我们建立一个每 6 像素进行密集网格取样的步骤。然后提高分类率，为训练数据添加水平翻转图像，针对 top1 和 top5 的候选图像，我们实现了 36.3% 和 63.2% 的分类率。分类率为 7.52%。此分类率比 SURF-BOF 高 7.52% 和 6.9%。

接下来，我们评估色标特征。图 3 显示了使

用颜色直方图,Color Patch-BoF,Color Patch-FV 进行图像分类的分类率。颜色直方图将给定图像划分成 3×3 块,并从每个块提取 64 位 RGB 颜色直方图。总之,我们提取了 576 维的模糊颜色直方图。然后应用 x^2 内核特征映射。最后,我们建立了一个 1 728 维数据。Color Patch-BoF 和颜色直方图的 top1 和 top5 的分级率的差异仅为 0.76% 和 2.28%,Color Patch-BoF 稍微好一点。但在 Color Patch-FV 的分类率提升很大,其 top1 和 top5 的分类率比颜色直方图高了 13%和 18.4%。在添加水平翻转图像的训练数据后,我们达到了 43%和 70.6%的分类率。

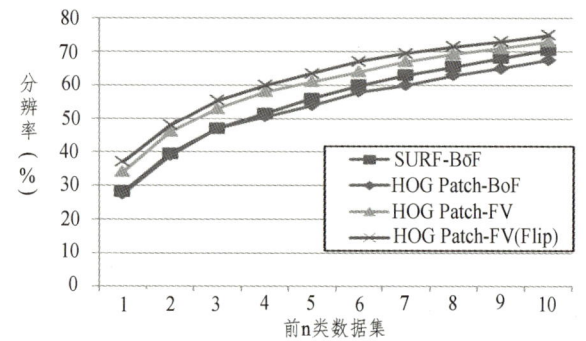

图 2　使用 6 像素或 8 像素的 BoF 的 SURF,
基于 BoF 的 HOG Patch,基于 BoF 的
HOG Patch-FV 分类率

然后我们比较了已有图像系统的识别精度。参与比较的识别方法有 HOG Patch-FV+Color Patch-FV 和 HOG Patch-FV+Color Patch-FV(flip),文献[3]中的客户端识别方法。

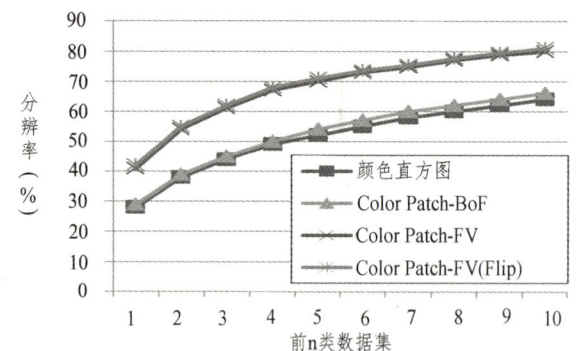

图 3　使用颜色直方图,基于 BoF 的色标,
基于 FV 的色标的分类率

SURF-BoF+ColorHistogram 和[10]中的服务器端识别方法。[10]采用了共 5 个特征,包括硬分配 BoF、基于特征的全局特征、计算成本非常高的非线性 x^2 RBF 核的多核学习 SVM 分类。

表 1　[3]中提出的客户端方法和[10]中提出的服务器端方法针对 top1 和 top5 候选集的分类率

方法	top1	top5
SURF-BoF+ColorHistogram	42.0	68.2
HOGPatch-FV+Color Patch-FV	49.7	77.6
HOG Patch-FV+Color Patch-FV(flip)	51.9	79.2
MKL	51.6	76.8

表 1 显示了这些识别方法 TOP1 和 TOP5 的分类率。我们的 HOG Patch-FV+Color Patch-FV 对于 top1 和 top5 达到了 49.7%和 77.6%的分类率,并且如果增加翻转图像,它对于 top1 和 top5 达到了 51.9%和 80.2%的分类率。如果仅使用色标特征,我们取得了比[3]更好的分类率,这就意味着色标特征的 Fisher 向量表示对食物识别非常有效。我们的方法是优于[10]中的哪个服务器端代价很高的识别系统。因此,我们证明了我们的识别方法的有效性,它能够在智能手机上进行高精度的图像处理。

表 2　平均处理时间

方法	时间/秒	类数
SURF-BoF+ColorHistogram	0.26	50
HOGPatch-FV+Color Patch-FV	0.065	100

接下来,我们通过重复 20 次的试验并求平均值来测量识别时间。表 2 显示平均识别时间结果。我们还展示了[3]的 50 类图像识别实验值。我们的方法对于 100 类图像的识别需要 0.065 s 的时间。[3]对于 50 类图像需要 0.26 s。因此,我们提出的方法比[3]中的方法快很多,并显示此方法适用于快速图像识别。

关于内存空间,[3]采用 1 500 维的 SURF-BoF 和 1 728 维的颜色直方图。我们采用 1 536 维的 HOG Patch-FV 和 1536 维的 Color Patch-FV。特征向量更紧凑,但更密集。然后许多值被加载到内存中,以便更快地进行 Fisher 向量编码,如果采用 HOG Patch,所需的内存空间比 BoF 码本少 1/5,如果采用 Color Patch,所需内存空间比 BoF 码本少 1/4。

通过试验中的识别精度和处理时间,证明了提出的方法的有效性。我们取得了比服务器端高成本识别方法[10]更好的结果。因此,结果显示在智能手机上实现快速高精度图像识别是可能的。

4 结 论

本文首先提出了一种在通用智能手机上运行,将 HOG 碎片和色标描述符作为本地特征的图像识别方法。然后将它们用 Fisher 向量表示,最后用线性 SVM 分类图像。

在实验中,当真实边界盒给定后,我们针对 top5 候选图像集达到了 80.2% 种分类率。它的识别率比在智能手机上的,采用基于软分配的颜色直方图和 SURF-BoF 的,使用 x^2 内核特征映射的识别方法高 11%。而且它也比高成本的服务器端识别方法更高效。它对 100 种图像的处理时间为 0.065 s。它比[3]中的 0.26 s 快了 75%。我们证明了该方法在智能手机上进行高精度图像识别的有效性和快速性。

未来,我们计划扩展该方法和关注下列问题的系统。通过人群采集增加识别目标,并在智能手机上进行大规模的图像识别。然后通过分层分类进行有效分类。不仅进行快速图像识别,而且还进行快速兴趣图像检测。

参考文献

[1] 储珺,成俊,张桂梅. 基于 Fisher vector 的人体部件行人检测[J]. 南昌航空大学学报(自然科学版),2016,02.

[2] F. PERRONNIN, J. S´Anchez, and T. Mensink, "Improving the fisher kernel for large-scale image classification," in Proc. of European Conference on Computer Vision, 2010.

[3] Y. KAWANO and K. YANAI, "Real-time mobile food recognition system," in Proc. of IEEE CVPR International Workshop on Mobile Vision (IWMV), 2013.

[4] N KUMAR, P BELHUMEUR, A BISWAS, D JACOBS, W Kress, I Lopez, J Soares. "Leafsnap: A computer vision system for automatic plant species identification," in Proc. of European Conference on Computer Vision, 2012.

[5] T LEE, S SOATTO. "Learning and matching multiscale template descriptors for real-time detection, localization and tracking," in Proc. of IEEE Computer Vision and Pattern Recognition, 2011.

[6] T MARUYAMA, Y Kawano, K Yanai. "Real-time mobile recipe recommendation system using food ingredient recognition," in Proc. of ACM MM Workshop on Interactive Multimedia on Mobile and Portable Devices (IMMPD), 2012.

[7] 雷林,潘幸子,杨敏,孟丽珍. HOG 特征及其应用研究[J]. 信息通信,2016,01.

[8] R GOPINATH, C SANTHOSH KUMAR, K I Ramachandran. "Fisher Vector Encoding forImproving the Performance of Fault Diagnosis in a Synchronous Generator" in Measurement, 2017.

[9] R E FAN, K W CHANG, C J HSIEH, X R WANG, C J LIN. "LIBLINEAR: A library for large linear classification," The Journal of Machine Learning Research, vol. 9, pp. 1871-1874, 2008.

[10] Y MATSUDA, H HOASHI, K Yanai. "Recognition of multiple-food images by detecting candidate regions," in Proc. of IEEE International Conference on Multimedia and Expo, 2012.

[11] J PHILBIN, O CHUM, M ISARD, J SIVIC, A Zisserman. "Lost in quantization: Improving particular object retrieval in large scale image databases," in Proc. of IEEE Computer Vision and Pattern Recognition, 2008.

[12] A VEDALDI, A Zisserman. "Efficient additive kernels via explicit feature maps," IEEE Transactions on Pattern Analysis and Machine Intelligence, 2012.

基于表达式评价模型的物流中心选址研究

余新桥

（成都东软学院 四川 成都 611844）

摘 要：在物流中心的选址过程中，通常将多个候选方案进行评价和排序，选出最好的方案。相较于传统的数值评价，基于词计算理论的语言评价可以反映专家认知的主观性。而在语言评价中，相较于单个术语，表达式具有更加丰富的表达能力。因此采用基于表达式的模型根据物流中心在多个因素上的表现进行评价，并进行综合决策。给出的案例验证了该模型的有效性。

关键词：物流中心选址；词计算；表达式；多准则决策

Research on Logistics Center Selection Based on Linguistic Expression Evaluation Model

Yu Xinqiao

（Chengdu Neusoft University, Chengdu 610064, Sichuan, China）

Abstract: The evaluation, prioritization and selection of multiple candidate alternatives are the common techniques for the process of logistics center selection. The linguistic evaluation based on the theory of computing with words is able to characterize the subjectivity of the experts compared with the numeric evaluation, and in which the linguistic expressions perform better than the linguistic terms. Hence the linguistic expression based model inspired the multiple criteria decision making for the selection of the logistics centers according to their performance on the factors considered in this paper. The example given showed the availability of the method.

Key words: logistics center selection; computing with words; linguistic expression; multi-criteria decision making

1 引 言

随着国民经济的发展，现代物流已经成为一个新的经济热点，是企业的第三利润源泉[1]。在物流产业飞速发展的过程中，配送中心选址的好坏直接影响着物流业务的效果[2]。在物流中心的选址过程中，通常将多个候选方案按照预设的目标进行排序，选出最好的方案。根据具体设定目标的类型，可分为定量和定性两种[3]。在定量目标下，多以成本、时间、收益等可量化的因素作为优化对象，相关的计算方法和模型也较成熟[4][5][6]。而在定性目标下，各种因素不可量化，如自然环境因素、经营环境因素等，因此多依靠行业专家根据经验来评价候选方案在各个因素上的表现，从而选择综合表现最好的方案[7]。

定性目标下的主观评价效果，除了与专家的经验和水平相关之外，还与评价信息表达专家意见的准确程度相关。传统的数值形式表达上过于

基金项目：四川省教育厅科研项目（17ZB0002）。
作者简介：余新桥（1978—），男，汉族，湖北鄂州人，副教授，博士，研究方向：决策支持系统、人工智能。

清晰，难以刻画主观认知特性[8]。词计算理论对自然语言进行建模，能够很好地解决概念计算的问题，因此被广泛地应用于定性目标的多准则决策环境中[8][9]。在词计算理论中，相对于单个术语的评价形式而言（如"好，较好"等），表达式具有更强的表达能力（如"不是很好""中等或偏上"等），可以更准确地表达专家的主观偏好[10][11]。

基于已有的研究成果，本文拟采用基于表达式的评价模型在定性目标下进行物流中心的选址的多准则决策，并给出示例验证该方法的有效性。

2 相关知识

2.1 表达式

定义 1[10] 令术语集合为 $LA=\{l_i|i=1,\cdots,m\}$，那么表达式集合 LE 递归定义如下：

（1）术语 $l_i \in LE$，其中 $i=1,\cdots,m$；

（2）如果 $\theta, \varphi \in LE$，那么 $\neg\theta, \theta \sqcap \varphi, \theta \sqcup \varphi \in LE$。

对于表达式 $\theta \in LE$，S 中都有一个子集集合 $\lambda(\theta)$ 与之对应，如定义 2。

定义 2[10] 表达式 θ 在 LA 上的子集集合 $\lambda(\theta)$ 递归定义如下：

$\lambda(l_i) = \{S \subseteq LA | l_i \in S\}$，其中 $i=1,\cdots,m$；

（1）$\lambda(\theta \sqcap \varphi) = \lambda(\theta) \cap \lambda(\varphi)$；

（2）$\lambda(\theta \sqcup \varphi) = \lambda(\theta) \cup \lambda(\varphi)$；

（3）$\lambda(\neg\theta) = \overline{\lambda(\theta)}$。

术语之间的语义关系定义为 $r(l_i, l_j) \in [0, 1]$，且 $r(l_i, l_i)=1$，其中 $i, j=1, 2, \cdots, m$[10]。通过术语之间的语义关系和一致多数选择函数定义表达式和术语之间语义关系。如定义 3。

定义 3[10] 给定术语 l_i 和其他术语之间的语义关系序列 $r(l_1, l_i), r(l_2, l_i), \cdots, r(l_m, l_i)$，如果对 $j=1, \cdots, m-1$，满足 $r(l_j, l_i) \geq r(l_{j+1}, l_i)$，那么一致多数赋值函数为：

$m_{l_i}(\{l_1,\cdots,l_m\}) = r(l_m, l_i)$；

$m_{l_i}(\{l_1,\cdots,l_j\}) = r(l_j, l_i) - r(l_{j+1}, l_i)$；$j=1,\cdots,m-1$；

$m_{l_i}(\varnothing) = 1 - r(l_1, l_i)$。

将 $m_{l_i}(S)$ 解释为 LA 中的子集集合 S 是术语 l_i 的扩展，那么表达式 θ 和术语 l_i 之间的语义关系 $r(\theta, l_i)$ 可定义为[10]：

$$r(\theta, l_i) = \sum_{S \in \lambda(\theta)} m_{l_i}(S) \quad (1)$$

根据式 1 和定义 3，定义 θ 的效用值函数为[10]：

$$G(\theta) = \sum_{i=1}^{m} i \cdot Pr_\theta(l_i) \quad (2)$$

式（2）中，$Pr_\theta(l) = \sum_{F:l\in F} \dfrac{m_\theta(F)}{(1-m_\theta(\varnothing)) \cdot |F|}$

2.2 多准则决策

一般而言，对方案进行评价时，考虑的因素会有多个，因此以该方案在多个因素上的综合表现作为最终决策，即多准则决策[12]。其形式化描述如定义 4 所示。

定义 4[12] 令候选方案集合为 $X=\{x_k|k=1,\cdots,K\}$，评价时考虑的因素或准则集合为 $C=\{c_q|q=1,\cdots,Q\}$；那么专家对方案 x_k 在准则 c_q 上的评价为 a_{kq}，方案集 X 在准则集 C 上的评价矩阵 $A=(a_{kq})_{KQ}$；方案 x_k 可用集结算子 $f(\cdot)$ 得到综合评价

$$u_k = f(a_{k1}, a_{k2}, \cdots, a_{kQ}) \quad (3)$$

针对 n 个值 $y_1, \cdots, y_n$，常用的集结算子有：

加权平均算子（WA）[12]

$$wa(y_1, \cdots, y_n) = \sum_{i=1}^{n} \frac{w_i y_i}{w_i} \quad (4)$$

有序加权平均算子（OWA）[13]

$$owa(y_1, \cdots, y_n) = \sum_{i=1}^{n} w_i v_i \quad (5)$$

式（5）中，$v_1, \cdots, v_n$ 满足 $v_1 \geq \cdots \geq v_n$，$w_i = Q\left(\dfrac{i}{n}\right) - Q\left(\dfrac{i-1}{n}\right)$，其中：

$$Q(r) = \begin{cases} 0, & 0 \leq r < a \\ \dfrac{r-a}{b-a}, & a \leq r \leq b \\ 1, & b < r \leq 1 \end{cases} \quad (6)$$

式（6）中，$a=0, b=0.5$ 表示"至少一半"；$a=0.3, b=0.8$ 表示"普遍性"；$a=0.5, b=1$ 表示"至多一半"。

3 基于表达式评价的物流中心选址

3.1 多准则物流中心选址模型

物流中心位置的选址要遵从适应性、协调性、经济性和战略性的原则[7],是一个复杂的系统工程。针对多个候选方案进行选址决策时,对每一个需要考虑的因素,可能很多数据都难以准确获得,使得客观定量的方法失去事实的依托。因此只能定性分析,如图1所示[7]。

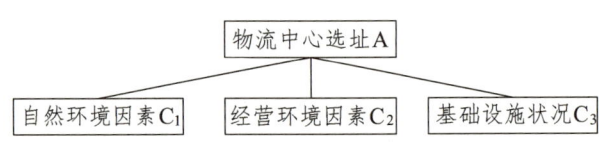

图1 物流中心选址的主要因素

针对图1所列出的三个因素,可能只有通过有行业背景的专家或者团队根据其本身掌握的相关知识来给出评价。虽然这个评价是主观的,但可以认为是较合理的。而将专家的心理评价以适当的方式表达出来并进行准确的计算则是决策结果是否有效的关键。从定义1可以看出,表达式将表示偏好程度的术语用逻辑连接词"∪""∩""¬"进行连接,从而比术语更加符合人的逻辑思维习惯,能够更加准确地反映不同专家的心理偏好程度的细微差异。以图1中的自然环境因素为例,令专家的术语集合为{"VL","L","LL","M","LH","H","VH"},其中的元素分别表示偏好程度:"很差""差""较差""中等""较好""好""很好"。那么一位自然环境专家根据自己的经验和考察对某选址方案在该因素上的表现给出评价"不是很好",可用表达式"¬VH"来表示,根据式(2)可得到效用值$G("¬VH")$。

一般和同一个因素相关的领域会有多位专家参与评价,这样不但可以弥补相互之间的不足,而且可以通过群体效应减小个别主观评价的失真性[10]。仍以图1中的自然环境因素为例,假设共有3位相关领域的专家参与决策,给出的表达式评价分别为"LH""¬H""H∪VH"。可通过式(2)获得每位专家的效用值$G("LH")$,$G("¬H")$,$G("H∪VH")$。为了得到一个更加客观的效用值,可采用式(5)聚合他们的评价[13],即$owa(G("LH"), G("¬H"), G("H∪VH"))$。

3.2 具体步骤

根据以上思路,本节给出具体的基于表达式评价模型的物流中心选址步骤。

输入:物流中心选址候选方案集$\{x_k|k=1,\cdots,K\}$;评价准则如图1中的因素集合$\{C_1, C_2, C_3\}$;评价术语集合$LA=\{l_i|i=1,\cdots,m\}$以及术语之间的语义关系矩阵$(r(l_i, l_j))m·m$。

输出:方案的优先序$x_{P(1)},\cdots,x_{P(K)}$,其中$P(1),\cdots,P(K)$为$1,\cdots,K$的重排列。

步骤1:针对候选方案x_k,在准则c_q上有N_q个相关领域专家给出表达式评价$\theta_1^{(k)},\cdots,\theta_{N_q}^{(k)}$,其中$k=1,\cdots,K$;$q=1, 2, 3$;

步骤2:针对准则c_q,得到x_k的效用评价:

$$u_{kq}=owa(G(\theta_1^{(k)}),\cdots, G(\theta_{N_q}^{(k)})):$$
$$k=1,\cdots,K; q=1, 2, 3 \quad (7)$$

步骤3:计算x_k的多准则效用值

$$U_k=wa(u_{k1}, u_{k2}, u_{k3}): k=1,\cdots,K \quad (8)$$

对$U_1,\cdots,U_K$进行排序,得到方案排序$x_{P(1)},\cdots,x_{P(K)}$。

4 示 例

针对图1中物流中心选址的3个准则:c_1=自然环境因素,c_2=经营环境因素,c_3=基础设施状况,每个准则上有5位相关领域专家的表达式评价如表1所示。假设专家所采用的评价术语集合为{"VL","L","LL","M","LH","H","VH"},令术语集合之间的语义关系分布满足下式。

$$r(l_i, l_j)=\max\left(1-\frac{|i-j|}{3},0\right): i, j=1,\cdots, 7 \quad (9)$$

根据式(7)(OWA算子采用"普遍性"量词)得到方案x_k在准则c_q上的效用值u_{kq},其中$k=1, 2, 3$;$q=1, 2, 3$。$u_{11}=1.5$;$u_{12}=2.86$;$u_{13}=2.17$;$u_{21}=3$;$u_{22}=2.72$;$u_{23}=2.17$;$u_{31}=2.72$;$u_{32}=2.17$;$u_{33}=2.17$。

采用式(8),令$w_1=w_2=w_3$,得方案x_k的多准则综合效用U_k,其中$k=1,2,3$。$U_1=2.18$;$U_2=2.63$;$U_3=2.35$。于是可得方案排序x_2, x_3, x_1。

表1 各个方案在各个准则上的专家评价

		e_1	e_2	e_3	e_4	e_5
x_1	c_1	"VL"	"LL"	"¬L"	"L"	"M"
	c_2	"M"	"¬LH"	"H"	"M∪VH"	"LH"
	c_3	"LL∪VH"	"H∪VH"	"¬M"	"LH"	"L"
x_2	c_1	"¬VH"	"M"	"M∧¬H"	"LL"	"¬LH∧M"
	c_2	"VH"	"¬H"	"M"	"LH∪VH"	"LL"
	c_3	"L∪M"	"L"	"VH"	"M∪L"	"L"
x_3	c_1	"¬H"	"¬M∧VH"	"¬LH"	"M"	"VH"
	c_2	"L"	"M"	"H"	"¬M∧H"	"L"
	c_3	"¬L"	"LH"	"¬M"	"H"	"L"

5 结束语

物流中心选址在定性目标的情况下，缺少或无法获取可靠的量化数据，需要根据行业专家的经验考虑多个因素进行主观评价。由于表达式可以贴切地刻画用户的心理偏好，因此本文采用基于表达式的评价模型进行多准则决策来解决该问题。给出的示例展现了其有效性。

参考文献

[1] 郑畅. 物流中心选址方法研究[D]. 武汉：武汉理工大学，2004.

[2] 程昭立,周晓伟. 基于AHP-灰色关联度的配送中心选址决策研究[J]. 经营管理者，2013（10）：30.

[3] 王春颖,肖丽娜,肖朋民. 物流中心选址方法的研究[J]. 武汉理工大学学报（交通科学与工程版），2007，31（6）：1113-1116.

[4] 程继红,马颖亮,李高鹏. 基于混合整数规划模型的物流中心选址方法[J]. 海军航空工程学院学报，2007，22（2）：292-294.

[5] 吴醒,宋瑞,靳国伟. 铁路物流中心选址-分配问题研究[J]. 大连交通大学学报，2017，38（1）：7-11.

[6] DROŹDZIEL P, WIŃSKA M MADLEŇÁK R, SZUMSKI P. Optimization of the Post Logistics Network and Location of the Local Distribution Center in Selected Area of the Lublin Province[J]. Procedia Engineering, 2017, 192：130-135.

[7] 吕叶. 层次分析法在物流中心选址过程中的应用[J]. 铁道标准设计，2011(10): 115-118.

[8] ZADEH L A. From computing with numbers to computing with words—from manipulation of measurements to manipulation of perceptions[J]. IEEE Transactions on Circuits and Systems: Fundamental Theory and Applications, 1999, 45(1): 105-119.

[9] HONGBIN LIU, ROSA M. RODRÍGUEZ. A fuzzy envelope for hesitant fuzzy linguistic term set and its application to multicriteria decision making[J]. Information Sciences, 2014, 258(3): 220-238.

[10] TANG YONGCHUAN. A collective decision model involving vague concept and linguistic expressions[J]. IEEE Transactions on Systems, Man, and Cybernetics, Part B: Cybernetics, 2008, 38(2): 421-428.

[11] LAWRY J. A framework for linguistic modelling [J]. Artificial Intelligence, 2004, 155(1/2): 1-39.

[12] 李荣均. 模糊多准则决策理论与应用[M]. 北京：科学出版社，2002.

[13] YAGER R R. On ordered weighted averaging aggregation operators in multicriteria decision making[J]. IEEE Transactions on Systems, Man, and Cybernetics, 1988, 8(1): 183-190.

基于 Hadoop 和 HBase 的 SEG2 文件高效存储

王 鑫

(成都东软学院 四川 成都 611844)

摘 要：针对 SEG2 地震数据文件对象大、包含参数多等特点以及传统关系型数据库针对大对象数据存储和管理产生瓶颈等问题，提出一种将地震数据 SEG2 文件分布式存储在 Hadoop 架构分布式文件系统 HDFS 中、并将其文件在 HDFS 中的存储地址保存在 HBase 分布式数据库中的存储方案。通过在 HBase 原有的 Region 中建立全新的 LobStore 存储区域实现对 SEG2 文件的单独管理，在进行数据文件写入的过程中对其 LobStore 存储区域制定相关机制，进而在制定 StoreFile 文件合并机制解决方案的基础上，采用 Hadoop 分布式计算框架 MapReduce 进行并行处理，以此来解决数据入库时的阻塞问题，最终实现数据存储的高效性。

关键词：大数据；分布式；HBase；Hadoop；MapReduce

Efficient Storage of SEG2 Files Based on Hadoop and HBase

Wang Xin

(Chengdu Neusoft University, Chengdu 611844, Sichuan, China)

Abstract: To solve the problem the SEG2 seismic data are very large which also have many parameters and the bottleneck of traditional relational database for large object data storage and management, A storage scheme that the seismic data SEG2 files are storaged in distributed file system HDFS in Hadoop architecture and the storage address of the file in HDFS are saved in the distributed database HBase is proposed.And manage SEG2 files separately by building LobStore in Hbase's Region and design a relevant mechanism for its LobStore storage area whentheclientwritesdatainit.Then, through the MapReduce computing framework achieve large number of StoreFiles merging rapidly.Finally, solve the problem of write blocking in data storage and achieve the high efficiency of data storage.

Keyword: big data; distributed; HBase; Hadoop

1 引 言

地震数据作为研究人员探究地质构造与寻找油气资源的一种媒介，其价值意义是不可估量的。随着越来越多人工地震实验的开展，大量的地震数据被回收到数据中心，SEG2 作为一种常见地震数据文件，在当前大数据背景如何通过它安全高效地存储成为一大问题[1]。

与普通文件不同的是，SEG2 文件的大小约为几十 MB，甚至几百 MB，其文件大小取决于地震实验采集道数、采样率以及采样时间等参数。如果 SEG2 文件仍然按照普通字符串的传统存储方式直接存储在关系型数据库（RDBMS）中，则会引发一系列问题。目前，针对 SEG2 文件的存储模式有很多，较常见的是将 SEG2 的数据文件存储在磁盘阵列中、将对应文件的存储路径保存在

作者简介：王鑫，(1991—)，男，汉族，北京，硕士，大数据技术。

关系型数据库（如 MySQL）中[2]，当研究人员进行数据查询时，首先在数据库中查看 SEG2 文件的存储路径，然后根据地址在磁盘阵列中查找到具体的 SEG2 文件进而执行文件导出工作。以该方式进行数据存储存在一些缺陷，其一，磁盘阵列无法保证数据文件的安全性以及冗余性，如果硬件设备故障或出现宕机，数据将无法恢复。并且该方式只能通过存储路径来单一地划分不同的 SEG2 文件，如研究人员需要通过参数（例如：采样率，采样时间等）进行文件查询，则关系型数据库无法更直观地进行相关参数的统一存储，因此也大大降低了数据存储的直观性和可扩展性。

HDFS 作为 Hadoop 架构底层分布式文件系统能够将 SEG2 文件按照数据块的方式进行分布式存储，每个数据块都有 3 冗余备份在不同的数据节点，大大提高了数据存储的安全性。即使服务器发生故障，研究人员仍然可以通过软件修复的方式进行数据恢复。

HBase 作为一个高扩展性的分布式数据库能够更好地实现 SEG2 文件相关参数的动态扩展存储，与 RDBMS 相比，HBase 在不浪费系统资源的基础上能够在定义好的列族中以动态增加列的方式进行数据存储的横向扩展，该方式很好地解决了 RDBMS 的局限性问题，大大提高了数据表的可用性[3]。

文章通过分析 SEG2 文件特点以及传统存储方式的优缺点设计并实现了一种将数据文件分布式存储在 HDFS 中、将文件存储地址保存在 HBase 表中的方案，不仅提高了数据冗余性，而且优化了数据管理模式，为后期高效数据处理环节提供一个良好可靠的存储环境。

2 SEG2 文件分布式存储

2.1 存储结构设计

SEG2 文件作为地震数据的单炮记录文件，其大小取决于数据采集的道数，一个常规的 SEG2 文件大小在 15 MB 左右，这相比于存储在传统 RDBMS 中的字符串而言是一个相当大的对象，如果依旧采取将 SEG2 文件存储在 RDBMS 中，则会导致后期存储管理复杂性的大幅度提升[4]。在此，我们提出一种新的存储方案，即将 SEG2 文件分布存储在底层 HDFS 中，将文件的存储路径地址保存在 HBase 表中。

HBase 是以 HDFS 作为底层文件系统来实现分布式数据存储的。Regionserver 中有许多 HRegion，一个 HRegion 中又包含零至多个 Store，每个 Store 代表一个列族[5]。所有客户端对 HBase 的数据查询、访问控制操作都是在列族层面进行的，列族作为分布式存储的最小单元，将数据以不同类型、格式存储在不同 Store 中来实现相似数据以物理存储的方式保存。

为了能够有效地对 SEG2 文件进行单独的存储管理，文章设计在 HRegion 中为其创建一个单独的列族存储区域 LobStore，该区域与原始 HRegion 中的 HStore 模型相似，其同样包括缓存文件 Memstore 并且依旧采用底层数据文件 HFile 格式将数据存储在 HDFS 中[6]。通过建立 LobStore 不仅能够实现对大数据文件的单独存储和管理，也能将地震数据参数和具体数据实体分开存储在不同列族中，此方式方便后期研究人员的高效查询以及数据的分类维护。LobStore 同样通过采用底层数据文件 HFile 格式将数据存储在 HDFS 中。如图 1 所示。

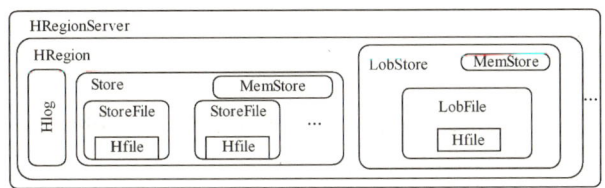

图 1 数据分布式存储结构图

2.2 HBase 表的设计

存储在 HBase 表中的每行数据至少有一个列族，一个列族中同时可以包含很多列，包括每行的唯一标识符 Rowkey 和若干列[7]。

HBase 数据表的设计采用文件名作为每行的 rowkey，将 SEG2 文件的参数和文件存储地址保存在不同的列族中的设计方式。如表 1 所示，将采样日期、采样时间、采样率等实验参数保存在列族 Columnfamily1 中，将 SEG2 文件存储在 HDFS 中的路径地址保存在列族 Columnfamily2 中。以此可以有效提高 SEG2 文件参数的后期动态扩展，只需在 Columnfamily2 列族中根据需求添加列即可，解决了 RDBMS 不支持动态扩展的局限性问题，同时实现了对所有数据文件存储地址的统一管理和维护[8]。HBase 的表设计得如表 1 所示。

表 1　HBase 表结构表

行键	列族 Columnfamily1				列族 Columnfamily2
	date	gather time	rate	…	file address
文件名	采集日期	采集时间	采样率	…	文件存储地址

2.3　相关类和方法的实现

Lobstore 类，专门针对大对象存储区域创建的类，在 HBase 表中，一个列族对应一个 lobstore 对象，该类为上层提供对其存储区域中的 lobfile 操作的方法，相关方法如表 2 所示。

表 2　LobStore 类方法表

方法名	方法
struct（）	数据写入时，创建不存在的 LobStore
loadstore（）	加载已经存在的 LobStore
creawritehandle（）	新建一个向 LobStore 插入数据的写句柄
query（）	查询 LobStore 下的 LobFile

Lobstoremanager 类负责管理所有的 lobstore，其相关方法如表 3 所示。

表 3　Lobstoremanager 类方法表

方法名	方法
initwithstore（）	初始化所有 LobStore
getallstore（）	获取所有已经创建的 LobStore
getstore（）	获取具体的 LobStore
buildstore（）	手动为列族创建 Store

3　存储机制的设计与实现

3.1　Flush 机制的设计与实现

当对 Hbase 执行数据写入操作时，数据首先被写入到 Memstore 中，当缓存达到阈值时，数据才被 Flush 进对应的存储区域。由于上文为 SEG2 文件单独创建了一个 LobStore 存储区域，因此需要为其制定独有的机制[9]。与 HStore 相似，SEG2 文件在 Memstore 被写满时同样应该被 Flush 进对应的存储区，但此时的存储区不是 Hstore 而是 LobStore，因此需要在 HBase 类库中的 Store 类中进行实现该 Flush 操作方法的定义，因此通过在 Store 类中添加 FlushtoLobStore（）的方法实现 LobStore 自己的 Flush 机制[10]。Flush 机制流程如图 2 所示。

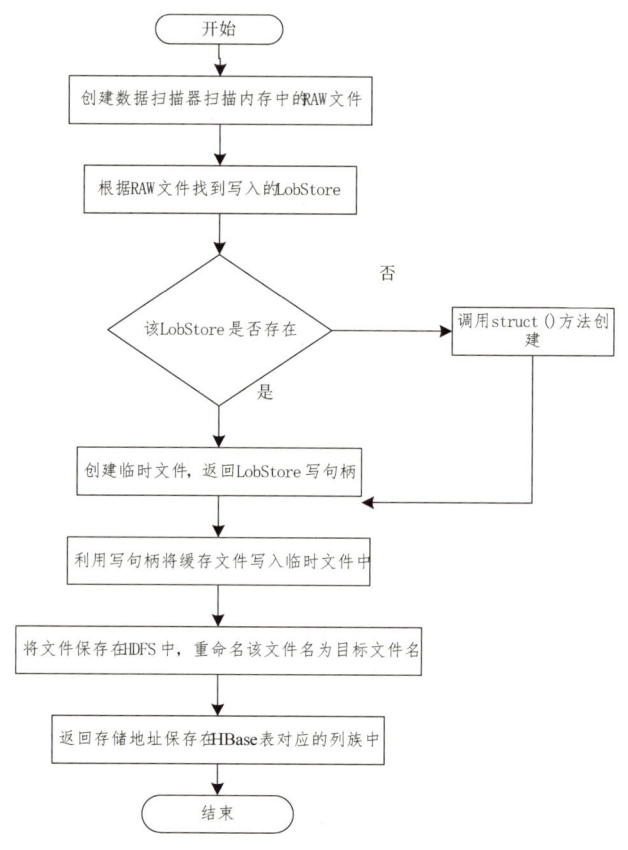

图 2　Flush 机制流程图

（1）创建数据扫描器来扫描存储在 Memstore 中的 SEG2 文件的数量。

（2）通过获取 SEG2 文件对应的表和列族信息找到其即将被 Flush 进的 LobStore 并执行数据写入操作。如果未找到对应的 LobStore，则调用 lobstore 类中的 struct（）方法进行创建。

（3）创建临时文件 HFile 来存储从 Memstore 被 Flush 进来的 SEG2 文件，然后通过 crewritehandle（）方法创建并返回一个数据写句柄。

（4）通过写句柄将所有被扫描出来的 SEG2 文件写入到对应的 HFile 中。

（5）HFile 成功保存在底层 HDFS 中，将文件名重命名为 SEG2 的文件名。

（6）将成功存储在 HDFS 中的 SEG2 文件的存储路径地址返回并保存在 HBase 表中对应的列族中。

3.2 StoreFile 文件合并机制的设计与实现

在进行 SEG2 文件写入的过程中，数据从 Memstore 刷入 LobStore 的 StoreFile 文件会不断增加，如长时间不对 StoreFile 进行合并操作，则会导致出现严重的数据写入阻塞，使得 SEG2 文件存储过程严重耗时。在此，针对数据入库写入阻塞问题制订了解决方案，即对 LobStore 的 StoreFile 文件合并机制进行优化。StoreFiles 合并流程如图 3 所示。

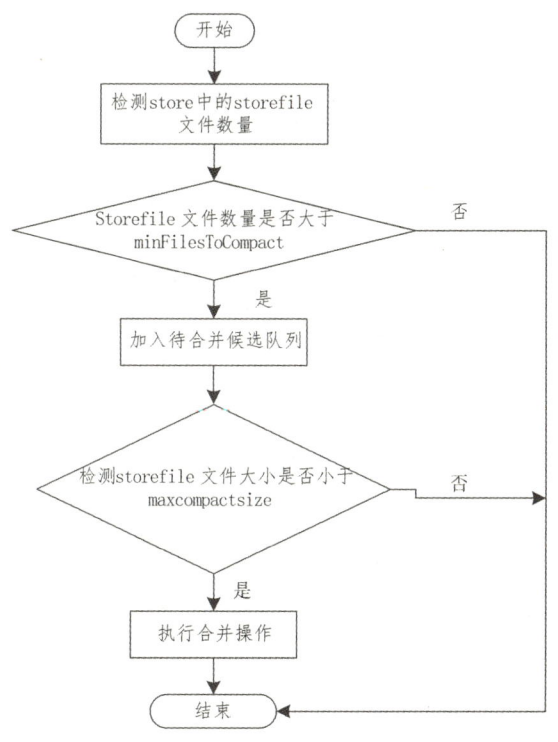

图 3 StoreFiles 合并流程图

（1）判断 StoreFile 的数量是否达到执行文件合并操作的临界值，判断条件为：StoreFile 文件数量与正在执行文件合并操作的文件数量的差值是否大于 minfilestocompact。

将符合第一步条件的 StoreFile 文件加入待合并候选队列。

（2）将 StoreFile 文件大小与参数 maxcompactsize 进行比较，若小于该参数则进行文件合并操作，若大于该参数则证明该文件大小已达到能以独立文件存在的文件大小值，则不需要进行合并操作。

（3）将通过判断的 StoreFile 文件加入 filescompaction 队列，执行文件合并操作。

执行文件合并过程中相关参数的配置如表 4 所示。

表 4 StoreFiles 合并参数设定表

参数名	配置项	默认值
minFilesToCompact	HBase.hstore.compaction Threshold	3
maxFilesToCompact	HBase.hstore.compaction max	10
maxCompactSizes	HBase.hstore.compaction max.size	Long.MAX_Value
minCompactSizes	HBase.hstore.compaction min.size	Memtore FLUSHSize

随着大量的 SEG2 文件被不断写入，数据会被分配到不同的 Regionserver 的 LobStore 中，针对这种大量 StoreFile 文件分布在不同机器节点上需要待合并的问题，此处采用基于 Hadoop 架构中的 MapReduce 的并行处理算法来实现海量文件的高效合并[11][12]。该流程如图 4 所示。

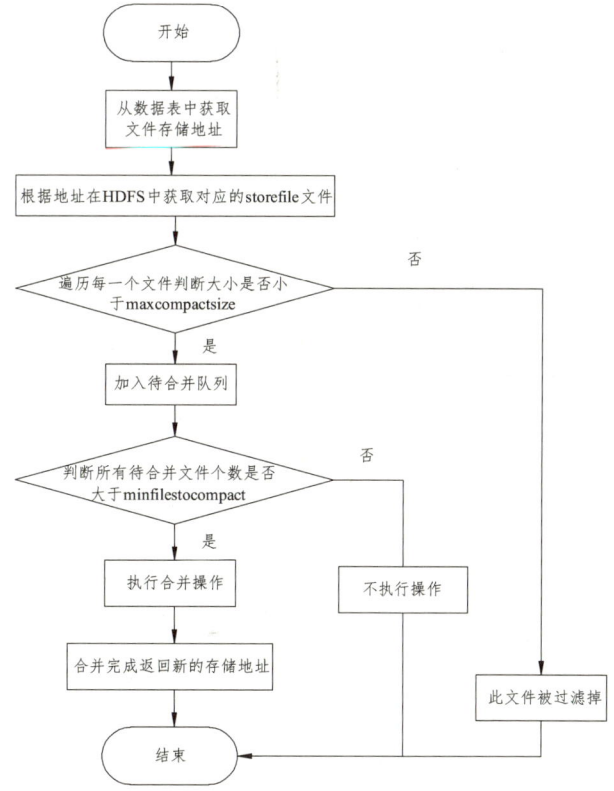

图 4 基于 MapReduce 的文件合并流程图

执行文件合并操作时，首先在 HBase 表中获取 SEG2 文件的 key-value 值，此时取出的 value 值对应的是该文件在 HDFS 中的存储地址，由于 value 中包含了其存储在 HDFS 中的 lobfile 文件名的信息，所以需要进一步提取 lobfile 的文件名信息。此时的 lobfile 文件经过前期的文件合并包含了不同 SEG2 文件的数据，因此经由 map 函数会产生一系列不同 SEG2 文件对应相同 lobfile 文件的 key-value 对，经过 shuffle/sort 阶段，同一个 lobfile 的所有 StoreFile 会被分配到一起生成若干个 key-value 集合。Reduce 函数接收这些 key-value 集合，提取对应的 key 值，即 lobfile 的文件名。通过文件名获取每一个 lobfile 的文件大小并与参数 maxcompactsize 进行比较，若大于该参数则会因被视为大文件而过滤掉，若小于该参数则将该文件加入 filecompaction 队列，以该判断条件遍历所有 lobfile 进行筛选，若符合条件的 lobfile 文件总数值达到执行合并操作的文件设定值，则进行合并操作并将新返回的文件存储地址保存到 HBase 表中对应的 value 中。若文件总数值未达到设定值则不进行合并操作。至此，MapReduce 作业流程结束。

通过采用 MapReduce 执行 StoreFiles 的快速文件合并，不仅很好地利用基于 Hadoop 分布式架构的并行处理算法实现数据文件的高速并行合并，同时也大大提高了 SEG2 文件入库效率，这一环节为后续的数据处理奠定了效率基础。

3 结 语

文章针对目前地震数据 SEG2 存储方式的缺陷和不足进行逐条分析，并根据当前所处大数据时代背景下其文件海量规模的特点设计并实现了数据文件的分布式存储，在实现数据分布存储的基础上针对 SEG2 文件的格式特点设计了其参数数据和主数据体分别保存在不同列族中进行单独管理的方案，并针对数据入库过程中出现的导致效率低下的因素进行分析，进而在 HBase 系统源码的基础上进行机制重写，并将相关任务部署在 Hadoop 框架的 MapReduce 并行算法上，依靠服务器集群的计算能力进行高效处理。最终，实现了 SEG2 文件的安全高效存储。

参考文献

[1] 李松. SEG-2 标准和 ES-2401 数据文件的读取[J]. 物探化探计算技术, 1995（1）: 84-88.

[2] 张艳霞, 丰继林, 郝伟, 等. 基于 NoSQL 的文件型大数据存储技术研究[J]. 制造业自动化, 2014（6）: 27-30.

[3] 付文静. 基于 HBase 的大数据存储查询技术研究[D]. 成都: 电子科技大学, 2015.

[4] 郭远威. 大数据存储[M]. 北京: 人民邮电出版社, 2015.

[5] 张磊. 基于 Hadoop 分布式数据存储传感设备平台的描述[D]. 南京: 南京邮电大学, 2015.

[6] 冯晓普. HBase 存储的研究与应用[D]. 北京: 北京邮电大学, 2014.

[7] 吴金朋. 一种大数据存储模型的研究与应用[D]. 北京: 北京邮电大学, 2012.

[8] FRANKE C, MORIN S, CHEBOTKO A, et al. Distributed Semantic Web Data Management in HBase and MySQL Cluster[J]. 2011: 105-112.

[9] RODEK L, POULSEN H F, KNUDSEN E, et al. A Storage Model of Equipment Data Based on HBase[J]. Applied Mechanics & Materials, 2015, 713-715（2）: 2418-2422.

[10] FAN J Y, LONG M, XIONG W. Research of Vector Spatial Data Distributed Storage Based on HBase[J]. Geography and Geo-Information Science, 2012, 28（5）: 39-42.

[11] AN R, PAN J. Association Analysis of Large Sample Data Based on Hadoop[C]// 2015 International Industrial Informatics and Computer Engineering Conference. Atlantis Press, 2015.

[12] WANG Y, WANG S. Research and Implementation on Spatial Data Storage and Operation Based on Hadoop Platform[C]// Second Iita International Conference on Geoscience and Remote Sensing. IEEE, 2010: 275-278.

基于 Apriori 算法的高校学生成绩数据关联规则挖掘

朱曼 徐金亚 杨萍

（成都东软学院 四川 成都 611844）

摘 要：高校在长期的教学管理过程中积累了海量的学生成绩信息，但目前对这些数据的处理还停留在初级的数据备份、查询以及简单统计阶段。通过利用关联规则 Apriori 算法，以学生成绩数据为研究对象，挖掘课程之间的相互关系，为科学地制定人才培养方案提供理论依据。

关键词：成绩分析；关联规则；Apriori 算法

The Association Rules Mining of University Student Performance DataBase on Apriori Algorithm

Zhu Man Xu Jinya Yang Ping

(Chengdu Neusoft University, Chengdu 611844, Sichuan, China)

Abstract: At present, colleges and universities have accumulated a large amount of student achievement information during long-term teaching management. Howener the processing of these data is still in the initial stage, such as data backup, query and simple statistics. In taking use of Apriori algorithm, this paper attempls to veveal the relationship between eourses by mining student achievement data. The study aims to provide a theoretical basis for the establishment of scientific personnel training programs.

Key words: performance analysis; association rules; apriori algorithm

1 引言

随着计算机的普及，各行各业的内部逐渐积累了大量的数据。关联规则数据挖掘技术，是从大量的、不完全的、有噪声的、模糊的数据中，找出频繁项目集，并且在频繁项目集中提取隐含在其中的人们事先不知道、但又有潜在价值的信息和知识的关联规则，从而让这些规则为以后制定决策提供一定的理论依据。

目前，高校里对学生成绩数据的处理还停留在初级阶段，如分析课程的平均分、最高分、最低分，以及各个分数段的学生个数分布否为正态分布等[1]。通过这些初步分析，虽然能从一定程度上纵向了解学生对课程的掌握程度，但是缺乏横向上的课程成绩的对比。事实上，课程与课程间有一定的关联和先后主次关系。某些基础课程没有学好，势必会影响到后续课程的学习，导致整个学习过程缺乏专业科学的连续性和系统性。因此利用关联规则对学生大学四年的成绩进行分析，从中发现未知的关系和隐藏的规律，从而对专业培养计划、课程设置、教学手段和方式调整等都具有较强的参考价值。对学生成绩的分析，能更好地指导教师的"教"与学生的"学"，为教育教学的计划和决策提供依据，从而提升教学效果。

作者简介：朱曼（1987—），女，汉，四川，讲师，硕士，信息分析与处理。

2 关联规则算法——Apriori 算法

Apriori 算法是由 R. A grawal 和 R. Srikant 在 1994 年提出，最早应用于 Wal-Mart，主要的应用就是从商业记录中发现数据的关联关系，用于商业决策[2]。其基本思想是生成特定规模的候选集，然后扫描数据库并且进行计数，确定这些候选项目集是否为频繁项目集[3]。

设 $I=\{i_1, i_2, \cdots, i_m\}$ 是由 m 个不同的数据项组成的集合，其中的元素称为项（item）。记 D 为交易（Transaction）T 的集合，这里交易 T 是项的集合，并且 $T \subseteq I$。项的集合称为项集（itemSet）。具有 k 个数据项的项集称为 k-项集。

定义 1：关联规则是形如 $A \Rightarrow B$ 的蕴涵式，其中 $A \subset I$，$B \subset I$，且 $A \cap B = \varnothing$。

定义 2：关联规则具有支持度（Support）和置信度（Confidence）两个重要的阈值：

Support（$A \Rightarrow B$）= $P(A \cup B)$，即 A 和 B 这两个项集在事务 D 中同时出现的概率；

Confidence（$A \Rightarrow B$）= $P(B|A)$，即在出现项集 A 的事务 D 中，项集 B 也同时出现的概率。

定义 3：进行关联规则挖掘时需要用户指定最小支持度和最小置信度。

项集如果满足最小支持度，则称它为频繁项集。如果频繁集中包含 k 个数据项，则该频繁项集称为频繁 k-项集。同时满足最小支持度阈值（min_sup）和最小置信度阈值（min_conf）的频繁项集才是有意义的规则，称为强规则。关联规则挖掘的目标就是找出数据集中的所有强规则。该问题可以分解为两个子问题：（1）求出 D 中满足最小支持度的所有频繁项集；（2）利用第一步产生的频繁项集，生成满足最小可信度的所有关联规则[4]。第一步采用 Apriori 算法生成频繁项集，第二步采用二进制的方式对每个频繁项集 M 求其所有的非空子集 m，如果 Support（M）/Support（m）>min_conf 就认为 $m \Rightarrow (M-m)$ 是强规则，其中 m 为规则的前列，$M-m$ 为规则的后件，Support（M）/Support（m）为该规则的置信度，即由 m 推导出 $M-m$ 的置信度为 Support（M）/Support（m）。

3 学生成绩数据准备

3.1 成绩数据的收集

以成都东软学院 2014 级信息管理与信息系统专业学生（共 63 名）大学四年的成绩为例，因为不同性质的课程之间可比性较低，因此选取其中与计算机技术相关的 10 门必修课程的成绩作为挖掘对象，部分成绩数据如表 1 所示。

表 1 部分学生成绩原始数据

序号	大学计算机基础	数据分析与处理	数据库原理与应用	JAVA 语言程序设计	计算机网络原理与应用	Web 数据库程序设计*	Oracle 数据库管理	信息管理与信息系统专业导引	VBA 程序设计基础	信息系统分析与设计
1	85	93	78	75	88	78	83	81	84	82
2	85	85	88	85	92	80	89	86	80	84
3	88	80	89	73	89	77	81	86	69	84
4	88	86	89	81	89	75	91	89	93	85
5	92	85	77	85	83	82	74	68	84	76
6	89	85	79	86	85	73	70	80	76	84
7	88	89	92	89	83	79	71	78	85	76
8	85	81	61	68	80	70	71	79	63	84
9	86	82	86	77	89	90	86	84	71	86
10	84	93	82	79	93	82	86	91	63	93
…	…	…	…	…	…	…	…	…	…	…

3.2 数据清理

数据清理主要是平滑噪音数据、填写遗漏的值[5]。删掉缺失严重的数据，需要删除缺考同学的记录。

3.3 数据转换

数据转换就是将清理后的数据转换成另外一种适合挖掘的形式，建立科学一致的数据模型。

由于不同课程的老师对成绩的评价标准不一致，因此通过直接比较学生不同课程的绝对分值高低，进而来判断学生优秀与否会有误差，因此首先将课程成绩转换为相对排名（升序排序，成绩越高，名次的数值越大），再对名次的值进行区间划分，减少判断学生优秀与否的误差。为了让学生成绩层次的对比更明显，将名次划分为优秀、中等以及差三个等级区间。划分的标准为：0<名次<=21 的为差，21<名次<=42 的为中等，42<名次<=63 的为优秀。转换后的部分数据如表2所示。

4 Apriori 算法对成绩数据分析与预测

在 Weka 平台中使用 Apriori 算法对转换后的学生成绩数据进行关联规则分析，设置最小支持度为 0.23，置信度为 0.6，应用算法进行数据挖掘得到 19 条规则，结果如表3所示。

表2 转换后的部分数据

序号	大学计算机基础	数据分析与处理	数据库原理与应用	JAVA语言程序设计	计算机网络原理与应用	WEB数据库程序设计	Oracle数据库管理	信息管理与信息系统专业导引	VBA程序设计基础	信息系统分析与设计
1	差	优秀	中等	优秀	中等	差	中等	优秀	差	差
2	差	优秀	优秀	中等	优秀	优秀	中等	中等	中等	差
3	中等	优秀	优秀	差	中等	中等	中等	优秀	优秀	差
4	中等	优秀	优秀	优秀	中等	优秀	优秀	中等	优秀	中等
5	优秀	差	差	优秀	中等	中等	中等	中等	中等	中等
6	优秀	中等	中等	中等	优秀	中等	优秀	优秀	优秀	优秀
7	中等	差	中等	中等	优秀	中等	差	中等	优秀	中等
8	差	差	中等	中等	优秀	差	中等	中等	中等	中等
9	中等	优秀	中等	差	优秀	优秀	中等	中等	中等	中等
10	差	优秀	优秀	中等	中等	中等	中等	中等	优秀	优秀
…	…	…	…	…	…	…	…	…	…	…

表3 挖掘结果

序号	规 则	支持度	置信度
1	Oracle数据库管理=优秀 ==> WEB数据库程序设计=优秀	0.23	0.74
2	WEB数据库程序设计=优秀 ==> Oracle数据库管理=优秀	0.23	0.74
3	计算机网络原理与应用=差 ==> VBA程序设计基础=差	0.26	0.73
4	VBA程序设计基础=差 ==> 计算机网络原理与应用=差	0.26	0.70
5	计算机网络原理与应用=差 ==> Oracle数据库管理=差	0.24	0.68
6	数据分析与处理=差 ==> WEB数据库程序设计=差	0.23	0.67
7	数据库原理与应用=差 ==> Oracle数据库管理=差	0.23	0.67
8	数据库原理与应用=差 ==>信息管理与信息系统专业导引=差	0.23	0.67
9	VBA程序设计基础=差 ==> 大学计算机基础=差	0.24	0.65
10	Oracle数据库管理=差 ==> 计算机网络原理与应用=差	0.24	0.65

续表

序号	规则	支持度	置信度
11	Oracle 数据库管理=差 ==> WEB 数据库程序设计=差	0.24	0.65
12	VBA 程序设计基础=差 ==> WEB 数据库程序设计=差	0.24	0.65
13	信息管理与信息系统专业导引=差 ==> 数据库原理与应用=差	0.23	0.64
14	计算机网络原理与应用=差 ==> WEB 数据库程序设计=差	0.23	0.64
15	WEB 数据库程序设计=差 ==> Oracle 数据库管理=差	0.24	0.63
16	WEB 数据库程序设计=差 ==> VBA 程序设计基础=差	0.24	0.63
17	Oracle 数据库管理=差 ==> 数据库原理与应用=差	0.23	0.61
18	VBA 程序设计基础=差 ==> Oracle 数据库管理=差	0.23	0.61
19	Oracle 数据库管理=差 ==> VBA 程序设计基础=差	0.23	0.61

对挖掘结果进行分析如下：

从规则 1、2、11、15 可见，Oracle 数据库管理和 WEB 数据库程序设计是两门相辅相成的课程，一门课程为优秀时，另一门课程有 74%的概率为优秀，一门课程为差时，另一门课程有 63%的概率为差。而两门课程都作为前件和后件出现，说明其课程设置的先后顺序不会有影响，因此当前的人才培养方案中将其设置在同一个学期是合理的。

从规则 8、13 可见，信息管理与信息系统专业导引和数据库原理与应用两门课程互为前后件，说明两门课程设置的先后顺序不会有影响。而这里信息管理与信息系统专业导引为差时，数据库原理与应用成绩也为差的概率为 64%，有部分原因是学生的学习态度，信息管理与信息系统专业导引开设在第一学期，如果新生刚入学第一学期导引课程没有学好，开设在第四学期的数据库课程为差的概率很大，说明新生入校的学习态度会影响到后面的学习，教师应该在第一学期就及时关注此类学生并做出相应的引导和干预。

从规则 7、17、18、19 可见，Oracle 数据库管理与 VBA 程序设计基础、Oracle 数据库管理与数据库原理与应用互为前后件，说明三者的课程设置的先后顺序不会有影响。而 Oracle 数据库管理为差时，另两门课程为差的概率为 61%，因为这三门课程都为计算机技术类课程，有可能这部分学生对技术不感兴趣，教师可以对其学习方向进行引导。

从规则 3、4、5、10、12、16 可见，计算机网络原理与应用和 VBA 程序设计基础、Web 数据库程序设计和 VBA 程序设计基础、计算机网络原理与应用和 Oracle 数据库管理两两之间互为前后件，所以彼此课程设置的先后顺序不会有影响。

从规则 6、14 可见，数据分析与处理、计算机网络原理与应用为差时，WEB 数据库程序设计分别会有 67%、64%的概率的差，因此教师在教授数据分析与处理、计算机网络原理与应用时，应该从学习态度及学习内容两个方面对学生进行严格要求，否则会导致后续课程的教学效果。当前人才培养方案中，数据分析与处理开设在第 2 学期，计算机网路原理与应用及 Web 数据库程序设计均开设在第 7 学期是合理的。

5 结 语

在应用关联规则进行数据挖掘时，最小支持度和最小置信度的设置是影响挖掘结果的主要因素。这两个参数设置是否合理会严重影响挖掘结果。① 取值太小：会造成生成的规则太多，产生较多意义不大的规则。② 取值太大：产生的规则太少，可能会丢失有价值的信息。因此，这两个参数的取值是在应用过程中通过反复试验，最终确定的合理阈值。

同时，在数据处理阶段，是否结合先验知识，选择恰当数据并进行正确的数据处理都有可能影响挖掘结果。数据挖掘技术作为一种辅助的教学管理手段，可以广泛应用于在教学管理中以发现隐藏在成绩背后的潜在规律，帮助学校更好地了解课程的设置顺序是否合理、课程之间的关联程度如何等，从而为科学地制定人才培养方案提供一定的理论依据。

参考文献

[1] 李梅，张阳. 关联规则挖掘在学生成绩分析中的应用[J]. 中国电力教育，2014，20：94.

[2] A GRAWAL R，SRIKANT R. Fast Algorithms for Mining Association Rules in Large Database[A]. Proceeding of the 20th International Conference on Very LargeDatabases.1994，102-110.

[3] A GRAWAL R，IMIELINSKI T，SWAMI A. Mining association rules between sets of items in large database[C]. Proceedings of the 1993 ACM SIGMOD International Conference on Managementof Data. New York：ACM，1993：207-216.

[4] 康艳霞. 数据挖掘技术在学生成绩分析中的应用研究[D]. 华东师范大学，2009，10：10.

[5] 顾辉，杨青. 关联规则在成绩分析中的研究及应用[J]. 计算机应用：2015，35：10-11.

基于 Android 平台的 IPTV 点播终端的设计

付智慧

（成都东软学院 四川 成都 611844）

摘 要：随着网络技术的不断发展，电视业务逐渐从被动接受转向个性定制。IPTV 在推出电视业务定制的同时，还提供各类增值服务。而无线网络设施的完善使得电视节目接收终端呈现多样化，其中移动端用量最为显著。本论文在现有 IPTV 技术基础上，设计基于 Android 平台的 IPTV 点播终端，为点播终端的实现提供了参考。

关键字：电视业务；移动端；点播

Design of IPTV-on-Demand Terminal Based on Android

Fu Zhihui

(Chengdu Neusoft University, Chengdu 611844, Sichuan, China)

Abstract: With the development of network technology, television business gradually changed from passive to personalized custom. IPTV in the launch of the TV business customization, but also provide various value-added services. The improvement of the wireless network facilities makes TV program receiving terminal diversified, and mobile terminal is the most significant. Based on the existing IPTV technology, this paper designs the IPTV-on-demand terminal based on Android platform, which provides a reference for the realization of on-demand terminal.

Key words: TV service; Mobile; VOD

1 引 言

近年来，随着无线网络设施的逐渐完善，家用宽带的普及以及宽带资费降低，促使人们使用移动网络的频率逐渐提高。目前，家庭网络中接入了个人电脑、移动终端设备、电视智能机顶盒、智能家居等设备，给用户带来了全新的体验。而移动终端应用软件的普及使用，促使电视节目的点播功能逐渐向移动端倾斜。IPTV 是一种利用网络数据，根据用户喜好提供定制的电视节目、娱乐节目，游戏，App 应用等的技术，相比于传统电视更具有互动性。

IPTV 属于电视业务的一种，是三网融合的典型应用。从 2005 年开始，经过 12 年的发展，IPTV 业务为广大用户提供了各类电视业务和增值业务，取得了显著的成就。在 2016 年底，IPTV 用户已达 1 亿。我国现有的 IPTV 业务主要采用"平台—中心—POP 节点"构建，终端通过宽带接入商接入播控平台，形成统一的有机整体。随着互联网发展和人们对"多元化"的需求，OTT TV 应运而生。OTT TV 是通过公网，为用户提供各类网络电视资源，打破了数据传输方式的限制。但由于某些原因，目前 OTT TV 仅能提供视频点播，不能提供视频直播的业务。

作者简介：付智慧（1989—），性别：女，汉族，四川简阳人，助教，硕士，研究方向：网络安全。

2 IPTV 点播终端设计

2.1 总体设计

终端涉及多方面的内容，除了与用户业务相关模块之外，还需包括数据库管理、缓存管理、视频中间件等提供基本服务和功能的模块，点播终端的总体设计结构如图1所示。

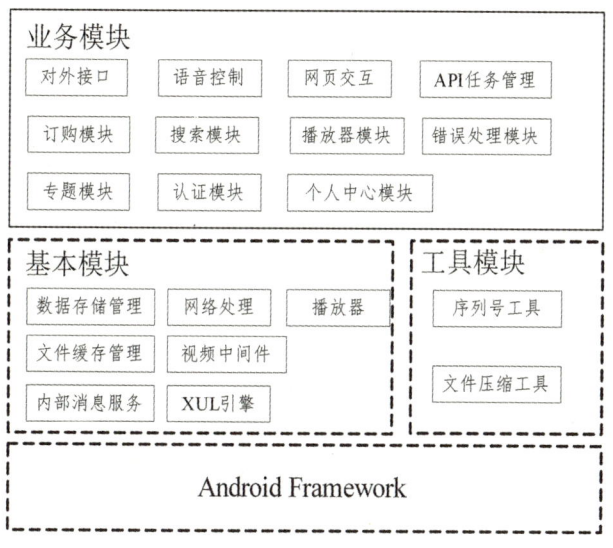

图 1 点播终端总体结构图

业务模块负责提供终端的业务功能，面向用户需求，提供便捷的服务。终端获取到的内容资源均从内容管理平台获取，包括了详细的内容元数据（描述性信息，属性信息，状态信息）。

基本模块用于处理后台数据和网络数据，当中可能涉及序列号等信息的使用。为了减轻后端数据库查询压力，对业务数据在数据库与服务层之间建立数据缓存管理，上层服务会先询问缓存数据是否存在，如果不存在，则再向数据库发起请求，并实时对数据库返回的业务数据进行缓存，以便下一次相同业务命中缓存。设备ID为设备唯一标识，主要针对设备接受服务、使用产品等行为进行认证，其中设备状态可能处于以下状态：未激活、注册、解注册、清除、加装。管理员可通过设备状态进行备案、修改等权限操作。

2.2 详细设计

（1）终端认证功能。

该点播终端采用双重二次认证方式，首先使用spid通过电信中间件进行电信认证，认证通过后使用电信认证返回的token，userid，clientid向服务器的AAA系统进行二次认证。

移动终端首先使用spid通过中间件进行鉴权，spid由电信提供。当鉴权通过后，中间件会返回token、clientId、userId、expiretime等信息，移动终端再使用获取到的这些信息到系统AAA平台进行二次鉴权，当鉴权通过后表示认证通过，获取starcor_token、clientId、userId等信息，同时启动定时器更新token和starcor_token。

（2）业务鉴权功能。

业务鉴权功能是指用户在进入影片详情页和进行播放时，先要通过业务鉴权功能对影片进行鉴权，根据鉴权结果表现不同的业务模式。

系统使用输入信息通过鉴权接口向AAA平台进行鉴权，输入的信息包括VideoId，productlist，starcor_token，userid，clientid等。如果鉴权成功可通过获取播放串接口获取到视频播放地址，存储改地址，用户播放使用，否则提示用户购买或错误的信息。

（3）在线订购功能。

进入产品包列表页面有两种方式：一是首页点订购按钮（首页进入订购列表时，展示全量产品服务包，不含单点产品）；二是详情页点订购进入媒资相关订购列表（详情进入，展示该媒资绑定下的相关产品服务包）。在产品订购页面用户点击OK键选择需要购买的产品后，可通过在线订购功能进行业务订购。

系统使用token、产品id等信息通过调用电信终端中间件订购接口发起订购操作，当用户付费后由电信BOSS系统进行处理，处理完成后通过电信中间件返回订购成功与否的信息给终端，并同时告知系统的AAA平台订购结果，系统收到订购成功消息后会自动再次发起鉴权处理，当鉴权通过后用户可进行播放操作。

（4）播放器功能。

播放器用户播放影片，显示该影片的信息条，并提供常用播放功能，如暂停、快进快退、切换剧集、画面比例调整。播放器还提供播放记录功能，可用于断点续播。

其他功能还包括如搜索、列表页、个人中心、专题页面滚动展示等。

3　结束语

近年来，随着无线网络的普及，电视节目不再以电视为主流媒介，而是不断向移动端倾斜，移动端点播的应用也将进一步扩大。但由于本系统只是在 Andriod 平台，在后续的发展中，还需要进一步的补充和完善。

参考文献

[1] 袁明磊，陈业.IPTV 播放器客户端和服务端模块设计[J].软件工程，2016.02（2）.

[2] 龙盛海.IPTV 技术在广电系统中的应用研究[J].通信技术，2017.11.

[3] 李红日.探讨 IPTV 与 OTT TV 业务的发展现状及趋势[J].互联网+通信，2017.05.

[4] 耿小芬.IPTV 多屏互动系统的研究及实现[J].新媒体研究，2017（09）.

[5] 罗建光.IPTV 从播控到接收的技术策略[J].新媒体研究，2017（09）.

基于 Hadoop 的多队列调度优化算法研究

黄 波

（成都东软学院 四川 成都 611844）

摘 要：Hadoop 平台的性能与其任务调度器密切相关。基于对现有的 Hadoop 平台的任务调度算法的分析，提出了一种多队列的调度优化算法。根据在 Hadoop 平台上的实际测试与分析，可以看到本文提出的算法能有效地根据节点资源的需求程度分配节点资源，实现多队列间的资源共享，同时也可以有效地避免资源竞争带来的"乒乓效应"，比 Hadoop 默认算法执行效率有了更大的改进。

关键词：Hadoop；多队列；调度优化

Research on Optimation of Multi-Queue Scheduling Algorithm Based on Hadoop

Huang Bo

(Chengdu Neusoft University, Chengdu 611844, Sichuan, China)

Abstract: The performance of the Hadoop platform is closely related to it's task scheduler. Based on the analysis of the existing Hadoop platform task scheduling algorithms, a multi-queue scheduling optimization algorithm is proposed. According to the actual test and analysis on the Hadoop platform, it is shown that the proposed algorithm can effectively allocate resources according to requirement of node node resources, realizing multi queue sharing of resources, but also can effectively avoid the ping-pang effect of resource competition, than the default Hadoop algorithm efficiency is improved more.

Key words: hadoop; multi-queue; scheduling optimization

1 引 言

随着科学技术的飞速发展，大数据时代如期来临。新兴的数据访问方法，如物联网和云计算，使得数据量呈几何级增长。传统的数据的理论研究与实践也受到了大数据时代的影响。目前，大数据时代有四个典型的特点：数据量大、类型繁多、价值密度低、速度快[1]。目前，大数据时代的发展很快，但对于大数据的理论研究还处于起步阶段。如何从海量的数据中，去除大量的冗余信息，提取出有用的数据，是很有价值的[1][2]。在这种背景下，众多学者都对大数据的数据提取算法产生了浓厚的兴趣，这个领域也成为研究的热点。从大数据的四个特点，我们可以推断，在大数据的理论研究中，算法的运行效率是最重要的因素，它是影响算法实际应用效果的关键。

2 算法的提出

在传统的 Hadoop 平台中,采用的一种并行计算策略，也就是 Map/Reduce 并行计算模型。该模式采用分组个体化策略，即采用典型个体替换群体成员的操作来缩短处理大量数据的时间。在典型的个体操作方法中，在运行过程中，设计了一个项目标识符列表（pID），用来映射过程中的组号标识符（mID），进行整体减量的策略（见图1）。

基金项目：四川省教育厅 2017 年度科研项目（编号：17ZB0007）。
作者简介：黄波（1976—），男，汉族，四川都江堰，讲师，硕士，研究方向：图形图像处理、人工智能、虚拟现实。

总体而言，Reduce 操作算法的时间复杂度为 $\log_2(p)$。但对于典型个体操作中的分组方式来讲，Reduce 操作算法的时间复杂度 $\log_2(p')$，其中 $p' = \max_k(|P_k|)$，P_k 是处理过程子集中的典型个体的数量。因此我们希望在算法的处理过程中，通过控制分组数量和选择典型个体的条件，来控制 $p' \sim p$ [3]。

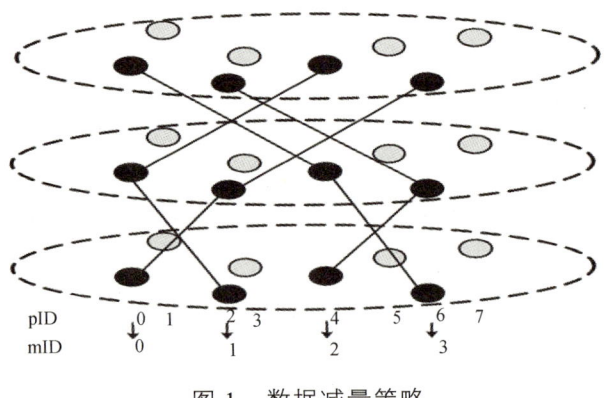

图 1　数据减量策略

文献[2]中提出的基于群体的典型个体减量策略，可以通过定义群组中的 MPI 通信功能进行信息通信来实现。然而，由于操作过程标识符列表随着迭代的进行而改变（即对象组），执行还原的工作在不断变化，操作过程标识符列表也不停地在迭代中改变，它就会增加通过 MPI 进行通信的开销。随着迭代次数的增加，重心将越来越接近中心点。因此，我们首先只考虑重心和过程子集的一簇模式。为了解决 MPI 通信功能占用率高的问题，我们将用同步组成员管理取代传统的 MPI 通信方式协议。基于群归约操作，可以进行并行独立操作，进程子集的计算。这种方式很适用于并行算法的插入。

在本文中，在多队列作业调度中引入两级调度策略。每个用户组有两个作业队列：工作等待队列和工作操作队列。在等待队列中，每个工作应按优先顺序和提交时间进行排序，初始化后，再放置入操作队列中进行调度。每个作业队列分配一定的资源配额。定额管理方法与容量调度算法相同，但抢占机制被添加到资源配额回收中，如图 2 所示。当工作操作队列还没有达到配额，队列中等待任务的数量大于回收资源的总数时，相应的资源回收对象将被创造出来，他们将被添加到列表的资源回收。资源回收的对象包括资源数量（配额值与当前持有资源量之间的差值）和资源回收超时信息。在调度算法中，每个操作队列的资源回收列表将被查看，超时的资源回收对象会被重新循环进行调度。

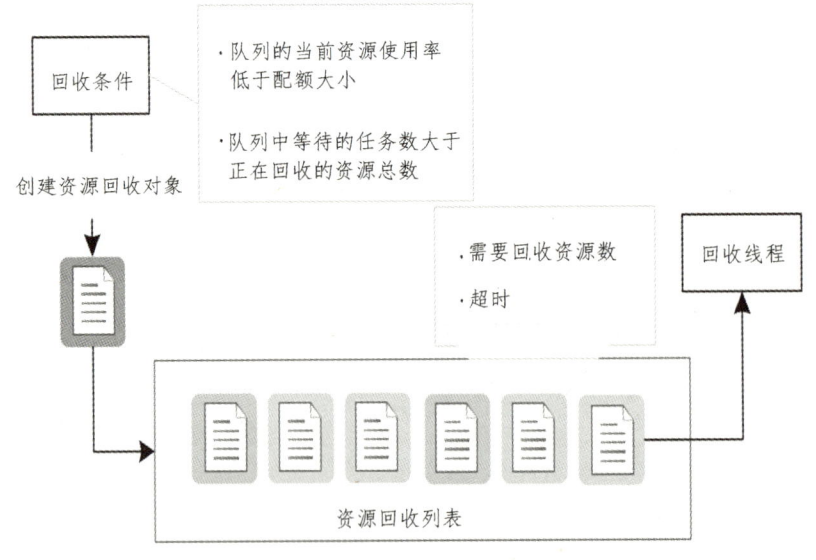

图 2　支持抢占的资源回收过程

由于在队列资源配额管理中支持抢占，可能导致频繁抢占和多个队列间资源回收，产生"乒乓效应"，浪费系统资源。因此，我们将队列划分为两种类型：共享队列和非共享队列。共享队列只能使用其他共享队列的空闲资源。操作队列在共享队列与非共享队列之间的切换是基于最小资源的配额和资源共享阈值来共同决定的。通过队列类型的划分和合理设置资源共享阈值，可以有效避免"乒乓效应"。我们给这种算法取名为 MQsa（Multi queue scheduling algorithm）算法。

3 算法的性能分析

实验主要从算法的评价标准——精度和效率两方面对算法性能进行了比较。采用了 8 个真实数据集生成一个混合的测试数据集。这 8 个数据集由 10 000 个向量组成，每个节点测试数据集的维度都符合 2 的几何倍数（2，4，8，16）。测试数据集都服从[0，1]的正态分布。在文献[3]中，采用了集群成本作为了 K-MeansⅡ算法的评价指标。本论文借鉴了该方法的三种算法，即 K-MeansⅡ，FPCM 和 MQsa 进行仿真实现，在所有实验操作 30 次后再计算平均值[4][5]。仿真结果如图 3 和图 4 所示。

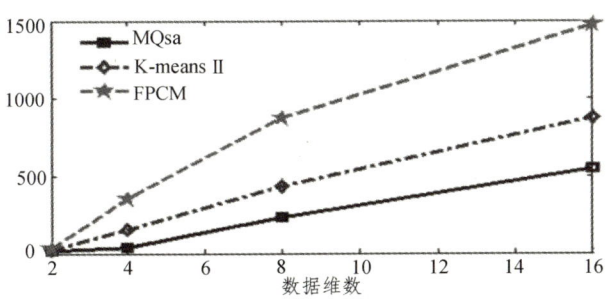

图 3　算法的集群成本比较

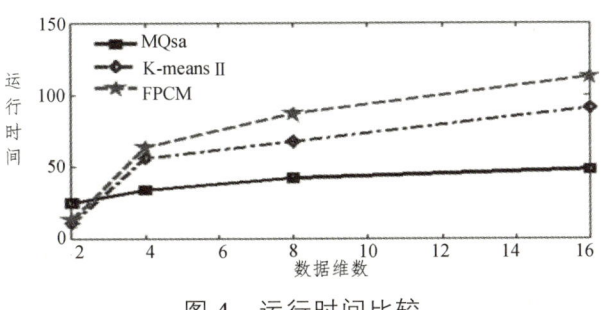

图 4　运行时间比较

三种算法的测试数据集的成本如图 3 所示。可以看出在低维度的情况下，三种算法的代价相差不大。随着数据维数的增加，这三种算法的计算量都在迅速增加，相互间的成本差异也越来越大，本文所提出的算法在高维数据集具有一定的性能优势。算法运行时间的比较如图 4 所示。在低维度时，不同的算法集群成本差异不大，但 MQsa 算法增加了协议列表操作，增加了运行时间。但随着数据维数的增加，对 MQsa 算法计算时间增长率相比其他两种算法更短。MQsa 算法的运行效率优势如图 4 所示，三种算法在不同维度数据集下的聚类成功率（每种算法运算 30 次计算平均值）。可以看出 MQsa 算法的平均集群成功率最高，K-MeansⅡ算法其次，PFCM 算法最低。

4 结　论

本文对 Hadoop 平台的作业调度算法进行了研究，提出了一种支持作业类型分类的多队列调度优化算法。该优化算法支持节点根据当前工作负载分配不同类型的工作，从而提高节点的资源利用率和操作中的空闲资源。允许其他操作队列使用操作队列中的空闲资源；当原始操作队列需要时，资源可以及时回收，即在回收过程中支持任务抢占；采用共享队列和非共享队列的逻辑划分，避免了乒乓效应。Hadoop 平台的性能测试结果表明，与系统缺省算法相比，该优化算法在作业调度执行效率和执行稳定性方面有显著提高。

参考文献

[1] YANG R Z, XIAO W Q, KAI XI H U, et al. Method for Thirty-years Climate Normals Generation Based on Cloud-computation Platform [J]. Computing Technology & Automation, 2013.

[2] IBIDUNMOYE O, HERN, NDEZ- RODRIGUEZ F, et al. Performance Anomaly Detection and Bottleneck Identification[J]. Acm Computing Surveys, 2015, 48(1): 1-35.

[3] KARUN A K, CHITHARANJAN K. Locality Sensitive Hashing based incremental clustering for creating affinity groups in Hadoop — HDFS -An infrastructure extension[C]// International Conference on Circuits, Power and Computing Technologies. 2013:1243-1249.

[4] KAMPF M, W KANTELHARDT J Hadoop. TS: Large-Scale Time-Series Processing[J]. International Journal of Computer Applications, 2013, 74(17): 1-8.

[5] WANG Y, LUO J, SONG A, et al. OATS: online aggregation with two-level sharing strategy in cloud[J]. Distributed & Parallel Databases, 2014, 32(4): 467-505.

关联数据的自然语言查询方法

肖 铮 董祥千 赵文革

（成都东软学院 四川 成都 611844）

摘 要：以 RDF 结构为基础的数据网的发展，高效数据检索成为关键问题之一。形式化查询语言（如 SPARQL）因其语法的复杂性及查询本体的相关性阻碍其效用的发挥，迫切需要新的方法或工具实现以自然语言为基础（如关键字检索）的检索。关联数据的自然语言查询方法自动将自然语言查询转换成 SPARQL 查询，提高系统的有效性和效率。在抽象转换度量模型的基础上，以本体为基础构建查询语义图及实现语义消歧从而构建 SPARQL 查询。实验结果表明，本文提出的方法具有更高的召回率，精度及更低的时间消耗。

关键字：SPARQL 查询；度量模型；查询语义图

A Natural Language Query Method for Linked Data

Xiao Zheng Dong Xiangqian Zhao Wenge

(Chengdu Neusoft University, Chengdu 611844, Sichuan, China)

Abstract: Efficient data retrieval is one of the key issues in the development of data web based on RDF. Formal query language (such as SPARQL), as its grammatical complexity and pre-knowledge of ontology schema, hinder its effectiveness, so, it's an urgent need for new methods or tools which is based on natural language (such as keyword) to retrieve web of data. The natural language query method of linked-data automatically converts natural language query into SPARQL query to improve it's effectiveness and efficiency. On the basis of the abstract transformation metric model, the query semantic graph is constructed based on ontology and the semantic disambiguation is used to construct the SPARQL query. The experimental results show that the proposed method has higher recall, precision and lower time consumption.

Key word: SPARQL query; metrics model; querysemantic graph

1 前言

以关联数据发布规律建立知识库的网络被称为数据万维网（简称为数据网）。数据网以资源描述框架为基础，连接并整合互联网络数据。近年来，数据网持续增长，据 CKAN 数据统计，已有超过 100 个公共 SPARQL 端点，超过 31 亿的三元组。一方面，可获取的结构化数据总量显著提升，另一方面，增加了数据检索的难度。形式化查询语言（如 SPARQL）是检索这类结构化数据的有效语言，但用户至少需掌握如下两方面的知识：① 形式化描述逻辑及对应语法规则；② 被检索数据的基本结构（这里特指潜在的本体模式）。

本论文的贡献主要有以下两点：

（1）引入查询度量模型，一种主观查询满意度度量方法，贯穿本文的分析过程。与精度、召

基金项目：17ZB0005，四川省自然科学基金。
作者简介：肖铮（1983.3），男，辽宁，副教授，硕士，主要研究方向：数据挖掘、人工智能、软件工程。

回率等客观指标相结合,有效刻画所提方法的有效性与正确性。

(2)引入本体自动构建查询语义图,既有效消除语义歧义,又降低构造空间的复杂度。

2 查询度量模型

为定性度量用户信息检索的需求以及形式化解释查询关键词,本文采用了文献[1]中提出的四种理论模型:

(1)用户心理模型 O_u,即用户在检索信息时的期望(结果)模型。虽然该模型与用户相关,但可以设想成由与当前信息检索需求相关的实体及与其关联的结构组成。这些实体可能是现实的对象也可能是抽象的概念。用户在查询时提供了大多数实体,并称未提供的实体为"缺失"实体。

(2)用户问题模型 Q_u,由构造出用户语言 L_u 的语言原语 P_u 的元素组成,即用户心理模型 O_u 中的元素转换成语言原语 P_u 中的元素的结果集。特别地,问题模型 Q_u 中可以用特定的元素来表示用户心理模型中的缺失实体。

(3)系统资源模型 O_s,由构造出系统语言 L_s 的语言原语 P_s 的元素组成,与具体的形式化语言无关,这些元素构成了特定本体的实体集。与抽象的用户心理模型 O_u 相对,系统资源模型 O_s 中的实体和结构应该明确给出,直接访问,并构成系统相应用户查询的知识库。

(4)系统查询模型 O_s,即系统形式化查询引擎最终处理的问题。由构造出系统语言 L_s' 的语言原语 P_s' 的元素组成。

值得注意的是,模型间的对应关系影响基于本体的信息检索的结果,即用户心理模型 O_u 与系统资源模型 O_s 中的实体与结构匹配得越多,则系统使用系统资源模型 O_s 填充缺失项的机会越高,查询的准确率越高。同样道理,用户语言 L_u 与系统语言 L_s 的语法结构及语义越相关,则用户问题模型 Q_u 到系统资源模型 O_s 间的映射越简单,用户查询的解释越简单。

3 相关工作

自然语言查询 RDF 知识库一直是学术界、工业界研究热点之一。其基本思想是:以本体为基础分解自然查询语言结构,借助图模式或机器学习方法生成 SPARQL 查询语句。其过程描述如下:首先分解自然查询语言结构,获取相应的词汇集,在对词汇集处理(如词根、同义词识别等)的基础上,将词汇集映射成术语集(本体中的类、属性、实例等);之后,根据术语集构造查询图,补充缺失的术语及属性;最后根据构造的查询图生成 SPARQL 查询语句。查询精度和召回率随各个阶段所采用的技术而异。依据 SPARQL 查询语句生成方式的不同,自然语言查询转换成 SPARQL 查询大致分为如下三类:① 直接转换法;② 模板法;③ 机器学习法。

直接转换法指从查询图直接获取对应的 SPARQL 查询语句,文献[1]~[5]属于该类方法。

模板法则根据检索的类型,采用事先确定的或者自动创建的模板构建 SPARQL 查询语句,文献[6]属于该类方法。

机器学习法依据检索结果是否属于所需资源,将查询分为正例和反例,采用机器学习的方法获得稳定的 SPARQL 查询语句,文献[7]采用了该方法。

4 实现方法

我们的实现方法基于如下的假设:

假设 1:被检索知识库 D 的中 C,I,L,R,τ 是已知的,即被检索数据的背景知识是已知的,但用户并不关心。

假设 2:存在如下两种对应关系,① 用户心理模型中的实体(thoughtentities)映射到本体实体集中的实体(本体实体集由个体(I)、概念(C)、数据属性(P),字符集(L)等组成);② 用户心理模型中的关联(association)映射成如下的关联类型:$\langle i,C \rangle$ $\langle i_1,P,i_2 \rangle$ 及 $\langle i,L,j \rangle$,其中 $i,i_1,i_2 \in I$,$j \in P$。与描述逻辑语法相对应,这些关系分别表示 $i \in C$,$\langle i_1,i_2 \rangle \in P$ 及 $\langle i,j \rangle \in L$。

假设 3:设用户问题模型是基于关键词查询的,即 $Q_u=(k_1,k_2,\cdots,k_n)$。系统查询模型 Q_s 是基于描述逻辑合取式的。我们的目标是寻找用户问题模型 Q_u 与系统资源模型 Q_s 之间的关系($f:Q_u \to Q_s$),使系统资源模型 Q_s 与用户心理模型 Q_u 之间的差异最小。

4.1 例子

我们先通过简单的例子解释该方法的原理及步骤。例如用户想要检索"Who was married to an actor that played in Philadelphia?"（对应用户的心理模型），用户可能发布如下查询内容（即用户的问题模型）：="Whomarried to actor Philadelphia"。如下分析了 SPARQL 自动转换过程：

第一步，将用户问题模型中的元素映射成系统资源模型中的本体元素，如下所示：spouse、actor 以及 Philadelphia，具体方法见 4.2 节所示。可见，这些元素并不能与用户心理模型中的元素完全对应。而某些缺失的元素也使得构造出满足用户需求的查询较为困难。

所谓缺失元素是指在用户心理模型中存在，但在用户问题模型中并未明确指出的元素，如上例中的 Antonio_Banderas 与 actor 之间的 "type" 属性、Antonio_Banderas 与 Philadelphia 的 "starring" 属性等。这些缺失的元素需要在构造正式查询语句之前明确补充完整。

在第二步中，假设搜索深度为 2，利用用户问题模型中的元素在知识库中依次搜索，获取对应的关系以及元素。如上例所示，从 married to（映射到语义本体中的 spouse）开始搜索，我们得到元素 "Antonio_Banderas" 及 "Melanie_Griffith"。从 actor 开始搜索，我们得到关系 "type" 以及元素 Antonio_Banderas。从 Philadelphia 开始搜索，我们得到关系 "starring" 以及元素 "Antonio_Banderas"。搜索算法如 4.3 所示。

第三步根据第二步获取的查询结果。转换过程见 4.4 所示。

4.2 术语映射

术语映射，即将用户问题模型 Q_u 中的元素映射到系统资源模型 Q_s 中的本体元素。该过程具体分为如下两步：

（1）将关键词映射成 IRI 集，即获取与用户提供的关键词匹配的实体集（如类，属性和实例），且对于每个关键词，都获取到其对应的候选 IRI 集。如对于关键词 marriedTo，我们可能获取到的候选集为：{'married','spouse','wife'}。字符串匹配及编辑距离是常用的匹配算法及度量指标。

如前所述，用户关键词 $Q_u = (k_1, k_2, \cdots, k_n)$，则映射函数 $M: Q_u \to 2^{C \cup I \cup P}$，对于每个关键词 k_i，其候选集为 $CS_{ki} \subseteq C \cup I \cup P$。其中 C, I, P 分别代表在知识库中与关键词 k_i 相同或为关键词 k_i 子串的类，实例及属性。

（2）排序及选择最终的候选集，即去除候选集 CS_{ki} 中与关键词 k_i 的任何解释都不相关的元素，从而降低候选搜索空间大小。候选集排序是由串相似度得分 $\sigma(u_{lable}, K_i)$ 及连接度 $CD(u)$（$u \in CS_{ki}$）的乘积 $S(u)$ 来确定的。其中串相似度得分 $\sigma(u_{lable}, K_i)$ 的计算式为：

$$\sigma(u_{lable}, K_i) = 1 - \frac{|u_{lable}| - \min_{v \in CS(K_i)} |v_{label}|}{\max_{v \in CS(K_i)} |v_{label}| - |K_i|}$$

连接度 $CD(u)$ 表示 u 在知识库三元组中的发生频次。

则，$S(u) = \sigma(u_{lable}, K_i) \times \log(CD(u))$。

4.3 关联重构

术语映射，即将用户问题模型中的元素映射到系统资源模型中的本体元素。该过程具体分为如下两步：

（1）将关键词映射成 IRI 集，即获取与用户提供的关键词匹配的实体集（如类，属性和实例），且对于每个关键词，都获取到其对应的候选 IRI 集。如对于关键词 marriedTo，我们可能获取到的候选集为：{'married','spouse','wife'}。字符串匹配及编辑距离是常用的匹配算法及度量指标。

（2）排序及选择最终的候选集，即去除候选集中与关键词的任何解释都不相关的元素，从而降低候选搜索空间大小。候选集排序由串相似度得分及连接度（ ）的乘积来确定的。其中串相似度得分的计算式为：

连接度表示在知识库三元组中的发生频次。根据假设 2，我们只搜索如下的三种关联关系，即 $\langle i, C \rangle$ $\langle i_1, P, i_2 \rangle$ 与 $\langle i, L, j \rangle$。对搜索深度 d 分两种情况进行处理：① 在预设搜索深度没有匹配项，则停止搜索；② 超过预设深度仍有匹配项，则继续搜索，直至没有匹配项为止。如算法 1 所示：

算法 1：语义查询图集的构建。

SQG Construct（CS, d）

1 INPUT   candidate set CS (the set of CS_{ki}) and the search depth d

2 OUTPUT   the Semantic Query Graph, single or set

3 Initialize new empty graph g

4 for $e \in CS$

5 if e is a concept

6   then for all i being instance of e

7   do I-P-I Construct (e, d, g)

8 else if e is an object property

9   then for all i, j with $<i, e, j> \in CS$

10   do I-P-I Construct (i, d, g)

11   do I-P-I Construct (j, d, g)

12 else if e is a data property

13   then for all i, j with $<i, e, j> \in CS$

14   do J-P-I Construct (j, d, g)

15 else if e is a individual

16   then I-P-I Construct (e, d, g)

17 else if e is a data value

18   then J-P-I Constuctt (e, d, g)

19   eturn g

在算法的执行过程中，依据获取的候选集 CS，尽可能合并由算法1搜索到的语义查询子集。并对搜索过程中的未知类、实例、属性使用 '?' 来表示。

4.4 查询构建

查询构建即通过语义分析，使用占位符表示某些实体或关系，自动生成最终的查询语句。查询构建步骤如下：① 从根节点开始，对查询语义图中的 '?' 进行遍历（如深度或层次遍历方式）并编号（依次使用 x, y, z 等未知符号表示）；② 遍历语义查询树，收集包含位置变量的三元组，组合成最终的 SPARQL 查询语句。

5 总结与展望

在本文中，通过对自然语言查询与 SPARQL 查询转换模型空间及转换过程的建模及形式化描述，提出了以语义查询图为基础的转换方法。该方法将自然语言查询（或关键字查询）转换为 SPARQL 查询形式，从而实现基于语义的搜索。而且方法提出根据语义查询图所包含语义元素（关键词对应到本体中的元素）的多少进行查询排序以及取舍，在性能未降低的情况下，降低了系统资源的消耗。

下一步主要从三个方面增强系统的性能：① 进一步完善语义查询图理论及其构造性能，提高语义查询图的合并算法，并验证排序算法的合理性。② 集成系统各个功能模块，提供统一的 web 接口。③ 增强 sparql 查询的结构化表达能力，如支持 NOT，OR 等组合查询方式。

参考文献

[1] TRAN T, CIMIANO P, RUDOLPH S, et al. Ontology-Based Interpretation of Keywords for Semantic Search[C]. the Semantic Web and Asian Conference on Asian Semantic Web Conference. Springer-Verlag, 2007: 523-536.

[2] YAHYA M, BERBERICH K, ELBASSUONI S, et al. Natural language questions for the web of data[C]. Joint Conference on Empirical Methods in Natural Language Processing and Computational Natural Language Learning. Association for Computational Linguistics, 2012: 379-390.

[3] ZHOU Q, WANG C, XIONG M, et al. SPARK: Adapting Keyword Query to Semantic Search[C]. International the Semantic Web and Asian Conference on Asian Semantic Web Conference. Springer-Verlag, 2007: 694-707.

[4] DAMLJANOVIC D, AGATONOVIC M, CUNNINGHAM H FREYA: An Interactive Way of Querying Linked Data Using Natural Language[C]. The Semantic Web: ESWC 2011 Workshops-ESWC 2011 Workshops, Heraklion, Greece, May 29-30, 2011, Revised Selected Papers. DBLP, 2012: 125-138.

[5] KAUFMANN E, BERNSTEIN A, FISCHER L. NLP-REDUCE: A "naive" but Domain-independent Natural Language Interface for Querying Ontologies[C]. European Semantic Web Symposium/Conference. 2007.

[6] SHEKARPOUR S, AUER S, NGOMO A C N, et al. Keyword-Driven SPARQL Query Generation

Leveraging Background Knowledge[C]. Ieee/wic/acm International Conference on Web Intelligence and Intelligent Agent Technology. IEEE Xplore, 2011: 203-210.

[7] LEHMANN J, HMANN L. AUTOSPARQL: let users query your knowledge base[C]. Extended Semantic Web Conference on the Semantic Web: Research and Applications. Springer-Verlag, 2011: 63-79.

公路货运物流解决方案——"互联网+"无车承运人

杨 萍　黄天春　朱 曼

（成都东软学院　四川　成都　611844）

摘　要：目前的中国物流市场成本较高，严重影响了社会经济的发展。公路货运物流作为物流领域一个重要组成部分，也存在的高成本、低效率问题。通过对公路货运物流的特点进行分析，对现有公路货运物流存在的问题进行分析，提出了基于"互联网+"无车承运人的解决方案，并分析方案的合理性。基于"互联网+"无车承运人的解决方案能最终实现线上线下资源的有效整合，达到降低成本、提高效率的目的。最后指出其存在的不足。

关键词：公路货运物流；"互联网+"；无车承运人

Solutions of Highway Freight Logistics — "Internet Plus" Truck Broker

Yang Ping　Huang Tianchun　Zhu Man

（Chengdu Neusoft University, Chengdu 611844, Sichuan, China）

Abstract：At present, the cost of logistics market is high in China, which affects the development of social economy seriously. There are also problems of high cost and low efficiency in Highway freight logistics which is an important part of the logistics field. It analyses the characteristics and problems of highway freight logistics, then proposes solutions based on "Internet plus" truck broker, and analyses the rationality of the solutions. The solutions based on the "Internet +" truck broker can finally realize the effective integration of online and offline, reduce the cost, and improve the efficiency. At last, it points out its shortcomings.

Key words：solutions；"internet plus"；truck broker

1 前言

长期以来，我国公路货运一直处于"多、小、散、乱"的局面。据不完全统计，国内有90%的市场份额被中小货运企业和个体运输商占据[1]。这种情况的长期存在，导致我国货运市场在运力匹配、货运时间、货运成本、货运技术发展、运输部门监管等方面都存在很大的问题。为了适应物流行业的快速发展，亟待提出公路货运物流的解决方案。

2 公路货运物流的特点

公路货运物流是物流领域中比较复杂的一部分，因其涉及的因素较多，所以具有很鲜明的特点。首先，货物种类繁多、价值差异大。货物有不同的规格、不同的质量、不同的装载方式等。并且货物的价值存在很大的差异。其次，车辆种类繁多。如有平板式货车、栏板式货车、厢式货车、仓栅式货车、自卸车等类型的车辆。货物在装运时必须考虑到货车类型与货物属性的匹配。

作者简介：杨萍（1986—），女，汉，四川乐山，讲师，硕士，主要研究物流管理。

再次，货运需求量不平衡。由于各个地方的货物需求量不一样，导致货物的流量和流向存在很大的差异。

正是由于公路货物物流具有的这样一些显著的特点，导致其在实际运作过程中遇到了诸多问题。

3 问题及分析

（1）成本高、效率低。

由于运力与货源之间的信息不透明，托运人和承运人往往借助货运代理人来完成业务，而货运代理人拥有的货运信息数据量相对比较少，资源整理能力相对较差[2]。这就造成了在公路货运物流过程中出现空载、等待时间延长等现象，从而使得货运物流成本上升、效率低下。

（2）诚信问题。

由于货物价值、运输安全、最终费用结算等原因，托运人和承运人在进行业务往来时都会考虑到风险因素。为了最大限度地降低风险，托运人和承运人往往会自行选择或通过货运代理人来寻找信誉度高的合作伙伴。缺乏多样性的选择途径导致最终选择的结果往往比较单一，从而使得最终双方无法实施高效的货运方案。

（3）技术。

不管是托运人和承运人自行选择合作伙伴，还是通过货运代理人来选择，其做出的选择都有很大的局限性。这种局限性体现在技术应用的缺乏。缺乏对整体货运市场运力和货源的大数据分析，就会缺乏对其进行的分析计算，缺乏对资源的合理整合，从而得不出高效的货运解决方案。

目前的车货匹配信息平台在一定程度上解决了信息的透明性、托运人和承运人的信用问题及运输过程中的监控问题。但车货匹配的本质是一个作业环节，而货运物流需要供应链上下游的综合解决方案。

4 解决方案

无车承运人指的是不拥有车辆而从事货物运输的个人或单位。无车承运人具有双重身份：对托运人来说，其是承运人；对实际承运人而言，其是托运人[3]。无车承运人中的"无车"仅是一个形式，重在"承运"两个字，需要承担责任。不承担运输责任，就不能称之为无车承运人。这种责任是贯穿在整个供应链上下游中的。

无车承运人的运作模式固然有效，若要得到高效的公路货运物流解决方案，需要基于"互联网+"。基于"互联网+"无车承运人能为公路货运物流提供解决方案的原因体现在以下几个方面。

（1）技术层面。

基于"互联网+"无车承运人的模式能聚集大量关于货运物流的数据，如各种需求数据、货物数据、车辆数据等。通过对这些数据进行分析、建模，再建立一定的算法，形成智能化公路货运物流解决方案[4]。通过整合线上线下资源，利用规模化的效应，实现供应链的资源整合[5]，从而达到降低成本、提高效率的目的。

（2）风险控制层面。

基于"互联网+"无车承运人的模式能承担交易过程中的风险。如对交易信息的真实性审核、承运人和托运人的资质审核及诚信评价、车辆运营过程中的管理等都能进行很好的控制。

（3）成本费用层面。

基于"互联网+"无车承运人的模式通过规模化的"批发"运输使得公路货运物流成本下降。在互联网技术下，运费透明，运费结算方便快速。对货运过程中的风险成本也能做到合理处置。

（4）政策。

2016年9月，交通运输部办公厅发布了《关于推进改革试点加快无车承运物流创新发展的意见》，同时宣布10月正式启动无车承运人试点工作[6]。政策的出台会在各方面给予无车承运人大力的支持，如税收、技术、法律等方面。

5 结 语

无车承运人现在还处于试点阶段，基于"互联网+"的无车承运人需要面临的挑战更是巨大的。政策不完善、技术不娴熟、数据不全面等因素都会影响"互联网+"无车承运人的实际运作。但随着政策、技术、数据等的不断完善，公路货运物流长期存在的问题一定会得到很大的改善。

参考文献

[1] 金忠旭，郭跃显. 基于"互联网+"的"无车

承运人"物流模式研究[J]. 石家庄铁道大学学报：2017，11（2）：9-11.
[2] 魏芳芳，邹丽. 我国无车承运人发展的问题及对策研究[J]. 物流商论：2017，9：10-11.
[3] 董娜. 无车承运人的优势分析和发展建议[J]. 交通标准化：2011，36（24）：87-90.
[4] 吴霞. 基于互联网+无车承运人企业发展路径研究——以物易云通为例[J]. 科技创业：2017，10：42-43.
[5] 陈波苋. 我国无车承运人发展现状及建议[J]. 交通世界：2017，27：7-9.
[6] 潘吉. 新政出台扫盲贴 一图看懂"无车承运人"[EB]. http://www.360dle.com/news/161228/73345.html.

符合视觉美学并适合多种设备的网页布局方法研究

杨继春

(成都东软学院 四川 成都 611844)

摘 要:技术体现物质文明,艺术体现精神文明,完美的产品应该是技术和艺术的融合,具有非常好的用户体验;把复杂的技术简化为简单的适用也符合艺术简洁美的规律。本论文旨在研究在网页制作中,如何把艺术美学规律和简洁技术方法相融合,研究符合视觉美学并适合多种设备的网页布局方法。随着互联网的迅速发展,国民经济各领域和互联网上各种应用和资源息息相关。移动设备和网速技术进步促使互联网在移动设备上的运用得到迅速推广和普及,移动网络已经成为这个时代的显著标志,手机等移动设备已经成为人和互联网交互的重要媒介,网页内容已经成为最常见的网络媒体,基于网页的信息技术和系统也普遍使用,而如何找到解决 PC 端和移动设备端的内容和显示兼容问题的简单方法一直是一个难题。

关键词:黄金分割;艺术与科技;兼容性;WEB 设计;用户体验设计;PC 端;手机端

Research on Webpage Layout Method Conforming to Visual Aesthetics and Suitable for a Variety of Devices

Yang Jichun

(Chengdu Neusoft University, Chengdu 611844, Sichuan, China)

Abstract: Technology embodies material civilization and art embodies spiritual civilization. The perfect product should be the combination of technology and art, with a very good user experience. Simplifying the complicated technology is also in line with the law of simple and beautiful art. The purpose of this paper is to study how to integrate art aesthetic rules with concise technology in webpage making, and research methods of webpage layout that conform to visual aesthetics and suitable for many kinds of devices. With the rapid development of internet, various fields of the national economy and the internet applications and resources is closely related, the use of mobile devices and the technological of network speed progress promote internet applications in mobile devices to get rapid promotion and popularization, mobile network has become a significant symbol of this era, mobile devices such as mobile phone has become an important media between people and the internet.The webpage has become the most common network media, Web-based information technology and systems are also widely used. Finding a simple way to solve the problem of compatibility between PC terminals and mobile devices is always a difficult problem.

Key words: golden section; art and science; compatibility; web design; user experience design; PC end; mobile terminal

---

作者简介:杨继春(1972—),男,汉族,四川成都,助理研究员,硕士,研究方向:Web 前端技术、美术学、艺术设计学。

1 黄金分割美学在网页设计布局中的应用（艺术）

能用来增加作品美感的黄金分割比例数字是 0.618 或 1.62（实际是 1.618…），这个比例也可以稍加延伸，如近似黄金分割的 1/3 和 2/3 比例如图 1～3 所示。

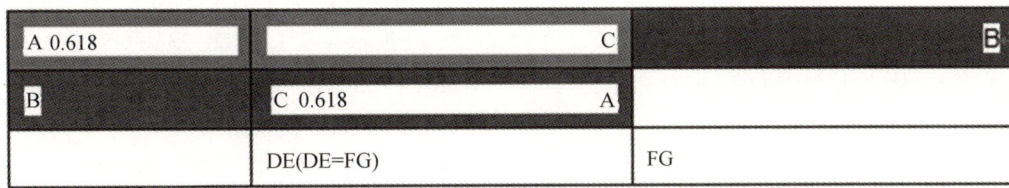

注：AC/AB=0.618, DE=FG

图 1

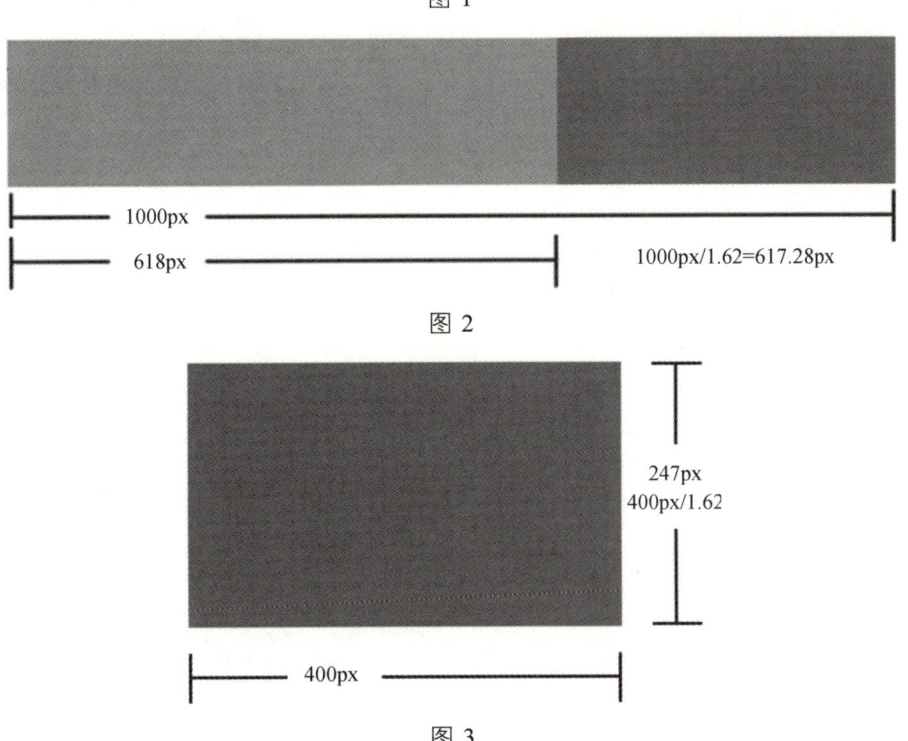

图 2

图 3

2 手机和计算机访问 Web 站点的用户体验差异性分析

手机的移动性为用户的随身携带和使用提供方便，但由于设备的差异性使得传统计算机页面在手机上使用时存在页面布局混乱，显示过小、页面交互操作困难等许多用户体验问题。

计算机和手机访问 Web 站点的用户体验差异性主要体现在以下几点：

（1）如果对 Web 站点资料不做任何处理，手机上只能显示 Web 页很小的部分，或者显示的是 Web 页整体缩小的样子。

（2）计算机可以同时打开和运行多个 Web 应用窗口并相互切换，手机在同一时间内往往仅能显示一个网页用户界面。

（3）计算机主要通过双手用键盘和鼠标来操作，在浏览网页时手机不能像计算机那样有较多的选择和点击操作，所以要制作兼容手机和计算机的网页就需要对网页内容做优化和精简处理。

（4）目前很多 Web 站点为了适应手机端的有效访问，采取额外开发网站移动版本来解决此类不兼容问题，但会浪费很多资源。全世界有以亿计的网站并在不断增长中，如果都制作手机移动版本，会增加成本，浪费大量人力物力，维护起来也很不方便。

3 符合黄金分割美学并适合多种设备的网页设计布局方法研究（艺术+技术）

3.1 用计算机测试和模拟手机环境访问 Web 站点的方法研究

在兼容手机和计算机的 Web 用户体验设计的研究与实现中，要不断把兼容各种计算机端浏览器的具有良好用户体验的 Web 内容放到不同型号的手机端进行访问以测试手机和计算机是否完美兼容，这个过程是很费力和烦琐的，况且也不宜准备那么多不同型号的手机。如果只在计算机里就能测试出在手机里访问的效果，那将会极大地节省开发成本。

3.2 计算机中用 Chrome 浏览器（最新版）创建

从 Chrome 浏览器的更多工具栏中找出"开发者工具"或者使用快捷键（F12 或者 Ctrl+Shift+i）找出，点击" 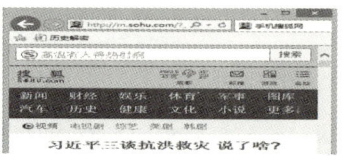 Toggle device toolbar"或快捷键"Ctrl+Shift+M"，然后从菜单 Settings→ Devices 中选择或添加想要测试的手机机型如图 4 所示。

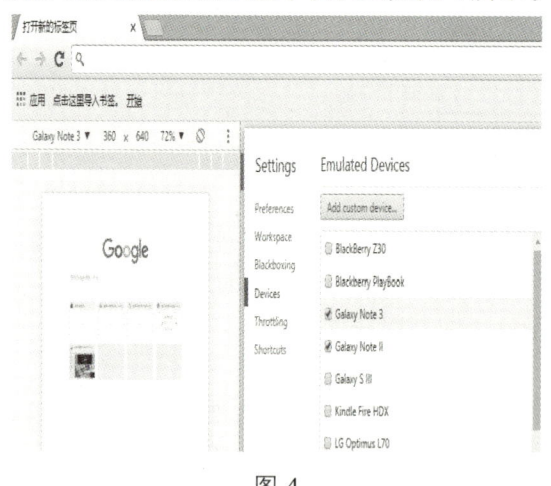

图 4

3.3 计算机中用 IE 浏览器（IE9）创建

从浏览器工具栏中找出"F12 开发人员工具"或者使用 F12 快捷键找出，在仿真工具项中通过"自定义"更改"用户代理字符串"选项来模拟手机浏览器访问 Web 站点。模拟安卓手机时用户代理字符串更改为：Mozilla/5.0（Linux；U；Android 4.0.3；ko-kr；LG-L160L Build/IML74K）Apple Webkit/534.30（KHTML，like Gecko）Version/4.0 Mobile Safari/534.30 或 android；模拟苹果手机时用户代理字符串更改为：Mozilla/5.0（iPhone；U；CPU iPhone OS 3_0 like Mac OS X；en-us）Apple WebKit/528.18（KHTML，like Gecko）Version/4.0 Mobile/7A341 Safari/528.16 或 iPhone。如果被模拟 Web 站点已经有手机版本则转到手机的站点，如手机搜狐，如图 5 所示。

图 5

3.4 计算机浏览器中使用 User-Agent Switcher 伪装成不同种浏览器对站点进行访问测试

下载 User-Agent Switcher for Chrome 浏览器插件程序，打开 Chrome 浏览器，复制 chrome: //extensions/到 Chrome 浏览器地址栏，这时会显示"扩展程序"。然后直接将 User-Agent Switcher for Chrome 插件程序拖到 Chrome 浏览器中，按提示即可完成添加。

结果如下图所示：地址栏右边显示 即表示安装成功。点击 选取想测试的浏览器环境，当测试基于 Android 系统手机访问站点时，此图标显示为 ，如图 6 所示。

图 6

3.5 布局方法：网页顶部信息项和标识标题菜单项

提示信息	其他信息	其他信息

此方法采用兼容性 flex 伸缩盒，可兼容并自适应计算机端和手机端浏览器，重定义浏览器根元素 html{height：100%；font-size：62.5%；}字体大小，通过更改以 REM 为单位的其他数值来自适应不同宽度浏览器；同时定义不支持 REM 标签的浏览器，如：font-size：12px；font-size：1.2rem；多种 flex 盒子的声明写法以兼容不同内核浏览器，如：display：flexbox；display：-webkit-box；/* 旧版声明弹性盒子 */display：-webkit-flex；display：-ms-flexbox；display：-moz-box；display：flex；新增浮动 float 标签，以兼容 IE10 以下的左右对齐。

对于手机端的字体适应，如果不设置 Viewport，可采用通过 JS 判断动态改变 html 根元素 font-size 的大小和通过@media 查询动态改变 html 根元素 font-size 的大小的方法解决。

3.6 布局方法：正文内容项

| 左侧内容 | 中间内容 | 右侧内容 |

设计代码如下。

<!DOCTYPE HTML><html><head><meta http-equiv="content-type" content="text/html; charset=UTF-8"><meta http-equiv="Cache-Control" content="no-cache" /><meta http-equiv="X-UA-Compatible" content= "IE= edge, chrome=1"/><meta name="viewport" width= device- width,initial-scale=1, maximum-scale=1, user-scalable=0"/><title>无标题文档</title> <styletype=" text/css">body,html,div { margin：0；padding：0；}.col{ border：0px solid rgba(0,0,0,0)；float：left；-webkit-box-sizing：border-box；-moz- box-sizing：border-box；box-sizing：border-box；-moz- background-clip：padding-box!important；-webkit- background-clip：padding-box !important；background-clip: padding-box !important；} @media screen and (min-width：0px) and (max-width：319px) {.row{ margin-left：-12px；} col {border-left-width：12px；padding：0 12px；height：100px；width：100%；margin-left：0；}navigation { background-color：#39F；}.main_content {background-color：#6CC；margin-top：12px；}.related_content {background-color：#0CF；margin-top：12px；} }

@media screen and (min-width：320px) and (max-width：639px) {.col{ border-left-width：12px；padding：0 12px；}.row {margin-left：-12px；}.navigation{width：37.2%；height：300px；background-color：#39F；}.main_content{width：62.7%；height：300px；background-color：#6CC；}.related_content { width：100%；height：200px；margin-left：0；background-color：#0CF；margin-top：12px；}} @media screen and (min-width：640px){.row {margin-left：-12px；}.col{border-left-width：12px；padding：0 12px；}.navigation{ width：23.8%；height：300px；background-color：#39F；}.related_content { width：38.1%；height：300px；background-color：#0CF；}.main_content { width：38.1%；height：300px；background-color：#6CC；}}</style></head><body> <div class="row"><divclass=" navigation col">Left content</div><div class= "main_content col">Middle content</div><div class="related_content col">Right content</div></div></body></html>

在计算机宽屏中显示如图 7 所示。

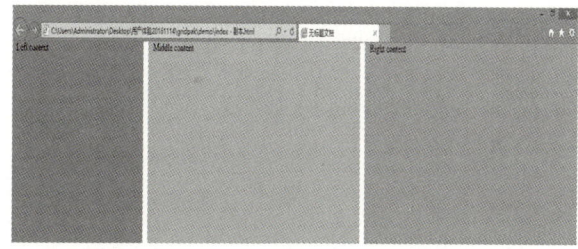

图 7

在移动设备中屏中显示如图 8 所示。

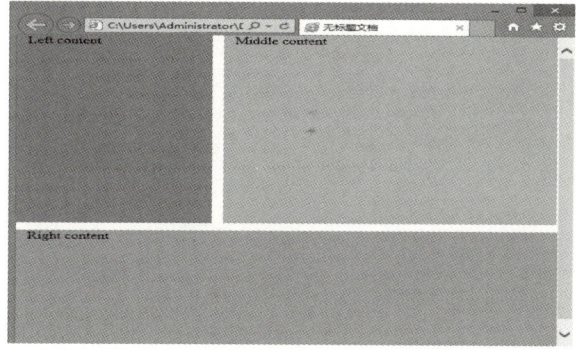

图 8

在手机窄屏中显示如图9所示。

图 9

本解决方案不需要通过写复杂逻辑程序即可实现，采用 box-sizing：border-box 并列放置带边框的框，同时加 float：left 以更好地兼容，同时采用媒体查询如：@media screen and（min-width：361px）and（max-width：639px）{}，通过判断浏览器的宽度来调整布局以适合不同大小的屏幕。

4 小 结

本论文旨在研究在网页制作中，把艺术美学规律和简洁技术方法相融合，研究符合视觉美学并适合多种设备的网页布局方法。随着互联网的迅速发展，国民经济各领域和互联网上的各种应用和资源息息相关。移动设备和网速技术的进步促使互联网在移动设备上的运用得到迅速推广和普及，移动网络已经成为这个时代的显著标志，手机等移动设备已经成为人和互联网交互的重要媒介，网页内容已经成为最常见的网络媒体，基于网页的信息技术和系统也普遍使用，如何找到解决 PC 端和移动设备端内容和显示兼容问题的简单方法一直是一个难题，本论文希望能在艺术和技术融合的基础上以简单的方法解决此类难题。

参考文献

[1] 唐纳德 A 诺曼. 设计心理学[M]. 浙江：中信出版社，2013.

[2] Giles Colborne. 简约至上：交互式设计四策略[M]. 北京：人民邮电出版社，2012.

[3] 黄晟. 基于用户体验的 App 设计研究[D]. 西安：陕西科技大学，2012.

[4] 许海.《网页界面视觉设计艺术研究》[D]. 长沙：湖南师范大学，2007

[5] 昂格尔. UX 设计-以用户体验为中心的 Web 设计[M]. 北京：人民邮电出版社，2015.

[6] 李四达.《交互设计概论》[M]. 北京：清华大学版社，2011.

Android 游戏框架设计与实现

黄 平

（成都东软学院 四川 成都 610064）

摘 要：设计模式并不是直接用来完成代码的编写，而是描述在各种不同的情况下，要怎么解决问题的一种方案。使用设计模式是为了可重用代码、让代码更容易被他人理解、保证代码可靠性。通过对 Android 游戏开发中的通用技术进行分析、应用设计模式设计并实现一个可复用的 Android 游戏开发框架。

关键词：面向对象；设计模式；游戏框架；Android

Design and Implementation of Game Framework Based on Android

Huang Ping

(Chengdu Neusoft University, Chengdu 611844, Sichuan, China)

Abstract: design pattern is not directly used to complete the preparation of the code, but described in various cases, a scheme of how to solve the problem. The design pattern is used for reusable code, making code easier to be understood by others, and ensuring code reliability. Through the analysis of the general technology in android game development and the design pattern of application, a reusable android game development framework is implemented.

Key words: object oriented; design pattern; game framework; android.

1 前 言

设计模式是一套被反复使用、多数人知晓的、经过分类编目的、代码设计经验的总结。使用设计模式是为了可重用代码、让代码更容易被他人理解、保证代码的可靠性。毫无疑问，设计模式于己于他人于系统都是多赢的；设计模式使代码编写实现真正的工程化；设计模式是软件工程的基石脉络，如同大厦的结构一样。

可复用面向对象软件系统一般划分为两大类：应用程序工具箱和框架，我们平时开发的具体软件都是应用程序，Java 的 API 属于工具箱；而框架是构成一类特定软件可复用设计的一组相互协作的类，例如 EJB（Enterprise Java Beans）是 Java 应用于企业计算的框架。

框架通常定义了应用体系的整体结构类和对象的关系等设计参数，以便于具体应用实现者能集中精力于应用本身的特定细节。框架主要记录软件应用中共同的设计决策，框架强调设计复用，因此框架设计中必然要使用设计模式。另外，设计模式有助于对框架结构的理解，成熟的框架通常使用了多种设计模式。

2 框架分析

大多数情况下，游戏开发都比较复杂，牵涉很多知识的应用及各个模块之间的协作，所以必

作者简介：黄平（1975—），男，汉族，四川成都，讲师，硕士，研究方向：网络与信息化。

须要有一个适合的、灵活的架构来支持，抛开一些基本的优点，诸如可扩展性，低耦合等要求不说，最直观的感受，就是以下两点好处：

一个好的架构可以将系统进行合理的拆分，这样的话就便于多人协作，对于游戏系统来说，一般是不可能一个人单枪匹马地去完成的，所以如何去拆分任务让更多的人参与，对于游戏项目而言是相当有利的。对于一款简单的游戏来说，单单一个主角，可能就会有将近10个程序员在一起制作，包括AI，行为，动画等，所以好的架构可以保证工作效率随着人数的增加而得到提升。

游戏开发需求是很难做得完善的，因为在开始设计的时候，所有的需求并不明确，可能会推倒重来，重构很多次。而当游戏方向定下来了之后，一些策划的改动或者扩展，也会使得以前的工作在某些情况下变得不是很适用，这个时候就会需要一些对于特殊情况的处理，也就是所谓的"hack"，好的框架会让我们在开发过程中，有余地进行适当的"hack"，而不是在一开始就"hack"到底，导致bug满天飞。

因此，本框架主要研究游戏开发中的共性，将必用的模块进行设计实现，得到一个游戏开发的基础框架，将游戏开发变为如下方式：

游戏 = 框架+资源（图像、声音、动画等）+ 逻辑

具体而言，游戏开发主要包括声音、图像、用户交互、数据存储、网络通信、物理模拟等几大方面的信息处理，而声音、图像和交互信息则是绝大多数游戏都需要处理的核心信息，而其中的图像处理则涉及坐标变换、摄像机、纹理、颜色、灯光等太多复杂的理论知识，这也是许多初学者望而却步的一些难点，这就是本框架需要研究的主要工作内容。

本框架主要对Android类库进行研究，设计一个简单、适用、易用的Android游戏开发框架，来降低对声音、图像和与用户交互方面知识的学习难度。主要包括以下三个方面的内容：

（1）声音处理模块，可以处理背景音乐和游戏音效；

（2）图像处理模块，可以绘制几何图形、纹理贴图、游戏角色、角色动画、摄像机等；

（3）用户交互模块，可以处理模拟按键、触摸（单点和多点）、重力感应等。

3 框架设计

3.1 架构设计

框架是游戏应用的骨架，它的任务就是把图像渲染、输入处理、音频播放、资源管理等游戏应用的功能组合成一个有机的整体。目前已经有很多比较成熟的框架设计方法，包括：

（1）结构化构架。

结构化构架采用的方法是将游戏框架内部的模块以结构化的形式组合，并以API的形式提供接口，这种构架模式的优点是效率高，接口简单清晰，适合于做一些速度要求比较高的框架，但是缺点是其模块之间耦合度高，不易修改。

（2）基类根形式构架。

基类根形式构架是以基本的几个抽象服务提供接口类为基础，并以接口与实现相分离为原则，来进行框架实现，提供的实现类在框架内部创建，而将接口供给用户使用。这种构架模式的优点是结构清晰，实现灵活，可以适应比较大的变化，适合于做一些较大且有跨平台需求的框架，但是该构架依赖于基本的抽象类的继承关系，导致框架内部类继承了无用的功能而变得虚大，况且接口的通用性使得实现的效率不高，导致整体效率偏低。

（3）组件形式构架。

组件形式构架是把不同功能的模块做成互相独立的系统，模块内部可以使用任何构架方式，只需要提供相应的接口即可。框架以模块管理器为核心，支持插件形式组件增加方式，可以将新增的功能组件以插件的形式来插入系统工作，这种构架方式极其灵活，且模块内效率比较高，所以某些大型商用游戏框架采用这种方式，但这种方式设计比较困难，实现比较复杂，需要大量的开发经验。

本框架设计的框架开发是以研究为主，且2D游戏要求效率不是很高，因此采用结构最为清晰的基类根形式构架方法。以4个基本服务抽象类作为整个框架底层提供服务的基础。在基本类的基础上派生出框架使用的基本类结构。

整个Android游戏框架划分为两层：核心模块层和应用模块层，其中核心模块层用来封装声音、图像和交互信息的处理；应用模块层则在核

心模块层基础上，根据游戏应用开发需要，将核心模块中各种处理工作进行有效组织。

3.2 模块及类设计

整个游戏框架主要划分为三大模块：声音处理模块、图像处理模块、用户输入处理模块。各个模块需要处理的具体内容如下：

（1）游戏开发中的声音处理，主要包括需要长时间播放的背景音（music）和某个事件发生时需要短暂而又高频率播放的音效（sound），比如打击声；

（2）游戏开发中的图像处理，主要包括顶点（位置坐标、纹理坐标、顶点颜色、顶点法线）、纹理贴图、材质和光照等；

（3）游戏开发中用户输入处理，主要包括模拟按键、触摸（单点触摸和多点触摸）、感应器（主要是重力感应）等。

这三个模块是整个框架的核心，因此在模块及类设计方面，考虑到整个框架的可扩展性，尽可能遵循面向对象设计的一些基本规则，并借鉴了一些现有的解决方案，如设计模式。例如在设计用户输入处理时，由于有模拟按键、单点触摸、多点触摸等多种方式，相应的也有多个类，因此使用外观模式，提供给调用者一个 Input 类使用，可以简化框架的使用。在处理响应用户输入时，使用了观察者模式。在处理场景、层、游戏对象三者关系时，采用了组合模式。

4 实现及运行效果

基于 Android 操作系统，并在 Android 框架基础上，采用 Java 语言进行实现如图1所示。

在框架代码实现后，编写一个跳跃类的小游戏，来验证框架的可用性。通过编写处理游戏资源的类、处理游戏界面的类和处理游戏逻辑的类即可实现一个 Android 游戏应用。

- com.heop.engine
- com.heop.engine.audio
- com.heop.engine.graphic
- com.heop.engine.input
- com.heop.engine.io
- com.heop.engine.math
- com.heop.engine.opengl
- com.heop.engine.physics
- com.heop.engine.sprite
- com.heop.engine.texture
- com.heop.engine.util

图1 框架实现包

参考文献

[1] MARIO ZECHNER, ROBERT GREEN. Beginning Android 4 Games Development.

[2] Google Android 程序设计指南[M]. 北京：电子工业出版社，2009.

[3] 郑建，贺超. Android 和 Chrome 的发展与未来[J]. 移动通信，2010.

[4] 谷歌，安卓中文文档.

[5] 尚游，陈岩涛. OpenGL 图形程序设计指南[M]. 北京：中国水利水电出版社，2003.

[6] 林锐，石教英. 基于 OpenGL 的场景管理，三维交互与用户界面设计[J]. 计算机应用研究，2000（03）.

[7] BURCE ECKEL. Java 编程思想[M]. 北京：机械工业出版社，2007.

[8] 马鲁基-弗伊诺（Romain Marucchi-Foino）OpenGL ES 2.0 游戏与图形编程：适用于 iOS 和 Android[M]. 北京：清华大学出版社，2014.

[9] 吴亚峰. Android 3D 游戏开发技术宝典：OpenGL ES 2.0. 北京：人民邮电出版社，2013.

游戏设计在编程语言教学中的作用

黄 成

（成都东软学院 四川 成都 611844）

摘 要：计算机语言教学的重点是要教会学生解决问题，在解决问题过程中，自然地就掌握了编程语言的各种知识。同时应当培养学生的创新思维能力。通常的练习，对编程能力的训练有所不足，而游戏编程很好地满足了这种需求。

关键词：游戏编程；程序设计；教学

The Role of Game Gesign in Programming Language Teaching

Huang Cheng

（Chengdu Neusoft University, Chengdu 611844, Sichuan, China）

Abstract：he focus of computer language teaching is to teach students to solve problems, and in the process of solving problems, they naturally master all kinds of knowledge of programming language. At the same time, students should train their creative thinking ability. The usual practice is not enough for the training of programming skills, and game programming is a good way to meet this need.

Key words：programming games；game-aided teaching；the mode of teaching

1 引 言

程序设计语言是计算机软件技术教学的重点。如何才能让学生真正掌握程序设计语言的本质，熟练地运用编程语言来解决问题，是教学中要着重考虑的问题。

要掌握好程序设计语言，必须进行大量的编程实践，只有通过不断地使用编程语言，才能达到掌握并熟练运用编程语言的目的。我们的编程语言教材通常都会提供一些练习题，也有一定的作用，但是学生即使在做完这些练习题之后，往往还是对编程本质的理解不够深入，只获得了一些知识碎片，没有形成对编程的实质的、全面的认识。同时这些练习题，或者过于简单，或者没有实用性，往往缺乏趣味性，这就造成了学生学习兴趣不高，学习缺乏主动性。

在实际教学过程中，完全依赖教材中的练习题来进行教学，是有所不足的，我们希望找到更好的练习方式来提高教学质量。

游戏设计是软件开发的一个重要分支，有很多大家非常熟悉的经典游戏，这些游戏经久不衰，同时，这些游戏的设计所用到的软件开发技术，也很能体现程序设计语言的特点。所以我们试图将游戏设计加入编程语言教学中来。

通常来说，游戏设计的难度较大，涉及的编程知识面较广，同时游戏设计比较有趣，学生更容易投入。

2 扫雷游戏的规则

（1）游戏主区域由很多个方格组成，有些方格下面埋藏有地雷。

（2）使用鼠标左键随机点击一个方格，方格即被打开并显示出方格中的数字；

作者简介：黄成（1971—），男，汉，四川广安，讲师，硕士研究生，研究方向：软件工程与工具。

（3）方格中数字则表示其周围的 8 个方格隐藏了几颗雷；

（4）如果点开的格子为空白格，即其周围有 0 颗雷，则其周围格子自动打开；

（5）如果其周围还有空白格，则会引发连锁反应；

（6）在你认为有雷的格子上，点击右键即可标记雷；

（7）如果一个已打开格子周围所有的雷已经正确标出，则可以在此格上同时点击鼠标左右键以打开其周围剩余的无雷格。

（8）扫雷就是要把所有非地雷的格子揭开即胜利；

（9）踩到地雷格子就算失败。

根据以上游戏规则，我们可以进一步设计出扫雷游戏核心部分的编程任务：

（1）埋雷区域的表示；
（2）方格的表示；
（3）随机埋藏地雷；
（4）计算每个方格周围有多少个地雷；
（5）翻开某个位置的方格；
（6）标记某个单元格；
（7）判断胜负。

这部分编程任务是游戏的核心算法部分，没有涉及游戏的显示及用户输入（游戏的显示与用户输入与具体实现的开发平台有较强的相关性，对于我们程序语言的教学相关性不大）。

3 实现扫雷游戏核心部分所用到的编程知识

（1）埋雷区域的表示：二维数组；
```
var map=[
    [ ,,,,,,,, ],
    [ ,,,,,,,, ],
    [ ,,,,,,,, ],
    [ ,,,,,,,, ],
    [ ,,,,,,,, ],
    [ ,,,,,,,, ]
];
```
这是整个游戏的主要数据结构，通过这个数据结构来实现整个游戏的逻辑。

（2）方格的表示：自定义对象；
```
var cell={
    isMine: false,    //是否是地雷
    isOver: false,    //是否是翻开状态
    number: 0,        //周围地雷个数
    mark: 0           //0 未标记，1 地雷标记 2 问号标记
};
```

（3）随机埋藏地雷：二维数组的遍历，随机数生成函数的运用；
```
//埋地雷
function createMine（） {
    var count = levels.getMines（）;
    for（var i = 0; i < count; i++） {
        var xy = getRndXY（）;
        var cell = map[xy.y][xy.x];
        while（cell.isMine） {
            xy = getRndXY（）;
            cell = map[xy.y][xy.x];
        }
        map[xy.y][xy.x].isMine = true;
        map[xy.y][xy.x].isOver = false;
    }
}
```

（4）计算每个方格周围的地雷个数：二维数组的遍历，数组中特定位置的访问；
```
//计算每个方格周围的地雷
function makeNumber（） {
    for（var i = 0; i < map.length; i++） {
        for（var j = 0; j < map[i].length; j++）{
            var counter = 0;
            var x = j, y = i;
            for（var k = 0; k < positions.length; k++）{
                x = j, y = i;
                x += positions[k].x;
                y += positions[k].y;
                if（x >= 0 &&
                    y >= 0 &&
                    x < map[i].length &&
                    y < map.length） {
                    if（map[y][x].isMine） counter++;
                }
```

```
            }
            map[i][j].number = counter；
        }
    }
}
```

完成这段代码，学生需要很好好地掌握数组的数据的遍历，循环变量的控制等。

（5）翻开某个位置的方格：对象的访问，对象状态的修改，二维数组的访问，递归算法；

```
//翻开格子  pos{x: 0, y: 0}
function overCell（pos） {
    var cell = map[pos.y][pos.x];
    //已经作了标记的地方不能翻
    if（cell.mark != 0） {
        return；
    }
    //翻到地雷了
    if（cell.isMine） {
        cell.isOver = true；
        stopGame（）；
        posError.x = pos.x；
        posError.y = pos.y；
        alert（"失败"）；
        return；
    }
    //不是地雷，且周围存在地雷
    if（cell.number > 0） {
        cell.isOver = true；
        return；
    }
    //翻到空白单元格（周围没有地雷的单元格），将周围的方格全部翻开
    cell.isOver = true；
    for（var k = 0; k < positions.length; k++） {
        var x = pos.x,
            y = pos.y；
        x += positions[k].x；
        y += positions[k].y；
        //下面的 if 语句为超出边界的判断，保证不会超出边界。
        if（x >= 0 &&  y >= 0 && x < map[0].length && y < map.length） {
            var cell2 = map[y][x];
            if（!cell2.isOver） {
                overCell（{"x": x，"y": y}）；
                //实现递归
            }
        }
    }
}
```

这段代码对于初学编程的人来说，比较复杂，最好画出流程图，不然很容易出错，可在此处要求学生先画出流程图再着手编写代码。可以培养画流程图的能力。

由于用递归算法实现，所以递归的返回条件也很重要，这些对于初学编程者都是难点所在，通过该算法的实现，学生对递归算法的实现有清楚的理解和掌握。

（6）判断胜负：二维数组的遍历；

（7）所有以上的任务中都涉及变量的定义及使用、判断语句、循环语句等基本编程语言要素。

通过以上对扫雷游戏实现过程中所用到的编程语言知识来说，非常广泛全面，并且有些知识相当的深度（递归算法），整个编程过程代码量也是比较大的。

这其中，"翻开某个位置的方格"的编程任务比较复杂，很容易出现错误，这个时候，流程图就凸显出它的重要性了，让学生先画出流程图，再写代码，这样在实际需求过程中来练习流程图的画法，比单纯的练习更有效果。

5 结 论

可以看出，扫雷游戏所涉及的编程知识非常丰富，从简单的语句到多种数据结构的使用、对象的设计，都有用到。本文仅借这个 Windows 系统里的经典游戏的编程来说明游戏编程所涉及的广泛知识，希望对编程语言教学有所帮助。

参考文献

[1] 扫雷游戏的技巧[OL]. https：//www. zhihu. com/question/19730159.

[2] 车万翔，苏小红，袁永峰，叶麟. 计算机专业高级语言程序设计课程改革探索[J]. 计算机教育，2014（13）.

浅谈新时期的数据资源共享交换平台的数据处理功能

刘世平　刘兆宏　李　姗

（成都东软学院　四川　成都　611844）

摘　要：数据资源共享交换平台，作为一个公共基础设施的定位，核心架构对数据的处理能力，直接标志着交换平台的水平，决定了这样的系统能完成哪些工作。本文详细阐述了数据交换平台对数据的操控能力。

关键词：数据交换；交换平台；数据处理

Talking about Data Processing Function of Data Resource Sharing Switching Platform

Liu Shiping　Liu zhaohong　Li shan

（Chengdu Neusoft University, Chengdu 611844, Sichuan, China）

Abstract：Data resource sharing exchange platform, as a public infrastructure positioning, the data processing capacity of the core structure directly marked the level of the exchange platform, determines the system to complete what work. This paper elaborates the data exchange platform to control the data.

Key words：Data exchange；exchange platform；data processing

1　引　言

数据共享交换平台作为电子政务系统的支撑部分，一直以来都扮演核心的角色，已经在电子政务建设中承担主要的角色将近10年了。我们往往在很多时候津津乐道于数据交换如何能够构建一个相对复杂的数据交换场景，并将负责的数据交换流程实现交给交换平台的底层来实现，从而实现更好的封装。让上层的应用以及业务管理者，不必更多地顾虑底层交换代码的实现。这种松耦合，或许就是"平台"的本质含义。

2　元数据的灵活操控

其实我们发现，今天的系统和早期不同了。早期的系统，大家都认可数据结构一旦定下来，就不会发生改变了。之上的任何系统的建设，构建在刚性的数据结构基础上。要改动数据结构，就等于整体升级。但在今天，根据业务的需要，调整或者自动构建数据容器，变得越来越普遍了。对交换平台而言，如果只是增加或减少一个字段，就需要手动修改所有的流程，这将是无法被接受的。交换平台与数据源打交道，以及数据交换任务和流程能否灵活感知和适应数据源的结构性变化，将变得非常重要。

目前，更多的应用场景被提出来：对数据源的访问和数据操纵，要建立在首先感知数据结构信息的基础上，即基于元数据实现数据的交互。软件首先是感知数据结构及其变化，然后按照相应的规则与流程（可配置）自动匹配数据元素并完成数据交换的过程。

作者简介：刘世平（1976—），女，汉族，四川射洪人，副教授，主要研究方向：数据库、信息管理等。

这样做有几个好处，首先是对外部数据结构的感知，可以不需要完全通过人工去操控数据访问了。比如，可直接设定某数据源全量数据采集，而不必逐一去勾选每个字段，这样会大大减轻数据交换流程配置的过程；其次，最大的优势在于，如果在系统生产期，需要根据业务需要改变数据采集的结构和范围，比如改变了数据结构，通过简单的中心配置就可以整体升级数据交换和采集的过程，而不需要手动逐一去干预；再次，在数据访问控制，尤其是安全与权限方面，可以实现更细颗粒度的安全控制；最后，基于结构元数据对数据内容的操纵，也有助于更好地和目录系统进行对接和操作，为实现以目录为中心对数据的操纵提供良好的底层基础。

3 与数据资源目录的结合

自交换体系与目录体系国家标准发布以后，交换和目录这两个概念在很多时候一直是伴生的。只不过多年来目录系统的建设从来都是喜忧参半，不同于交换平台相对提供明确的功能支持，目录系统的建设则缺少比较好的参照。但近些年来，由于数据资源规模的不断放大，能够有效对数据资源进行管理成为一个水到渠成的需求，人们再次对目录系统有了比较明确的要求。这时的目录系统建设需求，应该说已经远远超出了当年的目录体系国家标准。

于是，现今更多的建设场景，则提出了交换与目录的并举。把交换作为基础的数据采集流通和载入手段，用于支持流程的实现和管理，把目录作为数据供需、查询和发布的园地。新的数据交换的使用场景是：

A 先看看有什么；B 提出自己需要什么；C 确定了"能提供和能获取"；D 再通过平台驱动实现交换过程的落地；E 业务实行与数据使用。

从上面的场景来看，A 是数据查询与导航，B 是提出数据需求，C 是根据权限确定数据的供求关系。这三者，基本是围绕目录来展开的，并含有超出了目录系统的功能边界，包括了"数据资源管理"的范畴。所以，部分系统的做法是，将目录管理与数据资源管理合并为一个系统，也有另一部分系统的实现方式，将目录定义为单纯的编目和导航管理，并与数据资源管理之间共享元数据。

那么 D 场景的实现呢？目前，能做到的是让管理员在交换管理平台内完成手动配置。但用户更希望的是，在数据资源管理系统内建立的供求关系，基于目录结构创建了对应，然后能够通过系统直接指挥交换平台实现交换过程。至少，用户希望访问目录后，能够调用交换的任务执行来达成数据交换的目的，而在数据资源管理系统或者交换平台内，能够按照目录的主题和维度查看各项数据的交换状态与统计信息。

目录和交换之间，看来不能缺少的是相互提供的接口和交互的手段。至于能够支持到哪一层，实际上，交换提供的功能实现颗粒度越细，可被目录驱动的程度就越高。而交换平台对数据结构的控制能力越是具有弹性适应性，就越是能够根据目录结构随需应变的控制交换信息的状态监控、统计与展现。

4 对第三方数据标准与字典的兼容

数据标准，并不是纸面上的规范，遵守标准的人，也往往具有最大的不可控性。所以，对于数据标准内的可控部分，则需要成为交换平台执行的一部分。比如，数据标准中对部分内容的格式标准的定义，希望成为一种数据交换流程执行的规范性限制。当交换过程执行不满足这一格式要求的时候，交换就不能被执行，并相应地提出警告信息。这种方式，尤其对于中心基础数据的完整性、格式一致性的保护具有意义。

很多系统的执行，都有相对复杂的数据码表字典。例如，组织机构编码及名称的对照，卫生行业的基本药品目录字典表，各种编码转换对照表等等。实际上，对于数据格式的转换，对程序代码应该是非常轻松的事情，但这种对照关系本身就需要数据表来存储的时候，这种转换，就不再是程序代码自己的事了。

其实，对数据字典的参照，在数据路由中也具有广泛的用途。数据在基于内容进行拆分路由的过程中，往往需要这些对应的数据来作为判断条件和参数。

那么，如何提供一种灵活获取渠道，形成对

外部标准格式描述信息和字典数据的接入，就成为交换平台本身不得不考虑的问题。

5 交换平台对数据交换完整和一致性保障

数据交换平台一个任务的执行，往往是由多方参与来协同完成的。简单的场景，如数据的汇集和下发，而在多方之间进行数据有条件流转，就会变得更为复杂一些。

对于一个交换场景，往往是划分成多个交换流程来执行的。最简单的是，交换桥接到前置，前置采集后将数据包交给传输，中心的汇集与数据组合……严格来讲，每一个工作的执行，都是一个交换流程的运行。而针对数据交换场景更为对应的概念，则应该定义为交换任务。一个任务包括多个交换流程的组合，而任务能否完整成功地执行，应当有更高层面的管理和控制。

在多个交换步骤当中，存在流程间两种不同的控制方式：松散控制和事务性控制。

对于数据提供、缓存、分发等常见场景，数据的推送是逐层的，就是说，后面的数据使用者，以当前的存储为依据，有新的，就获取，没有就暂时用现有数据。后面的数据获取环节对前面的流转环节依赖度和时效性需求没有那么高，各自执行就可以了。这种，我们可以暂时说，属于相对松散的流程执行关系。

换成另外一种场景，公检法司之间的卷宗数据、财税工商之间的税收数据……在没有建设数据交换之前，一般都存在着严重的数据不一致问题，通过比对能够筛查出大量的错误数据。但数据交换平台建设和应用之后呢？一般我们说，解决了数据不一致的问题。是的，大家完成数据的比对、入库、反向清洗等过程后，确实数据的一致性得到大大的改善。但是，是不是以后在任务执行过程中，数据一致性的保障就完全可以交给交换平台来承担？答案是交换平台未必具有这样的能力。

6 数据处理流程的支持

对于数据处理流程的实现，当前并没有更好的方法。因为，对于数据交换平台的典型代表：DXP本身是简化数据交换过程，通过发布订阅定义数据交换关系，实现由提供到获取的交换任务执行。但涉及更为复杂的交换流程时，则交给了ETL。

不否认，在交换过程中，其实DXP定义了更为宽泛的交换关系，而在具体节点上，可以利用ETL进行节点内的数据复杂流程加工和处理，再把数据交给下一站来处理。这是一个可行的方案。只不过，这一方案能够实现一定的功能，但裂痕感也非常明显。即，ETL的复杂流程和任务，不能被DXP管理和调度，也不能无缝的和DXP定义的交换任务直接集成。那么，我们就无法在数据交换平台的管理界面中，看到一个完整一致的任务。这是一个现实的问题。而要求DXP去实现ETL模式的复杂交换流程和数据处理功能，明显是非常不现实的。

当大家都趋向于在同一个管理门户中去完成数据交换的所有任务时，这一方案，存在的不足也是明显的。

7 基于数据内容的路由控制

对数据需要进行路由，这在绝大多数实际交换场景中都有明显的需求。为什么会需要数据路由，此处不再赘述。

我们来讨论一下数据路由的方法。如前所述的数据交换标准以及码表字典的支持，路由可能是在多个交换接入方之间，根据条件筛选和转发数据，也可能是对某些不符合条件的数据，不能做任意丢弃，而是转移到另外一个缓存库进行进一步的处理。

总之，数据交换过程中，需要根据某个数据字段/属性的数据和判断，来决定下一步该如何处理。这一能力目前在ETL工具中具有一定的支持率，但在真正的数据交换平台中，却显得比较贫乏。

8 更广泛的兼容与接入能力

数据交换，围绕数据的模型展开。凡是可以用于采集和获取数据的接口和交互模式，都应得到支持。尤其常见的WebService等。支持对数查询与服务的 WebService 封装与开放，支持通过访问其他 WebService 接口以获取数据，并能够落地为文件或者 RDB 等。

另外，由于大数据的发展，很多数据开始考虑采用 NoSQL 来存储。虽然数据交换平台不是用来处理大数据的工具，但有的信息用 NoSQL 存储，并希望能够与传统结构化数据交互的时候，交换平台将能够派上用场。所以，交换平台可适当考虑在 NoSQL 领域有所突破。

在关系数据库领域，CDC 逐渐得到更多的重视，虽然已经在 ETL 中有所实现，但要纳入一个整体的交换平台解决方案，还有一定的距离。

综上所述，对数据的操控和处理，平台内部至少需要提供完善的功能支持，使得我们在实现一个交换业务场景的时候，考虑如何"拼装"，而不是如何"再造"，这就要求内核对数据的操控能力是相对完整的。

数据共享交换平台作为电子政务系统的支撑部分，一直以来都扮演核心的角色，已经在电子政务建设中承担主要的角色将近 10 年了。我们往往在很多时候津津乐道于数据交换如何能够构建一个相对复杂的数据交换场景，并将负责的数据交换流程实现交给交换平台的底层来实现，从而实现更好的封装。让上层的应用以及业务管理者，不必更多地顾虑底层交换代码的实现。这种松耦合，或许就是"平台"的本质含义。

9　结束语

综上所述，对数据的操控和处理，平台内部至少需要提供完善的功能支持，使得我们在实现一个交换业务场景的时候，考虑如何"拼装"，而不是如何"再造"，这就要求内核对数据的操控能力是相对完整的。

参考文献

[1] 刘艳辉，董碧，丹张峰. 数据交换平台的分布式应用研究[J]. 计算机工程与设计，2009（16）.

[2] 张毅君. 统一标准 冲破壁垒 构建行业数据共享体系[J]. 出版发行研究，2016（02）.

[3] 杨清. 数据交换平台在环保信息化中的应用研究[J]. 价值工程，2013（15）.

基于物联网技术的地质灾害预警系统研究与设计

施 刚

（成都东软学院 四川 成都 611844）

摘 要：寄予物联网技术的地质灾害预警系统是种以物联网和计算机软硬件技术为核心，结合专业性的地质灾害检测终端和检测设备。它通过计算机来进行数据存储和分析处理，并可发布必要的安全预警预报。通过在地质灾害多发地区和重点地区的建筑类基础设施、设备周边安装各类必要的监控设备如震动传感器、土壤温度传感器、降雨量监测设备等来对这些地区的地质信息进行监测，并将所采集的信息通过网络等方式进行汇总和处理。再结合气象部门等其他第三方机构提供的相关信息，最后统一通过计算机系统来对采集的数据进行分析判断，做出被监测地域周边是否有发生地质灾害可能的意见分析和预警。

关键字：物联网；灾害预警；信息管理

Research and Design of Geological Disaster Early-Warning System Based on Internet of Things Technology

Shi Gang

（Chengdu Neusoft University, Chengdu 611844, Sichuan, China）

Abstract：The geological disaster warning system is in networking and computer hardware and software technology as the core, combined with the geological hazard detection terminal and professional testing equipment, through the computer for data storage and analysis, and issued a safety warning and predict necessary. All kinds of necessary monitoring devices should be installed around the building infrastructure and equipment around geological disaster prone areas and key areas, such as vibration sensors, soil temperature and temperature sensors, and rainfall monitoring devices. Through these equipment, the geological information of these areas is monitored and the information collected is collected and processed through the network. Combined with the relevant information provided by other third party organizations such as the meteorological department and other related agencies, we finally analyze and judge the collected data through computer system, and make possible analysis and early warning of geological disasters around the monitored area.

Key words：internet of things；disaster warning；information management

1 前言

地质灾害监测预警系统研究与设计的内容主要是监测四川重要地质灾害频发区域周边地质条件，对地质灾害高发区的社会基础设施进行地质灾害监测预警。同时可与四川省国土资源厅地质灾害监测总站配合，接入四川地质灾害监测总站现有的地质灾害监测数据，并在地质灾害高发区

作者简介：施刚（1979—），男，汉族，四川简阳，讲师，硕士研究生，研究方向：计算机系统结构。

进行若干个点位的传感器布设,从而可以提供包含雨量、地表位移、土壤含水率、土壤压力、视频图像等监测手段的在线监测。

系统可汇集来自 GPRS、北斗卫星等数据通路的硬件终端数据,可实现数据上报与外部共享,远程实时获取监测点图片,监测点野外实景幻灯片展示,监测点添加删除及工作状态参数远程配置,标记监测点位置并展示监测点地形;具备预警信息发布功能,可显示预警信息,查询历史预警信息记录,内部预警、外部预警、预警指标显示及修改,可远程语音喊话等。

地质灾害监测预警系统在功能设计上主要包括滑坡监测、泥石流监测、视频监测及监测预警信息平台建设四个部分。

2 系统前端数据采集及数据传输功能设计

前端数据采集监测点的硬件实现包括数据采集部分(由传感器和数模转换器构成);数据前端处理部分(基本嵌入式系统,进行采集数据的前端预处理);数据传输部分(通过网络技术将采集数据发送至系统服务器后台);还有就是为前端所有功能部件提供运行所需能量的供应模块(根据监测点条件情况,有电网供电、电池供电、太阳能电源补充等多种形式)。

在对采集信息的传输方面,包括有基于物联网技术的现场短距离的无线传感器节点网络搭建;各传感器节点将传感信息在监测点进行汇聚;再通过 GPRS 或北斗卫星远程传输网络将信息传送回系统后台服务器[7]。

3 监测站信息管理功能设计

图 1 为对监测站信息进行管理的各个子功能模块,其中站点数据采集又继续细分成了七个信息采集功能子项。

监测站信息管理各子功能的说明如下:

监测点位置:当用户在目录树上点击某测站时,测站在地图上自动定位,并显示测站的详细信息,包括经纬度坐标。

测站数据采集:由野外数据采集传感器采集的时段雨量、温湿度、表面裂缝位移、土壤含水率、孔隙水压力、振弦式土压力、视频图像等信息,通过 GPRS、北斗卫星等多种数据传输方式,将传感器现场采集的数据实时传回中心服务器,就可以在四川电力地质灾害监测预警信息平台上以多种方式来表达。

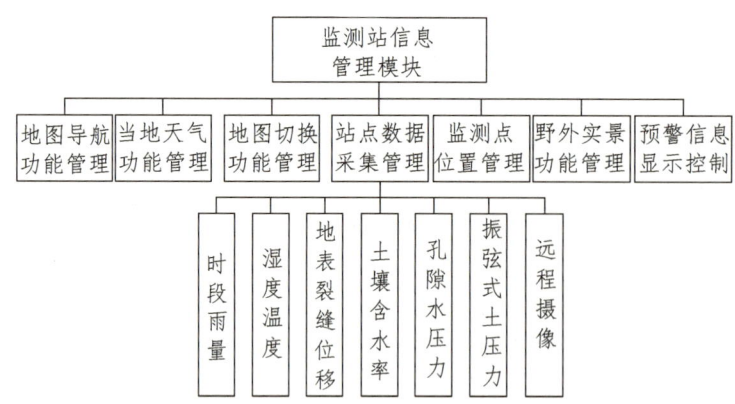

图 1 监测站信息管理模块组织结构图

地图切换:可以在地图窗口、影像窗口、地形窗口之间自由切换,显示不同详细程度的测站点的地理位置信息。当用户点击测站点时,可以查看测站的详细信息。

野外实景:可以查看每一个测站的野外现场实地情况。

天气预报:可以对未来三天的天气进行预报,相关负责人可以预先了解未来的天气情况。

地图导航:地图放大,缩小,漫游,前进,后退等。

数据展示:通过点击地球中监测点的红色气泡,弹出该监测点的实时数据曲线图。监测点曲线的数据通过 AJAX 技术的无刷新方式进行自动更新,保证了数据的即时最新性。曲线图设计以选项卡的方式展示监测点的各个监测指标（表面位移、土壤湿度等）的数据曲线，可通过单击切换。

4 预警信息管理功能设计

用户可以针对不同的监测点、不同的监测指标设置不同的预警警戒级别（包括是否进行预警）、不同的预警方式和不同的预警短信内容，同时可以选择是否在信息末尾附上即时的数据值。若用户未设置预警短信内容，系统默认以数据值的判定结果为内容。预警短信发送的手机号码为建立监测点时设定的预警手机号，预警手机号可以设置为多个，多个预警手机号系统将进行短信群发操作。该系统预警方式主要有：远程喊话、内部预警、外部预警、短信预警、手动报警等多种方式。图 2 为预警信息管理功能模块的组织结构，其中共划分了 8 个预警管理功能子项。

预警信息管理功能的各子功能模块功能设计说明如下：

预警信息发布：按照预先设定的预警程序和预警方式，在预警条件满足时触发，将预警信息发送给灾害威胁区域的电力系统各部门和人员。向各个受滑坡地质灾害威胁的监测点发布预警信息；各个受滑坡地质灾害威胁的监测点和有关单位，根据防御预案组织实施。

预警信息查询：根据用户需要，根据给定的时间段对历史预警信息进行查询。

预警指标修改：根据监测点的地质水文实际情况，管理员可以对各种监测传感器仪器的预警阈值指标进行修改，能够适应多变的地质条件。

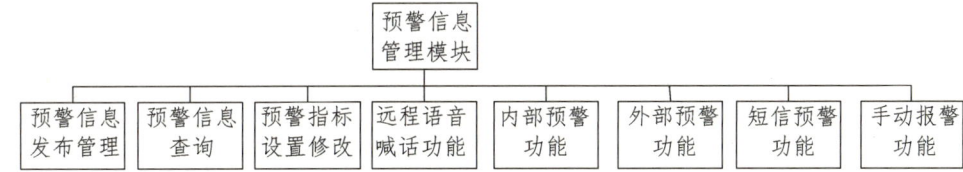

图 2 预警信息管理组织结构图

远程语音喊话：可以对灾害监测现场的地质灾害监测人员通过大喇叭喊话。

内部预警：对电力系统内部的灾害处理人员和负责人进行系统内的预警信息发送。对地质灾害人员和相关责任人发布第一阶段内部预警。

外部预警：经过地质灾害相关负责人商讨后对社会公众发布第二阶段外部预警。

短信预警：系统支持浏览器端的短信即时发送请求，支持短信群发，除满足正常的预警发布需要外，还可通过预置的预警对象手机号码发送相应的预警短信。

手动报警：当遇到紧急事件时，除了系统自动报警外，还可以通过人工的方式手动发起报警。

5 结 论

本系统在设计上可以使得地质灾害监测和计算机、网络技术相结合，在国家地质灾害预警工作上得到具体的应用，可以在各类地质灾害的监测和早期预警预报方面形成一个系列化的、专业性和实用性强的系统。可以为四川西部地质灾害多发地区的公共基础设施的地理位置灾害监测提供有力的技术上的信息化支持和保障，为灾害预防和治理提供前期的有效信息监测手段。系统的使用可以达到在地质灾害多发区域实现防灾减灾的目的，有很好的经济和社会效益。同时，该系统还可以应用到我国多发地质灾害的其他地区和行业中去，系统内部所采集的信息数据还可提供到区域和全国性的地质灾害监测网络中去，为国家和地区性的地质灾害防治工作提供有力的信息支持。

参考文献

[1] 韩伟民. 基于 2D/3D GIS 技术的地质勘查项目管理系统的研究与实现[D]. 北京：中国地质大学，2015.

[2] 李青元，曹代勇，高文泰. 基于体划分的二维矢量结构 GIS 拓扑关系[M]. 北京：测绘出版社，2013.

[3] 王鹏宇. 触发器技术的应用[M]. 北京：科技

出版社，2012.

[4] GLADE T. The temporal and spatial occurrence of rainstorm-triggered landslide events in New Zealand. School of Earth Science Institute of Geography, Victoria University of Wellington, New Zealand, 2013.

[5] F. C. DAI，C. F. LEE, L. G. THAM etc. Logistic regression modelling of storm-induced shallow land sliding in time and space on natural terrain of Landau Island, Hong Kong. Earth and Environmental Science and Engineering. 2014, Dec, 23(4): 315-327.

[6] 贾素来. 物联网技术应用实例[M]. 北京：机械工业出版社，2015.

[7] 刘传正. 地质灾害预警工程体系探讨[J]. 水文地质工程地质，2010，4：21-22.

[8] 王禄. 三峡库区地质灾害监测系统[D]. 重庆：重庆大学，2014.

浅谈单上肢残疾人的无障碍家居产品设计
——以洗漱产品设计为例

陈志刚 刘 倩

（成都东软学院 四川 成都 611844）

摘 要：本文研究对象是单上肢残疾人群体，研究的内容是无障碍家居产品设计，其中融合了设计心理学、产品形态设计、材料与工艺、人机工程学等多门学科内容。希望通过对单上肢残疾人相关的无障碍产品设计的现状及发展、残疾人行为和心理特征等方面的分析研究，归纳出上肢残疾人的无障碍家居产品设计的原则、方法及各要素要点，对单上肢残疾人的无障碍家居产品的设计提供有效思路。

关键词：单上肢残疾人；无障碍；家居产品

On Design of Barrier-Free Household Products for the Disabled with Single Upper Limb
—Taking the Design of Toiletries as an Example

Chen Zhigang Liu Qian

(Chengdu Neusoft University, Chengdu 611844, Sichuan, China)

Abstract：In this paper, research on single upper limb disabled people, barrier-free household product design is the content of the study, which combines the design psychology, product form design, materials and technology, ergonomics, etc. The multi-discipline content. Hope through to the single upper limb disabled persons related to the present situation and development of barrier-free design, people with disabilities, the analysis and research of the behavior and psychological characteristics, summing up the accessibility of upper limb disabled household product design principles, methods and key points for each factor, the accessibility of the single upper limb disabled household product design provides effective ways.

Key words：single upper limb disabled；barrier-free；home products

1 引 言

随着生活水平不断提高，人们对家居产品的要求也越来越高。与此同时，作为特殊群体的残疾人更需要得到社会的关心与关注，也应该享受同等的生活品质。目前国内关于残疾人无障碍家居产品的设计极少，市面上多数家居产品不能够满足残疾人群体的日常生活使用。

2 无障碍设计

早在1974年，国际残障者生活环境专家会议中提出了"Universal Design"这一概念，并将其定义为"与性别、年龄、能力等差异无关，适合所有生活者的设计"，后来又把这个概念修正为"在最大限度地可能范围内，不分性别、年龄与能力，适合所有人使用方便的环境或产品之设计"。

作者简介：陈志刚（1984—），男，汉族，山西，讲师，硕士，研究方向：工业设计、产品设计。

"Universal Design"英译后的意思为"通用设计"，"通用"则可理解为适用于所有人群的设计，所以修正后的定义更贴近于其核心表达意义，更能体现出不区分人群和区域的设计主旨。

在汉语词典中，对"无"的释义为"没有"；对"障碍"一词的释义为"阻挡"。由此可知，简单来讲，无障碍设计就是指：不区分人群、区域，没有任何阻碍的、方便使用的设计。将一切事物方便化，把可能对使用者造成困扰的因素加以转化，从而达到排除困扰这一目的的设计。其针对的人群并不单单指老年人、残疾人或行动不便的人群，而是包括健全人群在内的一个广泛应用于各种环境和产品领域的设计。

无障碍设计强调在现如今这个生活水平不断攀升的现代社会，所有与人类社会住所的公共空间环境以及各类建筑设施、设备规划有关的设计，都必须要充分地考虑具有不同程度的生理伤残缺陷者和正常活动能力较弱者（即老年人）的使用需求，打造一个充满人文关怀，切实保障人类安全、便利和舒适的现代生活环境。

无障碍设计所涉及的范围包括城市建筑、公共交通、公共设施设备等。例如街道上为盲人铺设的盲道，商业场所和一些公共环境为残疾人及母婴提供方便的卫生间、通道等设施。但总的来说，我国的无障碍设计的建设程度还不够全面，在许多大型的公共区域，如图书馆、活动中心等，还没有得到无障碍设计的重视，尤其在住宅区域、家居环境中，无障碍设计理念和建设程度比较薄弱，不能够完全满足残疾人、老人的日常生活需求。并且无障碍设计要在住宅、家居领域上得到进一步的开发与发展。

3 上肢残疾人

上肢是人体结构的组成部分之一，包括肩、臂、肘、前臂和手五个部分。"残疾人"则是被定义为心理、生理、人体结构上、某种组织、功能丧失或者不正常，全部或部分丧失以正常方式从事某种活动能力的人。

3.1 上肢残疾人分类

上肢残疾人可分为单上肢残疾人和双上肢残疾人。

其中，单上肢残疾人可分为单上肢功能丧失和单上肢缺失两种类型。同理，双上肢残疾人可分为双上肢功能丧失和双上肢缺失两种类型。

3.2 上肢残疾人行为特征及需求分析

上肢残疾人是单、双手或手臂缺失或有功能障碍的人群，其主要的行为特点如下：

（1）上肢能够活动的范围比常人小；

（2）上肢持续能力较弱，要想完成各种精巧的动作非常吃力；

（3）难以完成需要双手协作的动作。

基于上述关于上肢残疾人的这些行为特征可以看出，他们在日常生活中很难独自完成一些动作和操作，例如：很难将棉絮铺进被套、无法双手一起搓洗和拧干毛巾衣物、无法牢固地抓握住扶手等。

3.3 上肢残疾人心理特征及需求分析

心理指生物对客观物质世界的主观反映心理的表现形式，主要包括认知、情感和意志三个方面。不同的人心理都不一样，上肢残疾人作为残疾人这一特殊群体的一部分，其心理与常人也有所不同。

（1）上肢残疾人的认知特点。

由于上肢残疾人在生理上的不同，他们对事物的认知不受下肢和躯体的影响，但是很难通过双手去认知。上肢功能丧失的情况下或许还可以用它们辅助认知，若是上肢缺失的情况，就完全无法用手去认知事情。

（2）上肢残疾人的情感特点。

常怀生的《建筑环境心理学》中提道：情感是人对客观事物的一种态度，是由于一定的客观事物而引起的一种倾向。上肢残疾人作为社会上的特殊群体，他们在情感上会与常人不太一样。

① 孤独感。

上肢残疾人群体中，孤独感是一种很普遍的情感。由于上肢残疾人在生理和心理上存的某种缺陷，他们在行动和交流方面都受到了局限。在生活中，他们也会因为自身的不便遭受他人甚至亲人的忽视和不理解，长时间在与常人隔离的环境下，很容易让她们感到压抑和孤独。

②自卑感。

上肢残疾人都很在意自己生理上的缺陷，极其敏感，自尊心强。和他人的不同，让他们打心底里感到自己不如别人，却因此比常人更要强，更有强烈的欲望去完成自己因为缺陷难以完成的事情。这些种种无一不让他们否认自我，感到自卑。

③情绪不稳定。

上肢残疾人因为自身生理上的缺陷使他们很难完成一些日常、简单的小事情，也因此让他们在日常生活、求职、恋爱等方面受到诸多阻碍，让他们在心理上受到过多压抑。这样一来，他们的情绪就容易在某个点爆发。

④抱怨心理。

上肢残疾人因为自身生理上的缺陷受到限制，他们在遇到困难或挫折的时候就会产生抱怨心理，抱怨自己的亲人、公司领导，抱怨自己命运多舛，抱怨社会对自己的偏见和歧视。抱怨的心理严重时容易使他们产生偏激的行为。

⑤富有同情心。

上肢残疾人因为自身的缺陷，会更富有同情心。他们更能够体会到同类型残疾人的内心感受，同样也比常人更加容易对一些不幸的人产生同情，也常常通过别人想到自己的不幸，极其容易产生情感共鸣。

3.4 上肢残疾人的意志特点

由于上肢残疾人存在的缺陷，让他们从开始就要学会去接受、面对和克服。因为他们不想带给别人麻烦，所以他们需要比常人更努力去学习和克服那些常人很容易做到而他们却很困难的行为动作。为了让自己能够具有常人一般的自理、自立能力，他们往往要付出比常人多很多倍的努力。这些生理和心理上的磨砺，让他们具备了坚强的意志。

4 单上肢残疾人洗漱产品设计

在进行残疾人的无障碍产品设计的时候，首先要保障的是，残疾人可以通过这个产品实现无障碍生活环境；其次，尊重残疾人群体，要让他们克服自卑的心理。为满足残疾人的特殊需求，无障碍家居产品设计需要遵从以下原则。

（1）安全性。

在残疾人的意识中，由于自身生理上的缺陷，会缺乏安全感，对于所处的环境、周围的设施设备的安全性选择非常慎重。对于洗漱产品的形态、位置等，设计时应注重此方面考量，如减少产品尖锐的部位，避免产品的位置对人活动范围内的碰撞伤害。避免安全隐患，打消残疾人在使用产品时的顾虑。

（2）情感关怀。

无障碍设计的初衷就是为方便人的使用，让残疾人在情感上倍感关怀，能够从中肯定自我的价值，减少内心的自卑感。所以在产品设计中，应该充分考虑上肢残疾人的心理需求，将上肢残疾人的无障碍洗漱产品设计融合设计心理学、人机工程学等理论知识，通过形态、色彩以及功能传递情感关怀。

（3）共用性。

无障碍设计的使用对象并不单单指残疾人，也包括正常人在内，设计出的产品应对于生活在同一环境的健全人来说也可使用，减少特殊性，不但照顾到残疾人相对敏感的情感，也减少了资源的浪费。

（4）独立性和统一性。

产品应直接适用于已有的家居环境中，便捷且容易操作。产品已单品呈现，给人以选择空间，同时独立的产品之间应该存在相同或相似的因素，使其具有统一性。

5 设计思路

5.1 功 能

通过对现有的洗漱产品的功能性进行调研分析，多数产品只能够满足常人洗漱使用，配置基本上就是面盆、水龙头、柜子、镜子、毛巾杆这几类，以满足常人蓄水、漱口、洁面、收纳和晾置毛巾等需求。而这些产品在功能上远远不能满足单上肢残疾人群体的需求，他们在洗漱的过程中会遇到诸如往牙刷上挤牙膏、搓洗毛巾、拧干毛巾等需要双手配合完成的动作。此类问题的要点在于，动作需要两个固定点之间互动配合，而单上肢残疾人只能固定其中一点，故无法完成。所以设计应着重于使产品具备固定的功能，同时保证操作的便捷性。过于复杂的操作会大大降低用户的使用体验，最终遭到弃用或引发新的问题。

5.2 材料

产品的材质主要对人的视觉和触觉产生刺激，通过感官的感知，从而在心理上产生相对应的意象。所以，对产品材质进行深入研究，并融合上肢残疾人的心理分析，将有利于把握残疾人产品的整体设计以及视觉效果。

金属：金属材质具有较高的强度、硬度和耐久性，不易被破坏，且化学性能稳定，有良好的抗腐蚀性；但情感上较为冰冷，在潮湿环境下易氧化，使用时应注重比例、位置等因素。

塑料：塑料材质较轻，具有较好的成型性、着色性和耐磨耗性，加工成本低，并且防水性较强，可回收再利用。

硅胶：硅胶材质具有开放的多孔结构，这让它具备了良好的吸附性，并且硅胶材质具有良好的热稳定性和机械强度，可再生反复使用。

为了保证产品的耐久性，内部可采用部分金属材质，同时注重外壳的防水防潮；塑料和硅胶两种材质主要用于人眼可见的表面，给人以亲和、温暖的感官意象，尤其是硅胶材质本身就是一种软质的材料，不容易对人造成伤害，能够让人感觉到安全感。

5.3 造型

产品形态主要是给人以视觉意识和使用属性的信息传达，对于上肢残疾人来说，对产品形态的基本要求主要是便于使用和安全性，另一方面，现在社会发展迅速，人们的生活品质也逐步提高，上肢残疾人也应该享有同等的生活品质，针对上肢残疾人缺乏的安全感心理和现在高品质的生活水准，产品形态主要以简约、高品质的外形为主，在此基础上要避免有尖锐的部分露出，确保产品使用过程中给人以安全感，并且要避免不慎受伤。

6 结语

随着社会的不断发展，无障碍设计越来越注重人文关怀，不仅要让提升使用的便捷程度，更强调它带给使用者精神层面的支持。本文的研究旨在提出解决单上肢残疾人在洗漱时的问题思路，同时唤起社会对上肢残疾人群体的关注，淡化残疾人与健全人之间的差异。

参考文献

[1] 刘志泉. 我国肢体残疾人概况[J]. 中国康复医学杂志，2003，18（8）.

[2] 张钧. 全国残疾人人口基础数据库数据分析[J]. 残疾人研究，2013，3.

[3] 朱图陵，王保华. 论残疾、无障碍环境与辅助器具[J]. 残疾人研究，2016，3.

[4] 吕世明. 我国无障碍环境建设现状及发展思考[J]. 残疾人研究，2013，2.

[5] 李改英. 无障碍设计的发展趋势[J]. 包钢科技，2009，35（1）.

[6] 刘静. 浅谈国内外无障碍设计的发展[C]. 安徽省土木建筑学会，2001.

媒体关注、公司治理与上市公司会计信息披露质量的实证研究

赵媛媛　徐建华　李　扬

（成都东软学院　四川　成都　611844）

摘　要：本文从媒体关注的视角入手分析公司内部治理、外部治理与信息披露质量间的内在联系。本文以深圳证券交易所 2013—2015 年信息披露质量评级报告结果及 4 264 家上市公司的面板数据为样本进行分析，实证结果表明，上市公司信息披露质量：① 与股权集中度、管理层持股、机构持股正相关；② 与公司独立董事比例没有显著关系；③ 媒体关注的程度不同对公司信息披露质量有相反的影响关系，呈现类似门槛效应的现象。这一结论意味着，要提升会计信息披露质量、保护投资者利益有必要继续完善上市公司的治理结果，并综合考虑媒体的外部监督机制对信息披露质量的影响。

关键字：媒体关注；信息披露质量；公司治理

Empirical Study on Media Attention, Corporate Governance and Accounting Information Disclosure Quality of Listed Companies

Zhao Yuanyuan　Xu Jianhua　Li Yang

（Chengdu Neusoft University, Chengdu 611844, Sichuan, China）

Abstract：Starting with media attention view, the paper analyzes internal connection among corporate internal governance, external governance and information disclosure quality. The paper takes SZSE 2013-2015 information disclosure quality assessment report result and panel data of 4246 listed companies as samples for analysis; the empirical result shows that the information disclosure quality of listed company includes: ① positive correlation with ownership concentration, management shareholdings and institutional shareholdings; ② have no remarkable relationship with the proportion of corporate independent directors; ③ the degree of media attention has opposite influencing relationship with corporate information disclosure quality, which shows the atmosphere similar to threshold effect. The conclusion means that in order to promote accounting information disclosure quality and protecting the investors' interests, it is necessary to continue perfecting the governance result of the listed company and consider the influence of media internal supervision mechanism on the information disclosure quality.

Key words：media attention；information disclosure quality；corporate governance

1 引言

会计信息披露存在的问题严重阻碍了上市公司与资本市场的健康发展，提高会计信息披露质量是保护投资者利益、维持资本市场健康发展的关键。现有研究表明可从企业内外两个方面研究提高会计信息披露的质量的方法。而在外部治理方面，媒体作为公司治理的一种补充手段进入我

基金项目：四川省教育厅 2017 年度科研项目（编号：17ZB0017）。
作者简介：赵媛媛（1980—），女，汉族，四川成都，讲师，硕士，研究方向：财务管理。

们的视野，媒体关注对于信息披露、汇集与扩散发挥着关键的中介作用，可以消除或减弱信息不对称，对公司会计信息披露产生一定的外部压力，从而提高会计信息披露质量，优化资本市场。

2 理论分析与研究假设

在外部治理方面，本文从媒体关注与机构投资者两方面出发进行考虑。良好的会计信息披露有利于投资者判断公司未来经营情况，降低其承受的不确定性（卢文彬，2014）。媒体是会计信息披露和广泛传播的载体，借助媒体的传播可降低投资者获取信息的成本，减少投资者与公司间的信息不对称。大量文献表明，媒体的传播作用可以有效提高公司外部治理的能力，对改善企业内部控制、盈余管理、IPO 定价、财务信息舞弊等方面有积极的影响。除了媒体以外，机构投资者已成为我国资本市场中的重要力量，相比于一般投资者，它更有动机和能力监督约束经理人的道德风险。代理理论认为，股权分散的公司会倾向于披露更多的信息以降低代理成本和信息不对称，机构持股会使公司更多的自愿披露信息。Joe et al（2009）指出，机构投资者"用脚投票"的成本很高，通过媒体曝光向上市公司施加压力来完善公司治理的目的。

公司的内部治理关注以下三方面：股权结构、董事会特征及管理层持股比例。首先，有文献研究表明股权的集中在一定程度上阐述了利益的协同效应，使控制性股东和中小股东的利益趋于一致，实现委托代理关系的平衡，有利于公司治理效率的提高，会计信息披露更加透明；其次，由董事会产生的过程董事会被看作是股东的治理工具，是所有权和公司治理之间最重要的连接点，董事会的独立性和效率将直接影响公司治理的效果；最后，高管层作为公司会计政策的决策者、制定者，甚至执行者，对于会计信息披露质量的高低必然产生重大影响。

基于以上理论分析，提出如下假设：

假设 1：会计信息披露质量与媒体关注正相关，即媒体对企业的关注度越高，越会促使企业提供较好的会计信息披露质量。

假设 2：机构投资者与会计信息披露质量正相关。

假设 3：股权集中度与企业会计信息披露质量正相关；

假设 4：管理层持股比例与企业会计信息披露质量正相关；

假设 5：独立董事比例与企业会计信息披露质量正相关。

3 研究设计

3.1 样本的选择及数据来源

本文选取 2013—2015 年在深交所上市的所有 A 股上市公司作为总样本，为了避免异常数据的影响，剔除了以下内容：① 同时发行 B 股或 H 股的公司样本；② 样本期间曾经或正被 ST、*ST 和 S*ST 的公司；③ 金融行业公司；④ 公司治理和财务数据缺失样本，最终获得 4 264 个观测值，本文对所有连续变量均进行上下 1%的 Winsorize 处理。

本文使用的上市公司媒体报道数据通过"中国重要报纸全文数据库"手工收集整理得到，公司治理和财务数据来自 WIND 数据库和 RESSET 数据库。本文使用STATA12进行相关的计量分析。

3.2 变量定义

（1）被解释变量。

会计信息披露质量（quality）：根据信息披露考评结果，将"优秀"和"良好"取为"1"，"及格"和"不及格"取"0"来处理。

（2）解释变量。

媒体关注度（media）：分别采用 ln（总的报刊报道次数+1）、ln（前四大报纸报道次数+1）ln（全文媒体报道次数+1）等几种方式衡量；其他解释变量，依据前人的研究选取股权集中度、管理层持股、独立董事比例、机构持股。

3.3 模 型

由于被解释变量信息披露质量的取值为 0 和 1，为二分类变量，因此本文设定以下两项 Logit 回归模型来检验公司内、外部治理与会计信息披露质量之间的关系。模型 1 主要检验会计信息披露质量与公司内部治理之间的关系；模型 2 用于检验会计信息披露质量与公司外部治理之间的关系；模型 3 用于检验公司内外治理在提高企业会计信息披露质量方面是否具有协同效应。模型 2 和模型 3 中的 media 变量分为以"主题"搜索方式收集的各年全部报刊报道的总量（mediatotal）、证监会指定四大报刊报道的数量（mediatop4）、报道总量减去前四大报刊的数量（d_media=mediatotal-mediatop4）以及以"全文"搜索方式收集报道总量（medianews）。

模型 1：
$$logit(quality) = \alpha_0 + \alpha_1 share + \alpha_2 mshare + \alpha_3 indboard + \sum \alpha_i controls + \varepsilon$$

模型 2：
$$logit(quality) = \beta_0 + \beta_1 media + \beta_2 insthold + \sum \beta_k controls + \varepsilon$$

其中，media 分为：mediatotal、mediatop4、medianews、d_media 四种情况

模型 3：
$$logit(quality) = \mu_0 + \mu_1 media + \mu_2 insthold + \mu_3 share + \mu_4 mshare + \mu_5 indboard + \sum \mu_m controls + \varepsilon$$

其中，media 分为：mediatotal、mediatop4、medianews、d_media 四种情况

3.4 实证分析

（1）描述性统计。

① 2013—2015 年样本公司信息披露质量的考评结构表。

从表 2 中可以看出样本公司信息披露质量总体情况比较稳定，为方便研究，我们对会计信息披露质量的各等级进行了赋值，将"优秀"和"良好"取为"1"，将"及格"和"不及格"取为"0"。

表 1　2013—2015 年深交所信息披露质量考评结果

年度	2013		2014		2015	
考评结果	公司数	比例/%	公司数	比例/%	公司数	比例/%
优秀	291	19.97	327	22.44	333	22.86
良好	1 020	70.01	989	67.88	934	64.10
及格	136	9.33	123	8.44	164	11.26
不及格	10	0.69	18	1.24	24	1.76
合计	1 457	100.00	1 457	100.00	1 457	100

数据来源：根据深交所网站（www.sse.org）"诚信档案"中"信息披露考评"所公布的资料整理而成。

② 主要变量相关系数分析。

本文对主要变量进行了相关系数分析，发现报刊报道总数与前四大报道次数两个变量的相关系数高达 0.86，这表明被多家报刊报道的公司也会被前四大期刊报道，这也可能说明报刊之间存在一定程度的转载。以"全文"方式搜集的全部报刊报道与会计信息披露质量呈显著正相关关系，这有可能表明当媒体报道的数量达到一定级别时会使公众对该企业的经营、财务状况更加了解，企业更加透明。各个自变量之间的相关系数基本都在 0.5 以下，说明各自变量之间不存在严重的共线性问题。

（2）回归检验及分析。

① 分别从公司内、外部治理角度分析其与会计信息披露质量的关系。

表 2 第 1 列中从公司内部治理的角度分析其对会计信息披露质量的效果。结果表明股权集中度（share）和管理层持股（mshare）与会计信息披露质量是显著正相关，实证结果与假设 3 和假设 4 一致。董事会独立董事的比例与会计信息披露质量没有显著相关关系，实证结果拒绝了假设 5。表 5 第 2 列从机构持股方面检验公司外部治理与会计信息披露质量的关系。结果表明机构持股与会计信息披露质量呈显著正相关关系，实证结果与假设 2 一致。

表 2 第 3、4、5 和 6 列将分别采用不同的方式搜集的媒体报道次数作为衡量媒体关注的变量引入模型 2 中，以此考察不同报道数量级别对会计信息披露质量的影响。第 3 列以"主题"方式

搜集两个变量的差值（mediatotal-mediatop4）作为媒体关注的变量，实证结果表明此时媒体关注与会计信息披露质量没有显著性关系。第4列和第5列是以"主题"方式收集的数据所形成的变量，其实证结果与假设1相反，即会计信息披露质量评级较低的企业会吸引较多的媒体进行报道。第6列则是以"全文"搜集媒体报道的次数作为媒体关注的变量，实证结果与假设1一致，即媒体报道越多企业会计信息披露质量越高。通过对表2第3、4、5和6列的分析，我们发现媒体关注对会计信息披露质量呈现出类似"门槛效应"的现象，即媒体报道次数的不同数量级别对会计信息质量会产生截然相反的影响，只有当报道的次数达到一定数量级别时，其舆论影响力才能对公司管理层形成了有效的监督和约束，真正履行其外部监督职责。

表2 公司内部治理和外部治理与会计信息披露质量回归分析

	内部治理	外部治理				
		未引入媒体变量	引入不同的媒体变量			
	（1）	（2）	（3）	（4）	（5）	（6）
share	1.012**					
	（2.860）					
mshare	0.305*					
	（2.320）					
indboard	0.480					
	（0.882）					
insthold		1.224***	1.201***	1.320***	1.326***	1.148***
		（5.062）	（4.950）	（5.389）	（5.396）	（4.721）
d_media			0.106			
			（1.183）			
mediatotal				-0.158***		
				（-4.080）		
mediatop4					-0.291***	
					（-6.029）	
medianews						0.120**
						（3.274）
opinion	0.830**	0.873***	0.871***	0.856***	0.847***	0.866***
	（3.271）	（3.435）	（3.424）	（3.354）	（3.296）	（3.396）
audit	0.687	0.631	0.606	0.725	0.721	0.577
	（1.721）	（1.579）	（1.515）	（1.802）	（1.791）	（1.436）
roa	0.109***	0.108***	0.108***	0.109***	0.110***	0.107***
	（10.897）	（10.860）	（10.843）	（10.970）	（11.064）	（10.659）
lev	-1.054***	-1.485***	-1.522***	-1.299***	-1.229***	-1.525***
	（-3.952）	（-5.449）	（-5.546）	（-4.691）	（-4.431）	（-5.596）
cons	-0.356	0.435	0.400	0.641	0.699	0.110
	（-0.703）	（1.058）	（0.972）	（1.546）	（1.686）	（0.259）
N	4261	4261	4261	4261	4261	4261
pseudo R2	0.091	0.096	0.096	0.101	0.108	0.099

t statistics in parentheses　　* $p<0.05$, ** $p<0.01$, *** $p<0.001$

② 分析公司治理与会计信息披露质量。

在表 2 的研究基础上，将公司治理内、外部变量引入模型三，除整体情况除股权集中度与会计信息披露质量不再存在显著相关关系外，其他变量与会计信息披露质量的显著性与表 2 呈现相同的正负关系，且在模型中同时引入公司内部和外部治理变量其系数比单独进行回归时要高。这说明公司内外部同时提高治理能力将会形成"协同效应"，而在引入媒体关注后这种效应会更加明显，这进一步说明媒体曝光能够促使企业改正侵害外部投资者权益的行为，起到监督的作用。

4 结 论

本文发现，不同的媒体关注程度，即媒体报道数量级不同对上市公司信息披露质量有不同的影响，只有媒体报道达到一定数量后才能发挥积极的揭露和监督的公司的作用。当媒体不断增加公司违规事件的曝光程度或在类似事件出现时作为案例再次进行报道，这样大数量的报道将会提高行政机构介入的可能性，加大了公司的违规成本，也会使公司提升公司信息透明度，这些都将促使这些公司停止或改正违规行为，从而提高其信息披露质量。

基于以上分析，我们认为公司治理与会计信息披露质量有显著关系，其中媒体关注对我国上市公司治理发挥了积极作用，媒体通过发挥公司治理作用，进而影响上市公司会计信息披露质量。重视、加强媒体的外部监督作用对推进我国上市公司治理，提高上市公司会计信息披露质量具有重要意义。

参考文献

[1] 才国伟，邵志浩，徐信忠. 企业和媒体存在合谋行为吗?——来自中国上市公司媒体报道的间接证据[J]. 管理世界，2015（7）：158-169.

[2] 醋卫华，李培功. 媒体监督公司治理的实证研究[J]. 南开管理评论，2012（1）：33-42.

[3] 黄俊，郭照蕊. 新闻媒体报道与资本市场定价效率：基于股价同步性的分析[J]. 管理世界，2014（5）：121-130.

[4] DYCK, ALEXANDER, NATALYA VOLCHKOVA, LUIGI ZINGALES. "The Corporate Governance Role of the Media: Evidence from Russia" [J]. Journal of Finance, 2008, 63, 1093-1136.

[5] GILLAN, STUART. "Recent Developments in Corporate Governance：An Overview"[J]. Journal of Corporate Finance, 2006, 12, 381-402.

从媒介形态变化看数字化时代的电视

曹 静[1] 李 钢[2]

（1 成都东软学院 四川 成都 611844；2 西南交通大学 四川 成都 610000）

摘 要：迄今为止人类历史经历了三次重大的媒介形态变化，这些变化具体体现为三次语言方式的改变：口头语言、书面语言、数字语言。从历次媒介形态变化中可以看到，媒介是一个复杂的自适应系统，新媒介的产生是建立在旧媒介不断发展的基础之上的，但旧媒介并不会被新媒介简单替代，二者会形成共生、融合的局面，不断演进。目前的数字化浪潮对人类社会的影响空前深远，面对这一次媒介形态变化，电视与其他媒介的合流成为必然趋势。建立广义视听媒体的观念有助于摆脱概念纠缠，迎接数字化给电视带来的挑战。

关键词：媒介；电视；数字化

Television in the Digital Age -from the Perspective of Media Morphology

Cao Jing[1]　Li Gang[2]

（1 Chengdu Neusoft University, Chengdu 611844, Sichuan, China;
2 Southwest Jiaotong University, Chengdu 610000, Sichuan, China）

Abstract: In human history, the medialanguagehas experienced three majorchanges in form: oral language, written language and digital language. From thesechanges, we can tell thatthe media is a complex adaptive system. It is based on the continuous development of the old media, but the old media is not simply replaced by the new media. The new media and the old media will form a coexisting system and evolvetogether. In the current digital tide, media convergence become an inevitable trend. The idea of establishing generalized audiovisual media helps us to meet the challenges that digitalization brings to television.

Key words: media；television；digitization

1 引 言

在电脑和网络出现之前，电视是最先进的媒体，并且一度大有称霸之势。然而，在数字化技术飞速发展，各种新媒体不断涌现，同时不同媒体间又相互融合，呈现出大汇流局面的今天，电视也面临着当年广播所遇到的尴尬境遇，现在，我们就从媒介形态的变化来看数字化时代的电视发展。

2 三次媒介形态变化

回顾人类历史可以发现，媒介形态的变化实质上就是语言方式的变化。迄今为止，人类经历了三次重大的媒介形态变化。

（1）口头语言。

作为人类与其他生物相区别的本质特征之一，语言在人类发展史上起着决定性的作用。在

作者简介：1 曹静（1982—），女，汉族，四川成都人，讲师，硕士，研究方向：艺术设计、数字媒体。
2 李钢（1979—），男，汉族，陕西宝鸡人，讲师，博士，研究方向：数字传播。

400多万年的人类进化史上，大约4万到9万年前，原始人类获得了说话的能力。在此之前的几百万年间，人类的祖先只能使用动作和咿呀的叫声进行简单的交流，这是人类最早的传播活动。随着口语的兴起，人类传播体系的第一次媒介形态大变化和人际传播的加速，以及由此产生的和人类生存相关的迅速转变开始了。

生存方式的改变必然带来传播方式的变化。口语自身的特点使得其更适于直接的、小范围的、即时的交流。音乐、舞蹈、表演、演讲都是这一时期广播形式的表现。可以说，作为当代最重要的传媒之一的电视所使用的广播形式正是在口语产生之后成为一种重要的传播方式的。

（2）书面语言。

尽管口头语言在细节和相关性上很丰富，但在穿越时空时却具有不稳定性和不可靠性。当一个故事从父辈传到子辈或者从一个部落传到另一个部落时，经过口口相传，信息必然会被误解、丢失、篡改，最终与原始信息相去甚远。原始人类已经意识到了这个问题，洞穴岩画就是他们试图解决这个问题的一种尝试，而这种尝试最终导致了书面语言的产生。

文字出现后，又经过漫长的发展，大约在公元600年，印刷术被发明出来，人类从此进入印刷时代。1880年到1920年这段时间通常被认为是印刷媒介的黄金时期，报纸、书籍大量出版。然而到了1920年，无线电收音机的出现使得报纸被迫重新定位。随后的几十年间，电影、电视相继发明和普及，印刷的黄金时期一去不复返。

（3）数字语言。

1946年计算机的发明标志着人类进入数字时代，第三次的媒介形态变化拉开序幕。随着个人计算机和互联网技术的普及，数字化浪潮正在对包括电视在内的所有传统媒体产生前所未有的深刻影响。

3 媒介形态变化的特征

（1）共生。

媒介的形态变化不是简单的新旧交替过程，而是新的媒介不断出现，旧的媒介依然存在，新旧共同演进的过程。任何一种传播形式都是紧紧交织于人类传播系统的整体结构之中，而不能彼此独立存在的。因此，新媒介并不是自发和独立地产生的，而是从旧媒介的形态变化中逐渐产生的。当新媒介产生后，旧媒介并不会立刻死亡，而是会继续演进和发展，与新媒介形成共生。

无线广播的出现曾使很多人断言报纸的灭亡，然而事实证明即使到了数字化高度发达的今天，传统报纸仍然有其生存的空间。同样的道理，当电视开始普及时，无线广播一度受到致命的打击。但无线广播并没有像分析家预言的那样被电视所取代，而是通过采用新技术和调整市场战略等方式找到了新的定位，与电视互相补充，共同发展。

（2）融合。

既然新媒介的出现是在旧媒介的基础上不断演进的结果，新媒介就自然而然具备了旧媒介的诸多特征，同时又具备了时代所赋予的新特点。同时，旧媒介并没有消失，而是重新调整，通过吸收新媒介的一些优点来获得新的生机。这就导致了传播的历史变成越来越多的形式。这种你中有我，我中有你的情况形成了媒介形态不断融合的新格局。

回顾媒介形态变化的历史，新媒介的不断出现就是媒介表现手段不断拓展的过程。人类最初的媒介表现手段都比较单一，文字诉诸符号，绘画诉诸视觉，音乐诉诸听觉，直到照相术的发明，人类才第一次实现了真实地记录生活图像的梦想。电影的发明和发展使得视听结合成为可能，电视将媒介的广播效果发挥到前所未有的高度。电脑和网络的出现催生了一个新的概念——"多媒体"。从此，人类进入一个全新的媒介大融合的时代。

（3）混沌。

所谓混沌是指媒介形态变化受到各种复杂因素的影响，在整个媒介系统中，任何一个微小因素的改变都有可能导致重大的后果。也就是说，媒介系统中同样存在着所谓的"蝴蝶效应"。但是，这个复杂多变的系统并不是消极地回应事件，它具有自我调节的能力，也就是说，在任何条件下，它都会使得事态朝着对自己有利的方向发展。将媒介看成一个复杂的、有适应性的系统，有助于我们正确理解媒介的形态变化情况。

新媒介的出现往往受到各种复杂因素的影响。技术进步、商业利益、法律规定、文化背景等都会在媒介形态变化的过程中起到不同程度的作用。以电视的出现为例，从技术上来看，电视比广播先进。所以有人在电视发明之初就断言广播不久将会被电视替代。然而在与电视的竞争中，广播公司很快发现成本低廉，面向小众的小电台运作的调频广播十分有利可图，因而吸引了大量投资者。这样一来，制造商也被吸引到调频广播上来了，他们开始研发新的调频广播设备，使得高保真和立体声广播发展起来。与此同时，相关的法律法规也相继出台，为广播电视的发展提供了保证。

4 数字化时代的电视

经过上面的论述，我们发现了媒介形态变化的三大特征：共生、融合、混沌。数字时代的媒介形态变化具有同样的特征。作为一种需要同时诉诸视觉和听觉的媒介，电视和电影在本质上并无区别，电视诞生之初好莱坞发起的一场鲜血淋漓的市场争夺战就明确地显示出了这一点——正是由于电视与电影的相似性给电影带来了巨大的恐慌。电影和电视，仅仅存在技术上由化学反应成像和物理电子成像的区别，当然也正是因为这种技术的区别，给电视带来了很多缺陷，但这些纯技术的缺陷随着科技的发展，并不是不能克服的。而电视由于制作的快速便捷，更多地发挥了记录的功能，这事实上更加符合巴赞界定的电影美学体系。而传统认为的电影与电视的最大分别，即集体观赏与个人观赏的区别随着网络技术的发展也已经不复存在了，谁又能说出未来的电视与电影究竟有什么实质性的区别呢？

从更广阔的视野来看，电视同其他媒介的界线已经变得相当模糊，从目前对视听内容混乱的称呼——网络电影、特技电影、互动电影、电脑剧等似乎也可以看出这一点。互联网上的视频节目传输把电影院的面积扩大了无数倍，观众获得了自由点播的权力。随着互动娱乐和实真经历等新技术的出现，电视自身的生存状态以及人类与电视之间的关系也将会变得面目全非。2000年1月10日，美国在线公司与时代华纳公司合并，成立美国在线时代华纳公司，传统电影公司已经在一定程度上将前途押在在线公司身上。同时，在当前电影这个庞大的娱乐产业中，所谓电影的商业价值不仅包含了电影的票房，即传统意义上的电影院的常规门票收入，还包括录像带、数字影碟、主题公园乃至玩具、文化衫等电影相关产业的开发。电影衍生出的前期和后期产品使电影的外延在不断扩大。当前好莱坞最卖座的几部数字动作影片，几乎都是从动作游戏转变而来，而票房叫好的数字电影，也会在公映后不久被开发成电子游戏等数字产品。被称为第一部真正意义上的网络电影的台湾影片《175度色盲》，本身代表了一种新的电影制作方式，而它又同时被当前最时兴的Flash软件制作成系列动画在网络上广为传播。电影与电视的相似性决定了二者相似的发展前景。很明显，电影、电视、网络视频已经逐渐走向融合。

便捷、高效的数字技术不仅正在把自己的优势注入电视，成为新的视频制作方式，同时，它也被广泛运用于电影、网络等新型媒体甚至报纸、杂志等传统媒体中。它能够容纳文字、声音、图像，综合了原有诸多媒介的一切特性，并将它们统一到数字媒介的大旗之下。在统一的数字化平台上，电视作为一种艺术和媒体的独特性正在消失，而渐渐成为数字化多媒体的一部分，最终将导致电影与电视及其他媒体的界限变得模糊。从中我们也可以看到，数字技术不仅对于电视，对于所有传播媒介而言都是具有颠覆性的。在漫长的人类传播历史中，伴随着信息传播要求的提高，新的传播工具或手段总是能应运而生的。因此，包容广泛，方便快捷的数字传播方式，同时也代表了人类对目前众多的媒体所传输的几乎无限膨胀的信息资源的整合需求。电视作为一种重要的传播媒介，势必会被列入整合之列。这种整合体现在传播方式、传播介质、接收方式等诸多方面，世界顶尖的高科技巨人甚至正在联手研制可以将所有装置（电脑、电话、电视、音响和各种数据库等）共享的联动终端，其目的是只要动一动手指头（甚至是意念），你就能得到、看到和听到你想要的一切。而在这一切整合与改造中，数字技术都将是有力的工具。但从另一方面看，在互动娱乐和实真经历等新技术全力抢夺电影、电视传统领地的时候，电影、电视业也在不声不响却扎扎实实地向新技术的领域渗透，渐渐形成你中有我、我中有你相互依存的局面。但是从数字技术发展的现状来看，当前全球范围内所面临的则正是数字化新影像与传统型影像相渗透、融合、过渡、且又互动互补的阶段，许多理论家所谓的"后电影时代"（post-film era）尚未真正地到来。唯有经过更高更新的科学技术整合，使电影同电视、网络文化、多媒体及其他诸多媒体交叉与分离后，达到既"非此非彼"又"亦此亦彼"的形态和阶段，才是真正的"后电影"和"后电视"时代。

数字技术和互联网的迅猛发展使得电影与电视、电脑、多媒体之间的界限越来越模糊，而电视本身也将呈现多种形态：高清电视、多媒体电视、图文电视、交互式电视……数字化时代的电视很可能成为一个前景无限的快速消费品，你尽可随时随地地任意享用，如个人电脑、手机、镶嵌在汽车后座上的微型屏幕。在此过程中，人类拥有了更多的控制力——如果你擅长 PC 技术，甚至可以按个人兴致创造一个独一无二的私人频道，从而成为个人娱乐帝国的王者。对诞生不过百年的电视产业来说，这是一个从必然王国向自由王国的演进，充满挑逗，又暗藏致命的风险。可以说，数字化时代将使"电视"的终结，因为传统概念的电视将不复存在；也可以说，数字化时代将是电视的黄金时代，因为电视的灵魂将以新的形式出现在新的媒介形态之中。

参考文献

[1] 马歇尔·麦克卢汉. 理解媒介——论人的延伸[M]. 北京：商务印书馆，2000.

[2] 欧阳友权. 数字化语境中的文艺学[M]. 北京：中国社会科学出版社，2005.

[3] 付龙，高昇. 影视声音创作与数字制作技术[M]. 北京：中国广播电视出版社，2006.

[4] 张歌东. 数字时代的电影艺术[M]. 北京：中国广播电视出版社，2003.

[5] 张文俊. 数字时代的影视艺术[M]. 上海：学林出版社，2003.

[6] 贾秀清，栗文清，姜娟. 重构美学：数字媒体艺术本性[M]. 北京：中国广播电视出版社，2006.

[7] 王志敏. 现代电影美学体系[M]. 北京：北京大学出版社，2006.

[8] 朱立元. 美学[M]. 北京：高等教育出版社，2001.

[9] 彭吉象. 艺术学概论[M]. 北京：北京大学出版社，1994.

[10] 黄会林. 影视语言教程[M]. 北京：北京师范大学出版社，2004.

[11] 张凤铸等. 影视艺术新论[M]. 北京：北京广播学院出版社，2000.

[12] 李稚田. 电影语言：理论与技术[M]. 北京：北京师范大学出版社，2005.

[13] 王志敏，杜庆春. 理论与批评：全球化语境下的影像与思维[M]. 北京：中国电影出版社，2004.

基于 TOPCARES 指标体系的毕业要求达成度评价
——以计算机类专业为例

巫家敏

（成都东软学院 四川 成都 611844）

摘 要：东软独具特色的 TOPCARES-CDIO 教育教学改革模式如何与工程教育专业认证相衔接，是东软教育国际化的重要环节。其中毕业要求达成度是工程教育专业认证的难点和重点。本文首先对 TOPCARES 指标体系与工程教育专业认证标准中的毕业要求进行了比较，在此基础上提出了基于 TOPCARES 指标体系的达成度评价体系构建原则、评价的步骤与方法。

关键词：TOPCARES 指标；毕业要求；评价

The Evaluation of Educational Outcomes Based on TOPCARES Indices
—Take the Computing Program for an Example

Wu Jiamin

（Chengdu Neusoft University, Chengdu 610064, Sichuan, China）

Abstract：Abstract：It is important for TOPCARES-CDIO educational reform to conform with China Engineering Education Accreditation by CEEAA. The evaluation of graduation criteria given by CEEAA is the key point. Through comparison between TOPCARES indices and the educational outcome, the evaluation principles based on TOPCARES indices is given as well as the steps and the method.

Key words：TOPCARES index；educational outcome；evaluation

1 引 言

TOPCARES-CDIO 人才培养模式是成都东软学院借鉴 CDIO 工程教育模式，是在充分考虑学生、教师、产业和社会等利益相关者需求的基础上，结合中国高等教育的实际情况以及本校在 IT 应用型人才培养方面的实践，提出的教育教学改革模式，是成都东软学院"教育创造学生价值"理念的发展与延伸。该模式包含了具有东软特色的 TOPCARES 指标体系，包括技术知识与推理能力、开放式思维与创新、个人职业能力、沟通表达与团队工作、态度与习惯、责任感、价值观、应用创造社会价值等八个一级指标，将学生的知识、能力、素质进行一体化培养，帮助学生在未来快速地将所学知识转化为实际应用，创造社会价值。

对专业毕业要求的规定来自中国工程教育专业认证协会（CEEAA）的工程教育专业认证标准。2016 年 6 月，中国成为第 18 个《华盛顿协议》正式成员，意味着通过中国工程教育专业认证协会（CEEAA）认证的中国大陆工程专业本科学位将得到该协议其他正式成员的承认，这对于中国工程教育走向世界具有重要意义[1]。

东软独具特色的 TOPCARES-CDIO 模式，如

作者简介：巫家敏（1973—），男，汉族，四川成都，副教授，博士，CIMS/数据挖掘与数据分析/比较教育。

何与得到国际承认的工程教育专业认证相衔接,是东软教育国际化的重要环节,其中毕业要求达成度是工程教育专业认证的难点和重点。

本文首先对 TOPCARES 指标体系与工程教育专业认证标准中的毕业要求进行了比较,在此基础上提出了基于 TOPCARES 指标体系的达成度评价体系构建原则、评价的步骤与方法,希望能够对国内同时开展 CDIO 教学改革及工程教育专业认证的本科专业有所帮助。

2 TOPCARES 指标体系与专业认证标准

根据 2015 版工程教育专业认证标准[2],培养目标是对专业的毕业生在毕业后 5 年左右能够达到的职业和专业成就的总体描述;毕业要求是对学生毕业时应该掌握的知识和能力的具体描述,包括学生通过本专业学习所掌握的知识、技能和素养。标准规定,专业必须有明确、公开的毕业要求,能够支撑该专业人才培养目标的达成,专业应通过评价来证明毕业要求的达成情况。专业制定的毕业要求应完全覆盖工程知识、问题分析、设计/开发解决方案、研究、使用现代工具、工程与社会、环境和可持续发展、职业规范、个人和团队、沟通、项目管理、终身学习等 12 个方面的内容,此外还必须满足相应的专业补充标准。

目前,成都东软学院的专业人才培养目标包含教育方针、三基要求(知识、能力、素质)、服务面向、人才类型等方面的规定,其中的知识、能力、素质通过 TOPCARES-CDIO 三级指标体系映射到具体的课程当中去,这是落实人才培养目标的系统工具。

而工程教育专业认证标准则是对工程类专业的毕业要求提出了通用标准及专业补充标准。以计算机类工程专业为例[3],本文将 TOPCARES 指标体系与专业毕业要求进行了对比,比较结果见表 1。通过比较可以看出,一个专业所要培养的知识、能力、素质可以用不同的指标体系来进行分解与描述。

在 34 项 TOPCARES-CDIO 二级指标中,工程教育专业认证标准覆盖了其中 26 项,对创业及商业技能、个体性态度与习惯、社会性态度与习惯、个人价值观、社会价值观、创业技能、基本商业知识与技能、商业技能等二级指标没有做覆盖。在所覆盖的 26 项二级能力指标中,对知识类等 19 项二级指标提出了明确要求,对系统思维、创造性思维、职业价值观等 7 项二级指标则是隐性地进行覆盖。

在知识、能力的表述方面二者相当,工程教育专业认证更加强调解决复杂工程问题,而 TOPCARES 指标体系更多地对学生的综合素质要求进行了细化,体现了中国本土特色,其中关于创业技能、商业知识与能力的要求,更是体现了东软对创新创业能力的重视。

因此,我们将 TOPCARES 一级能力指标作为东软学院本科专业的毕业要求,将工程教育专业认证中的 12 条通用毕业要求及专业补充要求转化为 TOPCARES 指标,并分解到二级、三级 TOPCARES 指标。

表 1 TOPCARES 指标与工程教育专业认证中的毕业要求

TOPCARES (1级能力指标)	TOPCARES(2级能力指标)	工程教育专业认证中的毕业要求
1 Technical knowledge and reasoning	1.1 相关科学知识	数学与自然科学类课程
	1.2 核心基础知识	工程基础和专业基础类课程
	1.3 高级基础知识	专业类课程
		不同专业的课程须覆盖相应知识领域核心内容,并应培养学生将所学的知识应用于复杂系统的能力,能够设计、实现或者部署基于计算原理、由软硬件与计算机网络支撑的应用系统
		A. 计算机科学与技术专业
		课程应包含培养学生从事计算科学研究以及计算机系统设计所需基本能力的内容

续表

TOPCARES（1级能力指标）	TOPCARES（2级能力指标）	工程教育专业认证中的毕业要求
2 Open minded and innovation	2.1 系统思维	3.设计/开发解决方案
	2.2 批判性思维	4.研究
	2.3 创造性思维	3.设计/开发解决方案
	2.4 创新能力	3.设计/开发解决方案
3 Personal and professional skills	3.1 推理和解决问题的能力	2.问题分析
	3.3 信息处理能力	4.研究
	3.4 时间和资源的管理能力	11.项目管理
	3.5 终身学习能力	12.终身学习
4 Communication and teamwork 沟通表达与团队合作	4.1 交流能力	10.沟通
	4.2 使用外语能力	10.沟通
	4.3 团队工作	9.个人和团队
5 Attitude and manner	5.1 个体性态度与习惯	
	5.2 职业态度与习惯	8.职业规范
	5.3 社会性态度与习惯	
6 Responsibility	6.1 对自我的责任感	8.职业规范
	6.2 对他人的责任感	8.职业规范
	6.3 对职业的责任感	8.职业规范
	6.4 对社会的责任感	8.职业规范
7 Ethical values	7.1 个人价值观	
	7.2 职业价值观	8.职业规范
	7.3 社会价值观	
8 Social contribution by application practice（CDIO）实践构思、设计、实现和运行为社会的贡献	8.1 外部和社会背景环境	3.设计/开发解决方案 6.工程与社会 7.环境和可持续发展 8.职业规范
	8.2 创业技能	
	8.3 基本商业知识与技能	
	8.4 商业技能	
	8.5 行业应用环境	5.使用现代工具
	8.6 系统的构思与工程化	3.设计/开发解决方案 11.项目管理
	8.7 设计	3.设计/开发解决方案 5.使用现代工具 9.个人和团队 11.项目管理
	8.8 实施	11.项目管理
	8.9 运行	11.项目管理

3 基于 TOPCARES 指标体系的达成度评价体系构建原则

（1）以学生为中心。

通过工程教育专业认证标准的第一条标准就是"学生"，它要求专业做到"以生为本"，能够制定制度和措施来吸引优秀生源，采取措施对学生学习的全过程给予指导，包括学业指导、职业规划、就业指导、心理辅导等，跟踪、评估学生在整个学习过程中的表现，在培养过程中通过形成性评价保证学生毕业时能够达标，认可转专业、转学学生的原有学分。从这些规定可以看到，整个认证标准是以学生为中心，确保专业的人才培养效果与人才培养目标、毕业要求相一致。

成都东软学院为了确保 TOPCARES-CDIO 人才培养模式落到实处，建立了以学生"学习产出（Learning Outcomes）"为核心的教学质量保障体系，成立了教学质量管理与保障部，从质量目标、质量策划、组织保障、过程监控、信息反馈及分析等方面开展教学质量评估与改善工作，对专业、课程教学、教师、实践教学（项目）等人才培养过程中的重要环节实施全面评估，确保专业人才培养效果以达到 TOPCARES 指标体系的要求。

（2）突出自身特色。

工程教育专业认证的通用标准适应面较宽，而成都东软学院在人才培养方面具有独有的特色。例如，学院依托东软 IT 产业优势以及成都软件产业的环境优势，与 INFOR、惠普、思科、东软集团等众多国内外知名企业建立了深入的合作关系，运用产业/行业中的"新理论、新技术、新工具、新产品、新应用"持续更新教学内容与教学平台，近三分之一的实验室由产业参与建立，有 50%的专任教师具有产业经验，实现了深度的产教融合。其次，我院面向全体学生开展了创新创业教育，它与专业教育融合并进入了人才培养的全过程，旨在为学生的终身可持续发展奠定坚实基础，培养学生创新创业思维、意识、精神和能力。此外，我院与多所国外院校开展了各种形式的院校合作，培养学生的国际化视野。针对我院的产教融合、创新创业、国际化等人才培养特色，基于 TOPCARES 指标体系开展毕业要求达成度评价能够因地制宜，不仅能够照顾到工程教育的通用标准，也能够为学院的人才培养特色提供证明的数据与证据。例如，对创新创业类课程中的创业知识与技能的达成度评价，对使用外语能力达成度的评价，对学生 CDIO 能力的评价，能够有效地凸显出东软的产教融合、创新创业、国际化等育人特色。

根据本文的比较，TOPCARES 指标体系相对于工程教育专业认证还明确突出了中国高等教育的本土特点，比如对于个体性态度与习惯、社会性态度与习惯、个人价值观、社会价值观等方面的关注。

（3）效率与效果兼顾。

开展毕业要求达成度评价的目的一是自我证明，证明专业人才的培养效果与培养目标之间的吻合度，更重要的是，该评价需要周期性运行、为专业培养的各个环节提供改进的依据与方向。因此，达成度评价体系的构建不仅要有效果，而且要有效率，能够有效地落实到参与评价的具体课程、项目当中去。根据我院质量保障体系，我们采取在周期性开展的课程评估、项目评估、素质教育活动中开展基于 TOPCARES 指标体系的达成度评价，以此促进课程教学、项目教学、素质教育活动的持续改进。

4 TOPCARES 指标达成度评价的步骤与方法

（1）建立"评价机制"[4]。

建立评价机制，是对评价对象、评价原理、评价依据、评价人员组成、评价周期、评价标准的设定、评价结果的判定进行说明。

（2）指标分解与权重赋值。

在制定专业人才培养方案时，由专业负责人带领整个专业教师团队，对每项毕业要求进行分解。在 TOPCARES 指标体系中，从一级指标到三级指标已经构成了一个指标体系。专业建设团队根据专业人才培养目标对一级指标进行分解，得到相关的二级指标及其评价权重，再进一步分解得到对应的三级指标及其评价权重，以及支撑每项三级指标的课程（项目、素质教育活动）及其支撑强度权重。分解得到的 MAPPING 图审核通过后用于课程大纲的制定，分别体现在教学内容、方法以及考核方案的设计中。

（3）确认评价依据的合理性。

根据评价周期，在开展课程达成度正式评价之前，由专业建设委员会指定专人对试卷、项目考核档案、大作业、实验报告等各项评价依据的合理性进行确认，例如：考核内容是否完整体现了对相应 TOPCARES-CDIO 三级指标的考核，对能力、素质类的三级指标的考核形式是否合理，考核结果的判定是否严格。对评价依据的合理性判定结果应明确，若判定结果为"不合理"，则不应采用对应材料作为达成度评价依据。

一般来说，"技术知识与推理能力"类的三级指标主要通过"课程考试成绩分析法"来评价，"开放思维与创新""个人职业能力""沟通表达与团队工作""应用创造社会价值"类的三级指标多通过"评分表分析法"进行评价，"态度与习惯""责任感""价值观"类的三级指标可以采取"问卷调查法"进行评价。评价方法的适用性并不绝对，对于"开放思维与创新""个人职业能力""沟通表达与团队工作"类的三级能力指标，也可以结合"问卷调查法"进行辅助评价。

（4）课程达成度评价。

对通过审核后的评价依据，对课程所支撑的 TOPCARES-CDIO 三级指标开展达成度评价。例如，针对某一课程，根据学生数的多少，抽取具有统计意义的试卷样本数，要求样本中好、中、差的比例基本均等，可以处理为直接抽取一个教学班[5]。

课程对某项 TOPCARES-CDIO 三级指标达成度的评价值计算方法为：

支撑课程的评价值=该课程的权重值×（样本中与三级指标相关考核的平均得分/样本中与指标相关的考核总分）。例如：课程《程序设计基础》对三级指标 1.2.1"计算机软件开发知识"达成的支撑权重为 0.3，课程试卷总分为 100 分，其中支持毕业要求指标 1.2.1 的试题总分为 60 分，样本学生相关考题平均得分为 45 分。该课程对毕业要求 1.2.1 达成度的评价值为：1.2.1（程序设计基础）评价值= 0.3×（50/60）= 0.25。

（5）计算毕业要求达成度评价结果。

根据每一项三级指标对应的各门支撑课程的达成度评价结果，加和每一项三级指标在各门支撑课程中的达成度评价结果，得出该项三级指标达成度评价结果。通过加权平均，得到二级指标的达成度评价结果，同理得到一级指标的评价结果。最后，根据所规定的合格标准，明确该项毕业要求评价结果是否"达成"。

（6）持续改进。

根据戴明环理论，专业培养的指标达成度的计算，最为重要的作用是用于改进专业及课程的教学、推动教学效果的提升。对 8 项一级指标及分解得到的二级、三级指标的达成度进行分析，可以清晰地看到 TOPCARES-CDIO 八大指标体系中哪些方面的培养较好、哪些方面需要尽快改进，影响培养质量提高的关键因素是什么。

5 结　语

本文通过对 TOPCARES 指标体系与工程教育专业认证标准的比较，发现 TOPCARES 指标体系能够基本覆盖工程教育专业认证标准的毕业要求，二者是从不同视角对专业人才培养目标的分解，各自强调了不同的侧重点。

不论是基于 TOPCARES 指标体系，还是常见的知识、能力、素质分类法，各项毕业要求的达成最终都要落实到每一门支撑课程（项目、素质教育活动）的上面。这就要求每一位参与教书育人的教职员工对毕业要求达成度的评价原理和具体评价方法有清晰的了解，要把毕业要求中的各项知识、能力、素质融入学生的培养过程中并按照评价机制进行周期性的评价，将评价结果用于改进人才培养的质量。只有这样，学校的专业人才培养质量才能够得到有效的保障。

参考文献

[1] 何菁菁. 中国全票获《华盛顿协议》正式成员资格——我国工程教育实现国际多边互认[N]. 中国教育报，2016-6-3（3）.

[2] 中国工程教育专业认证协会. 通用标准[EB/OL]. [2016-12-15]. http://www.ceeaa.org.cn/main!newsList4Top.w?menuID=01010702.

[3] 中国工程教育专业认证协会. 计算机类专业. [EB/OL]. [2016-12-15]. http://www.ceeaa.org.cn/main!newsView4Simple.action?menuID=01010702&ID=100000616.

[4] 杨燕,等. 提高毕业要求达成度评价质量的几个关键问题[J]. 计算机教育, 2017 (06): 62-65.

[5] 袁越等. 专业认证背景下采矿工程毕业要求及达成度评价[J]. 当代教育理论与实践, 2017, 9 (4): 76-80.

应用型本科院校大学数学课程群建设

王 璐 郑志静 柴英明

(成都东软学院 四川 成都 611844)

摘 要：应用型本科院校的主要任务是培养适应地方经济社会发展需要的应用型人才，其课程设置和教学内容应与传统学术型大学有所不同。作为工科、经济和管理类各专业的基础课程，大学数学是应用型人才培养的重要基础。本文主要围绕成都东软学院本科专业大学数学类课程的建设情况，探讨大学数学课程面向应用的教学改革思路，以课程群建设为重点，对大学数学课程群的改革目标及实施方案进行详细的介绍。

关键词：应用型本科；大学数学；课程群；改革

Construction of Mathematics Group in Application-Oriented Colleges

Wang Lu   Zheng Zhijing   Chai Yingming
(Chengdu Neusoft University, Chengdu 611844, Sichuan, China)

Abstract: Application-oriented colleges cultivate applied talents to meet the needs of local economy development. The curriculum and content of courses are different from similar courses in traditional academic universities. Mathematics is the foundation for all the majors in college, which also plays an important role in talent cultivation. This paper introduces a reform plan which focused on the construction of mathematics course group for Chengdu Neusoft University.

Key words: application-oriented college; mathematics; course group; reform

1 引 言

应用型本科院校既区别于传统的学术型大学，也区别于高等职业技术院校，主要的任务是培养适应地方经济社会发展需要的应用型人才[1]。因此，在课程教学中，应更加注重与生产实践的结合，教学模式和教学方法更加灵活多样，既有理论学习，又有实践教学。大学数学课程是工科、经济和管理类各专业的基础课程，不仅是学生学习后继课程的基础和工具，而且对于进一步拓宽专业知识面、调整自身知识结构、促进个人成长都起着十分重要的作用。作为应用型本科高校，在大学数学类课程的建设过程中，应该科学地构建人才培养模式，进行教学改革，构建相应的课程体系，提高人才培养质量。

成都东软学院作为地方应用型本科学校，以培养具有社会责任感、创新精神、国际化视野和较强实际应用能力的高素质应用型高级专门人才为目标。本文主要围绕成都东软学院本科专业大学数学类课程的建设情况，探讨大学数学课程面向应用的教学改革思路，以课程群建设为重点，对大学数学课程群的改革目标及实施方案进行详细的介绍。

作者简介：王璐（1986—），女（汉），四川西昌人，助教，博士，研究领域：应用数学，数学地质。
郑志静（1981—），女（汉），浙江遂昌人，讲师，硕士，研究领域：计算数学、信息安全中的计算方法等。

2 省内高等院校大学数学课程开展现状

传统的大学数学类基础课程涵盖微积分、线性代数、概率论与数理统计三门课程，主要以数学知识的完整性为基本标准，以理论教学为主要教学内容，以教师讲授为主，强调计算能力和解题技巧，忽略数学课程对于学生专业学习和应用能力培养的作用[2]。

为了更好地进行大学数学课程群建设，我们对四川省几所高校的数学课程开设情况进行了调研。目前，四川省共有本科院校51所，其中民办院校16所。除个别艺术类或技术类专门院校，均开设有不同层次的大学数学类课程。公办高等院校注重数学理论的系统性和基础性，将高等数学（或微积分）、线性代数与空间解析几何、概率论与数理统计三大课程设置为各专业必修的重要理论基础课，并安排了大量的课时；民办高等院校注重数学理论的实际应用，相应地减少了理论教学时间，但是民办高校大学的数学课程的开设还处在探索过程中，尚未形成成熟的教学体系。此外，应用型高校的课程设置与教学内容多沿袭传统研究型大学的做法，没有凸显大学生实践动手能力和应用技能[3]。除此之外，部分院校还开设了《离散数学》《数学实验》《统计学基础》以及《数学建模》等课程，讲授数学在实际问题中的应用，现代数学方法以及数学软件的应用。

3 本校大学数学课程开设现状

成都东软学院由基础教学部承担全院本专科学生所有数学类课程教学任务。《高等数学》作为各工科专业的公共基础课程，是我部重点建设的课程之一。除此之外，针对不同专业的具体需求，开设《线性代数》《概率论与数理统计》《离散数学》等课程。

根据2016级本科人才培养方案，大学数学课程是全院工科类、经济管理类专业学生必修的基础课程。2016级共有13个专业开设数学基础课程，除数字媒体技术和工业设计专业只开设高等数学外，其余11个专业均开设高等数学、线性代数、概率论与数理统计。

3.1 教学内容

教学内容的设置，一方面考虑满足学生学习专业课程的需要，另一方面为希望进一步深造的同学（如专升本、考研）做知识的储备。

2003年至2011年：学院招收全日制专科学生，专科数学的教学工作主要集中在大一年级。基础部针对不同系的人才培养方案，分别开设了高等数学Ⅰ/Ⅱ/Ⅲ，内容覆盖了微积分学，线性代数、概率论和离散数学。在专科学生的数学教学中，注重概念的理解以及计算能力的培养。2011年至今：2011年学院升为本科院校，结合学院T-C改革对各专业人才培养方案的修改，在与各系各专业团队调研沟通的基础上，基础部对数学类课程进行了调整。面向本科层次，大一学年开设《高等数学Ⅰ/Ⅱ/Ⅲ》，大二学年开设《线性代数Ⅰ/Ⅱ/Ⅲ》和《概率论与数理统计Ⅰ/Ⅱ/Ⅲ》，在本科学生的数学教学中，注重概念的理解和分析计算能力的培养；面向专科层次，在大一学年第一学期开设《高等数学》。同时，面向全校本专科学生开设《数学建模》选修课。

目前，所开设课程在教学内容、教材等方面存在服务专业能力较弱的情况。内容设置没有充分体现为专业服务的功能，只是从自身的学科特点对知识点进行了安排，完成教学时数，没有主动适应专业需求。教材除高等数学外，仍采用传统的经典教材；虽然已经编写完成并投入使用了一套高等数学教材，但是所编教材没有体现面向专业、面向应用的特点。

3.2 教学特色

2011年至今，学院借鉴CDIO工程教育模式，提出TOPCARES-CDIO（T-C）一体化人才培养模式。基础教学部依据T-C人才培养能力指标，配合T-C一体化专业人才培养方案，对大学数学一体化教学进行了改革的探索：以全国大学生数学建模竞赛为依托，探索教育改革模式。于2008年年初开始筹备数学建模竞赛，开设数学建模和数学实验课程，选拔优秀学生组织参赛，培养学生的实际应用能力。

3.3 师资队伍

目前数学教研室有14名专职教师，其中教授1名，副教授1名，讲师4名。助教6名，均为硕士研究生及以上学历，基本情况可看出，基础教学部数学课程组的年龄结构比较合理，但是高级职称的人员数量偏少，博士研究生比例较低。在教学过程中，教师普遍采取传统的教学方式，多注重理论推导和计算技巧，忽视了数学应用和专业发展的结合。

4 大学数学课程群建设

4.1 建设目标

课程群的建设应当以教学计划的整体优化为目标[4]，注重课程之间的联系，把内容联系密切、内在逻辑性强、属同一个培养能力范畴的一类课程进行有机集成。从培养层次目标上把握课程内容的分配与实施，服务于专业人才培养，满足各专业对于大学数学知识的运用要求，提高各专业学生对于大学数学的学习兴趣和积极性。因此，需要对所包含的课程知识点进行科学分析，删除课程间重复的内容，形成新的课程体系，更好地实现人才培养目标。

4.2 总体规划

改革传统的教学模式，从教学目标、教学内容、教学方法、教学资源、师资队伍建设等方面入手进行改革和探索。到2022年，基本形成成都东软学院大学数学课程群，把基础教学部数学课程组建设成具备高水平教学质量，具备一定科研能力，具备省部级、校级精品课程，具备优秀学科带头人，学历、职称、年龄结构合理的教师队伍；实现大学数学基础课程为专业服务，为专业人才培养服务，提高人才培养质量的目标。

4.3 教学目标

让学生正确地认识和理解数学，了解数学知识对我们日常生活的重要性，能够欣赏到数学的美，提高学生的学习兴趣。培养学生的创造性思维能力，包括发散思维、直觉判断、批判思维、问题猜测、关系联想、形式类比、质疑反思等能力，提升其数学素养和综合素质。服务于专业人才培养，使得学生能够将数学工具和数学思维应用在未来的学习和工作中。

4.4 教学内容

根据教育部高等学校大学数学课程教学指导委员会提出的《大学数学课程教学基本要求（2014版）》，高等学校工科类专业本科生以及经济和管理类本科生的数学基础课程应包括微积分、线性代数与空间解析几何、概率论与数理统计，它们都是高等学校非数学专业的重要基础课，在培养高素质科学技术人才中具有不可替代的重要作用。

课程教学的基本要求既是在制定教学计划、教学大纲和编写教材时的重要依据，也是检查教学质量的重要依据。应在课程教学基本要求的指导下，重构课程结构，优化课程教学内容。在对本院专业培养目标、课程设置、学生情况等进行充分调研的基础上，对原有的高等数学、线性代数、概率论与数理统计三门课程进行综合改革，分别建立工科类本科应用数学课程以及经济和管理类本科应用数学课程。同时，深入研究、确定不同教育阶段学生必须掌握的核心内容，形成教学内容更新机制。

除以上课程以外，针对计算机专业的学生，应考虑将离散数学作为专业课程单独开设。离散数学是研究离散量的结构及其相互关系的数学学科，是现代数学的重要组成部分。它在计算机科学与技术领域有着广泛的应用，也是计算机专业的许多专业课程，如程序设计语言、数据结构、操作系统、编译技术、人工智能、数据库、算法设计与分析、理论计算机科学基础等必不可少的先行课程。针对经济和管理类本科专业，引入经济数学应用课程，介绍经济学中常用函数、边际分析、弹性分析、优化经济问题、投入产出数学模型、经济领域中线性规划模型的建立求解以及经济统计数据的计算机处理等内容。

4.5 教学方法

（1）开展分层教学。

针对不同层次的学生因材施教，根据学生专业的不同、学生数学水平的不同，并在充分尊重学生的意愿的基础上，对其进行分层教学。对于大部分学生主要讲解基本的知识点及与专业相关的基本数学理论，在保证基础知识掌握的同时，侧重于实践应用；对于数学基础较好的学生，可在课堂教学的基础上，多介绍课外知识与最新科研成果，引导学生自主学习。在解题训练中，重解题思维培养，轻计算能力训练。

（2）丰富教学形式，注重学思结合。

结合MOOC及其他丰富的网络教学资源，倡导启发式、探究式、讨论式、参与式教学，进行翻转课堂，调动学生的学习兴趣，培养学生自主学习的能力，让学生对知识的掌握更深刻、更透彻，在学习知识的同时，提高语言表达能力，全面发展。

（3）开展第二课堂建设，注重实践教学，培养学生运用数学软件解决实际问题的能力。

加强数学建模与数学软件的培训，采取以选修课为主体，小学期集训和校内比赛为辅助的形式，选拔优秀学生参加全国大学生数学建模竞赛，培养学生的应用能力和创新能力。

（4）改革课程考核方法，建立科学的考核评价体系，从考核方式及评分方式入手进行变革。

课程考核内容打破局限于教材、考前划分范围、圈重点的格局，充分体现和实现教学内容的导向性、探索创新性和适用性服务、更加注重素质教育、重视学生创新能力的培养、注意学生的个性发展[5]。打破以传统终结性考核为主的考核方式，增大平时成绩、阶段性考核的比重，使学习保持在连续、稳定、渐进的状态；加强课程教学平时环节中的考核，考核应贯穿教学全过程，关注学生学习的过程。在形成性考核过程中，引入多元化标准，以确保评定的准确和客观。

4.6 教学资源

逐步建立丰富的课程资源，包括面向专业的讲义、教材、课件、习题集以及数学学习网站资源，充分发挥现代信息技术作用，促进优质教学资源共享。

在教材的建设过程中，多借鉴国外的数学教材，国外的大学数学类教材中有许多是打破国内所谓的微积分、线性代数、概率统计等单门课程界限，按照学生专业应用来组织数学结构，强调数学的应用性。同时，结合专业特点，在日常的教学工作中不断收集、总结实例；将实例不断地系统化，针对课程群授课的具体情况，印制相关课程的讲义在学生中进行试验，并在授课中不断修订，待条件成熟后编著和出版全新的课程群系列教材。

建设校级精品课程，不断深化课程体系和进行教学内容改革，提高人才培养质量。

5 结 语

课程群建设是一个长期而艰苦的过程，只有通过实践探索，才能构建科学、合理、优化的数学类课程内容，真正实现为专业人才培养服务，为应用型人才培养服务。

参考文献

[1] 潘懋元,车如山.略论应用型本科院校的定位[J].高等教育研究,2009(5):35-38.

[2] 赵佳因,吕为,张晓巧."一体四化"应用型经济类专业大学数学课程群建设[J].中国大学教学,2013(05):51-53.

[3] 朱建安,谭岚,周自明.基于课程群视角的应用型高校经济学教学改革[J].中国高教研究,2012(12):99-102.

[4] 王嘉才,杨式毅,霍雅玲.课群及其质量检查评估指标体系的研究[J].高等工程教育研究,1999(S1):22-27.

[5] 高鑫,伍勇,吴瑞武.大学公共数学类课程考核方案改革实践与探索——基于云南农业大学的分析[J].云南农业大学学报：社会科学版,2014,8(1):62-66.

[6] 张景森,杜振川,周俊杰.高校课程群建设理论与实践中的几个问题[J].现代教育科学,2015(9):64-69.

浅谈培养大学生数学修养的意义

何 曦

（成都东软学院 四川 成都 611844）

摘 要：数学修养是个人对数学知识的理解和运用能力，培养数学修养是高校数学教育中的重要组成部分。数学修养的形成是非常缓慢的，需要长期的练习与思考。本文将从数学本身与数学修养两大方面，来讨论高校数学教育中培养数学修养的意义以及如何培养数学修养，期望使大学生能够形成一定的数学修养，为他们将来的工作或科研提供帮助，从而达到素质教育之目的。

关键词：数学修养；数学教育；审美意识；人才培养

On the Significance of Cultivating College Students' Mathematical Cultivation

He Xi

（Chengdu Neusoft University, Chengdu 611844, Sichuan, China）

Abstract：Mathematical quality is the ability who understands and uses mathematical knowledge, and training mathematical quality is an important part of college mathematics education. However, the formation of mathematical quality is very slow and requires long-term practice and thinking. This paper will discuss how to cultivate mathematical quality and its significance from mathematics and mathematical quality two aspects, and expect to enable students to form a certain mathematical quality for their future work or scientific research, so as to achieve the purpose of quality education.

Key words：mathematical quality; mathematics education; aesthetic consciousness; personnel training

1 引 言

在当代高等教育中，数学及其相关课程是各级各类学校所必须开设的，也是绝大多数专业的公共基础课。因此，不论将来从事行业，数学修养都是必需的，数学的思维方式都会潜在地产生影响，使学习者受益终身。因此，培养数学修养，是高等教育中人才培养的必要组成部分。本文主要就数学修养以及数学修养对当代大学生的意义谈一些看法。

2 数学是什么

数学是什么？这是一个颇具争议的问题。事实上，很多专家学者都为数学下过定义，但是要找到一种普遍接受的准确定义，是非常困难的。无论怎样为数学下定义，数学都具有如下的三个特点：① 追求精确性。数学的定理、命题都要求精确，不能有歧义。虽然自然界并不具备数学所要求的精确性，然而从数学的角度来讲，语言的精确性是基本要求。例如，模糊数学本身并不模糊，是精确的；概率论讨论的是各种随机现象，

作者简介：何曦（1986—），男，汉族，四川眉山人，助教，硕士研究生，研究方向：应用数学。

然而它的结论并不"随机"。按照大哲学家柏拉图的说法，数学是一种"理想的"学科，因此必须追求准确性。② 严密的逻辑性。数学是一门极其崇尚严密推理的学科，这是从古希腊时期就流传下来的。这也是数学的魅力所在。因此，数学能够极好地培养逻辑思维与严密的推理方式。③ 数学的抽象性。抽象是数学的重要思想，数学能够广泛地应用于其他学科和现实世界。

3 数学在科学中的地位

毫无疑问，数学在现代科学技术中占据中心地位。数学广泛地应用于自然科学与社会生活中的各个方面，并且其应用范围还在急速扩展。现代高科技的发展，很大程度上依赖数学知识的发展或应用，这已逐渐为学者们所公认。除了自然科学，数学现在已被应用到经济、金融、管理、工程和计算机等领域。数学的发展，能够极大地推动其他学科的发展。美国国家战略研究院在其研究报告中指出："数学与很多其他学科都有联系""数学与国家的经济竞争力息息相关"[1]"如果要在将来把握机遇，就必须在数学上取得更好地发展"。我国对数学发展一向非常重视，国家领导人很关心我国数学事业的发展。

在科学发展史上，数学知识被应用到其他学科，促成了许多重大发现。如 Hauptman 并没有系统地学习过化学，但他成功地运用数学中的调和分析理论，解决了在通过 X-射线进行观察时的一些问题，并由此决定晶体的结构空间，因此获得了诺贝尔化学奖[2]。一般来说，其他领域中遇到的数学问题，通常已经由数学家解决了，所以大量的数学理论应用到科学研究和日常生活中。没有数学，就没有科学的发展；没有数学，我们的生活将黯然失色许多。许多科技工作者都感叹道，他们取得的成功靠的就是坚实的数学基础。总之，数学是一门有着丰富内涵的科学。数学正在科学技术、社会发展和经济建设中产生更加重要的影响。

4 数学的审美意识

著名数学家庞加莱曾说过："数学家的审美意识决定其创造力。"想要具有较高的文化素质，美育不可少[3]。大凡取得重大发现的科学家都具有较高的审美意识。数学美是美学中重要的一部分，这一观点已越来越被学者们所接受。实际上，数学的目标就是：将自然界各种复杂的现象通过统一的数学表达式来表示。数学的美即体现在这里，它对人的精神世界起着潜移默化的影响。

数学中有很多这样的问题，初看起来很简单，但是证明起来却很难。四色问题即是这种类型，它本身看起来非常简单：对于任意一幅地图，是否只需要用四种颜色？该问题提出后，很长一段时间没有理论证明。直到 1976 年才有数学家利用计算机解决了该问题。

勾股定理 $a^2+b^2=c^2$ 通过简单的公式表示了直角三角形三条边长之间应该满足的关系。而著名的 Fermat 大定理为：不存在正整数 x, y, z 及 $n>2$ 使得 $x^n+y^n=z^n$。该定理和四色定理一样，也是结论非常简单。但自从被提出以后，很长一段时间无人解决，直到 1994 年才由美国数学家 Wiles 使用非常前沿的理论所证明[4]。对这个问题的研究，推动了许多其他数学分支的发展。

圆锥曲线在直角坐标系中方程的形式不同，而在极坐标系中，它们却能够用统一的方程来表示。0，1，i，e，π 这 5 个貌似毫无关系的数，居然也能用欧拉公式 $e^{i\pi}+1=0$ 来表示其关系，这充分展示了数学的美。数学的美，生动而有含蓄，只有深入学习过以后才有可能欣赏，而这个学习过程即是培养数学修养的过程。数学教育中如果不提倡欣赏数学美，将会是极大的遗憾。

5 数学修养的含义与特征

数学修养指的是个人对数学知识的理解以及运用数学知识解决实际问题的创造性，是通过学习所获得的归纳、演绎、推理、建模等各项能力的综合。数学修养大致有以下四个特征：

（1）数学意识：即通过数学思维去观察对象，分析问题。用数学方式表达各个事物之间的关系，将其转化为数学信息。

（2）数学语言：数学是科学的语言。伽利略曾经说："宇宙这本书是用数学语言书写的……除非你首先学懂了这门语言……否则这本书是无法读懂的。"因此，数学是科学的通用语言，人类可以通过数学来进行交流。

（3）数学技能：计算，绘图是数学的初级技能。而把现实中的经济、工程等问题，或者自然界中的复杂现象转化为数学模型来分析，则是高级的数学技能。这便是所谓的数学建模，需要很高的创造性。

（4）数学思维：数学思维主要分为两大类：形式化思维与非形式化思维。前者包括抽象、归纳、推理等思维方式，后者包括直觉、想象、猜想等思维方式。不论是形式化思维，还是非形式化思维，都是人类的高级思维形式。数学修养对人的影响通常都是逐渐产生的，因此，大学生的数学修养与其职业发展是息息相关的。

6 如何培养数学修养

6.1 培养数学修养的基本目标

培养数学修养的基本目标，是使学生拥有用数学思维分析和解决问题的能力。因此，数学教育的主要目标在于培养一种思维模式，能够从复杂的现实中发现其规律，以科学的语言、严谨的思维和合理的模式去探索大自然，然后做出创造性的发现。我们知道，数学方向的本科生在毕业时，除了要学会很多数学知识外，还要具有与之相匹配的数学修养。但大学中却没有"数学修养"这门课程，那么如何达到这个目标？这只能通过一整套数学课程的学习，加上自己的思考与练习才能得到。至于每一门课程，或者每一个命题有什么作用，这都是通过学习来解答的。而且，当代的大学教育，不论学习什么专业，都不能确保毕业后进入与该专业相关的领域。因此，将来的教育发展趋势是将专业观念逐渐淡化。学生通过学习，获得的不仅仅是专业知识，还有综合能力，用这种综合能力去应对以后的工作以及继续学习。从这个观点看，学生通过学习专业知识来训练其综合能力，是十分重要的。

6.2 数学修养的培养问题

每个人都有潜在的能力，但如果不努力，再高的天赋也会被惰性所磨灭。如何在课堂教学中培养数学修养，可以通过以下几种方式来实现。

（1）突出数学的特点。

在课堂教学中要突出数学的抽象性、精确性和逻辑性。通过强调这些数学的特点，培养学生严密的数学思维。

（2）强调数学思想方法。

数学思想是指现实问题通过数学思维思考后，产生的解决问题的想法。而数学思想的具体形式，也即数学方法，是处理问题的数学过程。在课堂教学中要强调数学思想，如概念的形成、定理的证明、问题的建模等。这些都是向学生传递数学思想的极好素材。通过数学思想的渗透，可以刺激学生的学习兴趣和对数学的热情，使其逐渐了解到数学乃至整个科学的精华。

（3）注重讲解数学史。

数学史记载了数学工作者解决问题和处理危机的历史。通过学习数学史，可以了解许多宝贵的数学思想。在教学中选讲一部分和课程相关的数学史以及数学家的故事，能够让学生更多地了解整个数学的发展脉络以及数学研究的艰辛过程，从而提高数学修养。

参考文献

[1] 李大潜. 数学文化与数学教养[J]. 中国大学教学, 2008（10）.

[2] M 克莱因. 古今数学思想[M]. 上海：上海科学技术出版社, 1979.

[3] 刘思峰, 方志耕, 党耀国. 定量方法精品课程群教学改革探索[J]. 黑龙江高教研究, 2005（12）：139-142.

[4] 林秀曼. 研究性学习在精品课程建设中的应用探索[J]. 中国大学教学, 2007（4）.

基于计算机教学中的"生本管理"探究

马 俊

（成都东软学院 四川 成都 611844）

摘 要：教育的目的关键在于两个字——"育人"，即应该首先关注每个人的个性化发展，接下来才是对学生各方面具体能力的培养。生本教育理念就是基于目前我国教育的现实情况而提出的新型教育模式，为了推进新时代下的教育改革，教学中"生本管理"模式的适当应用变得更为重要。生本教育理念不仅让我们的以人为本、以学生为本的中心思想深入贯彻到整个教育过程中，也是顺应当今时代素质教育的必然要求。本文从计算机教学方面入手，对"生本管理"做相应的探究。

关键词：个性化发展；生本教育理念；生本管理；素质教育

Research on "Sister-keeping Management" Based on Computer Teaching

Ma Jun

（Chengdu Neusoft University, Chengdu 610064, Sichuan, China）

Abstract：The key to education is the word "educating people", that is, we should first pay attention to the individual development of each person, the next is the specific ability of all aspects of student training. The basic educational idea is based on the current situation of China's education and put forward a new type of education model, in order to promote the new era of education reform, teaching "raw management" model of the appropriate application becomes more important. The concept of education is not only to our people-oriented, student-centered thinking in-depth implementation of the entire process of education, but also conform to the current era of quality education is an inevitable requirement. This article from the computer teaching aspects, the "raw management" to do the corresponding inquiry.

Key words：personalized development；students of the concept of education；students of management；quality education

1 引 言

生本教育的内涵核心就是将以人为本、以学生为本的理念贯穿到整个教学过程中去，强调教师在教学过程中服务职能的发挥，尽可能地调动学生的学习积极性，使之能够主动地去学习相关知识，并能够利用所学知识去解决问题。只有当学生处于一个真正自主独立的学习位置时，才能最大化地激发其潜能，最大化地张扬其个性。这样的教师与学生共存共依、相辅相成的新型学习理念，就是生本教育[1]。

教育的发展，不仅是向学生传授相关的技艺和知识，更重要的是培养学生的自主精神和独立意识，在新时代的课堂教学中，生本管理作为重要的一种管理模式，也为当前教育的改革方向提供了众多有价值的理论指导，尤其是随着经济社

作者简介：马俊（1976—），男，汉族，重庆长寿，助理研究员，学士，研究方向：管理学。

会与计算机科学的大力发展，计算机教学已经成为教学过程中十分重要的一环，作为一名一线教育者，作者也十分重视生本管理理念的实施，本文特此针对计算机教学中生本管理理念的应用，做进一步的相关探究。

2 先做后学，以学定教

在教学过程中我们可以发现，每位同学的成长环境不同，所受教育程度不同，知识储备和理解能力均各不相同，千差万别。在计算机教学的过程中我们不难发现，那些基础较好、知识储备较为丰富的学生更容易对老师的课堂内容产生共鸣，更容易进入一个良好的学习状态，较之那些领悟能力稍差、知识基础较为薄弱的同学来说具备一定的优势，如何让这些处于学习不同阶段的同学们均能在学习过程中获得提高、超越自己，成为一个重要课题。生本管理的教育理念提出的先做后学和以学定教概念，给我们的教学过程提供很大的借鉴[2]。

学生时代的学习与成人之后的学习有着很大的不同，成年人的学习往往更加注重知识框架的梳理以及相关练习，而学生们的学习认知规律决定了他们更加注重知识的"劳动获得感"，即通过自己的实践行为获得相关收获。培养具有创造精神的人是我们教育的终极目标，《素质教育在美国》一书中曾经写道："创造力只能通过培养获得，而不是传授"。尤其在我们的课堂教学中，注重引导，而不是一股脑地传授，让学生们在切身实践中调动自己。

（1）寓教于乐，增强课堂趣味性。

想要做到寓教于乐，增强课堂的趣味性，其中很重要的一点就是"将游戏带进课堂"，这与传统的教学理念似乎格格不入，庄重严肃的课堂怎么能嬉笑打闹地做游戏呢？但是殊不知，适度的课堂游戏，才能增加课堂的趣味性，有力地调动学生们的学习积极性和学习兴趣，优化课堂质量。其中很实用的一种方法就是灵活任务驱动法[3]。

在我们的日常课堂教学中，学习任务有时难免枯燥乏味，晦涩难懂，这时灵活任务驱动法就显得格外重要。该方法是指在教学环节中，根据具体的课堂情况，适当地为学生设置一些具有一定挑战性的课题，如在 Photoshop 教学中，可以为学生们提出为市面上某汽车品牌设计新广告、为某些产品设计明星代言等任务，并设置一定的任务奖励，激发学生们的学习欲望，让同学们敢于争先、勇于尝试、积极创新。与此同时，为了增强竞争，还需要将学生按一定比例划分为不同的学习小组，以小组为单位进行各个任务的设计与完成，最后由各组代表发言展示本组的设计成果。如此一来，不仅增强了小组同学之间的合作意识，促进了同学们创新思维的迸发，各个小组之间形成的良性竞争关系还有利于设计方案的优化，并且可以有效地增强教学环节的趣味性，提高课堂传授效率，实现教学的最优化完成。

（2）插入案例，增强课堂生动性。

在进行课堂的知识教学之余，适当的插入案例是十分必要的，案例教学是将所讲知识立体化的过程，可以让那些书本上遥远的知识概念物化或者量化成为同学们身边生动形象的例子，并且可以针对那些偏感性的知识理论进行有效的整合。在案例教学中，学生们往往有着更大的自主选择权，他们能否快速地融入案例教学的讨论与交流中是十分重要的，在案例教学过程中，教师在提出相关案例之后，往往更多的会从讲台走到课堂中间，走到学生们的身后，切身地参与学生们的讨论，看同学们对该案例的不同角度与看法，并给同学们提供更多的直接与老师进行交流的机会。

例如，对于日常生活中数码产品的使用情况，同学们都不会陌生，每个同学的生活中都已经离不开数码产品，根据这一实际情况，老师可以针对如何利用 Photoshop 软件对数码产品产生的电子图像进行版面设计提出问题，并举出具体案例，如一些成功作品的展示、介绍，让同学们通过身边的例子感知知识的具体应用。在面对同一案例时，不同的同学往往会从不同的角度进行切入，会形成不同的结论感念，有的同学从事物的外在进行分析，找到不同结果的异同点，有的同学从事物的本质进行分析，发现事物产生的必然条件等，这些角度和问题没有优劣好坏之分，都是对案例有价值的思考过程的结果。在同学们进行思考之余，老师们的还应提供适度的启发与引导工作，为同学们的思考提供一个科学、良性的环境氛围，宏观上科学把握，让同学们成为案例思考的主体，但是又不会在方向上出现大的偏差。并对同学们提出的各种想法进行分析，不要盲目地否定学生们提出的看似很荒谬的看法,让同学们在轻松的氛围中大胆地进行发言、讨论,对各自的发言进行总结,最后形成思考感悟[4]。

(3)模拟教学环节。

对教学环节进行模拟,是提供一个学生们能动的接受知识的过程,是一个学生们可以进行独立自主的判断、思考以及形成结论的过程,是以学定教中非常重要的一个环节。

例如,当我们需要讲解Excel的具体应用时,我们可以模拟出一个现实的生活场景,组织学生们进行相关类似的社会实践,以小组为单位,针对学生们的不同兴趣话题进行展开调查,将各自小组所调查到的结果如实录入到新建的Excel表格中,老师进行相应的知识引导,最后在Excel中以表格和图表的形式将调查的结论展示出来,老师在旁对不同小组进行必要的技术指导,只有这样,才会切身地让同学们感受到知识学习的无处不在,从被动的传统学习方式中解放出来,成为学习的主人。

3 先学后教,不教而教

著名的教育学家哈尔莫斯曾经说过,"最好的学习方法就是动手,包括提问,解决问题;最好的教学方法就是让学生主动的提问,解决问题,老师不要只传授知识,而要鼓励行动",这也突出了我们"先学后教,不教而教"的重要目的,即释放学生们的实践意识和解决问题的能力。

先学后教,主要是通过增强学生们在教学环节的参与度,减少老师教学的时间占比,让同学们多发言、多思考、多练习、多交流,驱使学生们主动去阅读相关知识,亲自动手实验,并且形成细致观察的好习惯,对不同的问题能够从几个不同角度出发形成自己看法与见解。先学后教的学习模式的面向对象为全体同学,目的是让每个同学都有所收获,老师尽可能关注每一个同学的学习进展情况,并引导同学们之间形成互帮互助、共同进步的良性合作关系,培养学生们的独立意识与合作精神[5]。

先学后教的教学模式主要包括四个模块:第一个是引导模块,这个模块要求老师在教学过程中主要扮演一个引导的角色,提出学习的阶段性目标,让同学们明确每一阶段的学习任务,以便更好地完成任务;第二个是自学模块,这个模块要求培养同学们的自主学习能力与主动学习欲望,让同学们根据所学知识自主地解决相应问题,形成自己的独立学习结论;第三个是解惑模块,这一模块主要是在教室内进行的,由同学们提出每一阶段所面临的主要问题及困惑,先进行小组间的自主讨论,对各自问题进行交叉探讨,对经过小组讨论还不能形成答案的问题再由老师进行详细解答;第四个是练习模块,这一模块的主角又成了同学们,老师通过布置一定量与该阶段所学知识相关的任务习题,由同学们利用课下时间独立完成。

(1)课前公开教案,让学生们熟悉课堂内容。

要想整个课堂教学环节都取得很好的教学效果,让同学们对课堂教学内容进行一定的提前了解是必不可少的,这也就突出了预习的重要性。同学们进行适当的课程预习,不仅可以让同学们率先形成一个大体的知识框架,在课堂上对不懂的问题进行提问,大大提高了课堂效率,完善了教学质量,还为课堂的弹性教学的安排提供了充足的时间。针对于此,老师可以于课程教学的前一天将教案向同学们公布,提前公布教案的另一个重要原因在于,宝贵的课堂时间如果都是让同学们忙于记录老师所讲的课程笔记,也是很不值得的。

但同时我们应该知道,公开教案这个教学方法具有一定的特殊适应性,当教学内容较为简单时,可使用此方法,不仅让学生们对课堂内容进行相应的提前了解,还可以有效提高同学们的听课质量和知识掌握程度。但是如果本节课的课程内容难度较大,则不适用于此方法,因为对于同学们来说,难度过大的学习任务很容易让同学们走入学习误区。

(2)以点带面,将知识点串连成线。

随着经济社会的不断发展,当今社会对同学们的知识技能要求愈发严格,众多岗位需要的不再仅仅是能够胜任该岗位工作的人,更需要对众多知识都能熟练融合、具有完整相关知识框架的人。因此在我们的课堂教学中也应因势利导,更加注重教学环节中各个知识点的串联,培养学生们整体知识体系的构建,并且培养对不同问题的整体解决思路,加强应变能力。

教学环节是从讲授的知识点而展开相应的"知识拓展面",最后再回归到知识点的过程,老师在课堂教学中应在两者的比例之间逐渐找到一个合适的平衡。每节教学内容都充满了众多个教学的知识点,每个知识点都会引发一系列的教学内容,但是这些知识点不是孤立存在的,如果老师不加以正确引导帮助同学们串联不同知识点的内在联系,同学们的脑中仍旧没有构建起完整的思维体系,在解决问题时不能形成知识的有效组合。

(3)增加课堂辩论环节。

课堂辩论环节是在课堂上知识讲解的间隙或者完毕之后必不可少的环节,是同学们在进行每一阶段学习之后思维的碰撞,智慧的较量。在我国传统的教学模式中,往往都是老师在课堂上占据着绝对的"话语权",同学们也习惯了这种一直被动接受的角色安排,除了在有时被老师提问时候能发表自己的观点之外,真正开口陈述自己见解的机会少之又少,而课堂辩论环节便能有效地解决这一问题。在某一问题讲解完毕之后,老师可以按区域将同学们划分为不同小组,提出两个观点,由小组之间选择各自支持的观点,给定相应的时间让小组内部充分讨论,形成完整的论据、论点,然后再由各小组派出代表,站起来鲜明地陈述己方观点与依据,由支持不同观点的小组间形成辩论的博弈,这样不仅能加深同学们对课程任务的理解程度,还能有效提高同学们的即时反应能力与语言表达能力。

5 结束语

在教学的课堂环节中,老师与同学不是相互对立的关系,而是相互依托、相互促进的良性运转关系,老师负责知识的讲解与问题的答疑,同学们及时地对所学内容进行反馈,最终让教学质量最优化、教学效率最大化。只有老师充分树立"生本管理"的思维理念,贯彻以人文本、以同学为本的核心思想,并将其切实融进课堂的每个环节,才能最大化地发挥学生们的学习积极性,增强同学们自主学习能力,优化教学质量,推动课堂教学的良性运转。

参考文献

[1] 马宏恩等. 生本教育在计算机专业教学中的应用[J]. 青年与社会,中外教育研究,2015,(8):59-61.

[2] 黄枝春. 让生本激发职专生的学习潜能——中职计算机专业教学的生本教育[J]. 科技信息,2014(21).

[3] 谢红. 生本教育理论支撑下的计算机专业教学改革初探[J]. 中国校外教育(基教版),214(8):145-146.

[4] 吴瑞东. 职业学校考试考核体系改革的探索[J]. 职业技术教育,2005,3(29):34-35.

[5] 王卫卿."以学生为本"理念下高校学生工作探究[J]. 赤峰学院学报(自然科学版),2016,9(10):34-35.

关于高校数学建模与 ACM 联合培训的构想

黄 冉　柴英明　王 璐

（成都东软学院　四川　成都　611844）

摘　要：21 世纪是一个数字化特征显著的信息时代。随着计算机技术和数学领域的飞速发展与广泛应用，科学计算对人类社会产生了不可替代的影响，同时也受到了全国各大高校的重视。为了培养大学生的数学实践与应用能力，增强其科学计算的创新能力，越来越多的高等院校开设了数学建模和 ACM 程序设计的培训课程。本文结合两者的培训现状，提出将数学建模和 ACM 联合培训的构想，并对构想的可行性进行了分析，最后给出了具体的实施方案。

关键词：科学计算；数学建模；ACM 程序设计；联合培训

The Conception of United Trainingof Mathematical Modeling and ACM in Universities

Huang Ran　Chai YingMing　Wang Lu

（Chengdu Neusoft University, Basic Teaching Department, Chengdu 611844,Sichuan, China）

Abstact：The characteristic of information society is obviously digital in the 21st century.With the rapid development and wide application of computer technology and mathematics field,scientific calculation gives an irreplaceable influence on human society,at the same time, it has been taken seriously by colleges and universities in China.In order to cultivate students' mathematical practice ability and application ability,also to enhance their innovation ability of scientific calculation,there are offered training courses for Mathematical Modeling and ACM programming in more and more universities. Firstly,we combine the training current situation http://www.youdao.com/w/eng/current_situation/javascript: void(0); of both in this paper and propose the training idea of united Mathematical Modeling with ACM,then we analyze the feasibility of this idea, Finally, the concrete implementation plan is given.

Key words：scientific calculation；mathematical modeling；ACM programming；unitedtraining

1　前　言

数学建模[1-2]是运用数学思想和语言对实际问题进行抽象与简化、假设与分析，通过数学工具在建立数学模型后计算结果，并接受实际检验的一个过程。数学建模成为沟通现实世界和数学世界的一座桥梁，其目的是解决各类实际问题，比如解释某些客观现象、预测事件的发展规律，或者为事物的发展提供最优或较好的策略方案。高校数学建模培训是以培养大学生的创新意识，提升其数学修养和应用数学知识来分析和解决问题的能力为主，并在各教学环节中，讲授数学建模的常用方法和模型、训练学生的数学科学思维、让学生了解不同问题的实际背景、迅速查找并准确获取资料信息、掌握相关数学软件和计算机软件，最后将建模过程和实践结果写作成文。

作者简介：黄冉（1990—），女，汉族，四川乐山，助教，理学硕士，函数逼近论。

ACM 国际大学生程序设计竞赛（简称 ACM 或 ICPC）属于世界上规模最大，水平最高的全封闭式程序实现竞赛。该竞赛是以三人组队，使用一台电脑的形式参加，包括撰写软件程序，调试并排错等流程，最终以规定时间内解决问题的数量和正确率作为参赛获奖的评判标准。ACM 培训[3][4]已成为国内许多高校的热点项目，旨在培养大学生逻辑分析和解决问题的能力、提高其算法学习和程序设计的兴趣、增强其创造性思维和团队协作精神。培训内容以计算机科学的计算理论和算法、数据结构和 C/C++或 Java 等程序设计语言为主。

2 数学建模和 ACM 培训现状

2.1 数学建模培训现状

20 世纪以来，我国各大高校学生不断参加国际和国内的数学建模竞赛。如今，数学建模课程相继进入大学本科和研究生教育中。无论是公立大学还是民办院校，数学建模在数学教育中的作用都是极其明显的，它不仅弥补了传统数学教育中的不足，把数学知识和实际问题联系起来，向学生展示各应用领域中的数学问题和数学建模方法，而且发掘了学生动手动脑、运用数学工具取得各种类型和层次的竞赛成绩的潜力。真正让学生体会到数学知识的实际作用和价值，提高学习数学的兴趣和精神动力。近年来，不同高校开设了数学建模培训课程，在指导教师的带队下，学生在各大建模竞赛中大放异彩，如著名的全国大学生数学建模竞赛、美国大学生数学建模竞赛、电工杯数学建模竞赛等。在 2016 年的全国大学生数学建模竞赛中，全国各省市有一千多所院校，本科和专科共三万多个队，近 11 万名大学生参赛，其中，全国奖包括：本科组一等奖共 294 队，二等奖 1 621 队；专科组一等奖共 60 队，二等奖 183 队。但是，各高校在培训过程中也显露出一些问题，如学生实际应用计算机的能力不足；高年级学生参赛队少，但获奖率高；参赛专业单一，突击应对比赛等。

2.2 ACM 培训现状

为培养和选拔全面发展的优秀人才，越来越多的高校成立了 ACM 培训协会，开设相关培训课程，在教练的精心策划和指导下，采取案例教学、合作学习、自主与竞赛学习等集训模式参赛。然而，培训过程中出现了一系列问题，如学生缺少系统数学的知识积累，水平参差不齐；实践能力不足；竞赛对算法的要求很高等，这些问题对竞赛成绩的影响不可忽视。

3 联合培训构想的提出和意义

由于传统的数学建模和计算机程序设计课程的定位不够清晰，注重理论教学却忽视了实践应用能力的锻炼，对学生学习兴趣和动力的培养也不足，为解决两者面临的问题，本文提出将数学建模和 ACM 联合培训这一建设构想。一方面，结合当前工科学生的培养目标：具有团结合作的品质和创新的治学态度，具有在工程实践和科学实践中的建模、分析、表达能力和基本技能。另一方面，根据近年国际工程教育改革的最新成果——CDIO 工程教育理念[5]，令学生以主动的，实践的方式学习，培养基础知识，个人能力和团队能力多层次的人才。因此，本文联合培训的宗旨和目标符合以上两方面的要求。

联合培训构想的提出具有以下重要意义：培养学生的学习兴趣，训练学生获取和筛选数据、信息的能力，增强团队意识和合作精神，开发学生的创新思维等。

4 联合培训构想的可行性

数学建模和 ACM 培训具有很强的关联性和互补性，首先，两者不仅对学科知识的素养和基础有较高要求，更注重全面素质和综合能力的培养；其次，两项竞赛均以计算机为工具，应用现代计算技术，三人组队的形式参加，考察学生的团队合作精神和创新能力；最后，数学建模与 ACM 涉及的知识面宽广，实践性和实用性强。数学建模中需要使用 MATLAB 等编程软件计算结果，对算法的实现有很高的要求；ACM 非常注重逻辑分析的科学思维方法，需要较高的离散数学，工程数学等数学素养。因此，基于以上分析，将两者的培训组成联合项目组，具有较高的可行性。

采用联合培养的形式，实现生源共享，方便各取所长，相互提高。

5 构想的实施方案设计

本文结合学院实际情况，给出 5 个方面的数学建模与 ACM 联合培训的构想的实施方案。

5.1 指导思想

数学建模和 ACM 联合培训的指导思想是以学生为中心、以问题为主导、以计算机为工具、以培养数学和科学计算实践与运用能力为目的，来组织教学培训工作。充分利用现有资源和条件，培养学生主动探索的学风，团结协作的精神，增强实践和创新能力。

5.2 竞赛教学团队的建设

（1）成员组成。

由数学建模指导教师和 ACM 指导教师共同组成；项目组成员负责选拔学生、竞赛培训、竞赛指导与相关调研等方面的工作；项目组成员应有对应专业的学历要求。

（2）成员职责。

要求与分工：项目组成员要做好课件等相关教学准备工作，提前上传课件以便学生预习。负责竞赛指导的成员要在竞赛期间全程陪同；项目组成员在平时应该注重自身能力的培养与提高，每学期至少参加一次外出交流的学习活动。

（3）成员考核。

其一，完成培训课程：指导教师须按要求完成自己的培训课程，不得迟到、不得随意请假；其二，及时与学生交流：指导教师需及时了解自己所负责的各建模小组或 ACM 小组的情况，帮助其树立信心、高效学习、备战比赛；其三，竞赛期间，各教师需要对自己所负责的小组进行全程陪同指导。

（4）培养提高。

邀请省内外数学建模和 ACM 竞赛的专家指导和培训；联系省内外竞赛成绩优秀的高校，组织本校指导小组教师去外校学习、交流，提高指导小组的能力与水平。

5.3 竞赛学生团队的建设

（1）成员选拔。

在校学生；热爱数学建模或 ACM；已修相应课程并且成绩优秀；从相应的爱好者协会中选择表现优秀的成员；项目组成员特别推荐的同学；需自愿参加培训，遵守相关规定。另参加 ACM 项目的同学成绩在前 85%的，要求其同时参加数学建模项目。根据竞赛相关要求，从建模算法、计算机编程和论文写作三方面进行选拔工作，要求团队成员至少有一方面特长；具有吃苦耐劳，勤奋学习，对新鲜事物有好奇心，愿意花时间深入研究，有组织、有纪律，自学能力强等优点；遵守培训团队管理办法，有时间观念，配合指导老师一起学习。

（2）竞赛学生团队组织、培养工作。

学校提供统一的学习场所，共同培养好学生各方面的素质。对于数学建模，采用数学建模竞赛教师团队为主、数学建模协会为辅的管理方式；对于 ACM，采用"老带新"的方式进行课外学生管理。每学年第一学期，数学建模开设选修课程，在全校范围内普及数学建模知识。ACM 组队进行每周两次的培训；第二学期，采用数学建模校队培训的模式，对热爱数学建模的学生进行基础知识的培训工作，使学生具有一定的数学建模理论基础及一定的动手能力，并在此阶段完成数学建模学生团队的选拔工作。数学建模每周培训两次，ACM 每周培训一次，同时每月进行一次考核，对考核不合格的同学可以进行淘汰。数学建模培训与 ACM 培训在时间上分开进行；如学校另设小学期，数学建模培训和 ACM 培训时间应交叉进行。在该阶段，指导小组在收集相关信息之后，对参与培训的学生进行有针对性演练。ACM 项目培训进行多校联赛训练外，其他时间段根据自身特点自由进行做题训练。暑假 ACM 队员留校培训，需要队员提出申请；采取以赛代练的方式，加强实战方面的训练，组织学生多参加各种比赛，积累竞赛经验，开阔学生眼界。

（3）管理：讲好第一堂课。

首先让学生明确上课的意义及目的；其次让学生明确只有参加了"一条链"的训练，才能取得良好效果；最后让学生明确自己该做什么和这门课的规则。充分备好每次课的课件，做好考勤工作，及时疏通和学生间的障碍，并鼓励学生参加"一条链"：数学建模选修课→五一数学建模联赛→MATLAB数学软件应用大赛→数学建模小学期培训→全国大学生数学建模竞赛；做好指导教师赴其他高校的培训工作，并支持学生赴其他高校参加培训；做好考勤工作，在各个培训阶段，鼓励学生全程参与。

（4）奖励。

对获奖学生系部评优予以优先考虑；对获奖学生系部评奖学金予以优先考虑；对获奖学生予以适当加分。

5.4 参赛

培养优秀选手组织参加全国大学生数学建模竞赛和ACM竞赛是培训的一项核心工作。我们将从参加校队培训和小学期项目培训的学生中选取优秀学生参加以上竞赛。同时，在5月初和6月底有两次练兵性质的比赛——五一数学建模联赛和MATLAB数学软件应用大赛。

5.5 师生保障

（1）师生保障。

为了达到更好的培训效果，学校应给学生配备一些优秀教材[6][7]，同时为了不增加学生的负担，希望学校报销一部分教材费用；为了保证优秀学生能赴高校参加培训，学校应解决学生的交通事宜；为了调动学生参赛的积极性、学生的不流失，学校应积极配合培训工作，制定适当的奖惩政策。

（2）指导教师保障。

为了提高指导教师的整体水平，学校应邀请专家学者给学生老师开展讲座，并解决相关的津贴问题；学校应保障外出参加培训老师的交通和餐饮；为了提高指导教师的积极性，学校应考虑给予获奖老师适当奖励；对于选派到外校学习的教师，给予工作量上的照顾。

6 结束语

高校数学建模与ACM联合培训是一项系统工程，是实现由传统教学转向新型教学的一个教学改革突破口，它不仅培养了一批优秀的青年教师，同时也塑造了全面发展的综合性人才。

参考文献

[1] 王茂芝，徐文皙，郭科. 数学建模培训课程体系设计探讨[J]. 数学教育学报，2005（01）：79-81.

[2] 杨勇，侯再恩. 数学建模培训的实践与探索[J]. 数学教学研究，2009，28（07）：65-67.

[3] 孙民瑞，李梓. "互联网+"时代下高校ACM程序设计大赛培训的探讨[J]. 信息技术与信息化，2016（Z1）：134-135.

[4] 赵磊，魏书堤，陈坚祯，陈琼，姚丽君. 普通本科院校ACM/ICPC竞赛教学的探讨[J]. 电脑知识与技术，2015，11（04）：129-130.

[5] 查建中. 面向经济全球化的工程教育改革战略——兼谈CDIO工程教育模式实施[J]. 计算机教育，2010（11）：2-7.

基于 CDIO 的二级项目的构建及实施

王春秀

（成都东软学院 四川 成都 611844）

摘　要：在 CDIO 的教学理念中，所有需要学习和掌握的内容都以项目设计为核心展开，通过项目设计将整个课程体系有机系统地结合起来。本文通过分享作者的学习体会及实践，介绍 CDIO 二级项目的构建及实施。

关键字：CDIO；TOPCARE-CDIO；工程教育；项目设计

Project (Level-2) Design-Implementation Based on CDIO Initiative

Wang Chunxiu

（Chengdu Neusoft University, Chengdu 611844, Sichuan, China）

Abstract：Based on the CDIO initiative, the contents and skills that students must learn and master can be designed and introduced by projects. By including a sequence of design-implement experiences in varies levels of projects, we can map all the skills onto the curriculum. In this article, the author will illustrate how to construct and implement the second-level project by sharing her design and implementation experience.

Key word：CDIO；TOPCARE-CDIO；engineering education；project design

1　引　言

CDIO 工程教育模式是近年来国际工程教育改革的最新成果。CDIO 代表构思、设计、实现和运作，它以产品研发到产品运行的生命周期为载体，让学生以主动的、实践的、课程之间有机联系的方式学习工程。

TOPCARES-CDIO 则是将国际化的 CDIO 进行了本地化，它更加体现了东软的教育理念：教育创造学生价值。TOPCARE-CDIO 由 8 大指标体系组成：① 技术知识与推理能力；② 开放式思维与创新；③ 个人职业技能；④ 沟通表达与团队合作；⑤ 态度与习惯；⑥ 责任感；⑦ 价值观；⑧ 实践构思、设计、实现和运行为社会做贡献。

在 TOPCARES 这个培养目标框架下，根据市场对人才的需求、用人单位的具体要求、毕业生的反馈等形成具体的专业培养目标，再通过实施一体化课程与实践体系分析与设计，从知识、能力和素质三方面构建出符合专业培养目标的高度融合、高度关联的课程与项目，来保证专业培养目标的达成。

2　二级项目的定义及构建思路

依据教育心理学知识技能迁移的基本原理和学习层级理论，TOPCARES-CDIO 项目设计，按照项目的规模、涉及的能力范围及程度划分为五个层级，通过五级项目的设计与实施，逐步提高学生应用知识技能解决实际问题的能力和综合素质，如表 1 所示。

作者简介：王春秀（1958—），女，汉族，四川成都，副教授，硕士，研究方向：软件工程、软件项目管理、软件测试。

表 1

项目级别	项目名称	含义注解	能力培养
一级项目	综合项目	包含本专业主要核心课程和能力要求的综合项目	通过引入行业与岗位实际项目重点训练和培养学生综合应用知识技能进行构思、设计、实施、运行系统化项目的能力
二级项目	课程群项目	基于多门课程、包含一组相关核心课程能力要求	主要训练应用多项知识技能的解决问题的能力
三级项目	课程项目	基于单门课程，为增强该门课程能力目标的实现而设	主要训练专项技能及应用能力
四级项目	单元组项目	基于1门课程的2个以上单元（模块）能力培养要求	主要训练基本技能和应用能力
五级项目	单元项目	基于1门课程某1个单元（模块）能力培养要求	主要训练单项技能和应用能力

由此可见，在 TOPCARES-CDIO 的项目体系中，二级项目属于课程群项目，它基于多门课程、包含一组相关核心课程能力要求，二级项目主要训练应用多项知识技能解决问题的能力。二级项目是一体化课程与实践体系中的一个重要环节，对专业培养目标的实现起着承上启下的作用。因此，对二级项目的构建及实施也就变得尤为重要。

3 二级项目能力培养矩阵

我院自 2004 年起就开设了专科的软件测试专业，经过对该专业的利益相关者的调查及多年的教学改革及实践，我们为软件测试专业的人才培养目标定位为符合社会需求的软件测试技术应用型专门人才。根据软件测试专业的人才培养目标及大一的课程安排，我们为软件测试专业大一的二级项目设计能力培养矩阵。

4 二级项目的构思

软件测试专业大一的二级项目要求学生综合利用第一学年开设的《计算机文化基础》《Java 语言程序设计》《Java 高级程序设计》《数据库原理与应用》《软件测试基础》等课程中所学的知识，以项目组为单位，开发一个 C/S 结构的、基于 MS SQLServer 或 MySQL 数据库管理系统的信息管理系统——《学生成绩管理系统》。

《学生成绩管理系统》的假设用户是学院的师生，通过学生管理系统实现对各专业学生的各学期、各门课程成绩的管理。

通过这个项目，巩固学生大一所学的相关开发和测试知识，了解软件开发的整个过程，以及作为软件测试人员如何在软件项目开发过程中发挥作用，同时，使学生了解项目管理的过程，培养学生的团队精神及职业素养。

5 二级项目的设计

对二级项目的设计，作者主要从以下几个方面考虑。

（1）项目内容的设计。

专业背景对一个项目的成功起着至关重要的作用，因此，对大一的学生来讲，如果能有学生比较熟悉的业务、且实现难度适中的真实项目最好，在没有的情况下，模拟项目的选择则既要有一定的实际价值，又要是学生比较熟悉的内容，因此，我们选择了《学生成绩管理系统》，并根据学院学生成绩的管理提出简化了的要求，这样，保证在小学期一个月的时间内，在大一学习课程的基础上，带领学生完成。

通过完成小学期项目，将大一所学知识转变成解决问题的各种能力。

（2）项目实施的设计。

CDIO 强调工程背景，强调一体化的课程设计，因此，在项目的实施方面，我们将工程师的职场环境转为我们的工作环境。从小学期一开始，就要求每个同学都要适应角色的转变，既由学校的学生转变为公司的工程师。为此，我们做了多方面的设计。

（3）工作情景设计。

上班必须到公司的办公场所（教室），按时上下班，上班时间不得做与工作无关的事情，迟到 5 分钟按旷工 1 天处理，小学期的项目就是学生的任务，做得好奖励（加分），任务完不成可在课后或周末加班完成，实在完不成会酌情扣发工资（分数）。

项目的实施以项目组为单位进行，项目组由学生自愿组成，每组 5 ~ 7 个人。项目组内按软件开发团队设置多个角色，如项目经理、QA、开发工程师，配置管理人员、测试人员等，每个角色有明确的任务，各司其职。

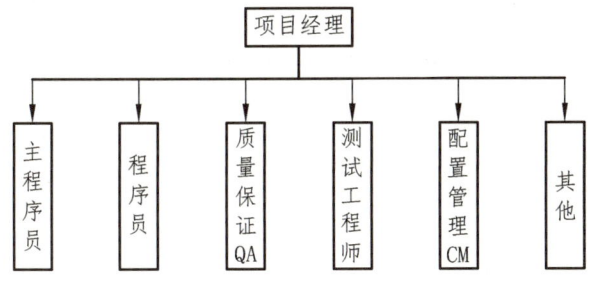

图 1　项目组组成

（4）项目开发过程的设计。

对整个项目的开发，采用的是渐进的过程模型，对每一个模块的实现，要经过 CDIO 的构思、设计、实现、运行几个步骤，通过几个模块的引导，强化学生的过程意识，使学生对软件开发的过程模式有初步的认识。

（5）项目实施模式的设计。

授课模式以学生为中心，教师不再是教师角色，而是公司的部门经理和导师的角色。授课的内容也因角色的不同而不同，不仅包括所要到的专业知识和技能，还要包括如何进行项目管理、如何管理团队以及软素质如遇到难题时的态度和解决办法等。整个过程以指导学生完成项目为主。每次讲课时，只是提出新任务的需求、开发的要求、时间及进度要求，然后对从学生未用过的关键技术点进行讲解。对重用的技术，只是提示学生参考某个模块某个方法的实现。这样大大减少了授课内容，使学生有更多的时间自己去学习、去发挥。

（6）管理模式的设计。

对整个小学期的管理，采用两级管理模式，即部门经理（指导老师）——项目经理（小组长）两级，部门经理主要负责设计如何通过项目经理实现对全院的管理，而真正的管理落在项目组，管理重心下移，以此实现学生自主管理，老师通过项目经理及团队的 QA 和测试人员，实现对部门所有成员的管理。

（7）过程监控点设计。

对每周的任务，设置里程碑检查点，通过项目组间交叉检查、部门经理对项目组检查结果进行抽查的方式实现对项目实施过程的监控。通过这种方式，既实现了过程的监控，同时。培养了学生的自我管理能力，也给学生创造了互相学习的机会。

（8）考核方式的设计。

考核方式也是 CDIO 教学改革的一个重要方面。我们的考核方式可以从两个维度考虑：

第一个维度：过程性考核和结果考核。

过程性考核的成绩由各阶段的里程碑检查表得分、老师抽查得分（个人、项目组）、考勤、平时表现几个部分的成绩组成。

结果考核成绩由项目组的项目验收得分、小组过程成绩、个人在小组中贡献得分、个人项目实训报告得分及个人平时表现等几个部分构成。

过程性考核的各项指标主要体现在各阶段的里程碑检查表中（图 2 第一阶段检查表、图 3 第二阶段检查表、图 4 任务验收检查表）。

2011-2012小学期第一阶段任务完成情况检查表

检查人：

检查内容及分值					
窗口	功能	检查项	分值		
登录窗口（18）	登录	对合法教师用户，进入教师主窗口	2		
		对合法系统管理员用户，进入教	2		
		对合法教师用户，进入教师主窗口	2		
		对错误的账号输入进行提示	1		
		对错误的口令输入进行提示	1		
		对错误的角色输入进行提示	1		
主窗口（7）	管理员子系统菜单显示正确	有用户管理菜单及相关菜单项	3		
		有基础数据维护菜单及相关菜单项	3		
		点击用户管理菜单项进入用户管理窗口	1		
	教师主窗口	有桩模块，可从登录窗口进入	2		
	学生子系统	有桩模块，可从登录窗口进入	2		

图 2　第一阶段检查表

2011-2012小学期第二阶段任务完成情况检查表

检查人：

	检查内容及分值			被检查组1	被检查组2
窗口	功能	检查项	分值		
班级管理窗口（18）		1.4按键呈浏览状态	1		
	2.添加按键	按添加键清空备注框；按键呈编辑状态	1		
	3.修改按键	编辑框显示当前班级数据；按键呈编辑状态	1		
	4.删除按键	先选中一个班级，按修改键，提示“确认删除？”，如是，则删除记录，否则，返回	3		
	5.保存按键	生成班级数据，并保存；按键呈浏览状态	4		
	6.修改用户	先选中一条记录，修改，按修改保存修改的内容	2		

图 3　第二阶段检查表

	2011-2012小学期任务验收检查表						
检查人:					检查日期:		
	检查项及分值				被检查组及得分		
	窗口	功能	检查项	分值			
11	学生成绩管理模块（9.5）	窗口打开	选课数据显示正确	1			
			班级成绩列表显示正确	1			
		课程选择	鼠标在选课表中移动时，学生成绩列表显示正确	2			
		学生选择	鼠标在学生成绩列表中移动时，学生数据显示正确	2			
			学号、姓名不能编辑	0.5			
		成绩保存	输入的学生成绩保存正确	1			
			保存同时，刷新学生成绩列表	1			

图 4　任务验收检查表

项目验收得分指标及分值主要体现在项目验收评分表中（图 5 项目验收评分表及评分标准）。

	2011-2012学年小学期项目验收评分表				
评委：					
	小组名称 / 考评项	分值	玻璃渣	Blue Night	NoPain，NoGain
			肖黎	龙彦左	郭[illegible]
项目完成情况（60）	8、学生成绩录入	6			
	9、学生成绩查询	5			
	10、帮助	5			
	11.关于	1			
	12.测试用例文档	16			
	13.代码规范	4			
其它（40）	14.团队合作精神	3			
	15.全员参与情况	3			
	16.进度计划管理	2			
	17.职业态度	2			
	18、PPT效果	10			
	19、汇报效果	10			
	20.其它加分点	10			

评分标准:	1、1-11项功能全部完成且正确，得该项满分，否则，酌情减分；
	2、第12项：有完整、有效的测试用例文档及测试结果，得该项满分，否则，酌情减分；
	3、第13项：主要从以下几个方面考虑：代码注释、代码风格、模块化程度、MVC结构，都满足满分，否则，酌情减分；
	4、第14项：团队合作：分工明确，互相帮助，团队精神突出；
	5、第15项：全组人员参与，每人承担的任务基本均衡，而不是整个任务有1-2个主要成员完成；
	6、第16项：项目组分工合理、进度计划安排可控、按时完成任务
	7、第17项：全组成员态度认真，工作努力，遇到问题积极向办法解决，而不是糊弄了事；
	8、第18项：PPT显示清晰，内容丰富，配色方案合理；
	9、第19项：汇报者表达清晰、流利，说话有条理。
	10、第20项：加分项目指老师没有考虑到或没要求的，但项目组认为需要而完成的功能，或技术上的改进或优化；

图 5　项目验收评分表及评分标准

个人在小组中贡献得分主要根据项目经理提交的项目组考核表（图 6 项目组考核表）中的得分及个人在汇报中汇报的实际完成情况而定。

2011-2012年小学期项目组考核表				
组名：			组长：	
姓名	任务	完成情况（10）	总体得分	备注
张洋	1、XXXX	8.5	90	
	2、YYYYYY	9		
	3、ZZZZZ			
	．．．．．．			
代吉祥	1、JJJJJ		87	
	2、HHHHHH			
	3、ZZZZZ			
	．．．．．．			

图 6　项目组考核表

第二个维度：专业技能及软素质的考核，专业技能指利用所学知识解决问题的能力，对问题的分析及将复杂问题简单化的能力。软素质则指团队精神（管理、激励、参与、沟通、互助等）、职业态度（敬业、认真、负责、坚韧等）、学习能力（自学、互学、网络学习等）、交流能力（书面交流、口头交流、演示汇报等）。

6　二级项目实施中的注意事项

（1）老师要转变角色，变为导师而不是老师，授课模式也要发生转变，有系统地讲解知识改为教授学生思维方式、解决问题的方法、组织管理的能力等，这也就是我们通常所说的"授之以渔而非授之以鱼"。

（2）培养学生的自学能力，指导学生遇到问题后，如何分析问题，如何把一个复杂的问题分解为若干个简单的小问题，针对每个小问题，如何思考、哪里寻找解决途径等，提高学生的自学能力。

（3）加强对学生软素质的培养，鼓励学生自学、互助，培养学生的团队精神、团队荣誉感，为学生提供互相学习的机会，培养学生认真负责的职业素养。

（4）老师需设计详细的、可度量的里程碑检查点，实现目标管理，实现学生的自我管理。

7　二级项目的效果检验

从主观角度，通过对项目的精心设计及对实施的认真组织及监控，整个项目实施取得了较好的效果，80%的项目组按要求完成了，另 20%的项目组基本完成任务。40%的项目组在完成要求任务的基础上或多或少都有自己的创新。

从客观角度，通过学生的实训报告可看出，通过项目实训，学生的收获主要体现在以下几个方面：团队精神、职业素养、开发及测试知识的应用、分析问题及解决问题的能力等。

8　结束语

CDIO 是一种非常先进的、有效的工程教育的理念，我们在实践的过程中，要注意对 CDIO 的精髓的理解，并结合各学院、各专业的特点，设定人才培养目标，并进行一体化的教学设计并有效地实施，一定会取得良好的教学效果。

参考文献

[1] EDWARD F CRAWLEY,等. 重新认识工程教育—国际 CDIO 培养模式与方法[M]. 北京:高等教育出版社,2009.

[2] 顾佩华、陆小华. CDIO 工作坊手册. 汕头:汕头大学出版社,2008.

TOPCARES-CDIO 教学模式下计算思维能力培养的一种方法

赵文革　肖　铮　董祥千　程　鹏　罗晓飞　周　婷　王源源

（成都东软学院　四川　成都　611844）

摘　要：随着科学技术的发展，计算思维能力越来越受到重视，因此，在教学过程中如何培养学生的计算思维能力成为教育者迫在眉睫的任务，通过对一个 4 位定点整数加法器进行构思、设计、实现的过程，提出了一种在 TOPCARES-CDIO 教学模式下如何对学生的计算思维能力进行培养的方法。

关键词：计算思维；加法器；TOPCARES-CDIO

A Method of Improving Calculating Thinking Ability in TOPCARES-CDIO Mode

Zhao Wenge　Xiao Zheng　Dong Xiangqian　Cheng Peng　Luo Xiaofei
Zhou Ting　Wang Yuanyuan

（Chengdu Neusoft University, Chengdu 611844, Sichuan, China）

Abstract: With the development of science and technology, the ability to computational thinking more and more attention by everyone, therefore, in the teaching process how to train students to have the ability to become an urgent task of educators.Through conceive, design,implement a 4-bit fixed-point integer adder, put forward a method of how to cultivate students' calculating thinking ability in TOPCARES-CDIO mode.

Key words：calculating thinking；adder；TOPCARES-CDIO

1　前　言

计算思维的定义是：运用计算机科学的基础概念去求解问题、设计系统和理解人类的行为；计算思维的本质是抽象和自动化[1]。这是美国卡内基·梅隆大学周以真教授给出的定义，也是被广泛认同的定义。它的重要性随着科学技术的不断发展而凸显出来，很多国家都越来越重视对学生计算思维能力的培养。如 2008 年，美国科学基金会（NSF）启动了一个涉及所有学科的、以计算思维为核心的重大基础研究计划，2009 年"大学计算教育振兴的途径"（CPATH）计划申报的项目提出了以计算思维为核心的课程改革，将计算思维能力的培养落到了实处[1]。2010 年 7 月在西安交通大学举办了首届"九校联盟（C9）计算机基础课程研讨会"，会上发表的九校联盟（C9）计算机基础教学发展战略联合声明中明确提出计算机基础教学的核心任务是计算思维能力的培养[2]。而成都东软学院正在进行 TOPCARES-CDIO 的教学改革，TOPCARES-CDIO 是大连东软信息学院对 CDIO 能力培养大纲做了继承的基础上进行的创新，调整并增加了部分能力指标，构建了具有东软特色的 TOPCARES-CDIO 能力指标体系。同时，作为对 CDIO 能力指标的继承和创新，TOPCARES-CDIO 能力指标与 CDIO 能力大纲具有一致性[3]。在课程教学中是以具体的实践项目

基金项目：成都东软学院 2016 年度教研教改项目（编号：16-40-06）。
作者简介：赵文革（1966—），男，汉族，河南，副教授，硕士，研究方向：嵌入式系统开发。

贯穿教学的。这篇文章就是计算机组成原理课程组在实施成都东软学院的校级教研教改项目《计算机组成原理课程教改——基于 TOPCARES-CDIO 和计算思维》的过程中以 ALU 中的核心部件加法器这个实践项目作为载体，通过对加法器的构思、设计、实现的过程使学生能深入理解加法器的工作原理，培养学生站在计算机的角度解决实际问题的能力。课程组认为在教学过程中可以通过因材施教、循序渐进、知识点重组并结合 TOPCARES-CDIO 的方法，培养学生的计算思维能力。也希望通过这篇文章能起到抛砖引玉的作用。

2 教学过程中采用的方法

下面是课程组在加法器的教学过程中所采用的方法。

（1）因材施教。

知己知彼才能百战不殆，因此应对教学对象有一个充分的了解。我们的教学对象是成都东软学院 2016 年入学的学生，包括计算机科学与技术专业、信息工程专业、网络工程专业、物联网专业，学生从未学过大学物理、电路分析、电工、模拟电路和数字电路等硬件电路的基础课程，实验能力还停留在中学做物理、化学、生物等实验的水平上。因此，对学生而言，在上这门课程时他们是没有任何基础的。

工欲善其事必先利其器，我们针对学生的特点，选择用虚拟实验室（QuartusII）代替真实的实验室做实验或进行上课演示，其好处是规避学生实验水平偏低的弱点，让学生将主要精力放在对原理的理解上，不要放在电路中接触不好、元器件损坏等次要方面。当然，若学生实验能力较好，则将虚拟和实际结合是最佳方案。

在理论教学上，由于学生没有任何基础，必须进行必要的补充，才能达到循序渐进的效果，但与课时有限相冲突，只能遵循够用就好的原则，因此补充的主要是数字电路方面的知识，如逻辑代数、门电路、触发器等，并且只掌握如何运用即可，像构成加法器的基本器件——逻辑门只介绍其逻辑功能、逻辑符号，而将内部电路略去，让学生会用这些器件即可。

（2）循序渐进。

认知规律中有一条就是只有通过循序渐进的方法才能掌握新的知识。所以在讲授加法器时可以按照由简到繁，由易到难的思路进行，以学生容易接受的定点整数加法为例来讲，并从 1 位的加法器开始逐渐过渡到 4 位的为止，在定点整数加法器介绍完之后再介绍定点整数减法器，然后是如何判断溢出，如何提高加法器的运行速度，如何让加法器做其他运算如乘法运算、除法运算、逻辑运算，最终实现 CPU 中的 ALU 功能等相关内容，具体步骤如图 1 所示，本文只到加减法器为止。

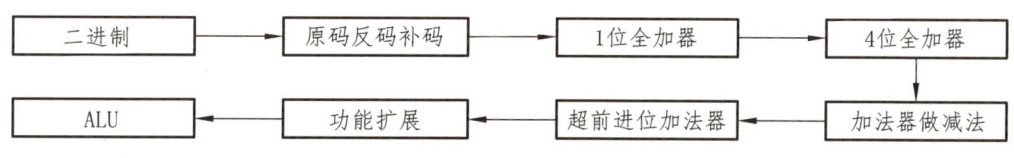

图 1 循序渐进的步骤

（3）知识点的重组。

对于加法器的介绍，传统教法都是按照先讲逻辑代数和计算机系统概论，然后再讲运算方法和运算器[4]的步骤进行，有的干脆在讲完系统总线、存储器、输入/输出系统之后再讲运算器[5]，这种讲法的不足之处在于用到逻辑代数的知识时，由于间隔了一段时间，学生容易忘记前面的知识，从而降低对知识的理解。因此，我们在讲授时采用知识点重组的方法，在讲完二进制、逻辑门后，直接用一位的全加器为例介绍组合逻辑电路的分析和设计，然后将 1 位的全加器扩展为 4 位的全加器，接着用 4 位的全加器完成减法运算。按照图 1 的进程讲完 ALU，而采用这种一气呵成的方式可以让同学们更容易理解计算机中的 ALU 是如何工作的。

3 过程中对计算思维能力的培养

采用上述方法，并结合 TOPCARES-CDIO 的项目驱动可提高学生的学习能力和运用知识解决实际问题的能力，可以使学生站在计算机的角度思考问题，从而培养他们的计算思维能力，下面就是具体的实施过程。

由于学生是第一次接触硬件类的课程，如何站在机器的角度解决问题，他们没有任何经验，因此教师可以采用直接引导的方法，并多实施几次，使同学在获得一定的经验后，逐步让学生独立思考。具体引导过程如下：

（1）计算机要处理日常的加减法，必须将数输入到计算机中，而计算机采用的是二进制，因此要将十进制数转换为二进制数。

（2）数既可以表示大小也可以表示事物，在此，由于做的是加法器，所以只讨论数表示大小的情况，在此情况下数有正数负数之分，也有整数和小数之分，因此，计算机也必须能表示这些数，所以就有了机器数、无符号数、原码、反码、补码、定点整数、定点小数、浮点数。

（3）解决了数放入计算机中的问题后，接下来就要解决两个数相加减的问题，那么计算机是如何解决的呢，其实就是由简到繁，逐步细化的过程，先看两个二进制数是如何相加的，如图2所示，这是两个4位的二进制数相加，机器要一下解决这个问题，也是采用的将复杂的问题逐步细化，先解决简单的一位二进制数相加的问题，再解决4位乃至n位的二进制数相加的问题的方法。

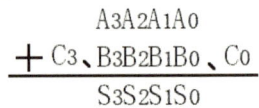

图2 两个4位的二进制数相加

通过组合逻辑电路的设计很容易得到如图3所示[6]的电路（此处略），A_i表示一个1位的二进制被加数，B_i表示另一个1位的二进制加数，C_{i-1}表示低位向本位的进位，S_i表示和，C_i表示向高位的进位。

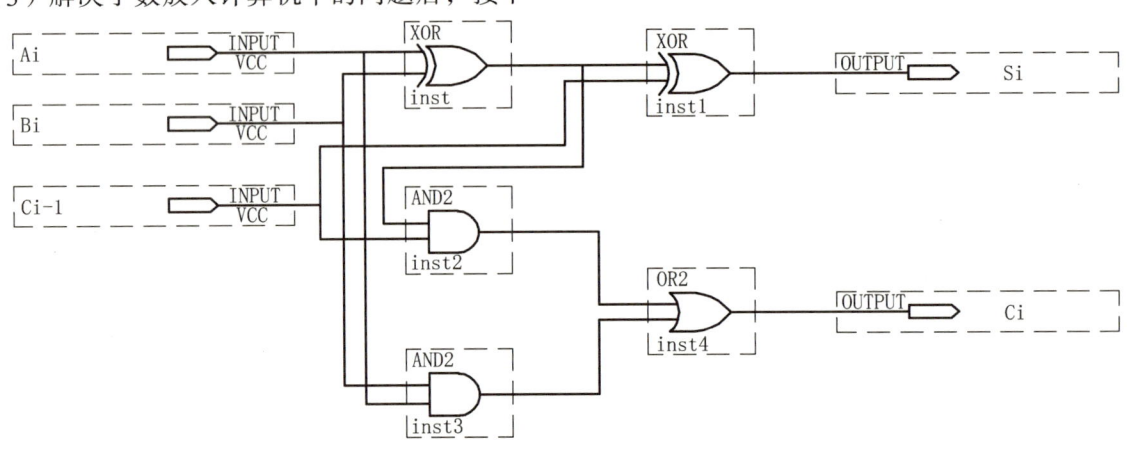

图3 一位全加器的构成

由于不用关心加法器的内部结构，所以，将图3进行封装，得到图4的封装形式。

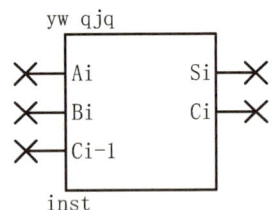

图4 封装后的一位全加器

1位的问题解决后，开始解决两个4位的二进制数相加的问题，通过把图1所示的加法过程和图3结合，很容易想到解决方案，如图5所示。

这样4位的加法器就完成了，接着要考虑这个加法器是否可以做减法，若能实现的话，计算机中的部件就可以减少一个从而可以减小成本并使整个电路稳定性更好。加法器可以实现减法吗？因为我们知道，减去一个数等于加上这个数的相反数，这样就很自然地将减法变成了加法，这是初中代数学习中就知道的，那么它适用于计算机吗？在学习补码时有$[X-Y]_{补码}=[X]_{补码}+[-Y]_{补码}$，由此可知只要采用补码形式，计算机自然可以将减法变成加法了。这样我们从理论上得到了答案，但实际可以做出来吗？关键问题就看计算机是否可以将$[-Y]_{补码}$求出来。在二进制中我们知道将一个二进制数所有的位（包括符号位）按位取反后加1，得到的是这个数的相反数的补码，有了这个知识，就可以让加法器实现减法的功能了，因为在二进制中0表示正号或加法，1表示负号或减法，同时对于异或逻辑来说有$X\oplus 0=X, X\oplus 1=\overline{X}$。

于是，计算机中按位取反可以用图 6 所示的电路完成，Control 为控制的信号，需要取反时为 1，不取反时为 0。这样，$[-Y]_{补码}$ 的求解完成了一半，还差加 1 的这一半，既然要加 1，那肯定还要用到加法器。由前面加法器的分析可知，加法器的最低一位的进位通常没有用到，若让这一位为 1，那么，补码的加 1 的那一半不就解决了吗？

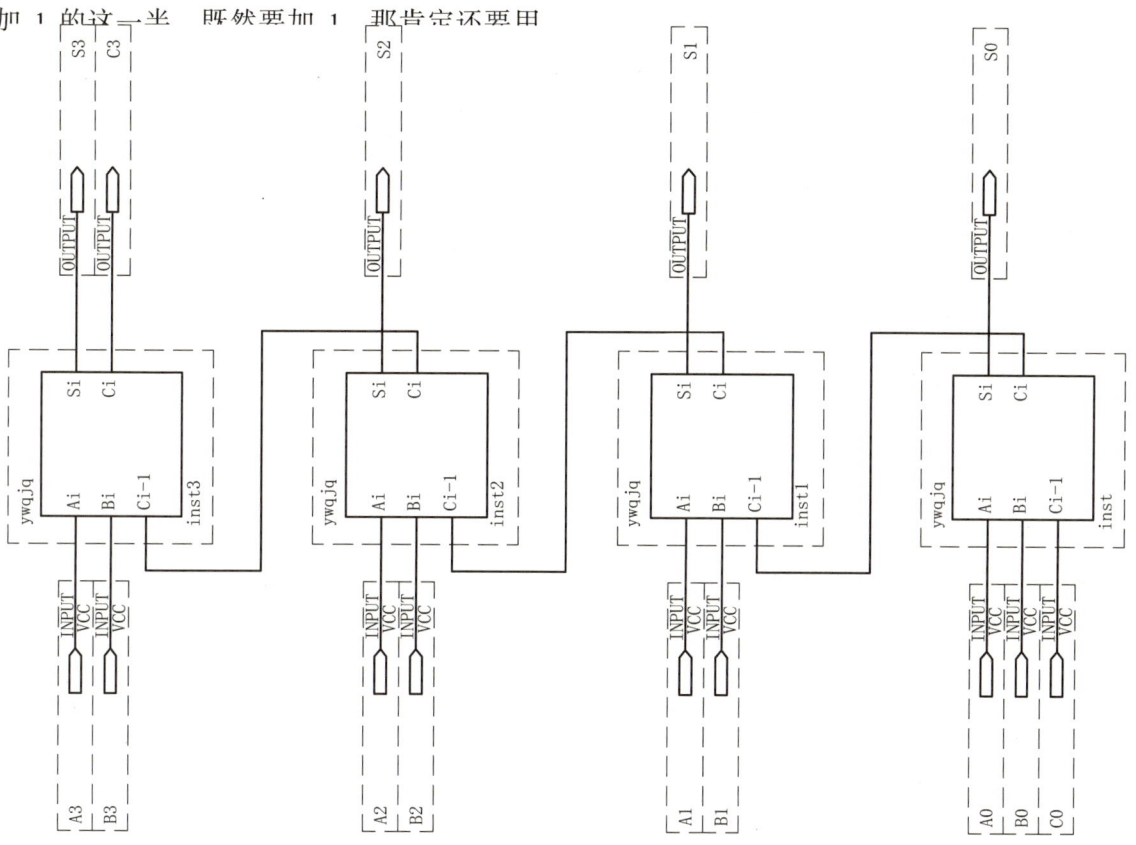

图 5 两个 4 位二进制数相加的电路图

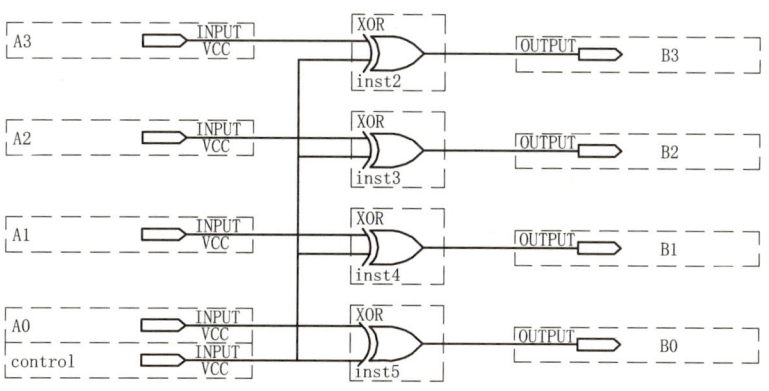

图 6 按位取反的实现

所以有了取反电路，配合加法器就可以求出补码进而完成加减运算，具体电路如图 6 所示，当要进行减法时，控制进行加法和减法的控制信号 control=1，数 $B_3B_2B_1B_0$ 被各位取反，同时由于加法器中的最低一位的进位为 1，在进行加法时被加到数 $B_3B_2B_1B_0$ 中，因此，实现了数 $B_3B_2B_1B_0$ 取反加 1 的操作，从而实现了数 $B_3B_2B_1B_0$ 相反数的补码，因此，可用加法器来实现减法的操作。

至此，我们就设计出了能做加减法的加法器，该电路还可进一步的扩展，例如将最高位的进位和次高位的进位再接到一个两输入的异或门中就能实现溢出的判断，另外由于这种行波进位的加法器速度较慢，经过分析可将电路改进为超前进位加法器，还可用函数发生器与加法器结合的方法实现多种代数运算和逻辑运算的功能，从而实现 CPU 中的 ALU。

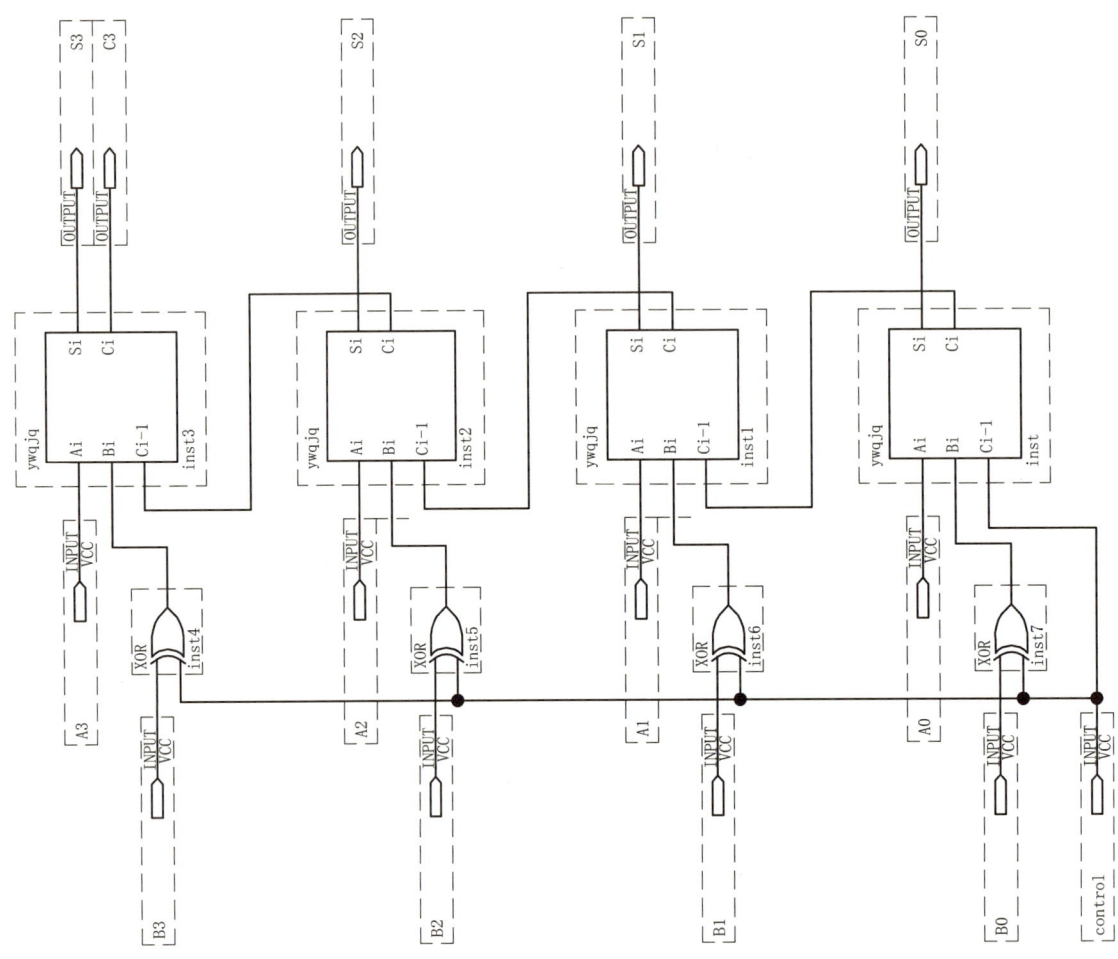

图 7 用加法器实现减法功能的电路图

4 总结

通过对定点整数加法器的构思、设计和实现，使同学们掌握加法器的工作原理，并学习到如何将复杂的问题逐步细化逐步解决的过程，学习如何将学到的逻辑代数的知识运用到实际的项目中，如何站在硬件电路设计的角度考虑问题和解决问题，这些对提高学生的学习能力、解决问题的能力以及学生的计算思维能力都很有好处。当然也有不足。

总之，只有通过因材施教、循序渐进、将用到的各部分知识密切联系在一起，将一个内容讲懂讲透并通过实际的例子，将所学的知识用于其中也就是和TOPCARES-CDIO相结合才能更好地使同学们融会贯通、学以致用，才能真正培养他们的计算思维能力。以上结论是课程组在进行计算机组成原理课程教改中的一些心得体会，还比较肤浅，望大家不吝赐教，让我们共同努力，将这门课程的教改持续进行下去，使这门课程发挥出它应有的作用，使同学们能够轻松愉快地学好这门课程。

参考文献

[1] 陈国良，董荣胜.计算思维与大学计算机基础教育[J].中国大学教学，2011（1）：8-9.

[2] 何钦铭，陆汉权，冯博琴.计算机基础教学的核心任务是计算思维能力的培养[J].中国大学教学，2010（9）：5-7.

[3] 王怡波.TOPCARES-CDIO教学模式的探索[EB/OL].大连东软，2010-06-10 [2017-09-14]. http：//www.edu.cn/jiao_xue_294/20100610/t20100610_485067_2.shtml.

[4] 白中英，戴志涛等.计算机组成原理[M].北京：科学出版社，2013.

[5] 唐朔飞.计算机组成原理[M].北京：高等教育出版社，2008.

[6] 寇戈，蒋立平.模拟电路与数字电路[M].北京：电子工业出版社，2015.

基于 TOPCARES-CDIO 教学改革中应用型人才的培养研究
——以影视制作专业工作坊实践平台建设为例

付一君

（成都东软学院 四川 成都 611844）

摘 要：高等教育在专业教学的改革中提出应大力推动高等教育向应用型人才培养的转型，适应市场和行业的需求。人才的培养重在实际动手能力以及学生的工程环境适应能力与项目的制作能力。在 TOPCARES-CDIO 实践教学过程中，以项目为主导进行相关教学活动的开展，构建一体化的实践教学体系，将专业教室、实验室、工作室和大学生创业中心、校内外实践基地等构建一体化的工作坊实践教学平台，融入专业教学中，通过知识、能力和人文素养的培养，使学生能够全方位地进行专业项目的实践学习，尽可能地满足企业用人的要求，减少专业教育与市场之间对人才需求的差距。影视制作专业工作坊建设中，将专业课程的教学模式进一步的优化，以培养能够进行影视制作工程项目为目标，采用"2+1+1 工作环境导向型"教学模式，实施以影视数字绘景、数字短片创作、影视节目制作、影视栏目包装、影视广告等产品的构思、设计、实施和运行的以全生命周期为背景的工程教育。

关键词：应用型人才培养；工作坊实践教学平台；TOPCARES-CDIO；工作环境导向型

Cultivation of Applied Talents Based on TOPCARES-CDIO Teaching Reform
—Taking the Practice Platform Construction of Film and Television Production Workshop as an Example

Fu yijun

（Chengdu Neusoft University, Chengdu 611844, Sichuan, China）

Abstract: In the reform of specialized teaching, higher education proposed that the transition from academic education to the cultivation of applied talents should be vigorously promoted to meet the needs of the market and the industry. Training talents should focus on practical ability, as well as students' ability to adapt to the project environment and project production capacity. In the TOPCARES-CDIO practice teaching process, the project-led teaching activities are carried out to build an integrated practice teaching system, which integrates professional classrooms, laboratories, studios and college students' entrepreneurship centers, and campus practice bases, combined with professional teaching process. Through the training of knowledge, ability and humanistic quality, students can conduct a full range of professional projects in practical learning, as far as possible to meet the requirements of employers to reduce the gap between professional education and market. During the construction of professional film and television production workshops, he teaching mode of professional courses will be further optimized in order to cultivate film and television production engineering projects, which adopt the teaching mode of "2 + 1 + 1 work-oriented environment", including

---

基金项目：（四川省教育厅科技项目）；（编号：XJYX2014B17）。
作者简介：付一君（1983—），男，汉族，四川成都，讲师，学士，研究方向：影视与新媒体。

conceiving, designing, implementing, opetating digital sketching of film, digital movie, film and television program , film and television section packaging, video advertising and other products, which named as the entire life cycle as the background of engineering education.

Key words: the cultivation of applied talents; workshop of the practical teaching platform; TOPCARES-CDIO; Work-Oriented environment

1 引言

国家十三五经济建设规划纲要中指出"在高等教育办学中优化结构,办出特色,适应国家和区域经济社会发展的需要,建立动态调整机制,不断优化高等教育结构;优化学科专业、类型、层次结构,促进多学科的交叉和融合;重点扩大应用型、复合型、技能型人才培养规模。坚持能力为重,优化知识结构,丰富社会实践,强化能力培养;着力提高学生的学习能力、实践能力、创新能力,教育学生学会知识技能,学会动手动脑,学会生存生活,学会做人做事,促进学生主动适应社会,开创美好未来。"从国家层面上对高等教育提出了新的改革方向,大力推动高等教育向应用型人才培养的转型,适应市场和行业的需求,各省市按照国家相关的方向相继出台了地方本科院校应用型人才培养模式的指导意见,进一步地规划和落实了高校加快向应用型人才的培养转型。

2 应用型人才的培养要求

高校在对应用人才的培养中,首要面临的是如何进行培养,培养什么样的应用型的人才的问题,这对一些传统的本科院校提出了新的思考和挑战。

如何进行培养,需要解决高校人才培养和专业定位的准确性,专业方向与市场需求之间衔接。最终解决的是培养出的人如何能满足市场发展的需求,这对高校与行业提出了一个新的课题,到底培养什么样的人才能够适应行业,高校人才培养如何缩小与市场的差距。在应用型人才的培养上有以下几个观点:有人提出应用型本科人才培养的基本原则是市场需求原则、突出应用能力的原则、知识教学与能力培养相结合的原则、专业教育与通识教育相结合的原则";还有人认为应用型人才培养模式改革的主要内容包括:"改革课程结构、改革教学内容、改革教学的方式方法、改革考核方法";而德国应用技术大学培养是以学生未来就业的岗位需要为导向的,更加贴近企业用工的实际需求,主要包括企业的需求设置专业和突出实践性教学"。可见,在应用型人才的培养上,关键还是人才的培养与市场需求接轨、专业知识结构和内容的建设以实践教学为中心,重在培养学生的实际动手能力,以及学生的工程环境适应能力与项目的制作能力,这给我们的专业教学和专业建设提出了一个新的要求,培养的学生首先必须满足市场和行业用人的标准,还需要具备一定的职业素养和专业综合素质,这与TOPCARES-CDIO工程教学模式相一致,重在学生的知识、能力和素质一体化专业综合能力的培养。

3 TOPCARES-CDIO 教育中实践教学环境建设

TOPCARES-CDIO(以下简称 T-C)是东软学院借鉴 CDIO 工程教育模式、在继承 CDIO 的基础上,创造性地将 CDIO 中国化和实际化,在充分考虑学生、教师、产业和社会等利益相关者的需求的基础上,结合中国高等教育的实际和 IT 行业的人才需求标准,针对特定专业的设置情况,对 CDIO 能力培养大纲做了继承基础之上的创新,构建了具有东软特色的 T-C "八大能力"指标体系。

"TOPCARES"其每一个字母代表学生应当具备的一种能力,具体是指,T(Technical Knowledge and Reasoning)代表技术知识与推理能力,O(Open Minded and Innovation)代表开放式思维与创新,P(Personal and Professional Skills)代表个人职业能力,C(Communication and Teamwork)代表沟通表达与团队工作,A(Attitude and Manner)代表态度与习惯,R(Responsibility)代表责任感,E(Ethical Values)代表价值观,S(Social Value Created by Application Practice)代表应用创造社会价值。实施"面向职业岗位的课程体系设计的反向推导

流程",即根据市场对IT人才的能力结构需求确立培养计划及目标,制定模块化的课程体系。

T-C核心是一体化教育,是对传统教育理念和模式的一次突破。比如在课程设置方面,传统的培养思路是,要培养什么能力,就增加哪门课程。而CDIO强调的是一体化,是把学生要培养的这些能力和要提升的素质贯穿于四年学习的各个方面。大学人才培养的瓶颈往往体现在与社会脱节,缺乏对学生实践能力的培养上。在东软学院的教学改革中,学校要求所有课程都要以具体的实践项目贯穿教学,让学生在项目实践中循序渐进系统掌握八大核心能力,如图1所示。

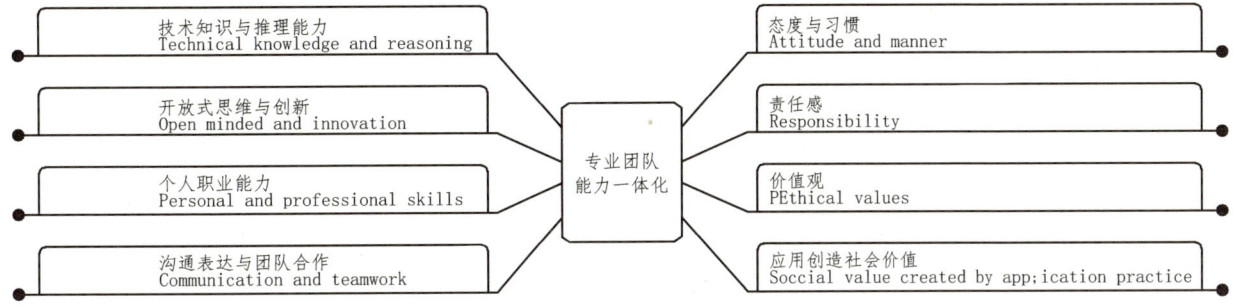

图1 T-C专业能力一体化

因此,在T-C实践教学的过程中,以项目为主导进行相关教学活动的开展,构建一体化的实践教学体系,将专业教室、实验室、工作室和大学生创业中心、校内外实践基地等构建一体化的工作坊实践教学平台,融入专业教学中,通过知识、能力和人文素养的培养,使学生能够全方位地进行专业项目的实践学习,尽可能地满足企业用人的要求,减少专业教育与市场在人才需求方面的差距。

4 专业工作坊建设思路

工作坊,又称专题研究工作坊,是基于专题研究性的学习方式,现在已经演变成一种实践教学模式。这种模式起源于德国魏玛共和国时期,以培养工程设计和建筑设计为宗旨的包豪斯学院,该模式将技术与艺术相结合,学习过程中以学徒制的形式进行,注重师傅带徒弟的一种教学模式,在整个教学体系中,改变以往传统的"以教师为主体,以教学内容为中心,以实践活动为载体"的方式,形成"以学生为主体,以企业文化为核心内容,以工作坊为核心"的实践教学模式。

在工作坊的教学模式中,以实践为核心,按照实践过程中相关的要求去学习理论,理论的学习主要为实践教学开展服务,理论与实践相辅相成,学生需要将所学习到的理论知识应用到实践,并根据实践的具体要求来学习理论,做到"学有所用,用有所学",强调理论与实践相结合,构成学生整个学习过程中的教学体系;在开展相关的实践教学的过程中,项目贯穿整个实践教学体系,项目可以是真实的实践项目,也可以是根据专业需求虚拟的实践项目,整个项目由专业教师指导相关工作的开展。

在工作坊开展专业教学过程中,将专业相关的知识与能力模块分解到工作坊的教学过程中,避免专业在教学的过程中专业能力的培养与实践教学不匹配的情况出现;在专业人才的培养过程中,以专业能力培养为导向,通过完成相关的工作坊教学任务,将知识与能力相结合,达到专业人才培养的目标,提高实践教学效果,解决专业理论教学与实践教学脱节的问题;在整个工作坊的教学过程中,建立完善的实践教学质量控制体系,在学生专业能力的考评上,注重过程性和终结性考核,形成一定的考核分值所占比例,在考核的过程中将专业课程理论需求融入项目考核中,按照行业需求制定项目考核标准,解决理论与实践脱节,专业教学成果与行业需求不匹配等问题。

5 T-C教学模式下的工作坊实践教学模式建设

在T-C教学模式的改革过程中,专业课程的教学模式进行全方位的改革,专业课程不管是理论性课程还是实践性课程,都以项目的形式开展教学,将项目实践融入整个专业知识体系的培养,形成将学生专业知识、专业能力、专业素养三方面结合的培养模式,解决了工作坊中对学生实践能力的培养,同时融入了学生素质能力,形成全方位育人的人才培养模式。

同时在 T-C 教学过程中,将学生的专业知识和能力按照工程教育的环境开展教学,专业课程的设置主要从满足该专业人才培养的需求出发,对专业课程的建设主要包括以下几个方面的内容:首先对专业基础性的课程,以专业理论教学为主,重在培养学生的专业基础能力和专业基本素质;其次在专业技术课程方面,通过项目引入到课程的教学中,在项目制作的过程中学习相关的专业技术能力和专业素养;最后在项目工作环境导入课程环节中,将实际的项目引入课程的教学中。

专业课程的建设中,构建了一体化实践教学组织体系,形成专业项目五级模式,逐步提高学生的应用知识技能解决实际问题的能力和综合素质(见表1)。

表 1　专业五级项目体系表

项目级别	项目名称	含义注释	能力培养
一级项目	综合项目	包含本专业主要核心课程和能力要求的综合项目	通过引入行业与岗位项目重点训练和培养学生综合应用知识技能进行构思、设计、实施、运行系统化项目能力
二级项目	课程群项目	基于多门课程、包含一组相关核心课程能力要求	主要训练应用多项知识技能的解决问题的能力
三级项目	课程项目	基于单门课程,为该门课程能力目标的实现而设计的项目	主要训练专项技能及应用能力
四级项目	单元组项目	基于一门课程的两个以上单元(模块)能力培养要求	主要训练基本技能和应用能力
五级项目	单元项目	基于一门课程某一个单元(模块)能力培养要求	主要训练单项技能和应用能力

在 T-C 专业课程项目的建设中,基于实践教学在人才培养各主要阶段的作用,构建以能力为本位的一体化的理论与实践教学体系。以项目为导向,基于案例与仿真的五级项目内容体系;以学生为中心,基于问题的主动学习和经验学习;以课堂拓展为辅,课内外一体化的教学设计,丰富学生第二课堂,来满足学生在专业实践教学环境中的学习需求。引入工作坊建设思路和方法,发挥学生的主动性与能动性,由学生进行管理运营,在专业教师的指导下,积极开展相关的项目业务,在企业引入的管理思维和管理模式在工作坊的实践过程中,为学生创造技术训练和创业实践的环境,进而提高了学生的创新创业意识。

在 T-C 实践教学环境体系工作坊建设中,形成了一体化实践教学的考核与评价体系,包括对教师实践教学设计、实践教学实施、实践教学效果的评估评价,也包括对学生学习效果的考核与评价。在 T-C 人才培养模式下,以目标(结果)为导向,以过程管理为手段,建立了基于 T-C 标准的全员、全过程、全方位的教、学、管、保、评"一体化"人才培养质量管理和保障体系,实施了以质量业务线独立于教学业务线的新型组织机制,独立客观地开展教学评估和评价工作。

在 T-C 实践教学模式工作坊的建设中,在学生学习考评方面,针对实践教学内容与教学目标,制定科学的考核方式和评价方案,将定性和定量评价相结合。考核形式多样化,包括口头测试、学习记录、演讲汇报、展示作品、项目报告、专题活动和学科竞赛等。考核的过程贯穿在课堂实施的全过程中,包括出勤、课堂表现、作业、实验实践、项目作品等;考评主体包括任课教师、学生和企业,逐步建立 T-C 人才培养模式相适应的学生考核方式,提高工作坊人才培养质量和专业考评体系的建设。

6　影视制作专业在以 T-C 工作坊实践教学平台建设思路与方向

国内影视制作相关专业在工作坊的建设中,主要按照影视工业生产的流程来划分课程的大类,将实践课程按照前期策划、中期拍摄和后期特效与运营进行划分。第一年以培养学生的初步项目意识、策划和基础拍摄能力;第二年培养学生综合制作能力;第三年培养后期制作与运营能力;第四年打通实习和实训,培养学生的综合实战能力。通过工作坊的平台建设与在实行项目管理方法的基础上,打通课程之间的壁垒,将课程与课程紧密结合,实行项目联合考核方式。

在成都东软学院影视制作专业教学的改革

中，以 T-C 教学模式的影视制作专业工作坊建设，将专业课程的教学模式进一步的优化，影视制作专业以培养能够进行影视制作工程项目为目标，以 TOPCARES 为人才培养能力指标，采用"2+1+1 工作环境导向型"教学模式，实施以影视数字绘景、数字短片创作、影视节目制作、影视栏目包装、影视广告等产品的构思、设计、实施、和运行的全生命周期为背景的工程教育。

2+1+1 工作环境导向型教学模式，是指以真实的工作环境为依据，通过实验室、校园网络电视台、SOVO 公司、校外实习/实训基地等工作坊时间教学平台来营造真实的工作环境，整合本专业领域内应用型高级专门人才培养的相关理论、实验、实训等教学内容，设计一系列由浅入深、前后连贯的项目导向式课程和实训项目。在该教学模式中，学生的学习过程实际上就是工作过程。其中，前两年以课堂教学为主，以技能强化、素质修炼为重心，重点培养 TRACE 五大能力，强调"学中做"；第三年以工作坊教学为主，通过校园网络电视台、专业实验室、教师工作室模拟真实工作环境，以项目实践、个人能力创造为重心，重点培养 SCOPE 五大能力，强调"做中学"；最后一年让学生以真实的工作环境为主要内容，更进一步地挖掘学生 SCOPE 五大能力，在真实的工作环境中，让学生通过影视制作项目提升专业技能和培养创新意识，强调"做中学"。因此，在专业实践环境工作坊建设平台中，将项目引入专业课程的教学中，将项目在工作坊实践教学平台中去培育。知识、项目和工作坊实践平台有机的结合，形成一体化的影视制作专业实践教学体系。以学生在大三工作坊实践教学环境中为例。将相关的、专业的课程引入到工作坊中进行教学，专业教师根据整个专业工作坊的建设规划进行组建，形成以影视短片、影视纪录片、实验片、影视广告创作、影视后期特效与栏目包装等工作坊实践教学项目组，满足不同学生对影视短片的创作需求，学生组建创作团队，打破班级的限制，进行工作坊专业课程的学习。在实践教学过程中，引入行业的标准进行项目的设计与考核，以最终工作坊输出的成果来对专业教师和学生进行考核。

在专业课程的设计过程中，重在学生应用技术能力的培养，课程与课程之间的有效衔接，形成一个有机体。通过五级项目体系的建设，形成项目共享资源，通过工作坊实践教学平台的推动，形成具有一定价值的影视作品，结合市场的需求，按照行业的标准进行考核与评价，逐步向市场迈进，使专业知识体系与市场无缝接轨，人才培养满足行业的需求（见图2、图3）。

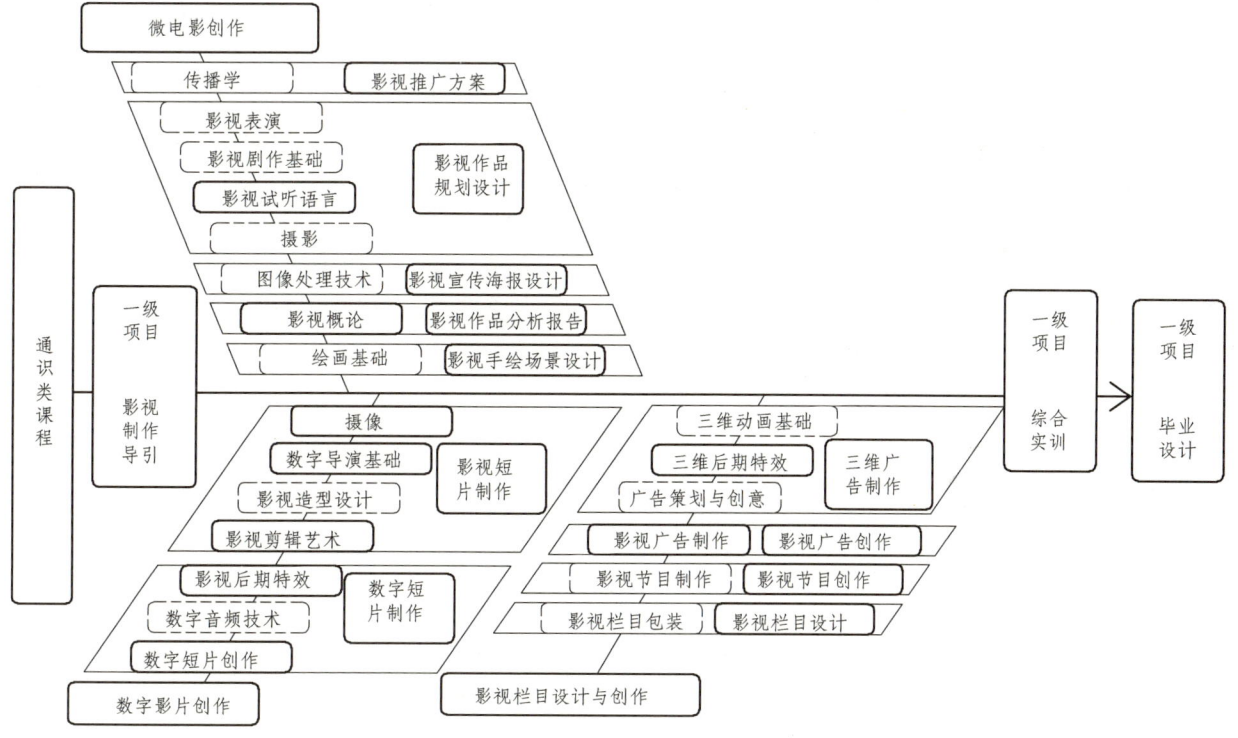

图 2　影视制作专业 T-C 专业主干课程鱼骨图

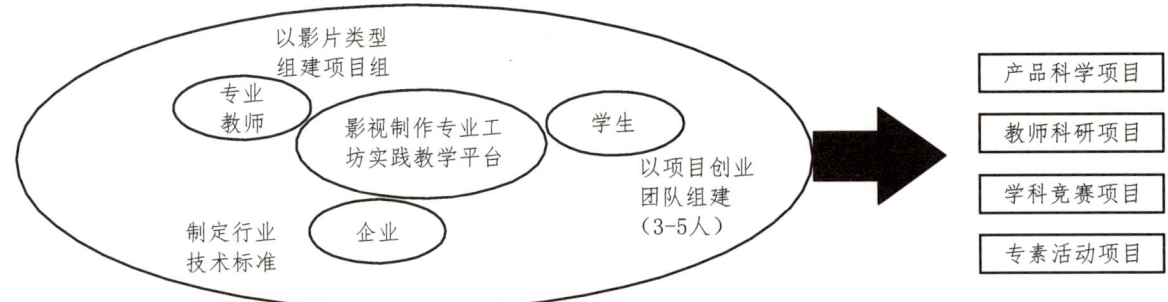

图 3 影视制作专业工作坊实践教学平台建设图

在影视制作专业工作坊实践教学平台的建设过程中,在平台的建设中注重三个主体的建设。首先是学生,学生是整个实践教学平台的主体,起到项目的推进作用,学生通过组建项目团队的形式加入工作坊实践教学平台中来,以企业的标准进行管理,按照影视项目制作的基本流程进行运作,学生在项目的制作过程中扮演各自的身份和在确定自己的工作职责后进行相关项目的开展;其次是教师,教师在整个工作坊实践教学平台中起到纽带的作用,教师根据自己的特长组建项目制作指导团队,有效地分工,带领学生按照影视制作的标准推动项目的开展;最后是企业,也可以称为行业,在整个工作坊实践教学平台的建设过程中制定项目标准和建立考核体系,保障项目的技术标准能够满足行业的需求,为专业人才的培养把好技术关。在整个影视制作工作坊实践教学平台中,项目的资源主要来自相关的产学合作项目、教师科研项目、学科竞赛项目和专素活动项目。保障了实践教学平台中项目的来源方向和完成的最终的效果等,进一步加强了专业一体化工作坊实践教学平台的建设。

总之,在 TOPCARES-CDIO 教育教学的改革过程中,以影视制作专业实践工作坊教学平台的建设,推动专业应用人才的培养上,加强学生知识、能力和素质的一体化人才培养体系的研究过程中,对专业人才的培养主要还是集中于解决学生实践教学环境的建设、项目内容的设计等问题。使专业人才的培养能够与市场和行业的需求接轨,服务于地方经济建设,以及学生创新创业意识的培养。

参考文献

[1] 温涛. 探索构建一体化 TOPCARES-CDIO 人才培养模式[J]. 中国高等教育, 2011, 7: 41-43.

[2] 李望国. 基于 CDIO 工程教育理念的本科应用型人才培养模式探索与改革[J]. 经济研究导刊, 2012 (23): 286-288.

[3] 颜彬. 基于工作坊项目管理探究影视专业实践教学体系建构[J]. 新闻教育, 2015 (5): 68-70.

[4] 严玲, 霍双双, 邓娇娇. 基于能力导向的工作坊实践教学研究——以天津理工大学工程造价专业为例[J]. SDJYJS, 2014 (24): 113-121.

[5] 颜彬. 以工作坊为中心的编导专业实践教学平台建设[J]. 电影评价, 2015 (8): 90-92.

基于 TOPCARES-CDIO 的线性代数第一课设计

郑志静 王 璐

（成都东软学院 四川 成都 611844）

摘 要：文中运用 TOPCARES-CDIO 工程教育模式的先进理念对《线性代数》第一课进行教改，重点阐述了教改的构思、设计、实施、运行，把《线性代数》的相关知识与专业背景相结合，从而培养学生技术知识与推理能力、开放式思维与创新、个人职业能力、沟通表达与团队合作、态度与习惯、责任感、价值观、在实践中为社会做贡献这八大能力。

关键词：线性代数；TOPCARES-CDIO；教学改革

A Teaching Reformation of ERP Principles and Applications Based on TOPCARES-CDIO

Zheng Zhijing Wang Lu

(Chengdu Neusoft University, Chengdu 611844, Sichuan, China)

Abstract：This paper reforms the first lecture of linear algebra using advanced concepts of engineering education model which called TOPCARES-CDIO. It focuses on the conception、design、implement、operation of teaching reformation,and combines the actual knowledge of linear algebra and professional background. So, It teaches students eight abilities, which are technical knowledge and reasoning ability, open thinking and innovation, personal and professional skills, communication and team work, attitudes and manner, responsibility, ethical values, and social contribution by application practice.

Key words：linear algebra；TOPCARES-CDIO；teaching reformation

1 引 言

线性代数是工科类与经管类专业必修的专业基础课程，该课程的教学目标是通过该门课程的教学使学生掌握线性代数的基本概念，基本理论和基本运算方法，为学习后续课程打下坚实基础；同时通过本课程的教学，使学生领会代数学的基本思想，学会将实际问题代数化，培养学生运用线性代数解决实际问题的能力。行列式是线性代数的开篇第一课，面对的是大学二年级的 11 个大专业的学生，他们已有了大一数学类课程的学习经历，有的学生还没有领略到"线性"就已经"谈线代色变"。线性代数的第一课就显得尤为重要，在这次课中，需要引起学生的兴趣和积极性。

TOPCARES-CDIO（以下简称 T-C）最先由大连东软信息学院提出，这是一种工程教育模式，包含了八大能力指标。基于 T-C 的《线性代数》第一课教学改革是对传统教育理念和模式改革的一次尝试。本改革探索将第一课的教学过程与项目结合起来，让学生参与到项目中去，从而让学生的基础知识、个人能力、团队合作能力和系统能力这四个层面的能力得到较大的锻炼和提升。让学生在"学中做，做中学"。本文以成都东软学院计算机科学系各专业为例，引入线性代数课程

作者简介：郑志静（1981—），女（汉），浙江遂昌人，讲师，硕士，研究领域：计算数学、信息安全等。

的第一课。

2 线性代数第一课课程结构

大学二年级的学生一般比新生难教，这是很多教师的共同感受，主要表现在一年级《高等数学》课程上的挫败感和数学无用论的影响等方面。因此在线性代数第一课的设计上，主要说明两点，一是线性代数课程相对于高等数学课程要简单很多，二是这门课程在计算机专业背景下很有用。

在课程上采用"学中做，做中学"的方式，用一个小项目来引入课程，以这个项目需求来引领本课程的知识结构和课程结构。

3 课程的引入和新知识点的结合

学生对新课程总是陌生的，因此选用已经学过的问题背景引出新问题，如中学时期的二元一次方程组 $\begin{cases} 2x_1 + 3x_2 = 7 \\ 4x_1 + 5x_2 = 13 \end{cases}$，学生能很快用消元法得到这个方程组的答案为 $x_1 = 2, x_2 = 1$。问题来了，这个消元法怎么用程序实现？

第一学年已学习过的学生发现他们熟知的消元法在变成程序的时候并不好实现，于是利用数学的抽象将这个二元一次方程组进行通用化，变为 $\begin{cases} a_{11}x_1 + a_{12}x_2 = b_1 \\ a_{21}x_1 + a_{22}x_2 = b_2 \end{cases}$，利用消元法得到两个计算公式，若 $a_{11}a_{22} - a_{12}a_{21} \neq 0$ 时，得 $x_1 = \dfrac{b_1 a_{22} - b_2 a_{12}}{a_{11}a_{22} - a_{12}a_{21}}$，$x_2 = \dfrac{a_{11}b_2 - a_{21}b_1}{a_{11}a_{22} - a_{12}a_{21}}$，有了这两个公式后，消元法可以用这个结果公式在计算机编程中完成二元一次方程组的计算。

解决这个问题之后，再追加几个问题：

（1）三元一次方程组如果要编程怎么办？

（2）多元一次方程组如果要编程怎么办？

（3）从编程的角度出发，上述算法有没有更通用的做法，能不能有更好地推广性和通用性？

（4）如果未知量的个数和方程个数不同，怎么办？

（5）讲了这么多最高幂次是一次的方程组，和线性、代数有什么关系？

（6）如果不是最高幂次是一次的方程组，求解时又应该怎么办？

（7）方程组只是方程组，能不能有几何的背景？

（8）计算机程序在现有形势下肯定有诸如MATLAB等很好用的数学类软件，为什么我们还要自己来编写这样的底层代码？

通过学生的充分思考和讨论，集思广益后也找不到相应更好的解决办法，这个时候推出由历史的伟人们为大家准备的行列式和克莱姆法则，学生在学习时的投入程度就会很高，这样可以将前三个问题暂时解决，并可以引导学生在后续的学习中自学。

第4个问题可以通过用矩阵、向量组等知识解决，第5个问题讲述"线性代数"这门课的命名来由，第6个问题可以将非线性转化为线性来近似处理，第7问引出线性代数的几何背景，由此引出了线性代数这门课在课程设置时所选章节内容的全部，并引申了线性代数这门课程更多的应用。

第8问将本门课程的重要性推到热爱国家和行业行为的高度，激发学生的学习激情。

4 课后作业的设计

除了要求学生完成基本的课后练习外，请学生用所学计算机语言完成本次课的所讲中提出的二、三元线性方程组当未知量个数与方程个数相同时，求解方程的代码。

5 结 语

据不完全统计，在往年的教学过程中，交了代码的学生，在这门课及相关编程语言的学习课程中都取得了很好的成绩。

从前两届学生的教学经历及结果统计上来说，运用此第一课教学引入的班级，最后在期末成绩上的及格率都在95%左右，且卷面及格率基本可以达到75%左右。在本院不管是横向还是纵向比较都相对较优。

从《线性代数》第一课开始，把线性代数的相关知识与专业背景相结合，从而培养学生技术知识与推理能力、开放式思维与创新、个人职业能力、沟通表达与团队合作、态度与习惯、责任感、价值观、在实践中为社会做贡献这八大能力。

参考文献

[1] 李可峰. 线性代数中行列式教学的思考[J]. 中国校外教育，2011（4）：63.

[2] 杨萍，黄天春. 基于 TOPCARES-CDIO 的 ERP 原理与应用教学改革[J]. 物流工程与管理，2015（2）：123-125.

[3] 施晓青. 关于行列式定义及其性质证明的改进[J]. 沈阳师范大学学报，2008（3）：281-283.

[4] 周宁，夏益斌. 行列式在解析几何中的应用[J]. 昆明冶金高等专科学校学报，2011（1）：60-61.

基于 TOPCARES-CDIO 的物联网技术课程教学改革探索

贾 坤

（成都东软学院 四川 成都 611844）

摘 要："物联网技术"是一门介绍物联网基本概念、体系、支撑技术及其实际应用的课程，它与自动控制、通信技术、计算机等学科有着密切联系。文章阐述了物联网技术的特征与课程特点，分析了课程教学现状及存在的问题，结合 TOPCARES-CDIO 工程教育理念，针对性地提出了一些教改设想，旨在加深学生对物联网的认识，培养学生对物联网技术的学习兴趣，提升教学效果。

关键词：物联网技术；教学改革；教学实践；综合考核；TOPCARES-CDIO

Explorationof Curriculumteaching reform about Technology of Internet of Things Basedon TOPCARES-CDIO

Jia Kun

（Chengdu Neusoft University, Basic Teaching Department, Chengdu 611844, Sichuan, China）

Abstract：Technology of Internet of Things is a curriculumabout concept, architecture, key technology and application of Internet of Things. This article describes characteristic of Internet of Things and peculiarity of this curriculum. Based on TOPCARES-CDIO, This article proposed a association teaching reform with curriculum design, practical training, experimentation and comprehensive appraisal. The practice proved it worked.

Key words：technology of internet of things; teaching reform; practical training; comprehensive appraisal；TOPCARES-CDIO

1 前 言

物联网是物-物相连的互联网，它将不断发展的信息技术运用于各个行业之中，通过网络化、信息化、智能化的手段将物理空间和网络空间有效互联，形成"物联"。物联网是一门新兴的、交叉性的、聚合性的应用学科，它涵盖了多学科的知识，具有技术复杂、形式多样、涉及面广的特点，目前还处于高速发展之中。"物联网技术"作为一门刚开设不久的专业基础课程，在教学过程中遇到不少问题，导致很多学生对这门课程的重视程度不够、学习效果不佳。如何合理进行教学设计，提高课程教学质量，使学生学有所获，已成为该课程教学改革迫切需要解决的问题。为此，本文分析了"物联网技术"课程的特点，结合我校 TOPCARES-CDIO 一体化人才培养模式培养高素质 IT 应用型人才的要求，分别从内容选取、课堂设计、课外实践和综合考核等几个方面分析了课程教学中存在的问题，并提出了相应的解决方案。

2 物联网的特征与"物联网技术"课程的特点

物联网是计算机、互联网之后又一次的技术

作者简介：贾坤（1972—），男，讲师，硕士，研究方向：计算机网络、信息安全、物联网技术。

革命，是信息技术和通信技术融合发展的产物，与互联网相比，物联网具有以下特征：

（1）深度融合的物理实体。物理实体融合射频识别与传感技术，具有可标识、可感知、可通信、可控制的智能化特征，当然并非所有物理实体均需实现这些功能，有些仅具备标识、通信等部分功能。

（2）异构化的感知技术。智能标识与感知技术由标识与传感技术融合而来，本质上具有异构性，且不同环境下的智能标识与感知实体通过不同技术实现，具体表现为不同标识及传感器的底层实现技术各不相同。

（3）海量信息的存储、传输、处理。物联网产生的数据量十分巨大，比互联网高出一至两个数量级。海量数据的存储、传输与处理，对网络提出了新的要求，需要适当的体系结构、计算模式来满足其存储、传输和处理问题。

（4）普适计算成为主要计算模式。在物联网中，通过将物理实体与射频识别、无线传感、嵌入式技术相融合，通信对象扩展到众多的日常生活用品，实现了人与物及物与物之间的通信，普适计算成为物联网的主要计算模式。任何物理实体可在任何时间、任何地点，通过任何网络连接任何对象、提供任何服务[1]。

物联网的发展涉及工业、农业、物流、交通、电网、环保、医疗、家居、军事等多个领域。物联网技术课程既重视基本概念、体系结构、关键技术的学习理解，又强调工程应用方面的实践。

物联网技术课程内容丰富、涉及面广，涵盖了自动控制、信息技术、微电子和计算机等学科，学生在进入具体学科知识的学习之前，有必要让其对物联网有整体上的了解，为后续课程的学习打好基础。物联网专业的学生掌握物联网技术的基本原理及其行业应用对其今后就业以及进一步从事相关领域的科学研究具有十分重要的意义。

3 TOPCARES-CDIO 工程教育理念[2]

CDIO 代表构思（Conceive）、设计（Design）、实现（Implement）和运作（Operate），它以产品研发到产品运行的生命周期为载体，让学生以主动的、实践的、课程之间有机联系的方式学习工程。CDIO 培养大纲将工程毕业生的能力分为工程基础知识、个人能力、人际团队能力和工程系统能力四个层面。CDIO 工程教育理念是近年来国际工程教育改革的最新成果。

东软学院基于"教育创造学生价值（Education Creates Values of Students）"的理念，借鉴 CDIO 工程教育模式、在继承 CDIO 的基础上，创造性地将 CDIO 中国化和本校化，针对学院 IT 专业的设置情况，对 CDIO 能力培养大纲做了继承基础上的创新，构建了具有东软特色的 TOPCARES-CDIO "八大能力"指标体系。

"TOPCARES"作为人才能力培养的最高关注，其每一个字母代表学生应当具备的一种能力，具体是指，T（Technical Knowledge and Reasoning）代表技术知识与推理能力，O（Open Minded and Innovation）代表开放式思维与创新，P（Personal and Professional Skills）代表个人职业能力，C（Communication and Teamwork）代表沟通表达与团队工作，A（Attitude and Manner）代表态度与习惯，R（Responsibility）代表责任感，E（Ethical Values）代表价值观，S（Social Value Created by Application Practice）代表实践应用创造社会价值。

TOPCARES-CDIO 的核心是理论实践"一体化"，把学生要培养的能力以及要提升的素质贯穿于四年学习的方方面面。最基本的方法是"项目教学"，在"做中学，学中做"，以项目带动教学。

4 "物联网技术"课程教学中存在的问题

（1）教材内容涉及面广，授课学时相对不足。

本课程以韩毅刚主编的《物联网概论》作为教材，全书共 13 章，涉及物联网体系结构、物品信息编码、自动识别技术、嵌入式系统、定位技术、传感器及传感器网络技术、网络接入技术、网络通信技术、数据存储与处理技术、安全技术、物联网应用等方面[1]。鉴于这门课程本身的特点，如果没有丰富的工程经验和行业应用案例作支撑，授课时难免以描述性的理论、概念等内容为主，很容易使学生在听课时游离于教学内容之外，并逐渐对本课程产生厌倦情绪。由于本课程课时数为 64 课时，其中理论课时为 32 课时，实践课时为 32 课时。理论课时数相对于需要讲解的内容来说远远不够，如果全面讲解，那只能如蜻蜓点水，停留于表面，无法深入。教师走马观花式的讲解，学生得到的只有一鳞半爪的概念与模糊的印象，收不到良好的教学效果。

（2）教学重理论轻实践，学生缺乏感性认识。

尽管在编排教材时编者安排了关于物联网应用的章节，教师在制作 PPT 时也加入了一些图文并茂的内容，然而在讲解基本原理时又回归到了传统的教学模式，把重点放在讲授原理上，且有些教学内容对于本科生而言过于偏理论，学生难以跟上教师的讲课节奏。至于实践环节则缺少案例、实验等内容的配合，学生只能通过死记硬背来掌握一些概念，单纯只是为了应付考试，难以产生感性的认识以及对物联网技术整体的了解。

（3）考核形式单一，难以达到其本身的目的。

在当前的教学模式下，学生的学习效果通常是由考试来衡量的，同时考试也是督促学生学习的一个重要手段。但闭卷考试本身有很大的局限性，它着重考核的是知识，而忽略了能力和素质。另外，传统的考核过于注重标准化，虽然简单、易于操作，也能在一定程度上检验学生掌握书本知识的情况，但同时也比较片面、死板，导致学生重理论、轻实践，不能理论联系实际，解决实际问题的能力低下。

5 关于"物联网技术"课程教改的几点设想

针对"物联网技术"课程教学中存在的问题，结合自身在教学实践中的思考，就本课程的教学内容、教学方法、实践环节和考核方式提出了一些改进的设想。

（1）合理安排教学内容，有所为有所不为。

物联网按照数据流动的方向可以划分为三层：[3]一是感知层，即以二维码、射频标签、传感器、智能终端等为载体标识的物理实体；二是网络层，即通过互联网、无线传感网、移动通信网等网络传输数据并通过数据中心、云计算等网络计算工具实现数据的存储与处理；三是应用层，即通过手机、PC 机等智能终端设备实现各种行业应用。这三个层次既相对独立又相互联系，每一层都有一些关键技术作支撑，在相对较短的学时内难以融会贯通。考虑到这门课程属于入门课程，不妨以理解基本概念、基本原理为主，对于一些专业性较强的知识，不能过于深入，可留给后续课程。本课程教学的目的在于让学生全面了解物联网专业所涉及的概念、体系、技术、应用等整体知识概貌，以便于日后选择一个方向展开更为深入的学习。

（2）努力改进教学方法，增强教学效果。

根据教材内容、教学要求、教学对象的不同，灵活使用多媒体教学课件、教学视频、Mooc 等不同的教学手段。讲课的内容应紧跟学科前沿的发展变化。为了使授课不因过于宽泛而流于肤浅，在讲解各部分内容时应淡化理论，多结合实际案例。首先给出其产生背景，使学生知其然更知其所以然，并以此激发学生的听课兴趣。以介绍 RFID 技术为例，可以将高速公路不停车收费（ETC）、军机的敌我识别、信鸽的脚环等实际应用作为案例来增加授课的趣味，增强学生的学习兴趣。为了在课堂上能更好地启发学生思考，在利用现代化多媒体手段的同时，要注意调整讲课节奏，不能停留在教师自己的授课习惯中，要多注意学生听课的表情，通过课堂提问、板书、布置随堂作业等方式，即时了解学生情况，控制讲课节奏，抓住学生的注意力，以收到最好的教学效果。

（3）恰当安排实践环节，培养学生 T-C 技能。

物联网主流的分层方式是划分为 3 层。最下面是感知层，中间是网络层，最上面是应用层。感知层的功能是数据的采集，关键技术主要有自动识别技术、传感技术、智能嵌入技术、定位技术等，这一层可以安排二维码的制作与应用、RFID 的读写操作与应用、嵌入式平台开发、传感器的基础实验以及组网实验等实践环节；网络层的功能主要是数据传输与处理。关键技术有各种接入技术特别是近距离无线接入技术，移动通信技术，云计算，普适计算等，这一层我们可以将设置的物联网数据传输项目作为实践环节；应用层的功能主要是数据的集成与行业应用，涉及的主要技术有数据库、网站开发、高级编程语言、智能手机端的应用开发等，我们不妨设置一些 Web 软件开发项目以及 Android 手机端的物联网开发项目作为实践环节。

至于综合的系统级应用开发项目可以在学期的最后两周以小组合作的形式完成，也可以留到综合实训或者毕业设计阶段进行。在设计此类系统综合应用开发项目时，应联系前导后续课程，将理论知识与实际问题相结合，培养学生综合运用所学知识解决问题的能力[5]。

（4）改变考核方式，培养学生T-C技能。

大学生在大学最应该大力培养的是自学的能力，而不是掌握多少书本知识。我国著名教育改革家魏书生非常重视培养学生的自学能力，他建议从以下几个方面培养学生的自学能力：① 激发学生的自学兴趣；② 树立学生的自学信心；③ 教给学生自学的方法[4]。因此在课程设计时我们可以通过合理设计的考核环节来培养学生的自学能力，通过技术调研、课内分享等方式引导学生掌握学习的方法、激发学生自学的兴趣与信心。

根据TOPCARES-CDIO对技能培养的要求，我们将"物联网技术"课程的考核成绩分为两部分，即平时成绩与期末考试成绩，二者各占50%。期末考试成绩主要是指闭卷考试的卷面成绩，它主要用来检验学生掌握书本知识的情况，重点考查学生对物联网技术的基本概念、体系、原理、技术以及具体应用的掌握情况，它能促进学生更好地巩固所学知识，弄清概念，增强逻辑思维能力。平时成绩根据学生日常考勤（10%）、课堂提问（10%）、课后作业（30%）、课外调研（10%）、课内分享（10%）以及完成实验（30%）的情况等综合得出。目的是引导学生理论联系实际，对培养学生的自学能力、应用能力等都有着十分重要的作用。

6 结束语

高等院校教学改革的目的是为社会培养高素质、多样化的人才。基于TOPCARES-CDIO工程教育理念的物联网技术课程改革，通过"小组教学、案例教学、项目教学"等方法，在教学内容、教学方法、实践环节、教学考核等四方面进行了改革，充分实现让学生在做中学，学中做。从教学效果来看，提高了学生的学习兴趣，增强了学习的积极性和主动性。在掌握课程知识的基础上，增强了学生的团队协作意识，提高了学生的自学能力以及发现问题、解决问题的能力。

参考文献

[1] 韩毅刚. 物联网概论[M]. 北京：机械工业出版社，2015.

[2] 温涛. 基于TOPCARES-CDIO的一体化人才培养模式探索与实践[J]. 计算机教育，2010，11：23-29.

[3] 徐小龙，鲁蔚锋，杨庚. 物联网专业人才培养策略研究[J]. 南京邮电大学学报，2012，14（1）：119-124.

[4] 魏书生. 教学工作漫谈[M]. 桂林：漓江出版社，2014.

[5] 吴功宜. 对物联网工程专业教学体系建设的思考[J]. 计算机教育，2010（21）：26-29.

基于 TOPCARES-CDIO 的软件测试自动化课程教学改革应用研究

王 彩　唐远涛

（成都东软学院　四川　成都　611844）

摘　要：针对软件测试人才市场的现状分析，软件测试专业或方向的课程教学势必要适应人才市场的需求，本文将介绍成都东软学院引入 TOPCARES-CDIO 工程教育理念在软件测试自动化课程建设的改革实践和成果，强化项目教学，着重培养学生的实际应用能力。

关键词：TOPCARES-CDIO；软件测试自动化；课程建设；项目教学

Application and Research of Software TestingAutomation Course Teaching Reform Based on TOPCARES-CDIO

Wang Cai　Tang Yuantao

(Chengdu Neusoft University, Chengdu 611844, Sichuan, China)

Abstract: In view of the present situation of software testing talent market, it is necessary to meet the needs of the talent market in the course of software testing specialty or direction. In this paper, we will introduce the practice and achievements of the introduction of TOPCARES-CDIO engineering education idea in software testing automation course construction in Chengdu Neusoft University, and strengthens the project teaching, focusing on training students' practical application ability.

Key words: TOPCARES-CDIO； software testing automation； course construction； project teaching

1 引 言

随着我国软件产业的蓬勃发展及对软件质量的重视，带动了软件测试行业的快速发展，软件测试在国内正在逐步成为一个新兴的产业。根据 51testing 网站最新发布的 2016 年的调查数据，测试人员与开发人员的比例以 1∶3 居多，这与国际公认的 1∶1 比例相比，说明我国的测试行业人才缺口仍然巨大。与之相对的是高校对软件测试专业或方向的课程设置不能满足市场需求，尤其是软件测试自动化相关课程的缺失或者虽然开设了相关课程却无法达到企业要求。成都东软学院近 10 年来为企业输送了大批软件测试及测试自动化方面的人才，在教学中不断改革和反思，尤其是在学院引入 TOPCARES-CDIO 工程教育理念后，在软件测试自动化课程中进行了多次的教学改革的探索。本文阐述了项目教学实践和成果。

2 TOPCARES-CDIO 工程教育理念

大学教育中工程教育不断在探索变革发展之路，国外的 CDIO 教育模式逐步引起国内教育界的重视，并被很多学校采纳实施。东软学院基于"教育创造学生价值"的理念，借鉴 CDIO 工程教

基金项目：成都东软学院项目。
作者简介：王彩（1980—），女（汉族），四川自贡荣县人，硕士，讲师，研究方向：软件工程，软件测试。

育模式、在继承 CDIO 的基础上，创造性地将 CDIO 中国化和本校化，构建了具有东软特色的 TOPCARES-CDIO 教育模式。简单地说，就是让学生带着问题去主动学习，成为课堂的主体，在"做中学"，把"能力比知识更重要"落实在课堂的学习和考核中。在从能力落实到课堂的具体过程中，实施"面向就业岗位的课程体系设计的反向推导流程"，即根据市场对软件测试人才的能力结构需求确立培养计划及目标，制定模块化的课程体系。

3 课程介绍

软件测试自动化课程是测试专业的必修课，也是软件工程专业软件测试就业方向必须要掌握的内容。它的先修课程是《软件工程》《软件测试基础》及《程序设计基础》等课程。多数高等学校测试方向的教学基本以理论为主，主要教授软件测试基本理论、黑盒用例设计方法及白盒用例方法等内容。缺乏实践环节的训练，尤其是对功能自动化测试工具 qtp、性能测试工具 loadrunner 及一些开源工具的使用知之甚少，不能进行相关测试脚本的开发工作，无法达到企业需求。因此，软件测试方向人才的培养迫切需要进行实践环节的改革。

结合 TOPCARES-CDIO 先进的教育理念，本课程重点培养具备使用自动化功能测试工具设计和开发测试脚本的能力；以及具备使用性能测试工具 Loadrunner 进行性能测试的能力。同时，在教与学的过程中也培养了学生多项素质能力：积极参与项目、团队合作、沟通能力、认识到自己在团队在项目中的角色和要解决的问题，解决问题的能力等。

老师在讲授中把重点放在实践教学。课程项目如何设计是一个重要的问题，要把课程内容打乱重组到各个知识点和单元的项目（对应 TC 中四级项目）中，并且结合学生的接受度设计由易到难的项目难度，另外，还要考虑各个项目之间的关联性，项目不是孤立的而是相互之间有关联的，当学完了所有课程内容及知识点单元项目就是实现了一个完整课程项目。

4 TOPCARES-CDIO 引导的实践教学改革与成果

4.1 项目驱动组织教学内容

在 TOPCARES-CDIO 理念引导下，以"项目为导向"组织教学内容，通过任务驱动把软件测试自动化的知识、技能、工具、技术引入课堂教学。让学生以主动的、实践的、课程之间有机联系的方式学习。学生在课堂上的主体地位大于老师，"做中学""学中做"，能力比知识重要，课堂上还要重视培养学生的沟通表达能力、团队协作能力、态度和责任感。

4.2 面向就业岗位组织教学内容

加强与企业的联系，深入研究软件测试相关岗位的能力要求，设计与企业岗位匹配的教学内容。基于工作过程来设计教学内容和项目实践内容。甚至研究人才市场培训机构的教学设计，不断地完善和更新教学内容和课程项目的设计。

4.3 企业定制培训

开展多种方式的企业定制培训，根据企业需求选择相应自动化测试工具及根据中英文需要来进行培训。不仅有针对性地培养了学生的专业能力，无形中还培养了学生的职业素养。学生能力得到了强化和提高，也节约了企业的招聘和培训成本。

4.4 校企合作项目

校企合作项目的成功引入，更好地加强了学生的实践应用能力，对老师也是一种挑战和提高。从长期来看，是企业和学校双赢，教师和学生都能得到提高的良好合作方式。

4.5 专业竞赛和认证考试

专业竞赛平台的引入给学生提供了更多的机会，而且很多竞赛平台本身就是很好的学习资源和考核平台，利于学生的专业技术提高，利于老师的课外学习考核，同时竞赛数据对企业来说也是很好的人才录用选择的依据。工信部的软件测试资格认证培训和考核引入已有两年，取得了很好的效果。

4.6 考核体系

单纯依赖传统的笔试试卷考核体系不再适用，要想全面综合地得到学生的就业竞争力还要结合学生平时在项目中的表现。此外，还要综合考虑学生在校企合作定制班中的表现，在校企合作项目中的表现，在竞赛及认证考试中的表现。综上得出的才更接近于学生的就业核心竞争力。

5 成　效

把TOPCARES-CDIO理念融入课程改革和项目实践后，从学生的项目成果、就业情况、实训情况、竞赛及认证情况来看，取得了预期的成效。

（1）项目教学、任务驱动教学，每节课都有要解决的具体问题，带着问题学习，每次动手就要解决一个问题，学生的主动性、积极性、兴趣度被调动起来，"变成课堂的主体"不再是假大空的口号。

（2）课程设计合理，就业基本可以实现和企业的无缝对接，软件测试专业是对口率最高的专业之一。

（3）多次成功的企业定制培训，如东软、信必优等公司的定期培训取得了很好的效果，赢得了企业的信任。

（4）校企合作项目的成功引入，如足球项目，更好地加强了学生的实践应用能力。

（5）参与南京大学举办的全国大学生软件测试大赛，另外，有近60位同学取得了工信部软件测试资格证书。

（6）从追踪的已毕业学生的发展情况来看，十年前毕业的测试专业学生已经有人做到行业总监级别，三至五年前毕业的学生很多可以做到行业的项目负责人。

5 结　语

当今的中国社会是一个国际化、多元化的社会，是充满了创新变革的社会。自从TOPCARES-CDIO工程教育理念被引入东软学院以后，培养的人才具有更强的应用能力，更能满足社会需求。软件测试自动化课程改革紧跟学院改革步伐，构建了实践教学体系，增强项目教学的广度和深度，培养了学生的实际应用能力。期望可以做到学校教育与行业需求、岗位要求紧密联系在一起，真正实现大学为社会输送人才的无缝链接。

参考文献

[1] 51testing. 2016年中国软件测试从业人员调查报告[OL]. http：//www.51testing.com/html/55/n-8 45155.html，2017.

[2] Fasheng Wang，Yaohua Xiong，Quan Guo. TOPCARES-CDIO Motivated Practical Teaching System Exploration for Engineering Education of Software Testing Majors[J]. Advances in Education，2011，01（2）：63-68

[3] 温涛. 探索构建一体化 TOPCARES-CDIO 人才培养模式[J].中国高等教育，2011，47（7）：41-43.

[4] 温涛. 基于TOPCARES-CDIO的一体化人才培养模式探索与实践[J]. 计算机教育，2010，11：23-29.

[5] 郑东霞，王法胜，王明志.TOPCARES-CDIO工程教育的软件测试方向人才培养模式[J]. 计算机教育，2013（16）：4-8.

基于 TC 能力指标体系的《图像处理技术》课程教学研究

褚晓川

（成都东软学院 四川 成都 611844）

摘 要：作为计算机应用和专业基础的图像处理技术课程，主要教学任务是让学生掌握 Photoshop 软件的基本操作方法，并能够完成图形绘制和对素材图片进行加工修改，传统边教边学的教学方式已经不能满足 TC 能力指标体系所提出的要求，要有目的地提高学生的 TOPCARES 能力指标，需要根据八个一级指标开展教学内容、教学模式、考核方式方面的思考与再设计。

关键词：TC 能力指标体系；教学模式；图像处理技术

The Teaching Model and Research Results of "Image Processing Technology" Based on TC Capability Index System

Chu Xiaochuan

(Chengdu Neusoft University, Chengdu 611844, Sichuan, China)

Abstract: Image processing technology is the basic course related to computer application,The main teaching task is to let the students master the basic operation methods of Photoshop software, and to complete the graphics rendering and modify the material pictures.The traditional teaching method has not met the requirements proposed by the TC capability index system。If we want to improve the students' learning effect and accord with TOPCARES capability indicators,It is necessary to think and redesign the teaching content, teaching mode and examination mode according to the eight first level indicators.

Key words: TC capability index system；teaching model；image processing technology

1 引 言

东软学院在借鉴 CDIO 工程教育的同时，还结合了学院的办学特色，在对从专业人才培养能力映射到课程体系的设置上，独创出了基于 TOPCARES-CDIO 人才培养模式的能力指标体系，在实践中得出的对学生能力进行评价的八个一级指标首字母的组合，分别是：技术知识与推理能力（Technical knowledge and reasoning）、开放式思维与创新（Open minded and Innovation and Entrepreneurship）、个人职业能力（Personal and professional skills）、沟通表达与团队合作（Communication and teamwork）、态度与习惯（Attitude and manner）、责任感（Responsibility）、价值观（Ethical values）、实践构思、设计、实现和运行为社会的贡献（Social contribution by application practice），统称为 TOPCARES；CDIO 则代表构思（Conceive）、设计（Design）、实现（Implement）和运作（Operate），它是近年来国际工程教育改革的最新成果，是目前较为先进的学生能力培养大纲，要求以综合的培养方式使学生的学习能力达到预定的目标。

作者简介：褚晓川（1990—），女，汉族，四川泸州，助教，硕士，研究方向：艺术设计。

2 图像处理技术课程简介

图像处理技术是一门计算机应用课程,同时也是我院数字艺术系数字媒体专业的基础课程。主要针对数字媒体技术和影视制作两个专业,目的是为了让学生利用 Photoshop 软件掌握图像处理的基本方法,能够利用已有的图片素材进行再加工,也能够根据需要,完成对图形图像的绘制。学生在学习完本门课程之后,能够完成广告设计、摄影后期制作、网页界面设计,App 界面设计等。是一门集设计美学与实践操作为一体的课程。

3 在 TOPCARES-CDIO 理论指导下图像处理课程的学习目标

根据人才培养方案,图像处理课程被安排在第二学期进行教学,对于刚开始接触专业课程的学生来说,这是跨入专业的第一门基础课,只有完成了本课程的学习目标,后续的课程才能够顺利地实施。在结合本专业的实际教学情况与学生能力情况后,得出了在学习完本门课程之后学生应该达到的几点最基本的学习目标:

(1)技术知识与推理能力(Technical knowledge and reasoning)。
① 了解 Photoshop 软件的操作界面与布局;
② 掌握基础工具的操作方法;
③ 掌握文件管理的基本方法与分类;
④ 了解图像的基本概念。

学生通过学习,能够完成对软件基础操作的掌握,并能够明确文件管理的基本方法,输入与输出特定格式的图片,根据不同的使用方式对图片的参数进行设定。

(2)开放式思维与创新(Open minded and Innovation and Entrepreneurship)。
① 利用软件工具完成人像美化、风景后期处理、图像合成等简单操作;
② 加入设计思维进行创作与设计。

在掌握了基本工具的使用方法后,再将多个工具结合进行操作,完成提高练习,如人像美化、风景后期处理、图像合成等。并在课程的后期,结合设计思维,除了完成图像处理之外,再将软件变为创作者手中的工具,让软件帮助创意想法能够被展现出来,而不仅仅是照搬和临摹

(3)沟通表达与团队合作(Communication and teamwork)。
① 能够清楚、流利的介绍制作步骤与设计思路;
② 小组协同完成复杂案例的制作。

培养学生的表达能力,能够向同学和教师展示自己的作品,并进行简单的解说,说明制作方法与设计思路;对于复杂的案例,可以用小组分工协同的方式完成,需要与小组长进行前期沟通,在制作过程中也能够明确分工,与组员的相互交流,提高制作效率。

4 本门课程的传统学习方法及其存在的问题

(1)手把手教学,教师带领学生逐步完成制作。

知识点以线性讲解为主,教师讲完上一个知识点以后紧接着又是下一个知识点,学生多为直接接受并按照教师的步骤进行操作,缺乏足够的时间去理解每一个知识点之间的联系。这样的不足之处是学生只会重复上课所学的案例,很难从制作原理出发去举一反三。

(2)课堂内容一般以一次课一个案例为主。

从案例的制作方法入手来进行讲解,由于课堂时间的限制,单个案例所覆盖的知识点有限,且每个案例之间都相对独立,在上一点问题的基础上,学生形成系统性的知识框架有较大的难度。

(3)案例的选取存在滞后的现象。

由于本专业的特性,实际工作中的要求与方法都在不断地随着时代的进步而更新,案例的选取易造成滞后的现象,容易造成学生所学知识与实际需求不符的情况。

(4)教学环境与后期工作岗位环境脱节。

教学环境多为在机房以班级为单位进行教学,以教师为主体进行作品分数的评定,评定要求缺乏统一、客观的标准。

5 在 TOPCARES-CDIO 理论的指导下的探索与改进

对于一门单独的课程,教学设计者除了要在

大框架体系范围之内，提取出本课程相关的能力指标之外，还要结合人才培养方案，结合后期课程的学习内容与学生最终达到的能力指标来进行课程内容方面的设计。

（1）课程定位。

在结合人才培养方案的基础之上，要求学生在完成本课程的学习之后，能够掌握基本的艺术修养与审美能力，了解平面设计的基础知识，熟练掌握 Photoshop 软件的基本操作，能够根据专业要求对图像进行整体设计与制作。并在完成后续课程后，能够独立进行广告设计、摄影后期制作、网页界面设计等。

（2）教学模式。

根据"技术知识与推理能力（Technical knowledge and reasoning）"的要求，可以将教学时间分为前后两个阶段，第一阶段保留原有的教学方法，教师首先展示案例最终效果，再带领学生按照步骤完成案例的第一遍制作，目的是为了让学生首先对本节知识点有一个最基本的概念。第二遍教师不再进行讲解，而是由学生独立完成，起到复习巩固的作用。在完成了第一阶段的学习之后，学生能够掌握最基础的操作方法，并能够进行简单的制作。

在第二阶段，引入项目制作的概念，教师根据专业需求及目前的市场情况，制定符合学生实际操作水平的项目要求，这一阶段由学生起主导作用。对于难度较大的项目，可由小组集体制作完成。在对项目进行综合分析评估之后，得出初步方案与草图，并阐述设计思路，在方案通过之后，再通过分组合作完成，培养学生的"开放式思维与创新（Open minded and Innovation and Entrepreneurship）"能力。教师从旁进行协助，对于出现的问题给予帮助并及时解决。在制作完成之后，以小组为单位进行总结与答辩，培养学生的"沟通表达与团队合作（Communication and teamwork）"能力。

（3）教学内容的选取。

以知识点为主线将案例进行串联，一堂课的内容不再局限于单个案例中的知识点，而是引入项目制作的概念，以完成项目为基础，让学生在实际操作中去发现并解决问题。

第一阶段将完成对软件基本工具的操作和简单案例的练习，主要内容有：

① 软件的个性与定制化、软件的基础工具操作；
② 基本形状与图层样式；
③ 路径的绘制与形状的修改；
④ 滤镜与滤镜库；
⑤ 图像色彩与色彩调整；
⑥ 通道与选区；
⑦ 滤镜的使用与插件安装。

在这一阶段，主要学习目标是让学生掌握对软件的基础操作。

第二阶段结合后续课程内容引入项目制作的要求，也在一定程度上符合"个人职业能力（Personal and professional skills）"的规划与要求，项目由易到难分别为：

① 数码摄影后期——人物与风景处理；
② 标志设计；
③ 短片片头字幕设计；
④ 招贴设计；
⑤ 网页界面设计。

在制作的过程中，不仅要考虑到软件操作对项目的实施程度，还要在制作中考虑到设计美学与创意。

（4）评价体系。

课程的评价体系由三个方面组成，分别是出勤、第一阶段练习作业得分和第二阶段小组项目得分。出勤占到总分比值的10%，第一阶段练习作业得分占总分的30%，第二阶段项目得分占比最多，为60%，目的也是为了突出项目制作在整个课程考核体系中的重要性。

考核点主要放在作品的"构思（Conceive）、设计（Design）、实现（Implement）和运作（Operate）"上，根据每一个环节学生的表现进行分项评分，并加入对小组合作情况的评价，观察学生在各小组中是否有"责任感（Responsibility）"。

对作品的评价和分数除了来自教师之外，也会参考小组之间的互评分数，提高评价的客观性。

6 结 论

对于数字媒体技术专业的学生来说，毕业后从事的工作内容会更多地偏向于完成一个完整的媒体项目，一个完整的相关项目需要团队各方面人员的配合才能完成。所以在进入专业课学习的初期,就需要有意识地培养学生的团队合作意识。在课程教学的后期,将小型项目制作带入练习部分,把个人单独练习变为小组合作练习,在团队中学会相互合作,并培养团队责任感。

培养高效的行动力对于技术型专业来说是非常有必要的,这就要从平时的练习中去督促学生,在设置单元练习时,不仅要把每个案例的练习时间控制在合理的范围之内,也要建立起良性的评价体系,不仅要督促学生在规定的时间内完成练习,也通过良好的反馈与沟通激发其主动性。

在对于《图像处理技术》专业基础课的改革与评价中,在基于TOPCARES-CDIO一体化人才培养模式下的探索与实践还有很长的路要走,本文是作者在到东软学院任教后较短的时间内的经验总结,自身的经验尚不够丰富,观点有不足之处,敬请读者指正。但最终的目的是希望能在教学中不断地提高学生的综合素质,也能够使自己更好地扮演起教育者与引导者的角色,在学院培养具有创新意识与创造性思维的应用型人才的过程中尽到绵薄之力。

参考文献

[1] 段恩泽. 基于TOPCARES-CDIO的软件工程专业课程一体化改革与实践[J]. 计算机教育,2017(02):122-125.

[2] 颜彬,沈宁. Photoshop平面设计课程的创新教学法研究[J]. 计算机时代,2016(10):87-89.

[3] 杨秀华. 信息化教学手段在Photoshop教学中的应用思路探索[J]. 当代教育实践与教学研究,2016(03):1-2.

[4] 赵海燕,秦海玉. 基于TOPCARES-CDIO理念的"大学计算机基础"课程创新与实践[J]. 通讯世界,2016(03):260-261.

[5] 马绥莉. 基于艺术设计中Photoshop软件的应用仿真研究[J]. 电子设计工程,2015,23(16):56-58.

[6] 宋萍,王晓煜,吴迪. 基于CDIO的信息管理与信息系统专业一体化项目体系[J]. 计算机教育,2014(08):109-113.

基于 SPOC 的混合教学模式的研究与实践

王 会

（成都东软学院 四川 成都 611844）

摘 要：MOOC 时代的来临，给大学课程教学带来了机遇与挑战，如何更好地利用网络优秀资源，结合实际的校园课堂教学成为一个大学课程改革的新方向。探究了基于 SPOC 的混合教学模式，并以 C 语言程序设计课程为例，分析传统课堂教学的问题，将 SPOC 应用于课堂教学，从课前、课中、课后等方面对教学进行了实践，将线上线下资源相融合，通过教学结果的分析，证明计算机程序设计类课程采用 SPOC 混合教学模式是行之有效的。

关键词：MOOC；SPOC；翻转课堂；混合教学模式

Research and Practice on Blending Teaching Mode Based on SPOC

Wang Hui

(Chengdu Neusoft University, Chengdu 611844, Sichuan, China)

Abstract: The coming of the MOOC era has brought many opportunities and challenges to college teaching. How to make better use of network resources, and combine those resources with actual classroom teaching has become a new direction of university curriculum reform. This paper explores the blending teaching mode based on SPOC, meanwhile, taking "C programming language" as an example to analyze the problems of traditional classroom teaching, applying SPOC to classroom teaching, doing teaching practice from pre-class, in class and after class. Through the integration of online and offline resources, The analysis of teaching results proves the feasibility and effectiveness of using SPOC mixed teaching mode in computer programming courses.

Key words: MOOC; SPOC; flipped classroom; blending teaching mode

1 引 言

2013 年被称为中国的 MOOC 元年[1]。MOOC 掀起了高校教学改革的浪潮，很多学者认为将 MOOC 资源与高校传统课堂相融合是一种很好的实践方法[1-4]。在此背景下，加州大学伯克利分校的 Armando Fox 教授首次提出了 SPOC[5]，即小规模在线私有课程。SPOC 的出现为实现网络优秀资源和实际教学相结合提供了条件，为实现 MOOC 和传统课堂的扬长避短，共同发挥其优势提供了保障。"翻转课堂（Flipped Classroom）"教学模式起源于 2007 年美国的乔纳森·伯尔曼和亚伦·萨姆斯两位化学教师[6]，是指将传统课堂教学模式翻转过来，即将学生先在课堂上课，教师传授知识，学生学习接受知识，课后完成作业的过程颠倒过来，变成学生课前观看视频学习知识、完成作业，课堂上进行讨论交流，完成知识消化，实现学生自主学习的教学模式[7][8]。

基金项目：中国高等教育学会，重点项目编号：201602034001。
作者简介：王会（1978—），女，四川大竹，讲师，硕士，研究方向：计算机教育，软件工程。

因此，一种结合了传统课堂优势和网络课程优势的线上线下相结合的"混合教学模式（blending learning）"逐步被教育界认可[9]。该模式充分发挥了学生的主体作用，充分利用在线学习和线下面对面课堂教学的优势互补来提高教学质量和效果。这种模式非常适合计算机基础类课程的教学，为大学程序设计基础课程教学改革和创新提供了新的思路。

2 《C语言程序设计》课程教学中存在的问题

《C语言程序设计》课程是计算机及相关专业开设的一门非常重要的专业基础课，也是大多数大学生学习的第一门程序设计类课程，它将直接影响后续专业课程的学习。传统的程序设计语言教学方法更加强调学科知识的完整性、系统性和理论性，容易忽视学生实践能力的培养，较少关注学生的学习兴趣、爱好和接受能力等，对学生学习过程的监控也不足。因此，不少学生在学完本门课程后，还没有掌握程序设计的基本思维方式，部分学生甚至不能完成简单项目的设计与实现。我院程序设计基础课程在传统的教学过程主要存在的问题如下。

2.1 吸引学生持续学习的问题

在传统的教学的过程中，很难吸引学生让其持续学习。学生在学习过程中遇到不容易理解、不容易学习的内容时，部分学生可能会放弃深入学习本课程。

2.2 教学手段和教学方法单一

在传统的教学的过程中，一些重要理论的具体应用与操作也很难向学生演示，学生也无法真正理解这些知识在实际应用中的具体作用，使得学生容易放弃这些比较困难的知识，也难以激发学生的创新能力，课堂中出现的问题主要包括老师"满堂灌"，学生的参与度不足，学习状态不佳，导致学习效果不理想。

2.3 不能满足个性化学习的需求

在传统的课堂教学中，教师会针对班级中的全体学生进行教学，但每位学生的理解能力和学习能力不同，掌握的情况也会不一致。所以我们在调查中往往会出现有的学生认为进度太慢，希望老师"讲快一点，讲深一点"，而有的学生则认为进度太快，希望老师"讲慢一点，讲透一点"的情况。

2.4 课堂答疑时间的有限

教师所授的班级学生人数往往较多，我院一个教学班学生人数一般都超过了70人，一个任课教师无法在课堂上及时解答所有学生的问题，这样可能会打击一部分学生的学习积极性，久而久之，学生容易放弃学习。

2.5 课程考核方式存在弊端

《C语言程序设计》课程考核方式一般来说在各大院校都是采用期末统一考核，对学生在整个学期中的学习过程与学习效果的考核不足，既不注重学生自主学习能力的培养，也不太注重学生实践动手能力提高的培养。这种情况不利于激发学生学习的主动性和创造性，也严重阻碍了程序设计基础课程的发展。

3 基于SPOC的混合教学模式

综上所述，传统的教学模式无法满足班级所有学生的期望，也难以取得好的效果。如何将SPOC与传统的课堂教学融合在一起显得格外重要，为了更好地提高学生学习的主动性，增强学生的学习兴趣，提高课程的授课成效，我校将SPOC混合教学模式实施于C语言程序设计课程教学过程中。

2016年秋季学期，我校C语言程序设计课程组探讨新的教学方法，对"C语言程序设计"进行了基于SPOC的混合教学模式，积极申请了在"中国大学"MOOC上开设"C语言程序设计精髓"的异步SPOC（见图1）。

图 1　成都东软学院-SPOC　C 语言程序设计

3.1　SPOC 平台的课外学习与面对面的课堂教学的混合教学模式

在 SPOC 平台的支撑下，我们对《C 语言程序设计》这门课程实施了"翻转课堂"教学，将传统的课堂教学与线上的 SPOC 平台相结合相交叉。通常，在一节课中学生要有好的收益，必须经历课前准备、课上理解和课后巩固这样的过程，但往往学生十有八九都不能做到。所以，怎样监督学生的课前准备，怎样在课堂上吸引学生的注意、怎样督促学生完成课后练习尤为重要。

课前，首先要求学生在 SPOC 平台上观看规定的视频，进行知识的预习和学习，将视频资料所介绍的内容总结，对未能理解的部分做下笔记，以待课堂讨论和学习；然后完成相关内容的检测题；最后由各个班级的导师指导学生根据检测结果分成五至八人的学习团队。

课中，我们把一堂课划分成四个阶段：复习、交流讨论、答疑、总结。在课堂教学的开始阶段，对视频复习五至十分钟；之后引导团队合作和探究学习，按小组对课前准备的疑问和视频内容进行探讨和交流，教师需把控好课堂的氛围和进度，使其严而有序、活而不乱，也可随机参与讨论和答疑；在课堂教学的后半部分对典型问题进行适当的解答，然后布置相关练习，放手让学生完成，当然在解答学生共性问题时，我们鼓励学生走上讲台，表达自己的见解，锻炼学生的演讲能力；最后，对重难点进行适当讲解和总结知识。

课后，我们在 SPOC 平台发布相关内容的习题和检测题，要求学生完成大量的实践操作，教师适时跟进，督促并提醒学生及时完成，对学生的完成情况及时公布，发挥学习榜样的作用，在班级形成你追我赶的学习氛围。根据学生完成 SPOC 课后测试的情况，教师不定期抽选一部分学生进行上台演示与讲解，根据演示的效果，相应地给学生一定的分数奖励，也利于激发学生学习的主动性和兴趣，锻炼学生的演讲与沟通能力，提高学生的综合素质（见图2）。

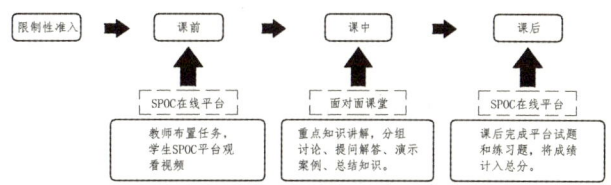

图 2　SPOC 混合教学模式设计

3.2　现实交流与网络交流的混合教学模式

SPOC 混合教学模式中的交互既包括在教学环境下师生之间面对面的交流、答疑、学生之间、室友之间、小组内和小组间之间的交流；还包括师生之间和学生之间借助 SPOC 平台的论坛、讨论区、电子邮件、QQ 聊天等工具进行交流。在课程进行的过程中，更鼓励学生在讨论区进行提问和答疑，在讨论区中设有老师答疑区、课堂交流区、综合讨论区和精华区几个板块。根据学生在讨论区的提问、回复和点赞次数，在期末成绩中给予一定的分数鼓励。

3.3　吸引学生坚持不断地学习

在 SPOC 上提供了丰富的短小精干的视频。如果视频过长，学生将很难坚持看完，更不要说全神贯注的学习了，有了短而精的视频，才为学生坚持不懈的学习提供了有利的条件；当然更重要的是要及时有效地为学生答疑，这种 SPOC 平台和课堂教学相结合的形式能更及时地为学生解决问题。

3.4　提供多元化的评价体系

引入 SPOC 后，更利于实行多元化的评价体系，采用形成性考核模式，期末成绩由平时成绩加上期末考试成绩组成。考核方式更全面，着重考察学生的学习过程和自主学习能力，对观看视频时间、观看次数、学习效果、平时完成作业和测试结果、参与论坛发帖次数和回答问题次数等都进行统计分析，对学习过程的监控比传统课堂才能更加全面化、具体化、合理化。

4 SPOC 混合教学的优势

4.1 SPOC 混合教学给学生带来的好处

在 SPOC 混合教学的试点中，发现这种教学模式至少给学生带来了三方面的好处。第一，SPOC 混合教学模式适合开展分层教学：一般来说，一个教学班级学生的理解能力和学习能力是有一定差距的，传统的教学模式没办法满足所有学生的需求；混合教学模式，对于课堂未掌握的学生，课后还可通过回看 SPOC 视频来补救，对于学习能力强的学生，可根据自己的实际情况，选择提前学习视频。第二，SPOC 混合教学模式可充分利用学生碎片时间：学生可根据自己的时间安排，随时、随地、随意的见缝插针地学习，充分利用课余时间。第三，SPOC 混合教学模式为学生提供大量的、多样化的习题和在线测试；同时在任课教师的适时督促和指导下，大部分学生能够坚持完成大量的习题和测试，以体现"做中学、学中做"的精神。

4.2 SPOC 混合式教学给教师带来的好处

首先，SPOC 教师可以轻松地获得 MOOC 课程中的所有教学视频、作业和测试题，并根据自己教学班的进度和学生接受情况，选择何时发布何种资源，从而为实现"因材施教"提供有力的保障，进而实现"精讲多练"[10]。其次，SPOC 教师可以组建一支学生辅导团队，我们从高年级同学和 ACM 团队中筛选出优秀同学组成学生辅导团队，利用晚自习答疑解惑，让学生的问题得到及时的解答，促进学习效果。最后，SPOC 教师可以获得 SPOC 后台学生学习的数据，根据学生观看视频的学习时间、作业和测试分数，参与论坛讨论的次数，更好地掌握学生的学习情况，且 SPOC 平台提供的自动评分、自动统计的功能，给教师节省了更多的时间。

4.3 SPOC 混合教学提高了教学效果

SPOC 混合教学有利于激发学生的学习兴趣，培养学生自主学习的能力，提高学习效果，方便教师随时掌握班级整体学习情况，了解特殊学生在不同阶段的学习轨迹，激励学生克服困难、完成任务，取得好的效果。经过实践证明，采用 SPOC 混合教学使学生在时间和精力上投入更多，大大地增加了学生的学习资源，且 SPOC 上的视频可反复进行，以满足学生不同层次的需求，学生可充分利用自己的碎片时间，促进学习进步，取得良好的教学效果。

通过 SPOC 后台数据，我们对所有学生的学习情况和测试结果进行了实时的有效的分析，跟踪学生的学习状态和效果，适当地调整了教学的进度，把更多的课堂时间花在学生学习的难题上，最终取得了好的效果。

在学期结束的时候，我们针对采用了 SPOC 混合教学模式的软件工程专业两百多名学生进行了满意度和课后投入时间的调查，如图 3 和图 4 所示。调查发现，20%的学生对这种教学模式非常赞同，49%的学生满意，只有 2%的极个别不太赞同。通过学生的满意度调查发现绝大部分学生认同这种教学模式，相应的也会配合老师更好地学习该课程。在赞同这种教学模式的基础上学生才愿意投入更多的时间和精力在该课程的学习中，调查结果显示：每周投入十小时以上的学生占 13%；绝大部分学生愿意投入三小时以上观看视频、完成课后作业和测试；只有 5%的学生少于三小时。

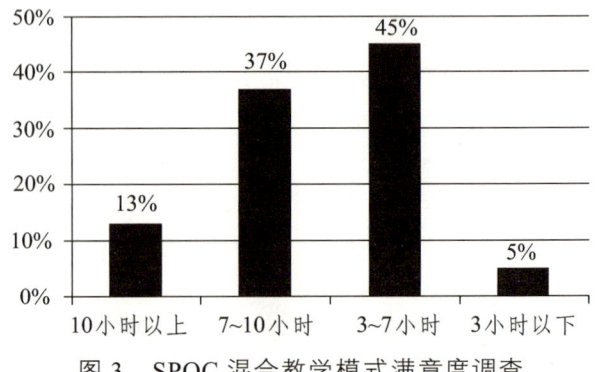

图 3 SPOC 混合教学模式满意度调查

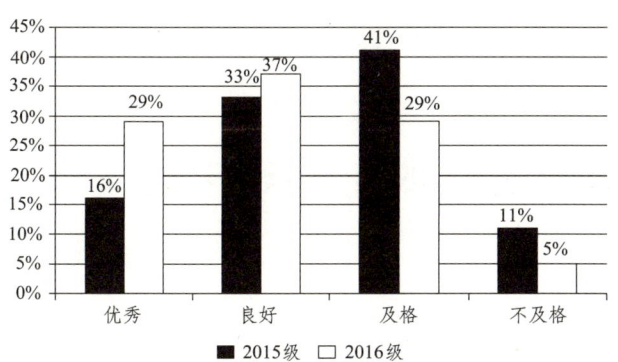

图4 每周课后投入时间调查

学生对课程教学的满意度和投入时间决定了课程教学的效果。针对采用了SPOC混合教学的2016级软件工程和未采用该模式教学的2015级软件工程专业的学生，我们用了同等难度和题量的试题进行测试，发现采用了该教学模式的优秀学生比例大幅度提高，良好学生比例也有所提升，而不及格比例却大大地降低，如图5所示。

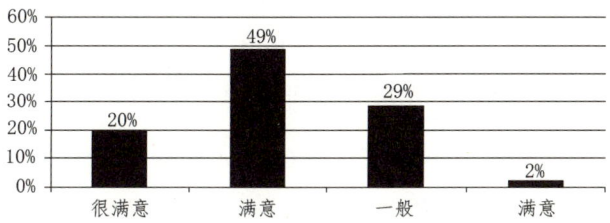

图5 两年软件工程专业期末测试分数对比图

5 总 结

基于SPOC的混合教学模式，丰富了教学资源，为高校课程改革提供了新的方向，实现了课前、课中和课后一体化，线上线下相结合，让学生从知识理解到知识消化，从知识消化到升华的过程，真正实现了"以学生为中心"的教学模式[11]。这种教学模式通过我们在《C语言程序设计》课程中的试点，发现SPOC能有效地利用名校优秀资源，改变传统的课堂教学，提高教学质量，给计算机学科的教学改革提供了新的方向。同时这种混合教学模式得到了学生的肯定，丰富了教学资源，节约了教师录制优秀教学视频的时间，让教师有更多的时间去提高专业素质和业务能力。在计算机程序设计类课程的教学过程中，我们应该积极研究探索新的教学方法，以全面提高学生的学习能力和综合素质[12]。

参考文献

[1] 顾小清，胡艺龄，蔡慧英. MOOCs的本土化诉求及其应对[J]. 远程教育杂志，2013（5）：3-11.

[2] 汪琼. MOOCs与现行高校教学融合模式举例[J]. 中国教育信息化，2013（11）：14-15.

[3] 祝智庭，闫寒冰，魏非. 观照MOOCs的开放教育正能量[J]. 开放教育研究，2013，19（6）：18-27.

[4] 郑雅君，陆昉. MOOC 3.0：朝向大学本体的教学改革[J]. 复旦教育论坛，2014，12（1）：5-9.

[5] HASHMI A H. HarvardX set to launch second SPOC[EB/OL]. [2015-09-08]. http://harvardx.harvard.edu/links/harvardx-set-launchsecond-spoc-harvard-crimson-amna-h-hashmi-september-16-2013.

[6] 陈怡，赵呈领. 基于翻转课堂模式的教学设计及应用研究[J]. 现代教育技术，2014（2）：49-54.

[7] 苟胜难. 翻转课堂教学模式在高校信息技术基础课程中的运用研究——以乐山师范学院为例[J]. 时代教育，2014（3）：129-130.

[8] 薛云，郑丽. 基于SPOC翻转课堂教学模式的探索与反思[J].中国电化教育，2016（5）：133.

[9] 祝智庭，闫寒冰，魏非. 关照MOOCs的开放教育正能量[J]. 开放教育研究，2013（12）：18-27.

[10] 苏小红,赵玲玲,叶麟,张彦航. 基于MOOC+SPOC的混合式教学的探索与实践[J]. 中国大学教学，2015（7）：63-64.

[11] 薛云，郑丽. 基于SPOC翻转课堂教学模式的探索与反思[J].中国电化教育，2016（5）：136-137.

[12] 厉兰洁，廖雪花，谭良，徐梦晨. 基于SPOC的C语言程序设计课程教学改革研究[J]. 计算机教育，2016（1）：76.

空管系统情报部门航行通告发布的内部偏差标准探究

王易履

(中国民航局西南地区空中交通管理局 四川 成都 611844)

摘 要：出于情报自身发展的内在需求，客观有效的航行通告发布差错判断标准必不可少。目前，航行通告的差错标准还不太适用于航行通告的发布机构空管情报运行部门使用。本文通过类比管制指令/许可与航行通告发布，分析得出空管系统情报部门航行通告发布的内部偏差标准。

关键字：航行通告发布、管制指令/许可、空管系统情报部门、内部偏差标准

Research on Notam dissemination deviation standard for AIS department in ATC system

Wang Yilv

(Southwest Air Traffic Management Bureau, Chengdu 611844, Sichuan, China)

Abstract: With the development of AIS, it's necessary for the existence of NOTAM disseminate error classification standard that could be used and reflect the operation. At present, the standard is not quite fit for the AIS department in the ATC system. This article compares the situation of dissemination between the NOTAM and ATC instruction/permit, analyzes and draws the conclusion of the NOTAM disseminationerror classification standard for internally control.

Key words: NOTAM dissemination; ATC instruction/permit; AIS department in the ATC system; error classification standard for internally control

航行通告由于发布的事件范畴较广，面向较全面，表达的程序化指数较低，在很多人眼中，通告发布的质量高低受个人主观性与随意性的影响较大，难以使用一个统一并且客观的标准去进行评价，而对于通告的偏差或错误就更难以评判分析了。

但随着民航发展，QSMS以及SMS建设的推进，出于情报自身发展的内在需求，客观有效的通告差错判断标准是必不可少的。目前，通告的差错标准还较为粗放，具体应用中还有很多空间需要厘清。而目前的差错标准更加适用于安全管理部门对通告发布不安全事件进行调查、评判与定性，而不太适用于通告的发布机构空管情报运行部门使用，辅助于业务、安全与培训工作。

空管系统情报运行部门对于通告的差错分析更为细致，而且重心也不同。除去构成不安全事件的错误，对不满足通告发布的要求但不至造成不安全事件的偏差也需要分析评判，且这类偏差情况正是空管情报部门分析工作的重心。比起发布的通告的内容，同样重视发布通告的过程。比起全行业、全区域，只需要关注本场的航行通告发布情况。空管系统情报部门通过对偏差的分析形成对运行的指导意见，做到有的放矢，同时促进培训。

作者简介：王易履，女，毕业于中国民航飞行学院交通运输专业，工学学士。现为西南空管局飞服中心航行通告室带班主任，助理工程师，负责航空情报安全管理与业务建设工作。

除了分析对象范围、重心以及分析应用不同，空管情报部门进行航行通告发布问题分析，即标准应用的现实条件也不同。一线运行部门往往并不具备充分的人员与资源。从业人员大多兼职，可投入的时间资源有限，技能上与专职人员存在差距，在数据收集、统计、分析、建模等工具的配备上也不够齐全，难以形成有足够深度与广度的分析。但是，对一线情报运行部门而言，其实并不需要"过度满足"其问题分析的需求。绝大部分情况下，一线部门的问题分析并不需要达到与安管部门一样的深度与广度，因而也不需要占有与利用同样丰富的资源。同样也不宜使用同样的问题分析标准，空管情报运行部门使用的通告差错标准只要能够满足本部门实际应用需要即可。

探究空管情报运行部门使用航行通告差错标准，可以类比管制的许可与指令的差错标准。管制的许可与指令可视为由管制员所发布的一种带有固定格式的情报，情报信息来源于管制员自身选择、组织的航班防相撞策略。指令/许可发送之后直接作用于飞行员，再经由最后的执行者飞行员操作航空器作用于运行。

指令/许可的偏差与问题可分成以下两种情况

（1）策略选择、组织出现问题。理论上，双岗制下的另一名管制员可以依据其专业技能以及充分掌握的信息发现并纠正。而由于策略（信息）与飞行员操作航空器紧密相关，飞行员在仅掌握部分相关航空器信息的情况下也具备一定的发现、纠正的能力。

（2）表达发布问题，即口误。该情况与前条一致。而且飞行员可以与管制员对抱有疑问的指令/许可直接沟通，实现信息的复核检查，立即纠正问题。

如果指令/许可在用户（飞行员）的使用环节上出现了问题，由于复诵环节的存在，管制员对指令/许可的接收正确与否负有监控责任。而对指令/许可的操作正确与否不负责任。具体情况可见表1。

表 1

责任	指令/许可错误	口误		数据接收错误	数据使用错误
		内容	格式		
管制部门	Y	Y	Y	Y	N
机组	N	N	Y	Y	Y

指令/许可发布出现差错，即时就可以初步形成对运行影响的判断。在短暂的数分钟之内的指令/许可有效期间，受影响的管制扇区或管制服务范围是可以确定的，区域内的航空器数量也是可以确定的。

而通告中的情报信息来源于其他原始资料提供部门，而非情报部门/情报员本身。情报员本身并不提供任何信息与数据，从事的是对被提交的信息/数据审核、编辑与发布工作。

通告的信息/数据出现问题也同样可以分成两种情况。

（1）信息/数据源问题。该情况类似于管制指令/许可的策略选择、组织问题，但情报员几乎不可能发现或意识到信息/数据的问题。理论上，仅有原始资料提供部门或与原始资料提供部门的与信息/数据源接触了解的人员或部门才能够发现并纠正问题。由于信息的不对称，飞行员或其他使用航行通告的运行用户基本上也不具备发现纠正的能力。

（2）信息/数据加工过程出现问题。此情况类似于管制口误。飞行员往往与航空公司的运行保障部门签派或者公司情报进行联系与反馈，并不与空管系统情报机构或人员产生接触。而经由航空公司情报与空管系统情报之间的再沟通反馈，相较指令与许可而言，其反应链更长，反应周期更长，信息也更容易出现走样变形。

如果通告在用户的使用环节上出现了问题，空管系统情报员对通告的接收与后续操作的正确与否不负责任。如通告发布正确但相应接收方如航空公司情报员错误理解或处理通告，或是最终使用方如飞行员、管制员、机场未按照通告内容组织运行则空管系统情报员不承担责任。具体情况可见表2。

表 2

责任	数据源错误	数据加工错误		数据接收错误	数据使用错误
		内容	格式		
数据提供方	Y	N	N	N	N
情报部门	N	Y	Y	N	N
数据使用方	N	N	N	Y	Y

通告发布出现差错，难以即时形成对运行影响的判断。通告的生效时间不定，但整体上均比指令/许可长。即便一份即时失效的取消通告再加上多方阅读识别反应再组织策略对应的时间，其

运行生效的时间也长于对应的指令/许可。而通告的用户交互服务时间不定，关联的用户，尤其是航空公司数量不定，受影响的空间也难以确定。指令/许可的影响空间范围上限可以用管制席位的服务范围确定，但通告的影响空间范围难以以情报员的席位服务范围确定，因为情报员的席位服务范围本身就没有明确的界定。而如果以通告本身的坐标半径确定，则往往与实际运行相背。而受影响的航空器数量由于更多地取决于多个部门之间差错处置与识别的情况，则更加难以确定。

根据以上的类比分析，空管系统情报运行部门航行通告的差错分析标准应当更多地从发布过程本身进行判别，是基于过程之上的影响判定。现实中，情报原因造成的最高等级不安全事件是一般事故征候，而出现因情报差错产生的不安全事件，必然涉及多个运行部门的联动处置，其影响更加难以判别。而从过程中的责任归属看，去除情报员不能够负责的部分，情报员对发布的通告质量的控制主要体现在两个方面：编辑信息/数据的准确性和发布过程的程序符合性。而相应的偏差内控标准也应当从这两方面入手，从数据编辑角度可以将编辑错误分为三类：严重、一般与轻微；从发布过程角度也可以分为三类：完全符合、部分符合与不符合。（具体分类情况应参考航行通告发布规范与指南及本场运行指导手册，本文暂不延展讨论）结合这两个要素，可以对空管系统情报部门航行通告发布的内部偏差加以判定，具体情况见表3。

表3

数据编辑 \ 发布过程	完全符合	部分符合	不符合
严重	严重	严重	严重
一般	一般	严重	严重
轻微	一般	一般	严重

空管系统情报部门可以通过这两个要素迅速做出一个对于通告发布偏差本身相对准确的判定。而后续运行影响确定之后，也可以与内控偏差标准对接，对接情况如表4所示。

表4

运行影响 \ 内控判定	严重	一般
严重	严重	严重
一般	严重	一般

（表4中，一般事故征候与严重差错均被视为对运行产生了严重影响，一般差错视为对运行产生影响一般。）

参考文献

[1] 朱士新. 对航空器小于规定间隔的空管不安全事件进行量化分析的研讨[J]. 空中交通管理，2006（2）：4-7.

[2] 杨昌其，魏光兴. 空管不安全事件危险等级的量化评估方法[J]. 西南交通大学学报，2006，41（6）：753-757.

[3] 中国民用航空局空管局.《民用航空安全信息管理规定》[Z]. 2016-03-04.

[4] 中国民用航空局空管局.《空管系统不安全事件标准》[S]. 2016-01-19.

[5] 中国民用航空局空管局.《航行情报事故差错标准》[S]. 1995-07-18.

[6] 中国民用航空局.《民用航空器事故征候》[S]. 2015-06-02.

[7] 中国民用航空局空管局.《民航空中交通管理安全管理体系（SMS）建设指导手册》[Z]. 2011-05-10.

[8] 中国民用航空局空管局.《中国民用航空安全规划纲要》[Z]. 2011-08.

[9] 中国民用航空局.《关于印发落实民航安全生产管理责任指导意见的通知》[Z]. 2015-12-30.